Band 35: B. Buchberger, F. Lichtenberger, Mathematik für Informatiker I. Die Methode der Mathematik. XI, 315 Seiten. 1980

Band 36: The Use of Formal Specification of Software. Berlin, Juni 1979. Edited by H. K. Berg and W. K. Giloi. V, 388 pages. 1980.

Band 37: Entwicklungstendenzen wissenschaftlicher Rechenzentren. Kolloquium, Göttingen, Juni 1980. Herausgegeben von D. Wall. VII, 163 Seiten.1980.

Band 38: Datenverarbeitung im Marketing. Herausgegeben von R. Thome. VIII, 377 pages. 1981.

Band 39: Fachtagung Prozeßrechner 1981. München, März 1981. Herausgegeben von R. Baumann. XVI, 476 Seiten. 1981.

Band 40: Kommunikation in verteilten Systemen. Herausgegeben von S. Schindler und J. C. W. Schröder. IX, 459 Seiten. 1981.

Band 41: Messung, Modellierung und Bewertung von Rechensystemen. GI-NTG-Fachtagung. Jülich, Februar 1981. Herausgegeben von B. Mertens. VIII, 368 Seiten. 1981.

Band 42: W. Kilian, Personalinformationssysteme in deutschen Großunternehmen. XV, 352 Seiten. 1981.

Band 43: G. Goos, Werkzeuge der Programmiertechnik. GI-Arbeitstagung. Proceedings, Karlsruhe, März 1981. VI, 262 Seiten. 1981.

Band 44: Organisation informationstechnik-geschützter öffentlicher Verwaltungen. Fachtagung, Speyer, Oktober 1980. Herausgegeben von H. Reinermann, H. Fiedler, K. Grimmer und K. Lenk. VIII, 651 Seiten. 1981.

Band 45: R. Marty, PISA – A Programming System for Interactive Production of Application Software. VII, 297 Seiten. 1981.

Band 46: F. Wolf, Organisation und Betrieb von Rechenzentren. Fachgespräch der GI, Erlangen, März 1981, VII, 244 Seiten. 1981.

Band 47: GWAI–81 German Workshop on Artifical Intelligence. Bad Honnef, January 1981. Herausgegeben von J. H. Siekmann. XII, 317 Seiten. 1981.

Band 48: W. Wahlster, Natürlichsprachliche Argumentation in Dialogsystem. KI-Verfahren zur Rekonstruktion und Erklärung approximativer Inferenzprozesse. XI, 194 Seiten. 1981.

Band 49: Modelle und Strukturen. DAG 11 Symposium, Hamburg, Oktober 1981. Herausgegeben von B. Radig. XII, 404 Seiten. 1981.

Band 50: GI-11. Jahrestagung. Herausgegeben von W. Brauer. XIV, 617 Seiten. 1981.

Band 51: G. Pfeiffer, Erzeugung interaktiver Bildverarbeitungssysteme im Dialog. X, 154 Seiten. 1982.

Band 52: Application and Theory of Petri Nets. Proceedings, Strasbourg 1980, Bad Honnef 1981. Edited by C. Girault and W. Reisig. X, 337 pages. 1982.

Band 53: Programmiersprachen und Programmentwicklung. Fachtagung der GI, München, März 1982. Herausgegeben von H. Wössner. VIII, 237 Seiten. 1982.

Band 54: Fehlertolerierende Rechnersysteme. GI-Fachtagung, München, März 1982. Herausgegeben von E. Nett und H. Schwärtzel. VII, 322 Seiten. 1982.

Band 55: W. Kowalk, Verkehrsanalyse in endlichen Zeiträumen. VI, 181 Seiten. 1982.

Band 56: Simulationstechnik. Proceedings, 1982. Herausgegeben von M. Goller. VIII, 544 Seiten. 1982.

Band 57: GI-12. Jahrestagung. Proceedings, 1982. Herausgegeben von J. Nehmer. IX, 732 Seiten. 1982.

Band 58: GWAI–82. 6th German Workshop on Artifical Intelligence. Bad Honnef, September 1982. Edited by W. Wahlster. VI, 246 pages. 1982.

Band 59: Künstliche Intelligenz. Frühjahrsschule Teisendorf, März 1982. Herausgegeben von W. Bibel und J. H. Siekmann. XIII, 383 Seiten. 1982.

Band 60: Kommunikation in Verteilten Systemen. Anwendungen und Betrieb. Proceedings, 1983. Herausgegeben von Sigram Schindler und Otto Spaniol. IX, 738 Seiten. 1983.

Band 61: Messung, Modellierung und Bewertung von Rechensystemen. 2. GI/NTG-Fachtagung, Stuttgart, Februar 1983. Herausgegeben von P. J. Kühn und K. M. Schulz. VII, 421 Seiten. 1983.

Band 62: Ein inhaltsadressierbares Speichersystem zur Unterstützung zeitkritischer Prozesse der Informationswiedergewinnung in Datenbanksystemen. Michael Malms. XII, 228 Seiten. 1983.

Band 63: H. Bender, Korrekte Zugriffe zu Verteilten Daten. VIII, 203 Seiten. 1983.

Band 64: F. Hoßfeld, Parallele Algorithmen. VIII, 232 Seiten. 1983.

Band 65: Geometrisches Modellieren. Proceedings, 1982. Herausgegeben von H. Nowacki und R. Gnatz. VII, 399 Seiten. 1983.

Band 66: Applications and Theory of Petri Nets. Proceedings, 1982. Edited by G. Rozenberg. VI, 315 pages. 1983.

Band 67: Data Networks with Satellites. GI/NTG Working Conference, Cologne, September 1982. Edited by J. Majus and O. Spaniol. VI, 251 pages. 1983.

Band 68: B. Kutzler, F. Lichtenberger, Bibliography on Abstract Data Types. V, 194 Seiten. 1983.

Band 69: Betrieb von DN-Systemen in der Zukunft. GI-Fachgespräch, Tübingen, März 1983. Herausgegeben von M. A. Graef. VIII, 343 Seiten. 1983.

Band 70: W. E. Fischer, Datenbanksystem für CAD-Arbeitsplätze. VII, 222 Seiten. 1983.

Band 71: First European Simulation Congress ESC 83. Proceedings, 1983. Edited by W. Ameling. XII, 653 pages. 1983.

Band 72: Sprachen für Datenbanken. GI-Jahrestagung, Hamburg, Oktober 1983. Herausgegeben von J. W. Schmidt. VII, 237 Seiten. 1983.

Band 73: GI-13. Jahrestagung, Hamburg, Oktober 1983. Proceedings. Herausgegeben von J. Kupka. VIII, 502 Seiten. 1983.

Band 74: Requirements Engineering. Arbeitstagung der GI, 1983. Herausgegeben von G. Hommel und D. Krönig. VIII, 247 Seiten. 1983.

Band 75: K. R. Dittrich, Ein universelles Konzept zum flexiblen Informationsschutz in und mit Rechensystemen. VIII, 246 pages. 1983.

Band 76: GWAI-83. German Workshop on Artificial Intelligence. September 1983. Herausgegeben von B. Neumann. VI, 240 Seiten. 1983.

Band 77: Programmiersprachen und Programmentwicklung. 8. Fachtagung der GI, Zürich, März 1984. Herausgegeben von U. Ammann. VIII, 239 Seiten. 1984.

Band 78: Architektur und Betrieb von Rechensystemen. 8. GI-NTG-Fachtagung, Karlsruhe, März 1984. Herausgegeben von H. Wettstein. IX, 391 Seiten. 1984.

Informatik-Fachberichte 122

Subreihe Künstliche Intelligenz

Herausgegeben von W. Brauer in Zusammenarbeit mit dem
Fachausschuß 1.2 „Künstliche Intelligenz und
Mustererkennung" der Gesellschaft für Informatik (GI)

Christopher Habel

Prinzipien der Referentialität

Untersuchungen zur propositionalen
Repräsentation von Wissen

Springer-Verlag
Berlin Heidelberg New York
London Paris Tokyo

Autor

Christopher Habel
Fachbereich Informatik, Universität Hamburg
Schlüterstr. 70, 2000 Hamburg 13

CR Subject Classifications (1985): I.2, I.2.4, I.2.7

ISBN-13: 978-3-540-16493-7   e-ISBN-13: 978-3-642-71149-7
DOI: 10.1007/978-3-642-71149-7

Vorbemerkungen

Diese Arbeit betrifft Phänomene der 'Referentialität' und insofern den Bereich des menschlichen Denkens und der natürlichen Sprache. Dieser Themen- bzw. Problemkreis ist schon seit Jahrtausenden aus verschiedenen Blickrichtungen und mit unterschiedlichen Methoden untersucht worden. Diese unterschiedlichen Methoden ergeben sich insbesondere aus der Tatsache, dass der Untersuchungsgegenstand 'menschliche Sprache' durch zahlreiche wissenschaftliche Disziplinen bearbeitet wird: durch Linguistik, Psychologie, Philosophie und Logik und in den letzten Jahrzehnten auch durch Mathematik und Informatik. Die Verwendung formaler Methoden der Mathematik und Informatik ist insbesondere für die beiden gerade entstehenden Disziplinen 'Künstliche Intelligenz' (KI) und Kognitionswissenschaft charakteristisch.

Die vorliegende Arbeit behandelt 'Prinzipien der Referentialität' aus der Sichtweise der Künstlichen Intelligenz und der Kognitionswissenschaft, wobei ich jedoch auf die Berücksichtigung der linguistischen, logischen und philosophischen Traditionen Wert gelegt habe: Die Integration traditioneller Sichtweisen in die formalen Vorgehensweisen der Mathematik, Logik und Informatik stellen den methodischen Rahmen dieser Arbeit dar. Die Resultate, die überwiegend im Bereich des Erkenntnisgewinns in bezug auf Wissensrepräsentationen liegen, werden auch in Informatikbereichen ausserhalb der Künstlichen Intelligenz einsetzbar sein; Datenbanksysteme oder, allgemeiner, wissensbasierte Systeme verschiedenster Anwendungsgebiete haben die gleichen Problemstellungen in Hinsicht auf die Modellierung von Teilwelten zu lösen, wie sie in der vorliegenden Arbeit behandelt werden.

In den ersten Kapiteln (1 – 3) werde ich zeigen, dass es sich bei KI und Kognitionswissenschaft um eigenständige Disziplinen handelt, die zwar zahlreichen Einflüssen ihrer 'Mutterdisziplinen' unterworfen sind, die jedoch durch ein eigenes forschungsleitendes Paradigma, das 'Informationsverarbeitungsparadigma', konstituiert werden. (Diesem Paradigma ist auch die vorliegende Arbeit zuzuordnen.) Die Beschreibung der für KI und Kognitionswissenschaft charakteristischen Vorgehensweisen erfolgt anhand des Bereichs 'Repräsentation und Verarbeitung von Wissen', wobei die Repräsentationssprache SRL (Kap. 3) als exemplarisches Beispiel einer propositionalen Sprache zur Darstellung von Wissen und Bedeutungen vorgestellt wird.

In den Kapiteln 4 – 6 wird dann – als Fallstudie für die formale Beschreibung und Erklärung von Phänomenen der Sprachbeherrschung – der Problemkreis 'Objekt-Referenz' behandelt werden. Das Ziel der Untersuchungen ist die Entwicklung eines Repräsentationsformalismus für die Behandlung von Referenzphänomenen, dessen Adäquatheit aus der Sichtweise der Linguistik und Kognitionswissenschaft und dessen

Eignung als Basis für die Entwicklung maschineller sprachverarbeitender Systeme nachzuweisen sind. Hierbei werde ich Prinzipien der Referentialität entwickeln, die über den Bereich der Objekt-Referenz hinaus Gültigkeit besitzen und z.B. auf Situationsreferenz (Kap. 7) angewendet werden können.

Nach einem Überblick über den Problemkreis, den ich anhand der traditionellen Methode 'quantifikationeller Analysen' in Kap. 4 gebe, wird im 5. Kapitel mit der Konzeption 'Referentieller Netze' ein neuer, und insbesondere in Hinsicht auf die Integration von kognitiven und formalen Aspekten bei der Beschreibung und Erklärung sprachlicher Prozesse einheitlicher, adäquater Lösungsansatz vorgeschlagen. Im 6. Kapitel werde ich einige Vorteile referentieller Netze für die Bearbeitung von Phänomenen der Unvollständigkeit und Inkonsistenz von Wissenssystemen darstellen. Die hierbei zutage tretenden Prinzipien, die auf der Annahme von 'Bestimmtheitsstrukturen' basieren, sind ebenfalls generell verwendbar: über den Bereich der Referenzprobleme hinaus in den Problembereichen der Konsistenz von Wissensbeständen und der Fehlerkorrektur. Durch die hier beschriebene Konzeption referentieller Netze werden natürlich nicht alle offenen Fragen im Bereich 'Referentialität' beantwortet; einige nur ansatzweise gelöste Problemstellungen habe ich in Kap. 7 aufgeführt. Ein Weg zur weiteren Lösung und zu ersten 'Realisierungen' durch Systeme wird jedoch (hoffentlich) durch meine Darstellungen gezeigt werden.

Einige Hinweise zur Notation und Darstellungsweise in dieser Arbeit sind angebracht: Gegenstand der Untersuchung sind sprachliche Prozesse und sprachliche Äusserungen. Dies bedeutet, dass die Konzepte der Repräsentationssprache SRL und des speziellen Wissenssystems der referentiellen Netze durch 'sprachliche Daten' zu rechtfertigen sind. Aus diesem Grunde – und darüber hinaus um die eingeschlagene Vorgehensweise zu motivieren – werde ich Erläuterungen anhand von ausführlichen Beispielen geben. Diese Beispiele stehen in der Tradition linguistischer "Beispielstechnik". (Dies soll hier insbesondere bedeuten, dass Wohlgeformtheitsbewertungen überwiegend auf meiner eigenen sprachlichen Intuition basieren und nur an einigen anderen Sprechern/Hörern des Deutschen überprüft wurden; abweichende Bewertungen (z.B. durch den Leser) können daher auftreten.) In bezug auf die angeführten SRL-Repräsentationen ist anzumerken, dass sie in einem gewissen Sinne "minimal" sind, d.h. die Repräsentationen werden jeweils nur soweit detailliert oder ausgearbeitet, wie es zur Erläuterung der gerade behandelten Phänomene notwendig erscheint. Dies führt sicherlich dazu, dass die entsprechenden Repräsentationen unter globaleren Gesichtspunkten (noch) nicht vollständig sind.
Fussnoten ergänzen den Text, insbesondere mit Literaturverweisen. Im allgemeinen sollte die Argumentation auch ohne Kenntnisnahme der Fussnoten verständlich sein. Da zahlreiche der verwendeten Termini, wie etwa 'Informationsverarbeitungsparadigma'

etwas länglich sind, werde ich in derartigen Fällen von Abkürzungen (hier: IP-Paradigma) Gebrauch machen und diese wiederum flektieren (vgl. hierzu die Register und das Verzeichnis der SRL-Abkürzungen).

Die hier beschriebenen Untersuchungen wurden im Rahmen des Projektes "Automatische Erstellung semantischer Netze" (Technische Universität Berlin, Lehr- und Forschungsgruppe Computergestützte Informationssysteme, Leitung: Prof. Dr. H.-J. Schneider) begonnen und in den Jahren 1982-83 durch ein Habilitandenstipendium der DFG gefördert.

Die vorliegende Arbeit ist eine leicht überarbeitete Fassung meiner Habilitationsschrift, die dem Fachbereich Informatik der Technischen Universität Berlin 1985 im Rahmen der Zuerkennung der Lehrbefähigung für das Lehrgebiet 'Künstliche Intelligenz und Kognitive Linguistik' eingereicht wurde. Den Mitgliedern des Habilitationsausschusses, K. Brockhaus (TU Berlin, Linguistik), H. Ehrig (TU Berlin, Informatik), C. Floyd (TU Berlin, Informatik), S. Kanngiesser (U Osnabrück, Linguistik), E. Konrad (TU Berlin, Informatik) und H.-J. Schneider (TU Berlin, Informatik), möchte ich für ihre Anregungen und ihre Kritik danken. Ausserdem danke ich den Mitarbeitern der Projekte "Automatische Erstellung semantischer Netze" und "KIT" (an der TU Berlin), mit denen ich über zahlreiche Probleme, die in dieser Arbeit angesprochen werden, diskutiert habe, und von denen ich namentlich S. Günther, H. Gust, J. Kilbury, M. König und C.-R. Rollinger nennen möchte. Ausserhalb der Projekte haben insbesondere S. Kanngiesser, S. Pribbenow und U. Quasthoff wertvolle Unterstützung gegeben. Die wichtigste und wesentlichste Förderung dieser Arbeit kommt von meiner Frau Annegret, die nicht nur den an derartigen Stellen fast schon obligatorischen Dank für menschliche Unterstützung verdient; sie war während der Vorarbeiten und der Erstellung der Endfassung stets eine kritische Leserin, auf die zahlreiche Verbesserungsvorschläge zurückgehen. (Alle Fehler und Unzulänglichkeiten sind natürlich mir anzulasten.)
Zum Schluss möchte ich denjenigen danken, die (obwohl nicht ausschliesslich Fragestellungen der Informatik behandelt werden) die Aufnahme dieser Arbeit in die KI-Subreihe der 'Informatik-Fachberichte' befürwortet haben, und die hierdurch den interdisziplinären Charakter der Künstlichen Intelligenz betonen: W. Brauer, C. Freksa, B. Neumann und W. Wahlster.

Berlin/Hamburg, März 1986   Ch. Habel

Inhalt

1. Künstliche Intelligenz und Kognitionswissenschaft

Wissenschaftliche Arbeit erfolgt nicht im leeren Raum; neben den Problemstellungen und – eventuell – den Anwendungsperspektiven ist insbesondere die "wissenschaftliche Umgebung", gegeben durch Forscher, d.h. Menschen, die Wissenschaft betreiben, Institutionen, Lehr- und Forschungsprogramme, von ausschlaggebender Bedeutung dafür, was als wissenschaftliches Arbeiten gilt und wie es durchzuführen ist.

Die folgenden Abschnitte dieses ersten Kapitels werden eine Skizze des Umfeldes, sowohl in Hinsicht auf die disziplinäre Einordnung, als auch die wichtigsten und und zentralen methodologischen Grundannahmen, enthalten. Die Sichtweise, die hier eingenommen wird, ist sicherlich nicht charakteristisch für die Künstliche Intelligenz oder die Kognitionswissenschaft; es handelt sich um (m)eine persönliche Standortbestimmung. Daher wird die Bezugnahme auf Darstellungen und Beschreibungen anderer im vorliegenden Kapitel häufig mit einer subjektiven Interpretation verbunden sein.

1.1. Zur Disziplinenhistorie und zur interdisziplinären Einordnung

Künstliche Intelligenz (KI; im Englischen 'Artificial Intelligence', AI) und Kognitionswissenschaft (im Englischen 'Cognitive Science', CS) sind zwei vergleichsweise junge, im Entstehen befindliche Disziplinen 1* in einem Bereich, der schon seit Jahrhunderten (sogar Jahrtausenden) im Zentrum der Wissenschaften steht: die Erforschung des menschlichen Geistes.

Bevor auf das Forschungsthema, den 'menschlichen Geist' im allgemeinen bzw. kognitive Prozesse im besonderen näher eingegangen wird (siehe Kap. 1.2), sollen, um hierdurch die Vorgehensweise verständlicher zu machen, zuerst einige historische Erläuterungen zu KI und CS, sowie zur Stellung in der Disziplinenlandschaft erfolgen.

Schon kurze Zeit nach der Entwicklung und dem ersten Einsatz von digitalen Computern (in den Vierziger Jahren) kamen die ersten Vorschläge auf, vermittels dieses neuen Instruments komplexe, intelligenzerfordernde Probleme zu bearbeiten. Beispielhaft hierfür sei C. Shannon (1950) genannt, der einen ersten Entwurf für die algorithmische Lösung des Schachspiels vorlegte. Diese Arbeit ist nicht deswegen relevant, weil hier etwa der Ansatz des ersten KI-Systems läge – Shannons Vorschläge wurden nicht realisiert und sind darüber hinaus eher als Beschreibung der zu erwartenden Probleme aufzufassen –, sondern weil hier darauf hingewiesen wurde, dass 'Computer mehr können als der Name besagt', anders ausgedrückt:
   Neben dem Rechnen ('compute'), ist die Manipulation von nicht-numerischen Symbolen ein wesentliches Einsatzgebiet des Computers 2*.

Diese weitergehenden Möglichkeiten auszunutzen und zwar im Bereich intelligenzerfordernder Aufgabenstellungen, war das gemeinsame Anliegen der Teilnehmer der berühmten "Dartmouth Conference" im Sommer 1956. Dieser Zeitpunkt wird häufig als die Geburtsstunde der KI bezeichnet. Im Hinblick auf die KI ist diese Konferenz in mehrfacher Weise von Interesse:

1* Man beachte, dass, da ein Singular vorliegt, mit 'CS' also eine Disziplin angesprochen wird, und nicht eine Disziplinenfamilie, wie etwa 'Natur-', 'Geistes-' oder 'Ingenieurwissenschaften'. Ob CS sich aus einer Disziplin zu einer Disziplinenfamilie entwickeln wird, oder umgekehrt aus den Mutterdisziplinen sich eine (wirklich) einheitliche, wenn auch an Nachbardisziplinen orientierte, Einzeldisziplin bilden wird, bleibt abzuwarten. Während CS im angelsächsischen Sprachraum schon ein weitgehend akzeptierter Begriff ist, ist die Entsprechung 'Kognitionswissenschaft' im Deutschen, bzw. im deutschen Wissenschaftsbetrieb, noch weitgehend unbekannt.

2* Vgl. hierzu McCorduck (1979; p.101). Entsprechend hierzu wird auch von G.A.Miller (1964) die Bezeichnung 'information-processing machine' für passender gehalten.

- Im Titel "The Dartmouth Summer Research Project on Artificial Intelligence" taucht die Bezeichnung 'Künstliche Intelligenz' erstmals offiziell auf. Diese Bezeichnung von McCarthy, zur Abgrenzung von anderen schon etablierten Gebieten der Informatik, z.B. 'Automatentheorie', gewählt, wurde von einigen anderen Teilnehmern zwar nicht allgemein akzeptiert, setzte sich in den folgenden Jahren jedoch durch (vgl. McCorduck, 1979).
- Die Teilnehmer der Dartmouth Conference bilden noch immer, also fast 30 Jahre später, das Establishment der KI-Wissenschaftlergemeinde, entweder direkt oder über Schüler und Institutionen (vgl. McCorduck (1979); Fleck (1982)).

Die - über die Teilnehmer - in die neuentstehende Tochterdisziplin KI hineinwirkenden Mutterdisziplinen waren schon damals, neben der Informatik, insbesondere Mathematik und Logik, Elektrotechnik, Neurophysiologie und Psychologie; die in Abb. 1.1 zusätzlich aufgeführten Disziplinen Linguistik und Philosophie waren bei der der Dartmouth-Konferenz nicht beteiligt.

Gleichzeitig zu den oben genannten Entwicklungen der KI, aber weitgehend unabhängig davon, wurden erste Arbeiten auf dem Gebiet der maschinellen Übersetzung in die Wege geleitet. Der mangelnde Erfolg in der ersten Phase (ca. 1952-1966), die mit der negativen Beurteilung im ALPAC-Report beendet wurde, ist hinlänglich bekannt, so dass hier darauf nicht näher eingegangen werden soll 3*. Aus verschiedenen Gründen ist die frühe Phase der maschinellen Übersetzung nur bedingt der KI zuzuordnen 4*:
- die Entwicklung der maschinellen Übersetzung fand ohne personelle Beziehungen und inhaltliche Diskussionen zur KI statt,
- die Ansätze der maschinellen Übersetzung waren in dieser Phase rein syntaktischer Natur, wobei Beziehungen zur menschlichen Sprachverarbeitung nicht berücksichtigt wurden. D.h.: Maschinelle Übersetzung wurde als rein technisches Problem behandelt, bei dem (anfangs) Gesichtspunkten der linguistischen und kognitiven Adäquatheit keinerlei Gewicht zugebilligt wurde.

Wenn ich hier die maschinelle Übersetzung dennoch erwähne, dann deswegen, weil durch die Erwartung praktischen Nutzens - in Form von Übersetzungssystemen - und die Einsicht in den Mangel an Voraussetzungen (in Bezug auf Grundlagenerkenntnisse) die theoretische Linguistik gefördert wurde. Zwei der Institutionen, die hiervon stark profitierten, waren das MIT und Harvard, insbesondere in Bezug auf die Förderung von Forschungen auf dem Gebiet der transformationellen Syntax.

3* Vgl. hierzu: Barr/Feigenbaum (1981; p.233-238) und die - zwar überspitzte - Beschreibung durch H. Dreyfus (1979).

4* Man beachte, dass der Bereich der maschinellen Übersetzung in der "Geschichtsschreibung" der KI (McCorduck 1979, Boden 1977) nicht, oder nur in kurzen Bemerkungen auftaucht, von Kritikern der KI, insbesondere Dreyfus (1979), jedoch als eklatantes Beispiel des Versagens bewertet wird.

Im Jahr der Dartmouth Conference, 1956 5*, wurden mehrere, für die zukünftigen Arbeiten der Kognitionswissenschaft einflussreiche Arbeiten veröffentlicht:

- Millers Aufsatz zur Kapazität von Informationsverarbeitungsprozessen "The Magical Number Seven, Plus or Minus Two" (Miller, 1956), der insbesondere deswegen von Bedeutung ist, weil bedeutungstragende Informationseinheiten, 'chunks', als Basis der Kapazitätsuntersuchungen vorgeschlagen werden. Insofern ist diese Arbeit als eine Abkehr vom Informationsbegriff Shannons zu sehen, der rein syntaktisch fundiert ist.

- Chomskys (1956) Aufsatz zu formalen Grammatiken, der die formale Grundlage für 'Syntactic Structures' (Chomsky, 1957) bildet, und somit als wichtiger Schritt zur mathematischen Behandlung natürlicher Sprache anzusehen ist.

Gemeinsam ist diesen Ansätzen und dem auf der Dartmouth Conference präsentierten 'Logic Theorist' (Newell/Simon, 1956), einem Programmsystem, welches aufgrund allgemeiner Verfahren einige Theoreme der Logik (im System der Principia Mathematica) beweisen konnte, dass ihnen das – wie man heute sagt – 'Informationsverarbeitungs–Paradigma' zugrunde liegt (Dieses Paradigma wird im folgenden Abschnitt 1.2 behandelt werden.).

Wie man nun erkennen kann, waren im Jahre 1956, dem Geburtsjahr schon fast alle Mutterdisziplinen beteiligt, die heute Einfluss im interdisziplinären Bereich der Tochterdisziplinen ausüben 6*:

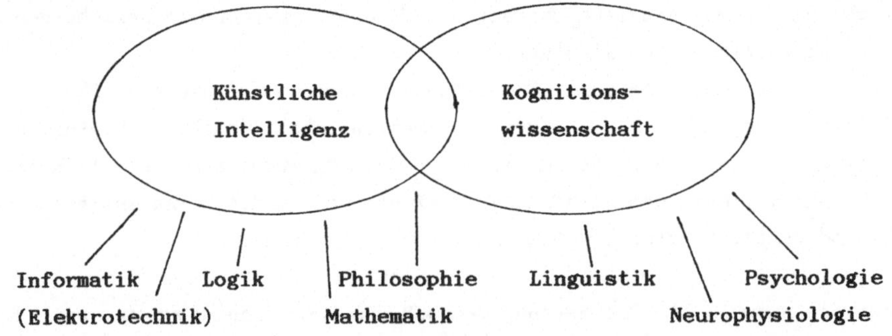

Abb. 1.1 Die interdisziplinäre Landschaft

5* Das Jahr 1956 als entscheidendes Jahr für die Kognitionswissenschaft anzusehen, wird bei Simon (1980) betont: "That year is important because it signaled a new approach to understanding the human mind, ... A busy year, 1956."

6* Auf Elektrotechnik und Neurophysiologie werde ich in der vorliegenden Arbeit überhaupt nicht eingehen. Die 'Klammerung' um Elektrotechnik ist dahingehend zu interpretieren, dass diese Disziplin in ihren für die KI relevanten Teilen, im 'Hardwarebereich' der Informatik vertreten ist.

An dieser Stelle will ich nur kurz auf einige Vorläufer hinweisen, die für die Entwicklungen, die 1956 - rückblickend betrachtet - zusammenliefen, von grossem Einfluss waren. Hier ist zum einen der Behaviorismus zu nennen, der in den USA sowohl für die Linguistik als auch die Psychologie, das einflussreichste Paradigma der 30er und 40er Jahre darstellte; sowohl Miller als auch Chomsky entwickelten einige ihrer grundlegenden Thesen gegen (d.h. als Reaktion auf) die vorherrschende behavioristische Lehrmeinung. Zum anderen stellen die Ergebnisse der logischen Forschungen im Bereich der Grundlagenmathematik (z.B. Turing, Church, Kleene) aus den 30er Jahren die Basis sowohl für die Theorien der formalen Grammatiken und Sprachen, die der abstrakten Automaten und Maschinen im speziellen, als auch für einen wissenschaftlichen Umgang mit Computern im allgemeinen dar. Nicht vergessen werden sollte ausserdem, dass die logische Semantik von Tarski, Carnap und Quine stets auch mit Blick auf natürliche Sprachen und philosophische Aspekte des Denkens entwickelt worden war. Zusammenfassend kann festgestellt werden: 1956 war die Zeit reif, einen neuen Anlauf zu nehmen, um menschliches Denken wissenschaftlich zu untersuchen, mit Hilfe neuer Grundannahmen und Hilfsmittel: Das Informationsverarbeitungs-Paradigma wurde zum vorherrschenden Paradigma der Kognitionswissenschaften (Plural !) 7*.

7* Hier ist noch von Kognitionswissenschaften im Plural die Rede, da der Übergang von einer Disziplinengruppe zu einer Einzeldisziplin erst in den folgenden Jahrzehnten vor sich ging.

1.2. Das Informationsverarbeitungs-Paradigma

Die gemeinsamen Problembereiche, die von den Kognitionswissenschaften bearbeitet, d.h. beschrieben, und wenn möglich auch (partiell) erklärt werden sollen 8*, umfassen u.a. die Fähigkeiten, die benötigt werden, um folgende geistigen Tätigkeiten durchzuführen:

- natürliche Sprache zu verwenden, d.h. Äusserungen zu verstehen und zu generieren,
- Pläne zu entwerfen und Entscheidungen zu treffen,
- Schlussfolgerungen durchzuführen,
- optische und akustische Wahrnehmungen zu verarbeiten (zu verstehen).

Diese Aufzählung erhebt keinen Anspruch auf Vollständigkeit; hier liegt vielmehr ein exemplarischer Katalog vor 9*. Darüberhinaus ist zu beachten, dass es sich bei den aufgeführten Beispielen nicht um unabhängige Fähigkeiten handelt. So ist davon auszugehen, dass sowohl während des Verstehensprozesses von sprachlichen Äusserungen als auch der Verarbeitung von Bildern, Schlussfolgerungen durchgeführt werden, und dass während der Produktion einer Äusserung Planungsprozesse ablaufen und Entscheidungen getroffen werden. Die Prozesse und Subprozesse, die bei den oben aufgeführten geistigen Tätigkeiten ablaufen, werden im weiteren – vorerst ohne zusätzliche Erläuterung und Fundierung – als kognitive Prozesse bezeichnet.

Für die Konstituierung einer wissenschaftlichen Disziplin – hier der KI und der Kognitionswissenschaft – sind über einen Problemkatalog hinaus Grundannahmen notwendig, die von den Mitgliedern der betreffenden Wissenschaftlergemeinschaft allgemein akzeptiert werden und die den methodologischen Rahmen des wissenschaftlichen Vorgehens abstecken. Die für das Paradigma der KI/CS charakteristische Annahme ist:

(1.1) Kognitive Prozesse/Vorgänge sind informationsverarbeitende Prozesse/Vorgänge.

d.h., dass kognitive Prozesse 10* Operationen über Informationsobjekten beinhalten bzw. durch derartige Operationsfolgen gebildet werden.

8* Wenn ich hier von 'partiellen Erklärungen' spreche, dann deswegen, weil z.T. erhebliche Idealisierungen (auf die ich noch zu sprechen kommen werde) vorgenommen werden. Erklärungen können insofern immer nur in Bezug auf die vorgenommenen Idealisierungen vollständig sein.

9* Weitere interessante und wichtige Problemkreise, wie Stimmungen und Emotionen, werden hier bewusst ausgeklammert. Es sollen vorerst nur die "einfacheren Probleme" behandelt werden; und diese sind schon schwierig genug.

10* 'Prozess' wird hier, und im folgenden, überwiegend in einem intuitiven, nicht formalisierten Sinne verwendet.

Gegenstand für die Untersuchung von kognitiven Prozessen sind daher (d.h. unter der Annahme (1.1)) Systeme, welche Information verarbeiten, im weiteren als IPS (information processing system) bezeichnet 11*. Informationsverarbeitungssysteme, IPS, sind abstrakte Systeme (und in gewisser Sichtweise: Maschinen) zur Symbolmanipulation. Eine halb-formale Definition, die an Newell/Simon (1972; p.20) angelehnt ist, soll die wichtigsten Begriffe und Beziehungen (zwischen den Komponenten eines IPS) auflisten:

(1.2) a. Gegeben ist eine Menge von Symbolen und eine Syntax zum Aufbau komplexer Symbole (Symbolstrukturen).

    b. Ein IPS enthält (als Komponente) einen Speicher (Gedächtnis), in dem Symbolstrukturen abgelegt und aus dem Symbolstrukturen zur aktuellen Verarbeitung aktiviert werden können (s.u.).

    c. Ein IPS enthält (als Komponente) einen (oder mehrere) Prozessor(en), in denen Informationsprozesse ablaufen.

    d. Ein Basis-Informationsprozess (BIP) ist ein Prozess, der eine Menge von Symbolstrukturen manipuliert/verändert/bearbeitet, d.h. aus Eingabestrukturen Ausgabestrukturen erstellt.

Die für die Beschreibung von kognitiven Prozessen durch IPSe wichtigste Fragen sind:
- Wie sind die Prozessoren des IPS organisiert?
- Wie werden (komplexe) Informationsprozesse (IPs) durch die Prozessoren realisiert?.
- wie aus BIPs komplexe Informationsverarbeitungsprozesse aufgebaut werden.

Diese Fragen werde ich hier nicht im allgemeinen, d.h. im Sinne einer generellen Theorie der IPSe behandeln, sondern in den späteren Kapiteln exemplarisch in Bezug auf referentielle Prozesse untersuchen.

Eine für das Verständnis der Grundidee der IPS ausreichende Typisierung in spezielle, an einzelnen Aufgabenstellungen orientierten BIPs 12* ist:

11* Diese Bezeichnung und Sichtweise ist in Newell/Simon (1972) ausführlich erläutert. In neueren Arbeiten wird von diesen Autoren 'physical symbol systems' bevorzugt; vgl. Newell (1980).

12* Ähnlich in Habel (1985 a). Die vorliegende Typisierung, welche die für die in den folgenden Kapiteln beschriebenen Prozesse relevanten BIPs beinhaltet, betrifft Modifikationen der von Newell/ Simon (1972) vorgestellten 'elementary information processes' (eip), bzw. der von Newell (1980) verwendeten Operatoren physikalischer Symbolsysteme.

(1.3) a. Kreierung und Löschung von Symbolen und Symbolstrukturen.

Diese Prozesse machen Manipulationen über dem Satz der Basis–Symbole möglich. In logischen Systemen (etwa Deduktionssystemen de Prädikatenlogik) bedeutet Symbolkreierung z.B. die Generierung von Variablen. Zusammen mit der Symbollöschung, wird hierdurch sichergestellt, dass genau die Variablen, die aktual benötigt werden, dem IPS zur Verfügung stehen.

b. (eigentliche) Manipulation von Symbolen bzw. Symbolstrukturen.

Hierunter fallen Modifikations- und Veränderungsprozesse, sowie das Anfertigen von Kopien.

c. Speicherung und Retrieval von Symbolstrukturen.

Diese Prozesse stellen die Interaktion zwischen dem Speicher/Gedächtnis und den Prozessoren her.

d. Test- und Vergleichsprozesse.

Hierunter fallen Prozesse zur Prüfung von Gleichheit und Ungleichheit von Symbolstrukturen, aber auch solche, die Ähnlichkeiten abprüfen.

Ob diese Auflistung von BIP-Typen vollständig und/oder minimal ist, sei für den gegenwärtigen Zeitpunkt dahingestellt. Ich will an dieser Stelle nur darauf hingewiesen, dass ähnliche Basisinventare u.a. von Newell/Simon (1972) verwendet wurden und sich für zahlreiche Problemstellungen als ausreichend und adäquat erwiesen haben.

Bevor auf den Status und die Verwendung der IPS näher eingegangen wird, sei hier auf die Beziehung zu einer Klasse linguistischer Formalisierungen hingewiesen. Betrachtet man transformationelle Grammatiken (TG), etwa in der Formalisierung von Peters/Ritchie (1973 a,b), so findet man dort als Basiskonzepte u.a.:

(1.4) - 'elementare Transformationen', die im Sinne von (1.3) als Symbolmanipulationen aufgefasst werden können,

- 'Bedingungen', die zu den Test- und Vergleichsprozessen (1.3. d) korrespondieren.

Über diesen Basiskonzepten wird in der TG das zentrale Konzept der Transformation definiert. Auch die Erweiterung der Theorie durch Hinzunahme von Filtern, vgl. Peters/Ritchie (1973 b) bzw. Chomsky/Lasnik (1977), kann, wie aus der Formalisierung von Filtern durch komplexe Tests über grammatischen Strukturen, die von Habel (1979) durchgeführt wurde folgt, innerhalb der IPS/BIP-Konzeption vorgenommen werden. Wenn

---

13* Ohne weitere Begründung sei angemerkt, dass m.E. auch die jüngeren Weiterentwicklungen über die EST (Extended Standard Theory) zur REST (Revised EST) mit dem oben skizzierten Inventar an Konzepten, IPS und BIPs, erfasst werden können.

ich hier die Beziehung zwischen generativen Grammatiken 13* und dem IPS-Ansatz postuliert habe, so muss ich jedoch darauf hinweisen, dass die Chomsky-Linguistik (siehe z.B. Chomsky, 1981) keine Prozess-Linguistik (oder prozedurale Linguistik) ist oder sein soll; Regelanwendungen im Sinne der generativen Grammatiken sind nicht "Regelanwendungen im Kopf des Sprecher-Hörers". Insbesondere ist die von Chomsky vertretene Linguistik-Konzeption keine Performanz-Linguistik sondern eine Kompetenz-Linguistik.

An dieser Stelle kann und muss auf eine relevante Unbestimmtheit in der Definition der IPS, (1.2) hingewiesen werden: Es wird hier ebensowenig wie bei Newell/Simon (1972) und Newell (1980), festgelegt, wie derartige Systeme zu realisieren sind. Auch wenn der Leser leicht versucht ist, aufgrund der verwendeten Terminologie – und der oben erwähnten Erläuterungen – an reale Systeme im Sinne der Informatik, seien es Software-Systeme oder Hardware-Konfigurationen, oder an natürliche Gehirne zu denken, so möge er dieser Versuchung nicht erliegen. Die relevante Entsprechung bzw. Analogie liegt am ehesten in abstrakten Maschinen, im Extremfall bei Turingmaschinen. So finden sich etwa in der – informellen und leicht bildhaften – Beschreibung von Turing-Maschinen bei Boolos/Jeffrey (1980; p.21) die folgenden 'basic operations', die offensichtlich zu den BIPs aus (1.3) korrespondieren:

(1.5) – Lesen von Symbolen

    – Löschen von Symbolen

    – Schreiben von Symbolen

    – Bewegen auf/Fokussieren von Nachbarsymbolen

    – Wechsel des internen Zustandes

Im weiteren seien also IPSe als abstrakte, formale Systeme aufgefasst, welche Symbole manipulieren, und insofern Information verarbeiten. Legt man ein derartiges abstraktes System zugrunde, so gibt es, in den meisten Fällen jedenfalls, verschiedene Realisierungsmöglichkeiten. Mit Bezug auf das Thema der Untersuchung menschlichen Verhaltens bzw. des menschlichen Geistes führt dies zur Basishypothese innerhalb des Informationsverarbeitungs-Paradigmas, die in unterschiedlichen Ausprägungen formuliert werden kann 14*:

(1.6) "Informationsverarbeitungs-Hypothese" (IP-Hypothese)

    a. Menschen sind informationsverarbeitende Systeme.

    b. Der menschliche Geist ist ein informationsverarbeitendes System.

    c. Der menschliche Geist ist – in Bezug auf einige/viele relevante Aufgabenstellungen ein informationsverarbeitendes System.

14* Diese unterschiedlichen Ausprägungen unterscheiden sich in Bezug auf die Totalität der IPS-Annahme. Hierbei liegt eine Abstufung (fallende Totaliät) von a zu c vor.

Die Formulierung a. wird z.B. von Newell (1980; p.136) vertreten:

"... humans are instances of physical symbol systems, ...",

die Hypothese in der Formulierung b. schreibt Haugeland (1978) – mit Recht – dem überwiegenden Teil der Wissenschaftler aus KI und Kognitionswissenschaft zu. Die dritte Formulierung, c., der Hypothese bildet die Grundlage der vorliegenden Arbeit. Hiermit wird u.a. der Anspruch erhoben,

(1.7) dass wesentliche Aspekte menschlichen Denkens innerhalb des Paradigmas der IPS beschrieben und erklärt werden können,

aber offengelassen,

(1.8) a. welche Aspekte menschlichen Denkens in welchem Umfang durch IPSe erfassbar sind, und

b. inwieweit menschliches Verhalten (im allgemeinen) auf informationsverarbeitenden Prozessen basiert.

Beim gegenwärtigen Stand (der Wissenschaft) wäre es verfrüht und vermessen in bezug auf die in (1.8) angesprochenen Fragen definitive Aussagen machen zu wollen.

Kritiker des Informationsverarbeitungs–Paradigmas, wie etwa Dreyfus (1979), gehen in Hinblick auf beide in (1.8) aufgeworfenen Fragen negative Antworten, indem sie die Sinnhaftigkeit und Nützlichkeit des IPS–Ansatzes generell in Frage stellen. D.h. sie gehen davon aus, dass jetzt schon offensichtlich ist, dass innerhalb des IPS–Ansatzes keinerlei relevanten Phänomene der Klärung näher gebracht werden können. In der vorliegenden Arbeit kann und soll keine Auseinandersetzung mit dieser Kritik im speziellen erfolgen. Es wird hier eher eine pragmatische Haltung (in Hinblick auf die Forschungsstrategie) eingenommen, wie sie ähnlich von Skeptikern, z.B. Haugeland (1978) eingenommen wird:

Es lohnt sich zu untersuchen, welche interessanten Phänomene auf der Basis der Hypothese (1.6. c.) beschreibbar und erklärbar sind. Die Erfolge in bezug auf derartige Versuche werden – in der Zukunft – den Wert und die Grenzen des IPS–Paradigmas aufzeigen 15*.

Der Problemkreis, der in dieser Arbeit – dem IPS–Paradigma folgend – untersucht wird, betrifft die Verarbeitung natürlicher Sprache im allgemeinen und die Verarbeitung referentieller Beziehungen (siehe Kap. 4-7) im speziellen. Dass hierbei – wie oben schon erläutert – auch nicht-sprachliche Fähigkeiten eine Rolle spielen werden, will ich an dieser Stelle schon anmerken.

15* Es wäre, wie der Gang der Wissenschaft zeigt, unrealistisch und unvernünftig anzunehmen, dass mit dem IPS-Ansatz die Antwort auf alle Fragen gefunden werden kann. Ein Erfolg wäre es, wenn einige Fragen zum Teil beantwortet würden.

Was macht nun das IPS-Paradigma so attraktiv, dass es mittlerweile in der Kognitionswissenschaft die dominierende Rolle 16* einnimmt? Kognitive Prozesse, oder in einer anderen Sprechweise, die hier im folgenden auch Verwendung finden wird, mentale Prozesse können – wenn dies auch nicht unumstritten ist (siehe hierzu: Dreyfus (1979)) – als regelhafte Prozesse über Repräsentationen (der Situation der realen Welt) im menschlichen Geist angesehen werden. (Diese Sichtweise, die z.B. von Pylyshyn (1980) ausführlich dargestellt wird, wird in Kap. 2.2 im Mittelpunkt der Untersuchung stehen.) Falls man sich auf diese Sichtweise einlässt, die vielleicht nur eine argumentative Variante der IPS-Sichtweise ist, so befindet man sich schnell auf der Suche nach wohlausgearbeiteten Modellen und Theorien für Prozesse , die auf Regeln und Repräsentationen beruhen. Solche existieren, und zwar innerhalb der Informatik bzw. der Grundlagenmathematik: die Theorien abstrakter Automaten/Maschinen und formaler Sprachen und Grammatiken. Der nächste, nicht mehr verwunderliche Schritt führt zu Informationsverarbeitungs-Systemen. Pylyshyn (1980) führt eine entsprechende Argumentationskette durch:

> "... what makes it possible to view computation and cognition as processes of fundamentally the same type is the fact that both are physically realized and both are governed by rules and representation." (Pylyshyn, 1980; p.113)

Während von Pylyshyn die physikalische Realisierung betont wird, sind für mich die abstrakten Funktionsprinzipien der primär wichtige Gesichtspunkt. Durch die Basierung auf abstrakten Maschinen und Systemen wird eine formal befriedigende Beschreibung kognitiver Vorgänge möglich. Die physikalische Realisierbarkeit, z.B. in Form lauffähiger Computersysteme 17*, stellt einen interessanten, begrüssenswerten Sekundäreffekt bereit, und zwar in zweifacher Hinsicht:

(1.9) a. 'kognitive Simulation': Die "Realisierung von Theorien" in Form von Computersystemen gibt die Möglichkeit von empirischen Überprüfungen eines neuen Typs.

b. 'wissensbasierte Systeme': Systeme, die kognitive Fähigkeiten erfordernde Aufgaben bearbeiten können, bilden neue, relevante Einsatzgebiete der Informatik.

Beide Aspekte werden im Hinblick auf einen Abgrenzungsversuch zwischen KI und Kognitionswissenschaft im folgenden Kap. 1.3 von Bedeutung sein.

16* Zwei relevante, alternative Paradigmen, sind das holistische, mit Standardbeispielen aus dem Bereich holographischer Prozese (Pribham, 1971) und der 'ecological approach' von Gibson (1979). Für den zweiten wird von Fodor/Pylyshyn (1981) dahingehend argumentiert, dass Gibsons Erkenntnisse mit dem IPS-Paradigma verträglich sein.
Beide Ansätze, die im wesentliche durch psychologische Untersuchungen gestützt werden, kann ich auf Grund der Fülle und der Komplexität des Materials nicht in die vorliegende Arbeit einbeziehen.

17* Unter 'Computersystem' soll hier und im folgenden stets eine Konfiguration von Software und Hardware verstanden werden.

1.3. KI und Kognitionswissenschaft: Gemeinsamkeiten und Unterschiede

In den beiden vorhergehenden Kapiteln wurden 'Künstliche Intelligenz' und 'Kognitionswissenschaft' quasi-synonym verwendet. Dies ist sicherlich nicht vollständig berechtigt; einerseits gibt es Arbeiten, Wissenschaftler und Problemstellungen, die sowohl der KI als auch der Kognitionswissenschaft zuzuordnen sind, also zum Durchschnitt der Disziplinen gehören, andererseits gibt es solche, die eindeutig einer der beiden Disziplinen zugeordnet werden können. Ich will daher im folgenden einen Abgrenzungsversuch vornehmen, der sicherlich von meiner eigenen Position in der Disziplinenlandschaft wesentlich geprägt ist. Wie häufig bei derartigen Versuchen Einteilungskriterien zu finden, führt auch dieser dazu, für klare Fälle 18* eine Zuweisung zur KI oder Kognitionswissenschaft zu liefern und eine grosse Klasse als unentschiedene bzw. Grenzfälle übrig zu lassen. Dies ist jedoch nicht als Nachteil anzusehen, da einerseits ein Überlappungsbereich existiert, d.h. eine klare Abgrenzung für viele Fälle nicht möglich und nicht wünschenswert ist, und da andererseits, die "Selbstzuordnung", die von den Wissenschaftlern der entsprechenden Disziplinen vorgenommen wird, häufig aufgrund ihrer individuellen wissenschaftlichen Entwicklung bzw. Historie geschieht. So ordnen sich etwa Informatiker und Mathematiker eher der KI zu, während Psychologen, Linguisten und Philosophen eher zur Kognitionswissenschaft tendieren.

In diesen letzten Bemerkungen ist eine Lesart bzw. Verwendung des Wortes 'Fall' wesentlich verwendet worden: Welcher der beiden Disziplinen sind bestimmte Wissenschaftler zuzuordnen? Die andere wichtige Lesart bezieht sich auf die wissenschaftliche Arbeit selbst, d.h. auf die Konzeption eines Beschreibungsansatzes (die zugrundeliegende Theorie- und Modellbildung), die experimentellen und empirischen Verfahren, den Status und die Anwendungszwecke der erstellten Systeme (falls überhaupt welche erstellt werden). Im folgenden werden einige Aspekte skizziert werden, unter denen – in gewissem Umfang – eine Abgrenzung zwischen den Disziplinen bzw. eine Tendenzzuweisung vorgenommen werden kann.

Abstrakte vs. konkrete Maschinen

Abstrakte Maschinen, z.B. Turing-Maschinen bzw. abstrakte IPSe, können in den

---

18* 'Fall' bezieht sich im weiteren auf Problemstellungen, Wissenschaftler, Arbeiten und Vorgehensweisen, als das, was eine Disziplin konstituiert.

19* Es ist offensichtlich, dass die Nicht-Endlichkeit des Bandes einer Turing-Maschine eine konkrete, physikalische Realisierung unmöglich macht. Trotzdem können partielle Realisierungen, das seien solche, die für die meisten interessanten, in der Realität auftretenden Fälle, dem Prinzip der Turing-

unterschiedlichsten Weisen eine (partielle 19*) konkrete Realisierung erfahren: z.B. in konkreten Computersystemen oder, der IP-Hypothese folgend, durch den Menschen bzw. den menschlichen Geist. Während innerhalb der KI eine Tendenz zur Untersuchung konkreter Maschinen vorherrscht 20*, ist für weite Teile der Kognitionswissenschaft, insbesondere der theorie-orientierten, die Beschreibung abstrakter Systeme von primärem Interesse. Die Orientierung an abstrakten Maschinen, der von Kanngiesser (1983 a) durch die Bezeichnung 'Turing-Maschinen-Psychologie' Rechnung getragen wird, beruht auf einem Prinzip von G.A.Miller (1964; p.108) 21*:

(1.10) Millersche These

> Wenn eine Maschine M eines I-Verhaltens ("intelligenten" Verhaltens) fähig ist, dann unterliegt M einem System P von Prinzipien, dem jede Maschine M', die des I-Verhaltens fähig ist, ebenfalls unterliegt.

Für die Kognitionswissenschaft charakteristisch ist nun, dass sich das Erkenntnisinteresse primär auf das System P der zugrundeliegenden Prinzipien richtet; folglich sind alle Maschinen M, die P genügen, als äquivalent anzusehen, und somit von gleicher Bedeutung (für die Erforschung von P). Die Realisierung von M durch ein konkretes M' wird sekundär.

Status von Systemrealisierungen

Wie schon in (1.9) skizziert wurde, können konkrete Realisierungen, d.h. Computersysteme, die ein I-Verhalten erbringen, in zweierlei Hinsicht eingesetzt werden: zum einen zum Zweck der empirischen Überprüfung von Theorien, die das System P der Prinzipien betreffen, zum andereren, um spezielle, intelligenz-erfordernde Aufgabenstellungen zu bearbeiten. Dieser zweite, anwendungs-orientierte Gesichtspunkt ist für die gegenwärtige Entwicklung in der KI charakteristisch. Wenn etwa, aufgrund von Untersuchungen zum menschlichen Sprachverhalten Computersysteme entwickelt werden (siehe hierzu Kap. 2), so ist es naheliegend, diese Systeme real einzusetzen, sei es als Zugangssysteme zu existierenden, konventionellen Systemen, sei es, um neue Arten von Anwendungssystemen bereitzustellen, z.B. mit der Aufgabenstellung der Informationserschliessung aus natürlich-sprachlichen Texten.

Maschinen folgend arbeiten, konstruiert werden. Zum Status von Einwänden, die auf dem Realisierbarkeitsproblem abstrakter Maschinen beruhen, vgl. Kanngiesser (1983 a).

20* Auch durch KI-Wissenschaftler wird zuerst ein abstraktes System untersucht und dies anschliessend in einer konkreten Software- Hardware-Konstellation realisiert; wesentliche Teile der KI-Arbeit werden dann jedoch auf dieser Realisierung durchgeführt.

21* Diese Formulierung des Millerschen Prinzips ist an Kanngiesser (1983 a) angelehnt; dort wird auch eine Modifizierung in Hinsicht auf Prinzipien der Informationsverarbeitung vorgenommen.

Der erste dieser Gesichtspunkte, der der empirischen Überprüfung kognitiver Theorien durch kognitive Simulation, steht im engen Zusammenhang zur Millerschen These (1.10) und zum Turing-Test (vgl. Turing, 1950). Daher ist es angebracht, hier einige Anmerkungen zum Turing-Test 22* zu machen:

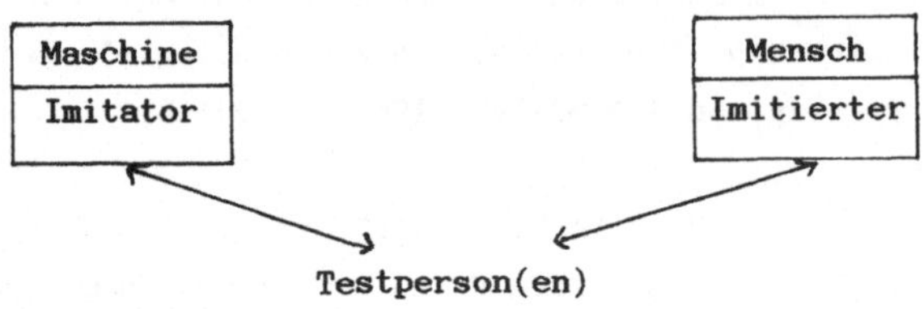

Abb. 1.2. Das Imitationsspiel (Turing, 1950)

Eine Maschine M hat das Imitationsspiel erfolgreich gespielt, wenn sie für eine oder mehrere Testpersonen bzgl. des zur Debatte stehenden Testkomplexes vom menschlichen Spielpartner nicht unterscheidbar ist. (Man beachte, dass in der vorliegenden Beschreibung stets relativ zu einem Aufgabenbereich gespielt, d.h. getestet, wird.) Die für den Wert von kognitiven Simulationen interessante Frage ist dann: "Was sagt der Erfolg im Turing-Test über die Maschine (den Imitator) und den menschlichen Spielpartner (den Imitierten) aus ?". Die Antwort, die sich direkt aus der Millerschen These (1.10) ergibt, lautet:

(1.11) Das I-Verhalten von M – in Bezug auf den im Test untersuchten Aufgaben- bzw. Problembereich – ist vom I-Verhalten des menschlichen Spielpartners, des Imitierten, nicht hinreichend unterscheidbar.

Dieses Ergebnis stützt die Annahme, dass – in Bezug auf den Aufgabenbereich – Mensch und Maschine dem gleichen System P von Prinzipien unterliegen.

Diese Interpretation des Turing-Tests 23* geht insbesondere davon aus, dass eingehendere Untersuchungen, wie bei jedem interessanten Bestätigungs- bzw. Widerlegungsversuch, zu entgegengesetzten Ergebnissen führen können. Darüberhinaus ist wichtig, dass nur Aussagen über zugrundeliegende Prinzipien, nicht aber über interne Ähnlichkeiten (in einem strengeren Sinne) gemacht werden können (s. Abb. 1.3).

22* Der Testaufbau wird als weitgehend bekannt vorausgesetzt. Ich will hier insbesondere auf ein hartnäckiges Missverständnis hinweisen, dem viele Kritiker der KI bzw. des Turing-Tests, z.B. Dreyfus (1979) erlegen sind. Der Turing-Test stellt kein Kriterium für die Entscheidung dar, "ob die Maschine M denken kann"; vielmehr soll durch die Frage: "Besteht die Maschine M das Imitationsspiel, d.h. den Turing-Test ?" die allgemeinere, aber nicht wohlfundierte Frage "Can machines think ?" abgelöst werden (vgl. Turing, 1950). Eine interessante Variante bzw. Erweiterung des 'imitation game' durch ein 'explanation game' wird von Schank (1984) vorgeschlagen.

23* Eine vergleichbare Interpretation findet sich bei Kanngiesser (1983 b) im 'Prinzip 6'.

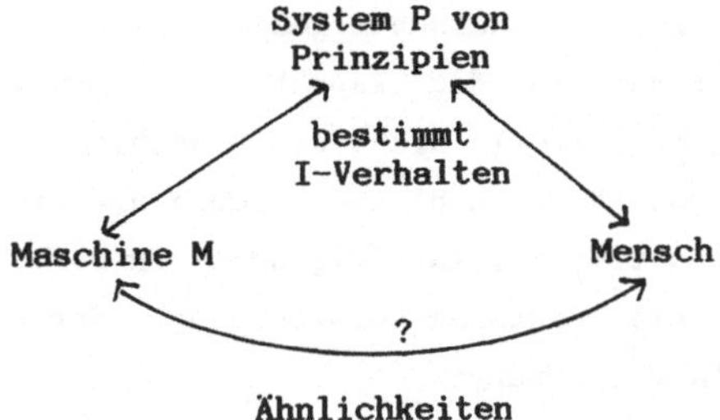

Abb. 1.3: Zur Struktur von Simulationsexperimenten

Um die Maschine M als Realisierung eines kognitiven Modells auffassen zu dürfen, müssen zusätzlich zum beobachtbaren Ein-/Ausgabeverhalten (z.B. im Turing-Test) weitergehende Annahmen über die internen Zustände gemacht werden (siehe hierzu: Pylyshyn 1980; p.117). (Dieser Punkt wird im Zusammenhang mit Wissens- und Bedeutungsrepräsentationen im Kapitel 2.2 ausführlicher behandelt werden.)
Für ein anwendungs-orientiertes KI-System hingegen sind die oben aufgeworfenen Fragen der Interpretation des Turing-Tests irrelevant. Ist der Anwendungsaspekt primär, so ist allein entscheidend, ob das System die ihm gestellten Aufgaben in geeigneter Weise löst. Die hierbei verwendeten Prinzipien dürfen – aus Sicht der anwendungs-orientierten KI 24* – von den Prinzipien der menschlichen Problemlösungsfähigkeiten abweichen. Darüberhinaus kann es sogar wünschenswert sein, ein anderes System von Prinzipien zugrunde zu legen, wenn hierdurch eine Verbesserung des Problemlösungsverhaltens erreicht werden kann 25*.

"Künstliche Intelligenz" – "formalisierte Intelligenz"

Auch wenn die Bezeichnung Künstliche Intelligenz fehlleitend ist (aber, da sie sich etabliert hat, mittlerweile kaum noch zu ändern sein dürfte), kann an ihr ein weiteres Abgrenzungskriterium festgemacht werden. Für die KI charakteristisch ist das Attribut 'künstlich'. Die Konstruktion 'künstlicher' (im Gegensatz zu natürlichen) Systeme ist ein Hauptziel der Arbeiten; oder anders ausgedrückt:

24* 'anwendungs-orientiert' ist hier ein einschränkendes Attribut, kein charakterisierendes.

25* Derartiges Vorgehen könnte man durchaus durch eine zweite Lesart von AI, 'alternative intelligence', beschreiben.

26* Aus ähnlichen Gründen hält Haugeland (1985; p. 255) die Bezeichnung 'Synthetic

'künstlich' ist wirklich als 'vom Menschen gemacht' zu verstehen 26*. Für die Kognitionswissenschaft wichtiger ist der Aspekt der 'formalisierten Intelligenz', bzw. 'simulierten Intelligenz', wobei nicht das 'Machen' (vom Menschen gemacht), sondern das 'Beschreiben' und 'Verstehen' im Vordergrund steht. An dieser Stelle sei noch angemerkt, dass 'Artificial Intelligence' in mancher Hinsicht günstiger gewählt zu sein scheint als die deutsche Entsprechung. Man betrachte hierzu einige der Erklärungen in Webster's Dictionary:

(1.12) artificial: Made or contrieved by art, or by human skill and labor; ....; simulated; fictitious; assumed; ....; not genuine or natural.

Zusammenfassend können die Orientierungen und Tendenzen der beiden Disziplinen bzgl. der oben erläuterten Abgrenzungskriterien in Abb. 1.4 dargestellt werden. Die eindeutigen Fälle liegen an den Polen der jeweiligen Spektren. Die Mischfälle, bei denen eine Einordnung auf gewisse Schwierigkeiten stösst, sind zwischen den Polen angesiedelt.

künstliche	Intelligenz	formalisierte
Anwendungs–	Systeme	Simulations–
konkrete	Maschinen	abstrakte

<-->

Künstliche Intelligenz　　　　　　　　Kognitionswissenschaft

Abb. 1.4: Zum Vergleich KI – Kognitionswissenschaft

Weitere Charakteristika, wie z.B. die Orientierung an ingenieurswissenschaftlichen vs. humanwissenschaftlichen Methoden lassen sich aus dem bisher dargestellten leicht ableiten.

Abschliessend sei eine Einordnung der vorliegenden Arbeit in bezug auf die skizzierten Kriterien vorgenommen: Im weiteren werden abstrakte Maschinen im Vordergrund der Untersuchungen stehen, d.h. es wird keine konkrete Implementierung

---

Intelligence' für treffender.

27* Implementierungen für wesentliche Teile der Konzeption liegen vor; sie wurden in den Projekten "Automatische Erstellung semantischer Netze" und "KIT" am Institut für Angewandte Informatik der TU Berlin durchgeführt.

beschrieben werden 27*. Dementsprechend liegt das Hauptinteresse auf der Suche nach Prinzipien, die sowohl der menschlichen als auch der maschinellen Informationsverarbeitung zugrunde gelegt werden können. Die hierauf basierenden Systeme können sowohl als Simulationssysteme betrachtet werden, als auch als Komponenten von anwendbaren Systemen Verwendung finden. D.h., dass die folgende Arbeit im gemeinsamen Bereich von KI und Kognitionswissenschaft anzusiedeln ist

Ein letztes Wort zur 'Künstlichen Intelligenz': Mir (und den meisten Wissenschaftlern in KI und Kognitionswissenschaft) geht es nicht darum Homunculi zu bauen. Wir möchten beginnen zu verstehen, wie Menschen verstehen.

2. Sprachverwendende und sprachbeherrschende Systeme

Die Fähigkeit, Sprache verwenden, d.h. vermittels Sprache interagieren zu können, gehört unbestrittenermassen zu den herausragenden und charakteristischen Fähigkeiten der Spezies Mensch. Diese These schlägt sich z.B. in Charakterisierungen der Art 1*: "Der Mensch, das sprechende Wesen/Tier" nieder. Eine zweite Argumentationslinie, die in anderer Hinsicht die zentrale Stellung sprachlicher Phänomene herausstellt, kann durch folgende Charakterisierungen skizziert werden: "Der Mensch ist das denkende Wesen.", "Die Sprache ist der Spiegel des Geistes".

Aus diesen - und ähnlichen - Gründen haben Untersuchungen zu Phänomenen natürlicher, menschlicher Sprache seit je her, im Zentrum der Untersuchung menschlicher, intelligenz-erfordernder Fähigkeiten gestanden. Diese Tendenz ist auch in KI und Kognitionswissenschaft anzutreffen, wobei hier (Rosenschein, 1983) auch zwei forschungspraktische Gründe relevant sind:

(2.1) a. Signifikanz der Forschung für die gesamte KI:

Im Rahmen der Arbeiten zu sprachverarbeitenden Systemen sind Aspekte (fast) aller KI-Bereiche zu berücksichtigen, z.B. Repräsentation und Verarbeitung von Wissen, Lernen, Planen, Bildverstehen und räumliche Vorstellungen. Insofern übt der Bereich 'Sprachverarbeitung' motivierenden, problem-generierenden und somit forschungs-auslösenden Einfluss auf die gesamte KI aus. (vgl. Kap. 2.2)

b. Die praktische Relevanz und Einsetzbarkeit:

Sprachverarbeitende Systeme werden in zunehmendem Masse praktisch eingesetzt werden können und müssen. Dies betrifft sowohl den Zugang zu konventionellen Systemen als auch die Verarbeitung natürlicher Sprache in neuen Anwendungszusammenhängen (vgl. Kap. 2.4).

Für die vorliegende Arbeit ist neben den beiden oben aufgeführten Gründen, ein dritter, der subjektive Faktor 2* zu nennen: das Interesse am Phänomen der Sprache als solcher.

Dementsprechend wird, ausgehend von Problemstellungen, die die natürliche Sprache unmittelbar betreffen, deren Verarbeitung das Thema der folgenden Untersuchungen bilden. Dies wird sowohl in Hinsicht auf zu beschreibende und zu erklärende

----

1* Quellen für derartige Charakterisierungen sind so verbreitet, dass hier auf jede Angabe verzichtet wird.

2* Dieser subjektive Faktor, der nicht oft formuliert, aber in der Einleitung von Chomsky (1980) erwähnt wird, sollte für die Forschungspraxis nicht unterschätzt werden.

Phänomene als auch auf die für die Konstruktion natürlich-sprachlicher Systeme zu erfüllenden Anforderungen geschehen. Dabei werden jedoch einige, für den weiteren Aufbau der Arbeit wesentliche Einschränkungen aber auch Erweiterungen vorgenommen:

- Der Schwerpunkt wird auf dem Gebiet der Repräsentation und Verarbeitung von Wissen und Bedeutungen liegen. Weitere linguistische Problemstellungen in einem engeren bzw. traditionelleren Sinne, z.B. die Syntax betreffend, werden nur aus dem Blickwinkel der Wissens- bzw. Bedeutungsrepräsentation z.T. skizzenhaft behandelt werden.

- Obwohl der Gegenstandsbereich die natürliche Sprache im allgemeinen ist, und somit, ein Universalitätsanspruch – wenigstens in Hinblick auf viele der beschriebenen Eigenschaften des IPS – erhoben wird, werden fast ausschliesslich Beispiele des Deutschen behandelt werden.

- Obwohl das Phänomen 'Referenz' (siehe hierzu insbesondere Kap. 2.1 und Kap. 4) allgegenwärtig ist, wird fast ausschliesslich der spezielle Fall der 'Objektreferenz' untersucht werden. Einige Übertragungen auf allgemeinere Fälle, wie z.B. 'Ereignisreferenz' werden in Kap. 7 skizziert werden.

2.1. Vorbemerkungen zur Sprachbeherrschung

Der Begriff bzw. das Konzept der 'Sprachbeherrschung' geht auf Kanngiesser (1983 c, 1984) zurück und wird hier seiner Sichtweise entsprechend verwendet. Bevor dieses Konzept näher erläutert wird, sind einige – "entschuldigende" – Vorbemerkungen angebracht:

- Durch 'Beherrschung' soll nur die Lesart mit entsprechender positiver Konnotation angesprochen werden, die z.B. auch in 'das Klavierspiel beherrschen' zum Ausdruck kommt. Die negative Konnotation, die z.B. in Bezug auf die Befürchtung, dass natürlich-sprachliche Systeme eine Verarmung der Sprache verursachen könnten, durchaus auch einschlägig ist, soll hier nicht diskutiert werden 3*.
- Mit der Verwendung des Verbs 'beherrschen' in Hinblick sowohl auf menschliche als auch auf künstliche, d.h. formale und künstlich hergestellte (also synthetische) Systeme (siehe Kap. 1.3), ist bei mir (und bei Kanngiesser) keine anthropomorphisierende Sichtweise von KI-Systemen verbunden. Das Verb 'beherrschen' betrifft eben gerade die Bedeutungen, die ich im gegebenen Zusammenhang gemeint habe (vgl. auch Humpty Dumpty in der vorangegangenen Fussnote).

Was bedeutet es nun, eine Sprache zu beherrschen? Zum einen benötigt man – als Mensch – Wissen bzw. Kenntnisse 4* verschiedenster Art, z.B. lexikalische, syntaktische, und semantische, zum anderen benötigt man die Fähigkeit, diese Kenntnisse in geeigneter Weise einzusetzen. (Es sei hier nur am Rande erwähnt, dass ein grosser Teil dieses Wissens und dieser Kenntnisse und Fähigkeiten dem Menschen nicht bewusst sind.) Diese Aufteilung in Kenntnisse einerseits und Fähigkeiten, die Kenntnisse einzusetzen, andererseits, die von Kanngiesser (1984) als 'verallgemeinerte Kompetenz-Performanz-Dichotomie' bezeichnet wird, ist auch auf formale Systeme übertragbar; dies führt zur in Abb. 2.1 dargestellten, stark vereinfachten, internen Struktur sprachverarbeitender Systeme 5*.

3* Dieser Problemkreis kann nur durch umfangreiche empirische Untersuchungen mit hinreichender Solidität behandelt werden. Dies wäre eine eigene wissenschaftliche Untersuchung. Als Vorgriff auf derartige Untersuchungen sei hier nur bemerkt, dass die Sprachbeherrschung, im Hinblick auf die negative Konnotation des Begriffs, mit Machtfragen zusammenhängt; hierauf wies, für den Fall der Semantik, schon 1871 Lewis Carroll hin:
"... When I use a word," Humpty Dumpty said, in rather a scornful tone, "it means just what I choose it to mean – neither more or less."
"The question is," said Alice, "whether you can make words mean so many different things."
"The question is," said Humpty Dumpty, "which is to be master – that's all."
(Carroll 1965; p.269)

4* Ich werde im weiteren Wissen und Kenntnisse im wesentlichen als synonym zueinander verwenden. Einige (subtile) Unterscheidungen werden durch den jeweiligen Kontext deutlich werden.

5* Vgl. hierzu Fig. 1 in Kanngiesser (1984), in der schon eine Substruktuierung der Kenntnissysteme vorgenommen wird.

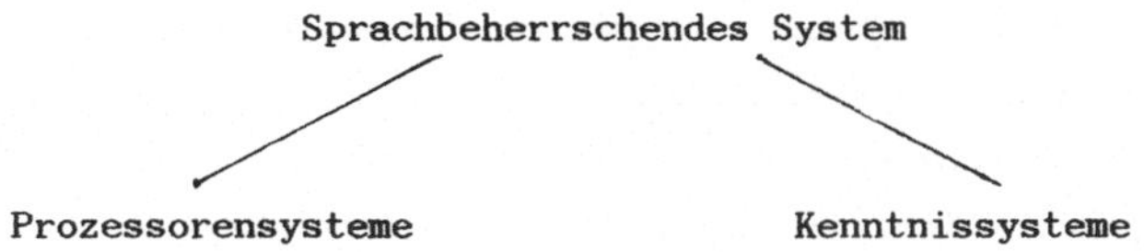

Abb. 2.1: Interne Struktur sprachbeherrschender Systeme

Diese Struktur findet sich implizit auch in den Erläuterungen (1.2) des IPS: die Kenntnissysteme entsprechen Systemen (=Komplexen) von Symbolstrukturen im Speicher/Gedächtnis, die Prozessorensysteme realisieren die Prozessoren des IPS und sind insofern für den Ablauf der komplexen und elementaren Informationsverarbeitungsprozesse zuständig.

Synonym zu 'Kenntnissystem' wird im weiteren 'Wissenssystem' verwendet werden. Diese Sprechweise entspricht der in der KI vorherrschenden Verwendungsweise, wie sie sich z.B. in der Benennung des Teilgebietes 'Repräsentation von Wissen' ('knowledge representation') niederschlägt.

Eines der wichtigsten Charakteristika der oben skizzierten internen Strukturierung sprachbeherrschender Systeme betrifft den Aspekt der Modularität der Systeme einerseits und der Interaktion zwischen den Moduln andererseits.
  - Modularität
    Es wird davon ausgegangen, und hiermit liegt eine wesentliche Gemeinsamkeit zur Denkweise der Chomsky-Richtung der Kognitionswissenschaft vor (vgl. Chomsky (1980), Fodor (1983)), dass sowohl die Kenntnis- als auch die Prozessorensysteme modular aufgebaut sind. Genauer: Einzelne Moduln, die selbst wieder modular aufgebaut sein können, betreffen wohlspezifizierte Kenntnis- oder Prozessoren-bereiche.
  - Interaktion
    Die einzelnen Moduln (beiderlei Typs) sind nicht unabhängig voneinander. So wird die interne Struktur oder das Repräsentationsformat (vgl. Kap. 2.2) eines Moduls von denen anderer Moduln abhängen. Aus der Sichtweise der Prozessorenmoduln bedeutet dies u.a., dass mehrere Moduln während des Ablaufs eines Prozesses miteinander kommunizieren und interagieren können und dass der Zugriff auf mehrere Wissensmoduln erfolgen wird.

Hieraus folgt jedoch nicht, um auf ein im weiteren häufiger behandeltes Beispiel zu verweisen, dass etwa ein Modul für die Bearbeitung definiter Nominalphrasen angenommen wird, sondern es wird davon ausgegangen, dass die Verarbeitung derartiger Phrasen durch die Interaktion mehrerer Moduln erfolgt. Beim gegenwärtigen Stand der Forschung kann nicht angenommen oder behauptet werden, dass die komplexen Modularisierungs- und Interaktionsstrukturen sprachbeherrschender Systeme – auch nur annähernd – bekannt seien; dementsprechend werde ich in der vorliegenden Arbeit auch nicht der Versuch unternehmen, die "Moduln der Referentialität" zu beschreiben. Ziel der Arbeit ist es vielmehr, einige der bei referentiellen Prozessen beteiligten Moduln, insbesondere Wissensmoduln, exemplarisch zu untersuchen.

Bevor ich im folgenden Kapitel 2.2 auf die zentrale Bedeutung der Kenntnis- bzw. Wissensmoduln näher eingehen werde, sollen einige Überlegungen zur Subtypisierung der Kenntnissysteme erfolgen.

Für die KI-Forschung im Bereich sprachverarbeitender, d.h. sprachverwendender und sprachbeherrschender, Systeme charakteristisch ist insbesondere die folgende Grundannahme: Kognitive Prozesse werden nicht nur als informationsverarbeitende, sondern darüberhinaus als informationsbasierte bzw. wissensbasierte Prozesse angesehen 6*. Durch die Unterscheidung 'verarbeitend' – 'basiert' wird betont, dass aus KI-Sichtweise in Sprachverarbeitungsprozessen die Steuerung (Kontrolle) aufgrund von Vorwissen erfolgt. Neben den sprachlichen Wissenssystemen, die traditionell den Forschungsgegenstand der Linguistik ausmachen, finden in der sprach-orientierten KI auch aussersprachliche Wissenssysteme Berücksichtigung. Aussersprachliches Wissen betrifft hierbei u.a. Wissen über spezielle Fakten und generelle Beziehungen in der Welt (eingeschränkter: im Anwendungsgebiet bzw. im Diskursbereich des Systems), die zum Wissensbestand der Mitglieder einer Sprachgemeinschaft gehören, als auch Erfahrungswissen des (menschlichen oder künstlichen) Systems, z.B. Erinnerungen an verarbeitete Texte bzw. geführte Dialoge. Diese Dichotomie ist analog zu den in der kognitiven Psychologie, insbesondere durch (Tulving 1972, 1983), verwendeten Gegensätzen (vgl. Habel (1985 b)):

    episodisches – semantisches Gedächtnis

    autobigraphisches Wissen – mentaler Thesaurus

Sprachverarbeitung, d.h. Verstehen und Produzieren, basiert auf wohldefinierten Beziehungen zwischen Ausdrücken der natürlichen Sprache und deren Bedeutungen; Bedeutungen werden im weiteren (wie in der KI üblich; vgl. Kap. 2.2) mit Bedeutungsrepräsentationen, d.h. Ausdrücken einer Bedeutungs- (oder Wissens-) Repräsentationssprache gleichgesetzt. Als (vereinfachendes) Grundschema

---

6* Im weiteren werde ich, einen intuitiven semantik-orientierten Informationsbegriff zugrundelegend, 'Information' und 'Wissen' häufig parallel verwenden.

sprachverarbeitender Systeme der KI (Winograd 1983) ergibt sich dann (vgl. Kap. 2.2,
2.3) die in Abb. 2.2 dargestellte Architektur.

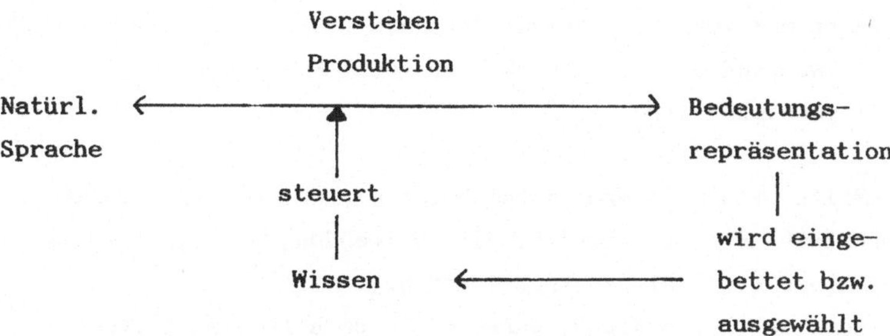

Abb. 2.2: Grundschema sprachverarbeitender KI-Systeme

Der Einfluss von Vorwissen auf den Sprachverarbeitungsprozess soll anhand einiger
Beispiele erläutert werden 7*: So ist zum Beispiel vom Vorwissen, insbesondere vom
Kontext, abhängig, welche der Lesarten von

   (2.2.a) Flying planes can be dangerous.

vom Hörer erschlossen wird (Chomsky 1965;p 21); üblich ist hier die
Gerundiumslesart. Es kann davon ausgegangen werden, dass die syntaktische
Ambiguität vom Hörer normalerweise nicht wahrgenommen wird, obwohl sie, z.B. nach
Hinweis, erkannt werden kann. Anders gelagert ist der Fall bei einer leichten
Abwandlung

   (2.2.b) Flying bees can be dangerous.

In diesem Fall würde der Hinweis auf eine (potentielle) syntaktische Mehrdeutigkeit
beim normalen (nicht linguistisch vorgebildeten) Sprecher/Hörer des Englischen auf
Unverständnis stossen; aufgrund des Wissens (über Bienen) wird nur die Partizipial-
Lesart von (2.2.b) als zulässig angesehen. Entsprechendes Vorwissen in den
Wissenssystemen zu kodieren, ist ohne grössere Schwierigkeiten möglich, indem man
Zulässigkeitsbedingungen für Subjekt und Objekt von 'fliegen' formuliert. Hieraus
ergibt sich eine Abgrenzungsproblematik von 'sprachlichem Wissen' und 'Weltwissen',
insofern nämlich, als die Zulässigkeitsbedingungen mit Wissen über 'Fliegbarkeit von
Objekten' interagieren müssen; die 'Klasse der möglichen Flugmaschinen' ist in einem
der Wissenssysteme zu spezifizieren. Dies kann etwa durch Informationen der
folgenden Art geschehen: 'planes' werden normalerweise als Flugmaschinen, die einen
Agens benötigen, verstanden, und 'bees' als Tiere, die selbst Agens einer

---

7* Ausführlicher werden diese Beispiele in Habel (1985 b) behandelt.
8* Ob derartiges Wissen eher als lexikalisches, also sprachliches, Wissen oder als

Fortbewegung sein können 8*. Welche Objekte gehören nun in diese Klasse? Betrachtet man zusätzlich fiktionale Texte (und denkt etwa an Nils Holgersson) so ist auch für

    (2.2.c) Flying birds can be dangerous.

die Gerundiums-Lesart möglich, im Verlauf der Geschichte des Nils Holgersson sogar die vorzuziehende, während ein Hitchcock-Kenner (im Kontext von "Die Vögel") die Partizipial-Lesart vorziehen wird.

Ein zweites, an Miller (1978b) angelehntes Beispiel, das ebenfalls aus dem Bereich der Ambiguitätsprobleme stammt, betrifft die Verwendung von generellem Weltwissen bei der Referenzanalyse (vgl. hierzu Kap. 4 und 5.).

    (2.3.a) Müllers sahen die Alpen, während sie nach Italien flogen.

Hier kann das Pronomen 'sie' aufgrund von Wissen über Gebirge nur auf Müllers bezogen werden. Analog zu (2.2.a) gelagert ist der Fall

    (2.3.b) Müllers sahen die Kraniche, während sie nach Italien flogen.

'sie' kann hier auf 'Müllers', 'die Kraniche' oder beide bezogen werden; die Entscheidung zwischen den Lesarten kann nur aufgrund der kontextuellen Umgebung getroffen werden.

Entsprechendes Wissen kann auch im Lexikon, etwa durch das Merkmal < - mobil> für geographische Objekte, kodiert werden. Wenn dies geschieht, muss jedoch ein Mechanismus vorhanden sein, der die Inkonsistenz der Mobilitätsmerkmale in

    (2.4) Seit Alfred Wegeners Arbeiten wissen wir, dass sich Südamerika und Afrika
          voneinander wegbewegen.

toleriert.

Aus dem einführenden Beispiel der 'flying objects' kann eine erste Klassifikation der Wissenssysteme, in sprachliche und aussersprachliche, abgeleitet werden. Unter Verwendung von Subtypen (aber ohne nähere Erläuterung) ergibt sich der, in Abb. 2.3

Weltwissen bezeichnet und eingeordnet werden soll, soll hier nicht näher behandelt werden (vgl. Habel 1985 b). Die Entscheidung hängt u.a. davon ab, ob 'Agens' und 'fliegen' als linguistische (im engeren Sinne) oder kognitive Entitäten angesehen werden (vgl. auch Kap. 2.2).

9* Der sprachliche "Ast" der Klassifikation findet sich ähnlich bei Kanngiesser (1984). Die Subklassifikation der aussersprachlichen Systeme folgt der von Tulving (1972, 1983) vorgeschlagenen Einteilung für das Gedächtnis. Man beachte, dass 'semantische Subsysteme' sowohl im sprachlichen als auch im aussersprachlichen Teil auftreten: dies betrifft z.B. die 'Semantik definiter Kennzeichnungen' einerseits und die der hierin auftretenden Konzepte andererseits.

dargestellte Einteilungsvorschlag 9*:

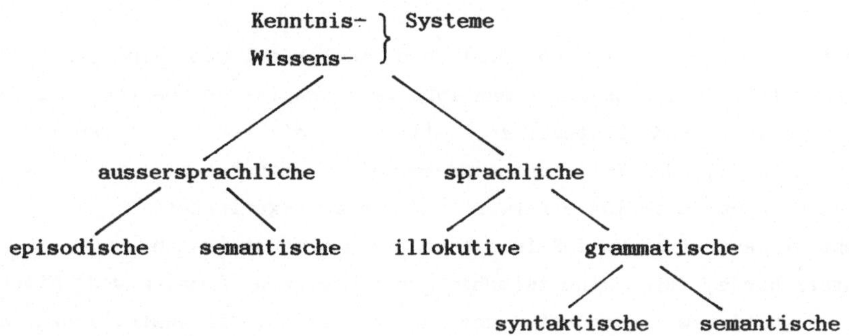

Abb. 2.3: Typen von Wissenssystemen

Diese Klassifikation der Wissenssysteme, die sich in der Modellierung der Wissenssysteme eines sprachverarbeitenden Systems widerspiegeln sollte, ist sicherlich stark vereinfachend und unvollständig. Zum einen sind hier nur exemplarisch einige Subtypen aufgeführt, zum anderen fehlen, und dies wäre für die Interpretation als Modell eines sprachverarbeitenden Systems notwendig, Angaben über die Eigenschaften der Subsysteme und ihrer Interaktionen. Einige dieser Lücken werden in den folgenden Kapiteln geschlossen werden.

2.2. Repräsentationen für Wissen und Bedeutungen

Folgt man dem IP-Paradigma (vgl. Kap. 1.2), d.h. akzeptiert man eine der Varianten der IP-Hypothese (1.6), und betrachtet man infolgedessen sprachbeherrschende Systeme als informationsverarbeitende Systeme, so stellt sich die Frage nach dem Status der symbolischen Strukturen, der Informationsprozesse und der Zustande des IPS (1.3). Die - überwiegend akzeptierte 10* - Antwort auf diese Frage lautet:

(2.5) Die Symbolstrukturen eines IPS fungieren als Repräsentationen,

wobei die Unterschiede, die sich zwischen verschiedenen Schulen und Richtungen innerhalb der Kognitionswissenschaften und der KI auftun, im wesentlichen an der Detaillierung der Antwort in Bezug auf "Repräsentationen für ..." festgemacht werden können; es wird davon ausgegangen, dass die Symbolstrukturen 'mentale' bzw. 'kognitive' Zustände, Konzepte oder Beziehungen zwischen Konzepten repräsentieren 11*. Unter dieser Sichtweise kann ein geeignetes, spezielles IPS, hier im Sinne eines formalen Systems, als Modell eines Sprecher-Hörers, d.h. eines natürlichen sprachverstehenden und sprachbeherrschenden Systems, angesehen werden.

In einem nächsten Schritt betrachte man nun dieses natürliche sprachbeherrschende System selbst. Was sind eigentlich mentale bzw. kognitive Zustände? Oder anders ausgedrückt; repräsentieren etwa auch mentale Zustände etwas? Auch hier liegt die Antwort nahe: Mentale Zustände repräsentieren u.a. die Annahmen 12* des Sprecher-Hörers über die Welt, genauer, die Welt wie sie ist, wie sie war, sein wird oder sein könnte. Ein wesentliches Problem dieser Beziehung zwischen mentalen Zuständen und der 'realen Welt' besteht bekanntermassen darin, dass Menschen häufig Annahmen treffen, die mit der Realität nicht übereinstimmen. Dies geschieht nicht nur bei Schlussfolgerungen, sondern kann auch in der Wahrnehmung auftreten. Wo nun die Ursache derartiger Diskrepanzen liegt, ist ein gesondertes Problem: wichtig ist,

---

10* Eine Kritik an einer repräsentationellen, Interpretation der Zustände eines IPS findet sich bei Stich (1983), der stattdessen eine 'Syntactic Theory of the Mind' vorschlägt. Aber auch diese Sichtweise, die dem in den folgenden Kapiteln vorgestellten Ansatz verwandt ist, ist m.E. ebenfalls repräsentationell. Stichs Einwände richten sich dagegen, dass mit einer echten Repräsentation auch eine echte Stellvertreterfunktion in Bezug auf 'Inhalte', verbunden sein müsse, was in der Kognitionswissenschaft und KI nicht der Fall sei bzw. sein könne. Siehe hierzu auch Stichs Kommentar zu Pylyshyn (1980) in: Behaviorial and Brain Sciences 3; p.152.

11* Vgl. hierzu etwa Chomsky (1980), Pylyshyn (1980), Fodor (1983) und Stich (1983) aus Richtung der Kognitionswissenschaft und Schank/Abelson (1977), Schank (1982) und Winograd (1983) als Vertreter der KI. Da eine ausführliche Würdigung dieser Punkte den Schwerpunkt der vorliegenden Arbeit erheblich verändern würde, wird auf eine detaillierte Diskussion verzichtet. Die hier verwendete Auffassung zu 'Repräsentationen' wird dennoch in den folgenden Kapiteln hinreichend verdeutlicht werden.

12* An dieser Stelle soll noch der neutrale Begriff 'Annahme' verwendet werden; alternative Bezeichnungen, die mit zahlreichen Konnotationen belastet sind, wären: 'Wissen', 'Kenntnisse', 'Glauben'.

dass sie vorhanden sind und daher auch in die Behandlung des Phänomens der Sprachbeherrschung Eingang finden müssen 13*. Aus diesem Grunde ist es günstig eine weitere Ebene von Objekten, – vermittelnd – zwischen der realen Welt und den mentalen Zuständen, anzunehmen: die projizierte Welt 14*. Hiermit sei die Welt bezeichnet, wie sie vom Menschen erfahren wird, wobei sowohl Wahrnehmungs- als auch Kommunikationsprozesse an der Konstituierung der projizierten Welt beteiligt sind. Die bisher beschriebenen Repräsentations- und Modellierungsbeziehungen sind in der linken Hälfte von Abb. 2.4 dargestellt.

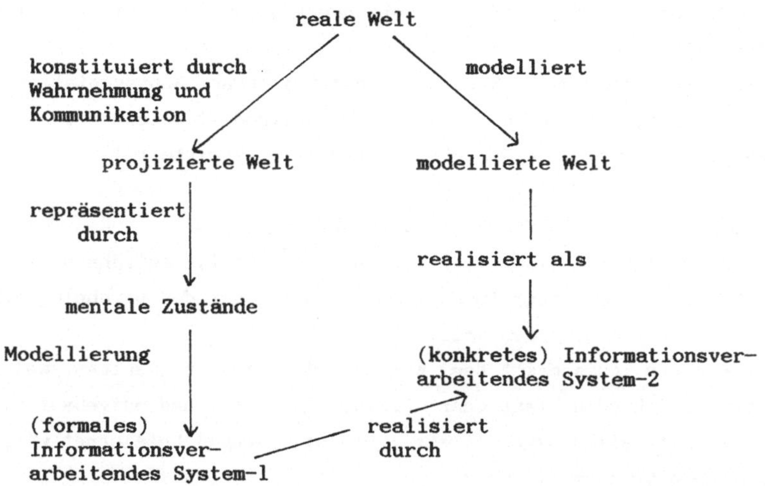

Abb. 2.4: Zur Beziehung: Welt – IPS

Betrachtet man den gleichen Problembereich der Beziehung zwischen realer Welt und Modellierungen in Computersystemen aus Sicht der Informatik, so ergibt sich, beim informatischen Vorgehen, die in der rechten Hälfte von Abb. 2.4 dargestellte Konstellation, wobei wichtig ist, dass der Modellierungs- und der Repräsentationsschritt durch den menschlichen Systementwickler durchgeführt werden.

Die Beziehungen zwischen den Repräsentations- und Beziehungsebenen werden dadurch zu einem Kreis geschlossen (siehe Abb. 2.4), dass zusätzlich, durch KI-Einfluss das formale IPS-1, das als Modell eines Sprecher-Hörers aufgefasst werden kann, in einem konkreten IPS-2 eine Realisierung erfährt, und insofern als Simulationsmodell

---

13* Dieses Problem der Beziehung zwischer realer Welt und den Vorstellungen, die sich ein Mensch von der Realität macht, werde ich in der vorliegenden Arbeit ausklammern.

14* Diese Benennung lehnt sich an Jackendoffs (1983) 'projected world' an.

fungieren kann. Ausserdem muss hier darauf hingewiesen werden (vgl. auch Kap. 2.3),
dass durch Interaktion zwischen System und Umfeld, etwa durch den Einsatz natürlich-
sprachlicher Zugangssysteme oder durch Visionsysteme, einige der
Modellierungsaufgaben, die im traditionellen Informatikansatz von Systementwicklern
durchgeführt werden, auf das Computersystem verlagert werden können. Mit anderen
Worten: auch für (konkrete) IPSe werden Projizierungsphänomene einschlägig, insofern
nämlich, als auch diese über eine Projektion der Realität verfügen und über dieser
operieren. Berücksichtigt man die oben ausgeführten Überlegungen zur Klassifikation
von Wissenssystemen (Kap. 2.1, insbesondere Abb. 2.3) einerseits und zur Beziehung
zwischen der realen Welt und IPSen (Abb. 2.4) andererseits, so ist hierdurch eine
innerhalb der Untersuchungen zur Sprachverarbeitung weitverbreitete
Bezeichnungsweise gerechtfertigt:

(2.6) Sei IPS ein sprachbeherrschendes System. Die IPS-interne Repräsentation der
     realen, bzw. der projizierten Welt, wird als Weltmodell bezeichnet. (Das
     Modell der realen Welt wird über die projizierte Welt vermittelt.)

Einige Variationen und Spezialisierungen in der Bezeichnungsweise, die für die
weiteren Untersuchungen wesentlich sind, will ich an dieser Stelle aufführen:
 - Johnson-Laird (1980, 1983) bevorzugt 'mental model' womit auf den psychologischen
   Status des Konzeptes verwiesen werden soll.
 - Betrachtet man nur einen Ausschnitt des Weltmodells, etwa denjenigen, welcher
   durch einen Diskursbereich (d.h. Text oder Dialog) aktiviert und aufgebaut wird,
   so kann dieser Ausschnitt als Diskurs- (Text-, Dialog-) Modell bezeichnet werden;
   vgl. z.B. Johnson-Laird/Garnham (1980).
Weltmodelle sind sicherlich keine statischen Strukturen; sie sind Veränderungen
unterworfen. Der für die vorliegende Arbeit wesentliche Spezialfall ist der des
Aufbaus und der Veränderung von Weltmodellen durch Kommunikation, d.h. insbesondere
durch natürlichsprachliche Mitteilungen. Aus diesem Grunde sei hier an das
semiotische Dreieck (Abb. 2.5) von Ogden/Richards (1923) erinnert 15*.

Einen entsprechenden Aufbau weist Blackburns (1984; p.3) Dreiecksbeziehung von
philosophischen Theorien innerhalb der Sprachphilosophie auf, die in Abb. 2.6
dargestellt ist 16*.

15* Nach der deutschen Ausgabe (1974; p.18); "Die Bedeutung von Bedeutung".
    Suhrkamp: Frankfurt a.M.
16* Angelehnt an Blackburn (1984; p.3, Fig. 1).

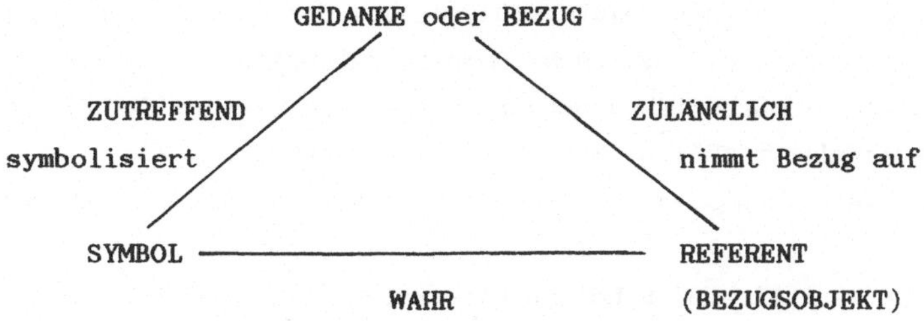

Abb. 2.5: Semiotisches Dreieck

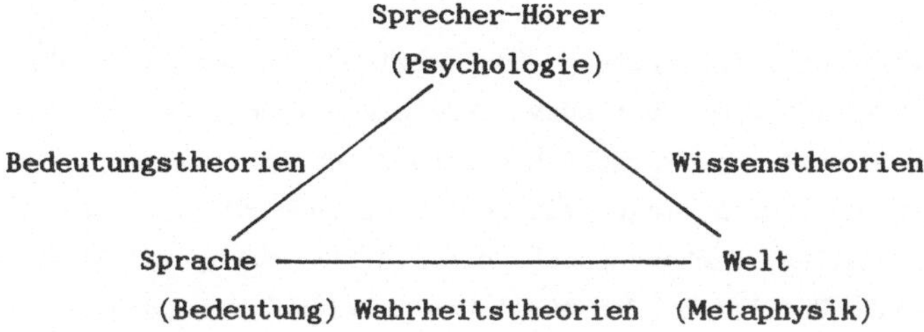

Abb. 2.6: Philosophie der Sprache

Anschaulich gesprochen, laufen im Sprecher-Hörer Wissen und Bedeutungen zusammen; vom Standpunkt der KI betrachtet rechtfertigt dieser philosophische Zusammenhang zwischen Wissenstheorie und Bedeutungstheorie, dass Repräsentationen für Bedeutungen und Wissensrepräsentationen als zwei Seiten derselben Medaille angesehen werden. Oder anders ausgedrückt (s.u.): Bedeutungsrepräsentationen und Wissensrepräsentationen sind in Bezug auf ihre Syntax und Semantik identisch, sie unterscheiden sich in Hinsicht auf ihre Funktion innerhalb des IPS.

Ich kehre nun zur Betrachtung der sprachverarbeitenden IPSe zurück. Geht man von einem vorgegebenen Zustand z.0, des IPS aus, der insbesondere ein Weltmodell WM(z.0) beinhaltet, so kann die durch Kommunikation, d.h. durch die sprachliche Mitteilung eines Textes T hervorgerufene Veränderung in erster Näherung wie folgt beschrieben werden:

(2.7) Repr(z.0,T) := Bed (T, WM(z.0)),

  d.h. die Repräsentation, die für den Text T erstellt wird, seine "Bedeutung", ist abhängig vom Text und dem Weltmodell im Zustand z.0.

  WM(z.1) := Integr (Repr (z.0,T), WM(z.0))

  d.h. das resultierende Weltmodell entsteht durch Integration der Bedeutungsrepräsentation von T in das alte Weltmodell.

Diese Schematisierung der Veränderungsvorschläge, bei der Zustandsänderungen durch externe Stimuli, nämlich Texte, verursacht werden, entspricht offensichtbar dem in Abb. 2.2 dargestellten Grundschema sprachverarbeitender Systeme der KI. Um diese Schematisierung mit Inhalt zu füllen, muss geklärt werden,

- wie Bedeutungen kontextabhängig, d.h. und damit WM-abhängig, zugewiesen werden können, und

- wie Bedeutungsrepräsentationen in Weltmodelle integriert werden.

Beide Problembereiche stellen, in Bezug auf den Spezialfall der Objektreferenz, das Thema der Kap. 4–6 dar.

An dieser Stelle sei auch auf eine weitere Unzulänglichkeit der Schematisierung (2.7) hingewiesen. Sie betrifft die Zustandsveränderung aufgrund externer Stimuli betrifft. Solange ein Modell der Sprachbeherrschung darauf beruht, dass die mentalen Zustände (WMe) nur durch linguistische (oder andere, äussere) Stimuli verändert werden können, fallen "Denkprozesse", die z.B. in Bezug auf menschliches Verhalten durch Reflektion, Überlegen oder Ähnlichem bezeichnet werden können, aus dem Rahmen der Untersuchungen. Um auch derartige Denkprozesse behandeln zu können, gehe ich im weiteren davon aus, dass ein zusätzlicher wichtiger Typ von informationsverarbeitenden Prozessen existiert, die als inferentielle Prozesse bezeichnet werden:

(2.8) Inferentielle Prozesse sind Transformationsprozesse über Bedeutungsrepräsentationen und Weltmodellen.

Inferentielle Prozesse können auch ablaufen ohne notwendigerweise von externen Stimuli ausgelöst worden zu sein; insbesondere können ihre Resultate als interne Stimuli Veränderungen des WMs hervorrufen, die den in (2.7) beschriebenen entsprechen. Bevor auf das Konzept der 'inferentiellen Prozesse' (am Ende des vorliegenden Kapitels 2.2) näher eingegangen werden kann, sollen jedoch noch zwei Themenkomplexe angesprochen werden, den Bereich der Zustandsfolgen und allgemeiner das Konzept 'Wissen' betreffend.

Die Menge Z der Zustände ist geordnet und nicht endlich 17*. Darüberhinaus sei für das weitere angenommen, dass Z diskret sei; hierdurch bereitet es nun keine Schwierigkeiten mehr, falls z.i und z.j zwei Zustände sind, wobei z.j der Folgezustand zu z.i ist, der durch einen Text T verursacht wurde, weitere nicht durch externe Stimuli hervorgerufene Zustände zwischen z.i und z.j anzunehmen.

17* Die Annahme der Nichtendlichkeit ist eine prinzipielle Annahme vergleichbar mit der der Nichtendlichkeit natürlicher Sprachen. Sie widerspricht nicht der offensichtlichen Tatsache, dass ein konkretes IPS, etwa der Mensch, während seiner Lebenszeit nur endlich viele Informationszustände durchlaufen wird.

Dieses sind genau die Zustände, die während des Ablaufs inferentieller Prozesse, speziell des Integrationsprozesses aus (2.7), vom System angenommen werden 18*.

Im weiteren werde ich überwiegend Weltwissen behandeln, d.h. über Wissenssysteme, die als Weltmodelle aufgefasst werden können, sprechen; wenn im folgenden 'Wissen' betrachtet wird, ist daher in der Regel Weltwissen gemeint. Wenn andere Wissenssysteme gemeint sind, werde ich dies explizit durch Attribute kennzeichnen. Viele der in den folgenden Abschnitten durchgeführten Überlegungen sind ausser auf Weltwissen auch auf die anderen Wissenstypen anwendbar.

Der Wissensbegriff der KI und der Kognitionswissenschaft (vgl. Barr, Feigenbaum (1981) zu Repräsentation von Wissen) unterscheidet sich von dem der Logik und Philosophie insbesondere in den folgenden Punkten:
- Im Mittelpunkt der Untersuchungen steht 'Wissen über' (und nur sekundär 'Wissen, dass').
- 'Wissen' betrifft auch: unsicheres Wissen, unvollständiges Wissen, ...
- Die Verarbeitung von Wissen, d.h. die Veränderung von Wissenssystemen, und die Verwendung dieser Systeme ist das wesentliche Thema der Forschung.

Hieraus ergibt sich u.a., dass unter Wissen auch solche Einstellungen (Überzeugungen) fallen, die aus einer strengeren bzw. einschränkenderen, philosophischen Sichtweise nicht durch 'wissen, dass ...' sondern durch 'glauben, dass ...', 'es ist evident, dass ...' oder 'es ist vernünftig anzunehmen, dass ...' bezeichnet werden 19*. In Sprechweise der KI ist das Wissen eines Systems (sei es ein Mensch oder eine Maschine) die (strukturierte) Gesamtheit seiner Überzeugungen (vgl. Morik 1982).

Aufgrund des oben genannten ist es offensichtlich, dass das Wahrheitskriterium, wie es sich in vielen philosophischen Analysen findet, etwa in Formulierungen der Struktur

(2.9) "S weiss p" gdw.

    (i) p ist wahr,

    (ii) S glaubt p,

    (iii) S hat gute Gründe, p zu glauben.

      ('S' steht für 'Subjekt' oder 'System'.)

18* Eine ausführliche Erläuterung des hier skizzierten Zustandskonzeptes findet sich in Habel (1985 a).

19* Aus der umfangreichen erkenntnistheoretischen Literatur, die zu diesem Punkt und somit für die hier skizzierten Probleme relevant ist, seien beispielhaft genannt: Chisholm (1979), Lehrer (1974, 1981), Levi (1980).

auf KI-Wissen nicht anwendbar ist; vgl. hierzu auch die Darlegungen von Kanngiesser (1984).

Das Hauptproblem bei der Verarbeitung von Wissen besteht - wie oben dargelegt wurde - in der Integration neuen Wissens in den existierenden Wissensbestand. Gerade in diesem Bereich, der insbesondere die Problematik von Revisionen von Überzeugungen und somit von Rechtfertigungen, Begründungen und Evidenzen beinhaltet, liegen die wichtigsten Beziehungen zwischen philosophischen Untersuchungen und denen der KI (im Bereich des Phänomens 'Wissen').

Eine Tendenz innerhalb der Erkenntnistheorie, die sich in den letzten Jahren verstärkt hat, geht dahin, dass die Analyse von 'wissen' nicht bzgl. 'glauben', sondern bzgl. 'akzeptieren' aufgebaut wird (Chisholm 1979, Lehrer 1981). Der Hauptgrund für diesen Wechsel liegt darin, dass 'akzeptieren' eine Handlung ist, 'glauben' jedoch nicht. Hieraus folgt für eine auf 'akzeptieren' basierende Wissensanalyse, dass 'wissen' eine - bewusste oder unbewusste - Entscheidung voraussetzt, nämlich bzgl. 'p' eine der Handlungen (vgl. Lehrer 1981)

  (2.10) 'p' akzeptieren

          'non-p' akzeptieren

          sich weigern, 'p' zu akzeptieren.

durchgeführt zu haben.

Entsprechendes gilt auch für die Wissenssysteme, insbesondere Weltmodelle, innerhalb eines formalen oder künstlichen IPS 20*. Jedesmal, wenn dem System S eine Proposition 'p' zur Integration in den Wissensbestand angeboten wird, sei es, dass

  (2.11) - 'p' explizit eingegeben wird, z.B. via Äusserung in natürlicher Sprache,

          - 'p' wahrgenommen wird, etwa durch (visuelle) Perzeptionskanäle,

          - 'p' inferentiell erschlossen wird,

sollte S prüfen, ob 'p' zu akzeptieren ist; d.h. S sollte eine Entscheidung bzgl. (2.10) fällen 21*. Wie sind derartige Entscheidungen zu treffen? Eine gemeinsame Antwort von Philosophie und KI lautet (vergröbert):

20* Als exemplarisch innerhalb der KI-Forschung kann Doyle (1979) angeführt werden.

21* Der gegenwärtige Stand der KI-Forschung, bzw. der KI-Systeme, ist hiervon noch (weit ?) entfernt; nur in wenigen Fällen wird eine derartige Entscheidung explizit getroffen. Viele KI-Systeme akzeptieren fast "unbesehen", was ihnen an Information angeboten wird. Die Last der "Qualitätsprüfung" bleibt weitgehend dem Systementwickler oder dem Benutzer überlassen. Wesentliche Ausnahmen sind insbesondere im Bereich des maschinellen Lernens zu finden (vgl. Cohen, Feigenbaum 1982, chap. XIV und Michalski, Carbonell, Mitchell 1983). Dieser Stand der Dinge darf jedoch nicht überraschen. Man bedenke, welche Schwierigkeiten Menschen beim Erwerb neuen Wissens haben, und wie häufig Menschen nicht in der Lage sind, eine vernünftige Begründung für ihre Überzeugungen zu geben. Abgesehen von dieser "empirischen Entschuldigung" sei darauf hingewiesen, dass auch ausserhalb der KI keine voll befriedigenden Theorien des rationalen Akzeptierens existieren.

(2.12)   S sollte p akzeptieren, falls es

> (i) nützlich ist, p zu akzeptieren, d.h. p informativ und relevant ist,
>
> (ii) vernünftiger ist, p zu akzeptieren, als irgendeinen Rivalen von p zu akzeptieren.

Das zweite Kriterium trifft man auch in den traditionellen Analysen von 'Wissen' an, d.h. denjenigen, welche die Wahrheitsbedingung (2.9.i) enthalten. In (2.9.iii) ist es mit Bezug auf 'gute Gründe' formuliert. Was kann bzw. soll nun als 'guter Grund' gelten? Diese Frage – wenigstens partiell – zu beantworten ist für jede Theorie zu sprachbeherrschenden Systemen, also auch für die in dieser Arbeit vorgelegte, ein zentrales Anliegen. Und zwar deswegen, weil nur unter Auswertung der 'guten Gründe' Veränderungen des Wissensbestandes, insbesondere des Weltmodells, durchgeführt werden können. Man beachte, dass diese Grundannahme nicht einfach dadurch widerlegt werden kann, dass in der Realität häufig Fälle auftreten, in denen Wissensveränderungen später revidiert werden müssen. Die Gründe, die man als gut angesehen hat, können sich eben später als schlechte Gründe erweisen, oder von vornherein von anderen Personen als unvernünftig angesehen werden.   Trotzdem soll hier davon ausgegangen werden, dass zum Zeitpunkt des Akzeptierens (2.12) die Gründe vom System S als hinreichend gut bewertet wurden.

Eine für die weiteren Überlegungen wichtige Typisierung von guten Gründen, die sich auf Typen von 'Wissensquellen' stützt, wurde in (2.11) skizziert. Diese Einteilung hat eine frühe historische Entsprechung in der 1768 von Leonard Euler vorgelegten Klassifizierung von Wahrheiten 22*.   Euler akzeptiert Beweisführungen bzw. Argumentationen der folgenden Klassen (zitiert nach Kanngiesser 1984; p.28–29):

(2.13) a. Zeugnisse der Sinne:

> "... und ich sage: diese Sache ist wahr, weil ich sie gesehen habe, oder weil ich durch meine Sinne davon überzeugt bin."

     b. logische Gründe:

> "... wenn ich sie durch einen richtigen Schluss oder durch reguläre Syllogismen demonstrieren kann."

     c. durch Kommunikation vermittelt:

> "Die Sache ist wahr, denn eine oder mehrere glaubwürdige Personen haben sie uns versichert."

22* An dieser Stelle möchte ich S. Kanngiesser danken, der mich auf den Zusammenhang der Eulerschen Überlegungen mit der oben, in (2.11) skizzierten, Einteilung, aufmerksam gemacht hat. In Kanngiesser (1984) wird eine auf den Eulerschen Prinzipien basierende Wissenstheorie für sprachbeherrschende Systeme entwickelt. Auf dieser wird im folgenden aufgebaut werden.

In der KI spielen gegenwärtig die Gründe der ersten Art, (leider) keine oder nur eine geringe Rolle. Solange die Fähigkeiten der Wahrnehmung und direkten Interaktion mit der realen (Um–)Welt noch so beschränkt sind, wie es zum heutigen Zeitpunkt der Fall ist, können Zeugnisse der Sinne von künstlichen IPSen nur in geringem Umfang verwendet werden 23*. Für künstliche sprachverstehende Systeme kommen also – derzeit – nur die Gründe der zweiten und dritten Art in Betracht. Auf zwei wichtige, für die Modellierung natürlicher und die Konstruktion künstlicher IPSe entscheidende Aspekte bei der Bearbeitung dieser 'Wissensbegründungen' sei hier schon hingewiesen 24*:

- Neben logischen Schlüssen sind auch nicht-logische Schlüsse zu akzeptieren. Diese betreffen insbesondere regelhafte Beziehungen in der Welt. (Vgl. Kap 2.3)
- Wenn aufgrund von Kommunikation Wissen aufgebaut oder verändert werden soll, muss, wie in (2.13.c) formuliert wurde, die Glaubhaftigkeit des Kommunikationspartners berücksichtigt werden können. Dies bedeutet insbesondere, dass dessen Kompetenz, "Wahrheitsliebe" (aber auch weitere Eigenschaften) erkannt, bewertet und erinnert werden müssen 25*.

Nachdem ich hier eine erste Systematisierung von Wissensbegründungen durchgeführt habe, soll eine für den weiteren Gang der Untersuchung im speziellen und die KI im allgemeinen wichtige, vorerst intuitive, Typisierung von Wissen (über die Welt) vorgenommen werden 26*:

(2.14) Welt = Welt, wie sie ist, war oder sein wird, wie sie vom IPS wahrgenommen
            (vgl. projizierte Welt) bzw. durch Schlussfolgerungen angenommen wird.
            (Somit: reale oder fiktive Welten)

    a. Faktuelles Wissen betrifft Zustände der Ereignisse, Handlungen und Situationen in der Welt. (Vgl. auch Kap. 7.1)

    b. Regelwissen (bzw. regelhaftes Wissen) betrifft regelmässige, gesetzmässige, systematische Beziehungen zwischen Zuständen, Ereignissen, Handlungen und Situationen in der Welt.

    c. Objektwissen betrifft Objekte und Klassen, d.h. das Inventar der Welt.

23* Die Arbeiten im Bereich 'Vision' (bildverstehender Systeme) stellen den Anfang in der Richtung dar, die eingeschlagen werden sollte. Obwohl schon zahlreiche interessante Ergebnisse vorliegen, muss gesagt werden, dass unser Verständnis für die Phänomene der visuellen Wahrnehmung noch gering sind. Insbesondere die Beziehung zwischen Sprache und visueller Warhnehmung ist noch wenig untersucht; vgl. hierzu jedoch Neumann (1984).

24* Ausführlicher werden diese Punkte in den Kapiteln 2.3 und 5.2 wieder aufgenommen werden.

25* Derartige Probleme werden neben anderen in Untersuchungen zur 'Partnermodellierung' behandelt. Vgl. hierzu: Morik (1982), Morik/Rollinger (1983).

26* Eine formale Explikation dieser "Dreiteilung des Welt-Wissens" wird in Kapitel 3 erfolgen. Die Klärung der in (2.14) verwendeten Begriffe innerhalb der Konzeption der vorliegenden Arbeit und die Beziehungen zu anderen Ansätzen aus Informatik, Linguistik, Philosophie, Logik und Psychologie wird sich über die restlichen Kapitel erstrecken.

Während die Typen a. und b., faktuelles und regelhaftes Wissen, zum Standardinventar der Wissens- und Bedeutungsrepräsentation in der KI und der Kognitionswissenschaft gehören, ist die Annahme eines eigenständigen Wissenstyps 'Objektwissen' weniger verbreitet, wird sogar zum Teil als überflüssig und daher nicht sinnvoll angesehen. Gerade dieser dritte Typ, stellt das Schwerpunktthema der vorliegenden Konzeption für IPSe dar. In den Kap. 4-7 wird dafür argumentiert werden, dass nur unter Verwendung von expliziten Objektwissensrepräsentationen eine adäquate Beschreibung und Erklärung der Sprachbeherrschungsprozesse erfolgen kann.

Wie aus den bisherigen Darstellungen dieses Kap. 2 deutlich geworden sein dürfte, sind Wissens- und Bedeutungsrepräsentationen, bzw. Welt- und Diskursmodelle, der Dreh- und Angelpunkt von sprachbeherrschenden Systemen, und zwar insbesondere in Bezug auf die drei in diesem Zusammenhang wichtigen komplexen Informationsverarbeitungsprozesse:

(2.15) Wissens- und Bedeutungsrepräsentationen sind

     - Voraussetzung und Ziel des Sprachverstehens

     - Ausgangspunkt der Sprachproduktion

     - Ausgang und Ziel (interner) Schlussfolgerungen

Dieser Zusammenhang ist bildhaft in Abb. 2.7 dargestellt. Man beachte, dass Abb. 2.7 - in gewisser Hinsicht - als isomorph zu Winograds (1983; p.15, Fig.1-4) Schema sprachverarbeitender Systeme, und zur modifizierten Version dieses Schemas Abb. 2.2, angesehen werden kann.

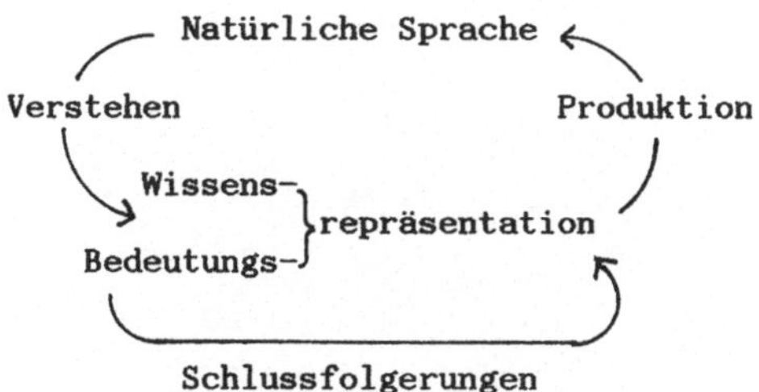

Abb. 2.7: Die zentrale Stellung von Wissensrepräsentationen

Aus dieser zentralen Position der Repräsentationen ergeben sich zwei für die Forschung im Bereich sprachbeherrschender Systeme zentrale Fragestellungen:

(2.16) a. Welche syntaktischen und semantischen Eigenschaften müssen adäquate Repräsentationsformalismen (für Wissen und Bedeutungen) besitzen?

      b. Wie werden derartige Repräsentationen erstellt und bearbeitet?

Die erste dieser Fragen, die ich im weiteren als die Frage nach geeigneten 'Repräsentationsformaten' bezeichnen werde, wird in der vorliegenden Arbeit vorrangig behandelt werden. Diese Prioritätsentscheidung ist berechtigt 27*, da zuerst die Existenz eines adäquaten Repräsentationsformalismus gesichert werden sollte und erst dann mit entsprechenden Repräsentationen gearbeitet werden kann. Negativ formuliert: der Versuch, mit inadäquaten Repräsentationen adäquate Realisierungen von Informationsverarbeitungsprozessen erreichen zu wollen, ist zum Scheitern verurteilt. Diese Entscheidung für das weitere Vorgehen, nämlich primär die Ebene der Repräsentationen in den Vordergrund der Untersuchungen zu stellen, besagt nicht, dass die beiden Fragen aus (2.16) unabhängig voneinander angegangen werden können. Adäquatheitsanforderungen an den Repräsentationsformalismun ergeben sich gerade aus der Verwendung der Repräsentationen in den wichtigen Informationsverarbeitungsprozessen, siehe (2.15). Daher werden die Eigenschaften referentieller Netze, des Repräsentationsformalismus für die Darstellung von Objektwissen, in den Kap. 5-6 über Anforderungen aus den Bereichen Sprachverstehen, Sprachproduktion und Schlussfolgerungen motiviert und begründet werden.

27* Eine vergleichbare Argumentation in Bezug auf die 'logical form' findet sich in May (1983).

2.3. Repräsentationssprachen

Im vorigen Kapitel 2.2 ist die zentrale Stellung der Wissens- und Bedeutungsrepräsentation (WB-Repräsentation) für die Beschreibung und Konstruktion sprachbeherrschender Systeme nachgewiesen worden. Es stellt sich nun die Frage, wie derartige Repräsentationen zu formulieren sind. Die erste Antwort, die sich direkt aus der Definition (1.2) für IPS ergibt, ist: durch Symbolstrukturen. Diese Sichtweise führt dazu, WB-Repräsentationen als sprachliche Ausdrücke aufzufassen, und daher Wissensbestände und somit Weltmodelle, als Mengen bzw. Strukturen über Ausdrücken der WB-Repräsentationssprache zu betrachten 28*.

Da der Auswahl der geeigneten Repräsentationssprache in Bezug auf die Leistungsfähigkeit einer Theorie sprachbeherrschender Systeme grundlegende Bedeutung zukommt, will ich hier noch einmal auf die Ausgangssituation, in der die Entscheidungen über die Wahl des Repräsentationsformats zu treffen sind, zurückkommen. Diese ist - leicht vergröbert - in Abb. 2.8 dargestellt.

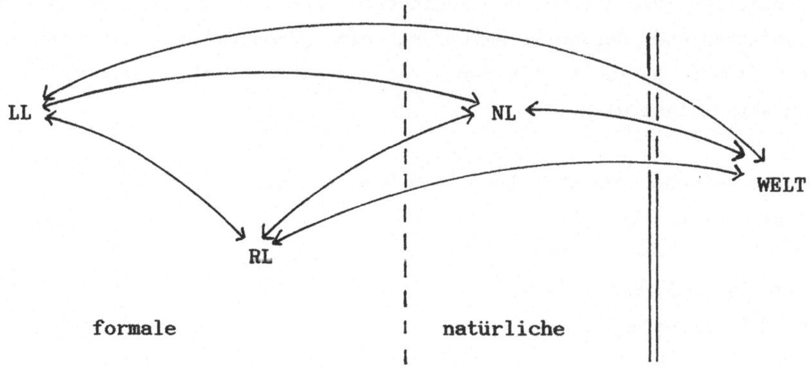

Abb. 2.8: Beziehungsnetz der Repräsentationssprachen

Einerseits existiert die reale Welt, bzw. ein Ausschnitt der realen Welt, der unter gewissen Aufgaben- und Problemstellungen dargestellt und bearbeitet werden soll, andererseits stehen verschiedene Repräsentationssprachen zur Verfügung, mit denen der Weltausschnitt verschieden genau und verschieden adäquat beschrieben werden

---

28* Die Verwendung von Strukturen statt Mengen ist darin begründet, dass zwischen einzelnen Wissensentitäten für die Bedeutung relevante Beziehungen existieren, die repräsentiert werden sollten.
Aus formaler Sichtweise können Strukturen, z.B. Netze, die etwa Verweise darstellen, natürlich als Mengen aufgefasst werden.

kann, die somit in unterschiedlicher Weise als geeignet angesehen werden können, um
als Grundlage eines IPS zu fungieren.

Unter den "Repräsentationssprachen" (in einem generellen, nicht KI-spezifischen
Sinn) nehmen die natürlichen Sprachen (NL) eine Sonderstellung ein, insofern
nämlich, als sich natürliche Sprachen als besonders adäquat herausgestellt haben,
die Welt, so wie sie ist oder besser, wie sie von Menschen erfahren wird, zu
beschreiben 29*. Die Adäquatheit von formalen Repräsentationssprachen sollte daher
u.a. daran gemessen werden, inwieweit Phänomene natürlicher Sprachen im jeweiligen
Repräsentationsformalismus (der KI) berücksichtigt werden können.
Repräsentationssprachen (RL) der KI stehen somit zur projizierten Welt sowohl in
einer direkten Repräsentations-Beziehung, als auch in einer indirekten, vermittelt
durch die natürlichen Sprachen. (Vgl. hierzu die Beziehungen, die in Abb. 2.8
dargestellt sind.)

Eine weitere Klasse von Repräsentationssprachen, die sowohl in der Tradition der
logisch-linguistischen Semantik als auch in der KI eine besondere Wichtigkeit
besitzt (s.u.), ist die Klasse der logischen Sprachen (LL). Auch zwischen den
logischen Sprachen und der Welt existiert eine grundlegende Beziehung, die von
Barwise/Perry (1983; p. 16) treffenderweise durch "Meaning's natural home is the
world." charakterisiert wird.

Die Beziehungen zwischen den drei Typen von Repräsentationssprachen
   (2.17)   logische Sprachen (LL),
             Repräsentationssprachen der KI (RL),
             natürliche Sprachen (NL),
sind in Abb. 2.8 dargestellt.

Zwischen diesen Sprachtypen existiert - dies habe ich ausführlich am Beispiel der
Konzepte 'typisch' und 'meist' in Habel (1983 b) dargestellt - ein Gefälle in
Hinsicht auf die Untersuchungen der formalen Eigenschaften der Sprachen; hieraus
resultiert ein Gefälle der "Durchschaubarkeit" und des Verständnisses der
Informationsverarbeitungsprozesse, die auf den jeweiligen Sprachtypen basieren.
Aufgrund der umfangreichen Erkenntnisse über logische Sprachen, sowohl in Bezug auf
ihre
   - formalen Eigenschaften, die in der mathematischen und philosophischen Logik
     untersucht werden,
als auch auf ihre

29* Es ist sogar davon auszugehen, dass die Sichtweise der Welt (und somit die
   projizierte Welt) durch die natürliche Sprache widergespiegelt wird und
   umgekehrt die natürliche Sprache die Sichtweise der Welt beeinflusst.

- Eignung für die Bedeutungsrepräsentation natürlicher Sprachen, die insbesondere durch die Montague-Richtung der logisch orientierten Linguistik nachgewiesen wurde,

sollten daher logische Sprachen als Fundament für Repräsentationssprachen angesehen werden. An dieser Stelle muss darauf hingewiesen werden, dass die hier postulierte Vorrangstellung logischer Sprachen innerhalb der KI umstritten ist. Genauer gesagt: die KI teilt sich in Bezug auf die Frage nach logischen oder nicht-logischen Repräsentationen in zwei Lager, die Verfechter der Logik, z.B. Hayes (1977), McCarthy (1979), Moore (1982, 1984), Bibel (1983), Habel (1983 b), auf der einen Seite, und deren Gegner, die meist an Minskys (1975) 'frame'-Theorie orientiert sind 30*. Wenn hier von Verfechtern und Gegnern gesprochen wird, so ist hinzuzufügen, dass es wichtige Gemeinsamkeiten zwischen logischen und frame-artigen Repräsentationen gibt, die sich in der wechselseitigen Übernahme wichtiger Sprach- und Repräsentationskonzepte niederschlagen.

Wie sind nun Repräsentationssprachen (RL) der KI, die auf logischen Sprachen basieren, beschaffen? Ein erstes Charakteristikum, das ich im folgenden ausführlicher behandeln werde, besteht darin, dass über die Prädikatenlogik erster Stufe hinausgehende Erweiterungen vorgenommen werden, um wichtige, zur adäquaten Beschreibung und Erklärung von Verstehens- und Folgerungsprozessen benötigte Konzepte bereitzustellen. Dies betrifft u.a. zusätzliche Operatoren (z.B. Modaloperatoren) und default-Inferenzen (s.u.). Ein weiters Charakteristikum ist, dass dem Inventar der propositionalen Repräsentationssprachen, wie im Kap. 3 am Beispiel der Sprache SRL 31* erläutert wird, eine 'kognitive Interpretation' unterlegt wird. Wenn hier von propositionalen Sprachen die Rede ist, so wird damit - wie in der KI und Kognitionswissenschaft üblich - auf eine Klasse von Sprachen Bezug genommen, deren herausragendstes Merkmal Operator-Operanden-Konfigurationen sind. Dass es innerhalb dieser Klasse zahlreiche notationelle Varianten gibt, ist im Vergleich zur Gemeinsamkeit der Operator-Operanden-Struktur unerheblich. So ist es auch nicht von Bedeutung, ob es sich um lineare oder graph-artige Sprachen wie im Fall der 'semantischen Netze' handelt 32*.

30* Eine Erläuterung der 'frame-' bzw. Schema-Konzeption wird im Verlauf dieses Kapitels 2.3 folgen. Hierunter sind insbesondere die 'script'-basierten Ansätze einzuordnen; vgl. Schank/Abelson (1977).

31* SRL (Semantic Representation Language) wurde ab 1977 innerhalb des Projekts "Automatische Erstellung semantischer Netze" an der TU-Berlin entwickelt. Vgl. hierzu: Kap. 3, Habel/Schmidt (1979), Habel/Reddig/Rollinger (1981) und den Abschlussbericht des Projekts: Schneider et al. (1981). Einige wesentliche Weiterentwicklungen von SRL, die nach 1981 erfolgten, werden in Kap. 3 ebenfalls beschrieben werden.

32* Semantische Netze auf Quillian (1968) basierend sind innerhalb der KI insbesondere durch die Arbeiten Schuberts (1976) und Brachmans (1979) zu Einfluss gekommen. Simmons/Bruce (1971) haben für einen Typ der semantischen Netze die formale Äquivalenz zur Prädikatenlogik erster Stufe nachgewiesen. Eine detaillierte, vereinheitlichende Beschreibung semantischer Netze habe ich in Habel (1985 b) gegeben.

Ein gewichtigeres Problem in Zusammenhang mit propositonalen Repräsentationen betrifft die Fragen, die innerhalb der 'imagery debate' aufgeworfen werden (vgl. hierzu die Arbeiten in Block (ed.,1981), insbesondere die sehr lesenswerte Einleitung (Block, 1981)):

Ist es gerechtfertigt, von einem einzigen Repräsentationsformat, dem deskriptionale, propositionalen, auszugehen, oder muss darüberhinaus ein weiteres, analoges, bildhaftes Repräsentationsformat angenommen werden?

Die Argumente beider Seiten, z.B. Pylyshyn (1973) für eine einheitliche deskriptionale , d.h. propositionale Repräsentation, und Kosslyn (1978) für die Verwendung 'analoger Darstellungen' sind zu komplex um hier - auch nur - skizziert werden zu können. (Mittlerweile zeigt sich, dass sich die Standpunkte beider Seiten - in mancher Hinsicht wenigstens - einander anzunähern scheinen; Pylyshyn (1981), Kosslyn (1981)). Ein für die vorliegende Arbeit wichtiger Aspekt ist, dass Vertreter des analogen, bildhaften Repräsentationsformates stets von der Existenz beider Repräsentationsformen ausgehen und insofern ein Zusammenspiel von propositionalen und bildhaften Repräsentationen annehmen. Am deutlichsten ist dies in Paivios 'dual-coding theory', die erstmals 1971 formuliert wurde, dargestellt (vgl. Paivio, 1983). In der von mir vorgestellten SRL-Konzeption wird von einer Abtrennbarkeit der bildhaften Vorstellung ausgegangen, d.h. für die Verarbeitung z.B. räumlicher Aspekte sind getrennte, eigenständige Wissensrepräsentationen und Informationsverarbeitungsprozesse vorgesehen. Die in den Kap. 3-6 der vorliegenden Arbeit beschriebenen Prozesse und Repräsentationen betreffen nur den propositionalen Aspekt der Sprachbeherrschung; obwohl bildhafte Vorstellungen in vielen Fällen wichtig sind, und ihre Nichtberücksichtigung teilweise zu inadäquaten Ergebnissen führen muss, werden sie hier ausgeklammert 33*. Ebenso müssen beim gegenwärtigen Stand der Wissenschaft weitere "Codierungs-Typen", womit an 'dual-coding' angespielt sei, ausser acht bleiben. Wie z.B. Gerüche, Geschmacksrichtungen und ähnliches beim Menschen erinnert und verstanden werden ist weitgehend unbekannt 34*. Und somit sind auch die Fragen, ob derartige weitere Codierungs-Typen angenommen werden sollten, wie sie beschaffen sein könnten und wie sie zu verarbeiten wären, offen.

33* Die Annahme der Abtrennbarkeit nicht-propositionaler Repräsentationstypen impliziert nicht, dass ich das Zusammenspiel der verschiedenen Typen für unproblematisch hielte. Es handelt sich hierbei um eine notwendige Idealisierung, um den Gegenstandsbereich einzuschränken.
Ansätze innerhalb der KI zu einer Verknüpfung von bildhaften und propositionalen Darstellungen in sprachverarbeitenden Systemen finden sich bei Waltz (1981), Neumann (1984) und Novak/Neumann (1984). Eine Erweiterung von SRL in Hinblick auf "räumliche Vorstellungen" wird von Fürnsinn/Khenkhar/Ruschkowski (1984) beschrieben.

34* Ich denke hier an Beispiele, die Herbert Clark im Gespräch erwähnt hat, etwa der Art: "Man kommt nach Hause, es wird gekocht und man denkt an ein indisches Geschäft, in dem man vor kurzem war. Die Assoziation erfolgt z.B. über Curry-Geruch."

Ich will nun auf den schon angesprochenen Gegensatz zwischen logischen und nicht-
logischen Repräsentationsformaten zurückkommen, der eigentlich weniger der
Repräsentationsform als den Verarbeitungsweisen der Repräsentationen gilt.

In diesem Zusammenhang ist es wichtig zu erwähnen, dass die Probleme des 'Wissen,
dass' - 'Wissen, wie' (vgl. Ryle 1949) in einer KI-spezifischen Form (vgl. Winograd
1975) zutage treten, nämlich in der mittlerweile schon historischen Kontroverse über
das Darstellungsformat: deklarative vs. prozedurale Darstellung von Wissen. In der
- hier vereinfacht dargestellten - Sichtweise der KI entspricht die oben genannte
Dichotomie dem Gegensatzpaar: 'Wissen in Form von Daten' vs. 'Wissen in Form von
Programmen' 35*.

Die unterschiedlichen Sichtweisen haben weitreichende Konsequenzen in Bezug auf die
Kontrolle (in einem technischen Sinne) des Ablaufs der
Informationsverarbeitungsprozesse. In jedem Schritt eines Prozesses ist zu
entscheiden: "Was ist als nächstes zu tun?", "Welches Wissen ist beim nächsten
Verarbeitungsschritt heranzuziehen?", "Wie kann das relevante Wissen gefunden
werden?", "Wie kann mit dem Wissen inferiert werden?" (Winograd 1974). Das
Kontrollwissen des Systems - sei es explizit oder implizit gegeben - steuert das
Verhalten, denn es betrifft Verweise auf relevante Wissenseinheiten und Prozeduren.

Deklarative Repräsentationen haben den Vorteil der Flexibilität und der Ökonomie
(bzgl. des Aufbaus der Wissensrepräsentationen). Da keine expliziten
Kontrollstrukturen vorgegeben werden, sondern übergeordnete
Informationsverarbeitungsprozesse den Zugriff auf die unterschiedlichen
Wissenskomponenten steuern, müssen bei der Repräsentation des einsetzbaren Wissens
keine Entscheidungen über den Prozessablauf im voraus getroffen werden. Wird im
Extremfall alles Wissen in Form von Daten repräsentiert, führt dies leicht zur
Ineffizienz bei der Verarbeitung. Die Suche nach relevanten Wissenseinheiten und die
Entscheidung über die nächsten Prozessschritte müssen bei jedem Prozessablauf
durchgeführt werden. In diesen Punkten sind die Vorteile der prozeduralen
Wissensrepräsentation gegeben. Zum einen sind die Kontrollstrukturen in Prozeduren
explizit vorgegeben, zum anderen kann prozedural in einfacher Weise ein Verweis auf
als relevant vermutete Wissenseinheiten repräsentiert werden.

35* Die Formulierung dieses Gegensatzpaares widerspricht nicht der LISP-Sichtweise,
dass Programme als Daten angesehen werden können. Vgl. Winston/Horn (1981).
Auch in der 'logischen Programmiersprache' PROLOG (Clocksin/Mellish (1981)) ist
sowohl die deklarative als auch die prozedurale Sichtweise von
Wissensrepräsentationen möglich.

Ein geeignetes Format für die Wissensrepräsentationen sollte die oben genannten Vorteile verbinden und die Nachteile vermeiden, d.h. in gewisser Weise eine Kombination von deklarativen und prozeduralen Elementen darstellen (vgl. Winograd 1975).

Bevor ich einige Grundkonzepte derartiger, prozedurale und deklarative Elemente integrierender Wissensrepräsentationen skizzieren werde, soll ein Problemkreis, in dem die entsprechenden Systemfähigkeiten innerhalb eines IPS benötigt werden, durch einführende Beispiele erläutert werden.

Die wesentliche Leistung, die beim Verstehen von Texten vom Hörer bzw. Leser zu erbringen ist, besteht darin, die explizit im Text ausgedrückten Informationen, soweit es notwendig ist (und im Normalfall ist einiges notwendig) durch implizit angesprochene Informationen zu ergänzen, Erwartungen über den Textverlauf und die mitgeteilten Inhalte zu entwickeln und hierauf basierend die Repräsentation der Textbedeutung aufzubauen (vgl. Abb. 2.2). Zwei hierbei zu bewältigende Aufgaben betreffen die
- Aufdeckung kausaler Bezüge (vgl. Schank/Abelson, 1977) und die
- explizite zeitliche Ein- bzw. Anordnung von Ereignissen und Zuständen in einer Ereignis-Zustandsstruktur (vgl. Günther/Habel/Rollinger, 1983).

Für beide Arten von Bezügen zwischen Ereignissen und Zuständen seien einige Beispiele 36*, welche die von einem IPS zu erbringenden Leistungen deutlich machen, angeführt. Hierbei wird ein 'Szenario' zugrunde gelegt, das an die vom Projekt und System NAOS bearbeitete Strassenverkehrsszenerie angelehnt ist; vgl. Neumann/Novak (1983), Novak/Neumann (1984). Man denke bei den folgenden Beispielen an einen Betrachter, der aus einem Fenster eine Kreuzung beobachtet und das Gesehene einer zweiten Person (im Zimmer) mitteilt.
(2.18) a. Ein gelbes Auto stoppt. Die Ampel ist rot.
      b. Die Ampel ist rot. Ein gelbes Auto stoppt.

In beiden Fällen sollten sowohl zeitliche als auch kausale Beziehungen zwischen den Propositionen aufgedeckt werden, so dass sich als - informell notierte - Bedeutungsrepräsentation ergibt:

36* Zur Repräsentation und Verarbeitung von "Satzverknüpfern" in SRL siehe Rollinger (1984 a, 1984 b).

(2.19)

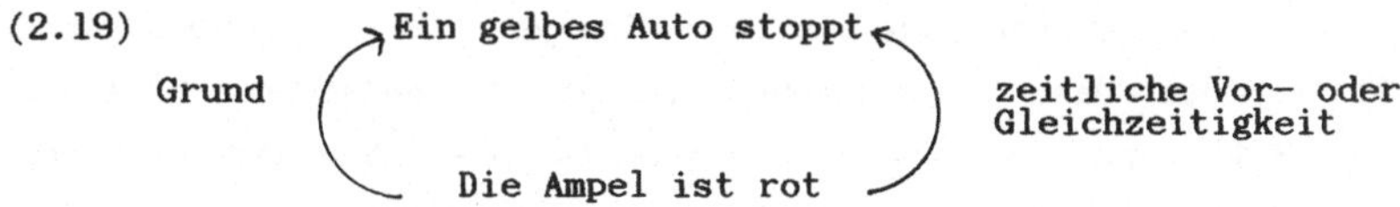

Für einen menschlichen Hörer der Satzpaare aus (2.18) ist das Verstehen dieser Beziehung unproblematisch; für ein formales bzw. künstliches System ist der Aufbau der Struktur (2.19) nur dann möglich, wenn die Regularitäten zwischen den Ampelfarben und dem Verhalten der Fahrzeuge, d.h. die Konventionen und Regeln des Strassenverkehrs, zum Wissen des Systems gehören 37*. Nur wenn derartige Regularitäten bekannt sind, können etwa die folgenden Szenenbeschreibungen

(2.20) a. Das Auto stoppt, weil die Ampel rot ist.

     b. Das Auto stoppt, obwohl die Ampel grün ist.

generiert werden, und die semantischen Abweichungen der dualen Sätze

(2.21) a. * Das Auto stoppt, weil die Ampel grün ist.

     b. * Das Auto stoppt, obwohl die Ampel rot ist.

festgestellt werden. Entsprechendes Wissen wird auch benötigt, um den Satzfolgen

(2.22) a. Das Auto stoppt. Die Ampel ist grün. Es fährt wieder an.

     b. Das Auto stoppt. Die Ampel ist rot. Der Beifahrer steigt aus.

die (vermutlich) korrekte zeitliche Struktur zuzuweisen 38*:

(2.23)

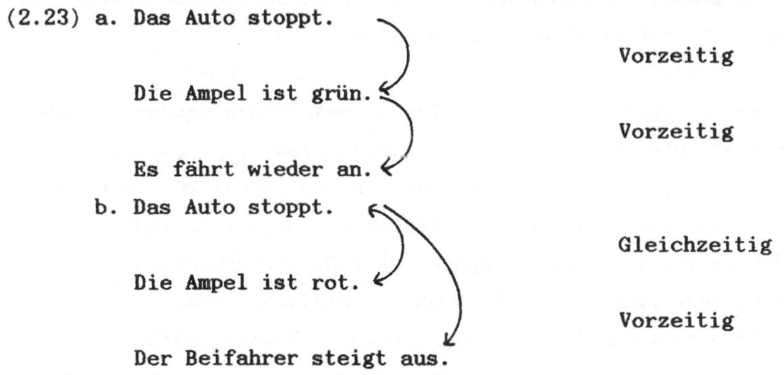

Für die Kodierung von Wissen über stereotype bzw. regelhafte Folgen von Ereignissen und Zuständen haben sich in der KI und Kognitionswissenschaft schema-orientierte Repräsentationen durchgesetzt. Der historische Ausgangspunkt ist die 'schema-theory' von Bartlett (1932).

37* Man beachte, dass die Kenntnis von Regeln und Konventionen über die Kenntnis von Regularitäten, d.h. Regelmässigkeiten, hinausgeht. Der erste Fall beinhaltet Begründungen und Erklärungen für den zweiten.

38* Zu zeitlichen Strukturen siehe Günther/Habel/Rollinger (1983), Günther (1984 a, 1984 b) und die Bemerkungen in Kap. 7.1.

Die beiden bekanntesten Ausprägungen 39* stellen Minskys (1975) 'frames' und Schank/Abelsons (1977) 'scripts' dar. Ausgangspunkt für die Verwendung von Schemata in der Beschreibung und Erklärung von Sprachprozessen ist die oben angesprochene Erkenntnis, dass Hörer eines natürlich-sprachlichen Satzes/Textes während des Verstehensvorganges Erwartungen über den weiteren Fortgang (Verlauf) des Textes/Satzes bzw. der durch ihn beschriebenen Ereignisabläufe aufbauen. Innerhalb schemaorientierter Ansätze zur Textverarbeitung wird daher meist davon ausgegangen, dass Texte dann als 'kohärent' zu bezeichnen sind, wenn sie die Überführung in zusammenhängende Wissens-/Bedeutungsrepräsentationen mit hinreichenden kausalen und temporalen Bezügen ermöglichen. Vgl. Samet/Schank (1984), Habel (1984 c).

In Bezug auf Schemata, z.B. Scripts oder Frames, ergeben sich für die Sprachbeherrschung, insbesondere das Sprachverstehen, die folgenden drei Verarbeitungsschritte:

- Finden von Schemata, die zum Text passen,

- Instantiieren des (gefundenen) Schemas, d.h. Zuordnungen zwischen Rollen des Schemas und Entitäten im Text,

- Ausführung von Inferenzen zur Schliessung von Lücken im Text und Generierung von Erwartungen.

Zur Einführung soll ein einfaches, objektorientiertes Schema betrachtet werden, das der Frame-Sichtweise (Abb. 2.9) des Konzeptes 'Ampel' 40*.

Innerhalb des Frames können zwei Arten von Entitäten unterschieden werden: 'slots' und 'fillers' 41*. Slots entsprechen den Argumentstellen in logischen bzw. propositionalen Repräsentationen, Filler korrespondieren zu aktuellen Belegungen. Beim Auffüllen der Slots, d.h. beim Prozess der Instantiierung eines individuellen Frames, werden sowohl die explizit in der Eingabe, etwa die ausdrücklich im Text, angesprochenen Belegungen, durchgeführt, als auch zusätzliche, durch spezielle Prozesse "erschlossene", Informationen als Filler verwendet. Beispielhaft seien hier drei derartige Methoden zur Erschliessung zusätzlichen, 'impliziten Wissens' aufgeführt:

39* Um die wesentlichen Konzepte der schemaorientierten Wissensrepräsentation zu erläuteren, wird im weiteren ein vereinfachter script/frame-Formalismus verwendet, der an der Frame-Repräsentationssprache KRL (vgl. Bobrow/Winograd 1977) orientiert ist. Die verschiedenen, in den letzten Jahren entwickelten Repräsentationssprachen, weisen unterschiedliche Notationen, aber auch divergierende Interessens- bzw. Anwendungsschwerpunkte auf, die hier jedoch nicht erläutert werden sollen. Eine ähnliche Notation weist auch die von Brachman (1979) vorgestellte Sprache KL-ONE auf.

40* Hier kann und soll keine vollständige und adäquate Frame-Darstellung gegeben werden. Das Ziel dieser Bemerkungen und Beispiele zum Frame-Konzept ist es, die wesentlichen Ideen schema-orientierter Ansätze darzustellen.

41* Da für diese technischen Ausdrücke keine allgemein akzeptierten deutschen Entsprechungen existieren, soll auf eine Übersetzung verzichtet werden.

```
AMPEL - Frame

   Spezialisierung_von   VERKEHRSZEICHEN/SIGNAL


   Generalisierung_von   FAHRZEUG-AMPEL
                         FUSSGÄNGER-AMPEL
                         if_added: Benutze subframe


   hat_Lichter           BEREICH : rot, gelb, grün


   betriebsarten         BEREICH : in Betrieb
                                   in Warnstellung
                                   ausser Betrieb
                         default: in Betrieb
                         if_needed:  falls rot, gelb, grün
                                     dann: in Betrieb
                                     falls gelbes Blinklicht
                                     dann: in Warnstellung
                                     falls kein Licht
                                     dann: ausser Betrieb
   Zweck                 Verkehrsregelung
```

Abb. 2.9: AMPEL-Frame

- defaults. Hiermit werden Standardannahmen gekennzeichnet, die, falls keine
  gegenteilige Information vorliegt, als Filler realisiert werden; im Beispiel
  Abb. 2.9 etwa, dass Ampeln normalerweise in Betrieb sind und zur Regelung des
  Fahrzeugverkehrs verwendet werden. (Fussgängerampeln sind insofern eine Abart,
  die schon durch das Fehlen des gelben Lichtes aus dem Rahmen fällt.)
- if-needed. Hiermit wird angegeben, wie der entsprechende Slot gefüllt werden
  kann, falls die entsprechende Information benötigt wird. In Abb. 2.9 wird als
  Verfahren, die Betriebsart einer Ampel festzustellen, "vorgeschlagen", auf die
  Ampelfarben bzw. Lichtsignale zu achten.
- if-added. Hiermit wird angegeben, dass gewisse Aktionen auszuführen sind, falls
  der entsprechende Slot instantiiert wird, Wird etwa in Abb. 2.9 ein Subframe wie
  FUSSGÄNGERAMPEL explizit erwähnt, so soll der entsprechende Subframe ausgefüllt
  werden, z.B. können die Angaben, die das gelbe Signal betreffen, unberücksichtigt
  bleiben.

Die durch if-added bzw. if-needed gekennzeichneten Methoden betreffen den prozeduralen Aspekt der Schema-Repräsentationen: Prozeduren können an Slots angehängt werden; durch dieses Verfahren des 'procedural attachment' wird das Inferenz- und Problemlösungsverhalten des Systems wesentlich beeinflusst.

Analog zu den oben beschriebenen Frames ist die Datenstruktur der von Schank/Abelson (1977) eingeführten Scripts aufgebaut. Ein wesentlicher Unterschied zwischen der Standardinterpretation von Scripts und Frames besteht darin, dass Frames eher objektorientiert und Scripts ereignisorientiert sind 42*. Die Hauptmerkmale von Scripts seien am Beispiel eines Ampel-Berücksichtigen-Scripts (Abb. 2.10) dargestellt.

```
Ampel-Berücksichtigen-Script
    Track:        Fahrzeuge
        Rolle:                  Fahrer
        Gegenstände:            Fahrzeug, Ampel
        Eingangsbedingung:      Annäherung an Ampel

        Ereignissequenz:        annähern an Ampel            Schritt 1
                                bemerken der Ampel           Schritt 2
                                erkennen des Betriebszustandes
                                falls Ampel rot              Schritt 3a
                                    anhalten
                                falls Ampel gelb             Schritt 3b
                                    vorsichtig sein, verlangsamen
                                falls Ampel grün             Schritt 3c
                                    fahren, weiterfahren, anfahren
    Track:        Fussgänger
                .

                .
```

Abb. 2.10: Script für Verhalten an Ampeln

Die Bestandteile des Scripts können im wesentlichen in drei Gruppen unterteilt werden:

42* Objektorientiert ist nicht im Sinne der Programmiertechnik zu verstehen. Das Standardbeispiel der Schankschen Theorie (Schank/Abelson 1977), das 'Restaurant-Script', ist eher ein 'Restaurant-Besuch-Script' und insofern ereignisorientiert.

- die beteiligten Rollen (Personen) und Gegenstände
- Eingangsbedingungen und Ergebnisse
- der Ereignisablauf.

Eine Sonderstellung nimmt die zusätzliche Komponente 'track' ein: durch Tracks wird eine Aufspaltung des Scripts in unterschiedliche Ausprägungen vorgenommen. Im vorliegenden Fall des Verhaltens an Ampeln liegen Tracks für Fahrzeuge und Fussgänger vor 43* (Ein Mischfall für Fahrradampeln dürfte interessant sein.) Der Aufruf eines Scripts, d.h. im Sinne der oben erfolgten Skizzierung der schemagesteuerten Verstehungsprozesse das Finden eines passenden Scripts, erfolgt durch Verweise zwischen Wörtern (bzw. Grundformen), die als Schlüsselbegriffe fungieren und gewissen Komponenten der Scripts, insbesondere: Scriptnamen, Tracks, Rollen, Gegenständen, Ort, Eingangsbedingungen. Im vorliegenden Fall würden u.a. die Lexeme: 'Ampel', 'Kreuzung', 'fahren', auf das Script (Abb. 2.10) und die entsprechenden Komponenten verweisen. Sobald durch den Text ein Script aktiviert ist, wird die Instantiierung begonnen und der Ablauf der entsprechenden Ereignisfolge 44* erwartet. Insbesondere wird vom System der Versuch unternommen, aus den Folgen der aktivierten Scripts durch Verbindungen untereinander eine kohärente Struktur aufzubauen.

An dieser Stelle will ich auf einen über die Themenstellung 'Sprachbeherrschung' hinausgehenden Aspekt aufmerksam machen. Wenn script-artige Wissensentitäten, wie das oben skizzierte Ampel-script, innerhalb von Sprachverstehensprozessen eingesetzt werden, so kann davon ausgegangen werden, dass die gleichen Wissensbestände auch innerhalb anderer "intelligenz-erfordernder" Tätigkeiten verwendet werden. Scripts können also auch als Wissensstrukturen angesehen werden, welche stereotypes Verhalten bzw. Verhalten in normalen Situationen steuern (vgl. hierzu Abelson, 1981).

Ich will nun auf die oben erwähnte Kontroverse zwischen logischen und nicht-logischen bzw. deklarativen und prozeduralen Repräsentationen zurückkommen. Da jede Wissensrepräsentation, auch diejenige, die als deklarativ bezeichnet wird, durch Prozessoren verarbeitet bzw. interpretiert wird, ist es notwendig, die Unterschiede und Ähnlichkeiten beider Sichtweisen noch einmal genauer zu beleuchten.

43* In Bezug auf die beteiligen Rollen bedeutet dies, dass je nach Track nur der Fahrer, oder ein Fussgänger auftreten. Ausgearbeitetere Scripts würden z.B. darüberhinaus weitere Verkehrsteilnehmer betreffen und somit den "Ratschlag" trotz grünen Lichts das Verhalten der anderen zu berücksichtigen, beinhalten.

44* Die Ereignisfolgen werden bei Schank/Abelson (1977) durch konzeptuelle Netze, vgl. Schank (1975) und Habel (1985 b), dargestellt.

Charakteristisch für die deklarativen Bestandteile von semantischen Netzen und Schemata ist die propositionale Struktur der entsprechenden Wissensentitäten. So lassen sich etwa für den in der KI häufig verwendeten Beispielsbereich 'Tiere' sowohl aus netzartigen als auch aus schema-orientierten Repräsentationen (vgl. Habel, 1985 b) propositionale Repräsentationen der Art

(2.24) a. Vogel (x) => Tier (x)

      b. Vogel (x) => flug_fähig (x)

      c. Fisch (x) => schwimm_fähig (x)

ableiten 45*. Aus dieser Sichtweise können semantische Netze und Schemata, also Frames und Scripts, als notationelle Varianten der Prädikatenlogik oder einer modallogischen Erweiterung angesehen und mit einer modelltheoretischen Semantik versehen werden 46*. Zur Verarbeitung bzw. Interpretation der entsprechenden Wissensstrukturen wird dann ein genereller Interpretationsmechanismus, und hiermit verbunden ein genereller Kontrollmechanismus, etwa in Form eines Theorembeweisers, Deduktionssystems oder Netzinterpreters, verwendet, der spezielle Informationen, die aus dem Gegenstandsbereich oder der Aufgabenstellung vorgegeben sind, nur indirekt, über propositionale Repräsentationen berücksichtigen kann 47*.

Im Gegensatz hierzu steht die prozedurale Sichtweise, die in den if_added und if_needed-Mechanismen der Frames besonders deutlich wird. Hier wird das Kontroll-Wissen direkt als Teil des Weltwissens aufgefasst. Die Bedeutung von Wissensrepräsentationen ist unter prozeduraler Sichtweise durch das Verhalten der Wissensentitäten bei der Ausführung der Basisoperationen bzw. Prozeduren gegeben. Diesem Leitgedanken folgen Winograds (1974) Frame-Semantik und die prozedurale Semantik für semantische Netze von Levesque/Mylopoulos (1979).

Ein weiterer wesentlicher Unterschied zwischen prozeduralen und deklarativen Systemen (im oben skizzierten Sinne) betrifft Vollständigkeit und Konsistenz. Während theorembeweisende Verfahren üblicher- und bzw. wünschenswerterweise vollständig (im Sinne der Logik) sind und insofern für logik-basierte

----

45* Hier liegt eine an der 'Klauselschreibweise' orientierte Notation vor, die alle Variablen als implizit allquantifiziert interpretiert. Ausführlich werden derartige Repräsentationen — genauer SRL-Repräsentationen — in Kapitel 3 erläutert werden.
Die Regel (2.24.b), die offensichtlicherweise nicht 'korrekt' ist, d.h. nicht mit der realen und den projizierten Welten übereinstimmt, wird später durch die Default-Regel (2.26) abgelöst werden.

46* In diesem Sinne argumentieren z.B. Schubert (1976) und Schubert/Goebel/Cercone (1979) in Bezug auf semantische Netze bzw. Hayes (1977, 1980) in Bezug auf Frames.

47* Wie schon oben erwähnt wurde, können Regelsysteme — entsprechend (2.24) — auch prozedural aufgefasst werden. Diese Sichtweise wird für PROLOG durch Clocksin/Mellish (1981: 225) vertreten; Inferenzen als Basis sowohl einer prozeduralen als auch deklarativen Semantik anzusehen, wird von Habel (1983a) vorgeschlagen.

Wissensrepräsentationen ebenfalls von Vollständigkeit (bzgl. des gegebenen Axiomensystems = Basiswissen) auszugehen ist 48*, wird im Gegensatz hierzu bei prozeduralen Systemen Vollständigkeit nicht unbedingt angestrebt. So kann es wünschenswert sein, nur kurze, vom Kontext, abhängige Inferenzwege zuzulassen; insbesondere wenn man sich die Grundhaltung des IPS-Paradigmas vor Augen hält: Auch, und gerade, Menschen führen nicht alle Schlüsse, die sie prinzipiell durchführen könnten durch. Derartige Beschränkungen der Inferenzprozesse sind im prozeduralen Ansatz leicht in den Anwendungsbedingungen der Prozeduren formulierbar. Auch in deklarativ orientierten Ansätzen können Abbruchbedingungen (in Bezug auf die Länge des Inferenzweges) explizit als Teil des Kontrollwissens formuliert werden, was jedoch häufig aufwendiger ist als in prozedural orientierten Systemen.

Das Problem der Konsistenz betrifft beide Repräsentationstypen in gleicher Weise. Er soll hier am Beispiel der default-Werte, einem für die (sprachorientierte) KI besonders wichtigen Konzept, veranschaulicht werden. Man betrachte etwa die Sätze

(2.25) a. Vögel sind Tiere.

      b. Vögel können fliegen.

      c. Fische können schwimmen.

und ihre propositionalen Repräsentationen 49*:

(2.24) a. Vogel (x) => Tier (x)

      b. Vogel (x) => flug_fähig (x)

      c. Fisch (x) => schwimm_fähig (x)

Während die beiden Sätze bzw. Propositionen (a) und (c) unserem Weltwissen entsprechen, stellt man nach kurzem Überlegen fest, dass es zu (b) Ausnahmen gibt, z.B. Strausse und Pinguine. Andererseits kann der quasi-regelhafte Charakter von (2.24.b) nicht bestritten werden. Zumindestens die Formulierungen

  (2.26.a) Fast alle ⎫
        Die meisten ⎬ Vögel können fliegen.
        Typische ⎭

stellen allgemein akzeptierte Aussagen über die Welt dar. Es sollte daher möglich sein, derartige Regularitäten adäquat zu repräsentieren. Eine erste Möglichkeit bietet

---

48* Man beachte, dass in dieser Hinsicht natürlich zwischen abstrakten und konkreten Systemen ein wesentlicher Unterschied besteht. So ist etwa die Resolution widerlegungsvollständig, es ist hiermit jedoch nicht ausgesagt, dass Implementierungen des Resolutionsverfahrens in endlicher Zeit widerlegungsvollständig sind.

49* Um eine Konzentration auf das 'meist'-Problem (s.u.) zu erreichen, wird im weiteren das Modalverb 'können' nicht durch einen Modaloperator repräsentiert; es wird vielmehr ein "modales Prädikat" der Form 'fähig' angesetzt. Anderenfalls würde zusätzlich der Übergang von der Prädikatenlogik 1. Stufe zu einer Modallogik durchzuführen sein.

(2.26.b) Die Regel-und-Ausnahme-Regel (RuA-Regel)

$$vogel(x) \ \& \ \neg strauss(x) \ \& \ \neg pinguin(x) \ \& \ .... \ \Rightarrow flugfähig \ (x)$$

in der alle Ausnahmen explizit aufgeführt sind (vgl. Reiter, 1980 a). Der wesentliche Vorteil dieser Lösung ist darin zu sehen, dass sie innerhalb der Prädikatenlogik 1. Stufe realisiert ist 50*. Die Probleme und Inadäquatheiten der RuA-Regel, die mit aufwendigeren, anderen Lösungsansätzen zum Teil vermieden werden können, sind:

- Sämtliche (bekannten) Ausnahmen müssen explizit aufgelistet werden.

- Das Typische, das in (2.25) und (2.26.a) den Kern des Ausgesagten ausmacht, wird inadäquat in (2.26.b) repräsentiert: "Typisch ist das, was nicht Ausnahme ist." (Somit wird ein wesentliches Problem, nämlich die Behandlung des Konzeptes 'typisch', nicht gelöst; der Beschreibungs- und Erklärungsgehalt eines Modells mit RuA-Regel ist also geringer als der eines Modells mit expliziten Konzepten für 'meist' bzw. 'typisch'.)

- Falls für ein Individuum kein Wissen darüber existiert, ob es zu einer der Ausnahmen gehört, so kann auch kein Schluss durchgeführt werden.

Die beiden letzten Punkte betreffen den Kern dessen, was innerhalb des 'default-reasoning' thematisiert wird: das Erschliessen von unsicherem bzw. nur partiell gesichertem Wissen bei unvollständiger Information unter der Verwendung von Standardannahmen 51*.

Der zentrale Anstoss, den die Frame-Konzeption Minskys (1974) 52* gegeben hat, besteht darin, dass die Verwendung von Standardannahmen beim Ablauf kognitiver und perzeptiver Prozesse in den Vordergrund der Untersuchungen sowohl der KI als auch der Kognitionswissenschaft gestellt wurde.

Ausgehend von der Frame-Konzeption und der hiermit verbunden Idee des default-Schlusses, wurden innerhalb der KI verschiedene Versionen nicht-monotoner Logiken entwickelt. Einen ersten Überblick gibt ein Sonderheft des AI-Journals, herausgegeben von Bobrow (1980).

50* Die "ideellen Kosten", die entstehen, wenn man die Prädikatenlogik 1. Stufe verlässt, sind normalerweise sehr hoch. In Habel (1983 b) werden verschiedene Lösungsansätze zum 'meist'-Problem, u.a. default-Logiken unter dem Gesichtspunkt der ideellen Kosten betrachtet. Die im vorliegenden Kapitel skizzierten Überlegungen zur Nicht-Monotonie (s.u.) basieren auf dieser Arbeit (Habel, 1983 b).

51* Problematisch bei vielen dieser Ansätze ist, jedoch, dass häufig nicht hinreichend scharf zwischen den Lesarten 'meist' und 'typisch' unterschieden wird.

52* Die Urfassung, Minsky (1974), ist als Memo des AI-Labs des MIT erschienen und insofern nicht weit verbreitet worden. In den folgenden Jahren wurden wechselnde Ausschnitte in verschiedenen Sammelbänden veröffentlicht. Die in der KI am meisten verbreitete Fassung wurde in P. Winston (ed.): The Psychology of Computer Vision, McGraw Hill: New York, 1975 abgedruckt. Ebenfalls sehr wichtig ist die in J. Haugeland (ed.): Mind Design, MIT-Press: Cambridge, Mass. 1981 gedruckte Fassung, da dort der Anhang zum 'logistic approach' enthalten ist.

Eine grundlegende Eigenschaft "normaler" Logiken, auch der Prädikatenlogik 1. Stufe,
ist die Monotonie.

(2.27) Monotonie-Eigenschaft.

A und B seien Satzmengen bzgl. der Prädikatenlogik , p ein weiterer Satz.

Falls A ⊢ p, dann gilt: A & B ⊢ p

Interpretiert man die Monotonie-Eigenschaft unter dem Gesichtspunkt der
Repräsentation von Wissen, bzw. des Informationsgehalts 53* der Satzmengen, so
besagt (2.27), dass aus A geschlossene Information, nämlich p, aufgrund neuer
Information, nämlich B, nicht revidiert wird 54*.

Der Grund für die Monotonie "normaler" Logiken ist – nach Minsky (1974) – darin zu
sehen, dass die Inferenzregeln dieser Logiken 'permissiv' sind, im folgenden Sinne:

(2.28) Falls Al,.....An Theoreme sind, so ist B ebenfalls Theorem.

D.h., durch die Theoreme Al,...An wird das Theorem B als zulässig nachgewiesen.
Gerade hieraus ergibt sich, dass neue Axiome, d.h. neues Wissen, die Theoremmenge,
d.h. den Wissensbestand, vergrössern (oder unverändert lassen).

Die Grundidee von default-Schlüssen ist, unter Verwendung von Standardannahmen auch
bei unvollständiger oder fehlender Information, weitere Information, und zwar
solche, die als Erwartung charakterisiert werden kann, abzuleiten, und insofern
Wissenslücken zu füllen. Default-Schliessen, oder allgemeiner, nicht-monotones
Schliessen, beinhaltet auch 'restriktive' (Moore, 1983) Regeln wie:

(2.29) Restriktive Inferenzregeln:

Falls Al,......An nicht Theoreme sind, so ist B Theorem.

und Mischformen, d.h. gemischt permissiv – restriktive Regeln. Die Abwesenheit von
Information (von Theoremen) ist hier die Voraussetzung des Schliessens. So ist z.B.
die Abwesenheit von Information über die Gattungszugehörigkeit eines speziellen
Vogels, etwa 'Tweety' (es handelt sich – in gewisser Weise – um den Standard-Ausnah-
me-Vogel der nicht-monotonen Logik), ausreichend dafür, anzunehmen, dass er fliegen
kann. Wenn später die zusätzliche Information, dass Tweety ein Pinguin ist,
hinzukommt, so ist das Wissen zu revidieren, d.h. die entsprechende default-

----

53* 'Informationsgehalt' ist hier nicht im Sinne der syntaktischen
   Informationstheorie Shannons zu verstehen. Es liegt ein
   semantisch/pragmatischer Informationsbegriff zugrunde, der hier jedoch nicht
   erläutert werden soll.

54* Im besten, oder auch schlimmsten, Fall, je nach Sichtweise, ergibt sich durch
   Hinzunahme neuer Information ein Widerspruch. Derartige Fälle innerhalb von
   normalen Logiken zu behandeln, führt jedoch auch nicht zu befriedigenden,
   adäquaten Ergebnissen. Dieser Punkt kann – trotz seiner Relevanz für die KI –
   hier nur gestreift werden. Einschlägig hierzu sind u.a. Doyles (1979) 'belief
   revision system', Belnaps (1976) 'vier-wertige Logik'. Das Kapitel 6 der
   vorliegenden Arbeit ist diesem Problembereich gewidmet.

Ableitung ist zurückzunehmen. Aufgrund restriktiver Regeln entsteht somit die Notwendigkeit, gegebenenfalls "Ableitungen zurücknehmen" zu können, d.h. die Eigenschaft des Theoremseins muss revidierbar sein, was wiederum bedeutet, dass die Theoremmenge wieder einschränkbar sein muss.

Die in (2.26.a) informell beschriebene Regularität, d.h. das Standardwissen über typische bzw. die meisten Vögel, wird in Reiters (1980 a) 'logic for default reasoning' durch eine default-Regel dargestellt:

(2.26.c) $\underline{\text{vogel}(x) \ : \ M \ \text{flugfähig}(x)}$
                      flugfähig(x)

(: ist ein spezielles Trennsymbol) wobei der M-Operator in der folgenden Weise zu interpretieren ist:

(2.30) M – es ist konsistent zum vorhandenen Wissen anzunehmen,

              dass, ...

Unter Verwendung dieser Bedeutung von M kann (2.26.c) als Repräsentation der Schlussvorschrift "Falls nichts Gegenteiliges bekannt ist, kann davon ausgegangen werden, dass Vögel fliegen können." angesehen werden.

Für das Konzept der default-Schlüsse ergeben sich schon aus diesen ersten Erläuterungen einige (für das weitere) wichtige Aspekte:

- Die abgeleiteten Propositionen besitzen den Status "geglaubter Information", insbesondere müssen sie revidierbar sein (vgl. Doyle (1979), Reiter (1980 a)).

- Grundlegend für die Interpretation des M-Operators ist ein – wie auch immer gearteter – Konsistenzbegriff 55*.

- M ist ein kontextabhängiger Operator (analog zu den indexikalischen Ausdrücken 'ich', 'hier', 'jetzt'), denn M bezieht sich auf Zustände von (Wissens-) Systemen; vgl. Kap. 2.2, insbesondere (2.7) und die darauf folgenden Überlegungen 56*.

55* Konsistenz ist bei Reiter beweistheoretisch begründet. Interessanterweise basiert Moores (1983) Kritik am Vorgehen von McDermott/Doyle (1980) und McDermott (1982 a) nicht unwesentlich am dort verwendeten Konsistenzbegriff. Zum Konsistenzproblem siehe auch Kapitel 6.

56* Hierin ist – nach Moore (1983) – im wesentlichen die Nicht-Monotonität von default-Schlüssen (und ähnlichen Schlussweisen) zu sehen. Man beachte, dass in klassischen logischen Systemen ein Begriff wie "die Menge der gegenwärtig abgeleiteten Theoreme" keine sinnvolle Anwendung finden kann. Dort sind die ableitbaren Theoreme von Interesse.

Zusammenfassend und abschliessend sei gesagt, dass die beiden m.E. wesentlichsten Aspekte der Wissens- und Bedeutungsrepräsentation aus Blickrichtung der KI, aber auch der Kognitionswissenschaft,
 - das Zusammenspiel deklarativer und prozeduraler Wissensbestände einerseits, und
 - die Revidierbarkeit von Wissenssystemen andererseits
betreffen.

Im Kapitel 3 wird eine Repräsentationssprache, die unter diesen Gesichtspunkten entwickelt wurde, SRL, vorgestellt werden. Basierend auf SRL kann dann in den Kapiteln 4 - 6 der Problemkreis der 'Objektreferenz' bearbeitet werden.

2.4. Natürlichsprachliche Systeme der KI: eine Skizze

Für die innerhalb der sprachorientierten KI entwickelten natürlichsprachlichen Systeme gibt es, wie in (1.9) schon angedeutet wurde, zwei Verwendungsweisen, die des Simulationssystems und die des Anwendungssystems 57*. Da in der vorliegenden Arbeit die grundlagenorientierten Fragestellungen der Beschreibung und Erklärung von Sprachbeherrschung aufgrund formaler IPSe im Vordergrund steht und insofern die Verwendungsweise als Simulationssystem betrachtet wird, soll in diesem Kapitel 2.4, um das Bild abzurunden, der ebenfalls wichtige Gesichtspunkt, der der Anwendungssysteme skizziert werden.

Natürlichsprachliche Systeme (NSSe) lassen sich m.E. im wesentlichen in zwei Typen klassifizieren 58*,

- die textverstehenden Systeme (TVSe), bei denen als wesentliche Aufgabe der Aufbau von Bedeutungsrepräsentationen und somit Wissensbeständen aus Texten zu leisten ist, und

- die natürlichsprachlichen Zugangssysteme (NZSe), mit denen eine natürlichsprachliche Kommunikation mit abtrennbaren Hintergrundsystemen ermöglicht werden soll.

Zugangssysteme betreffen etwa die Anfrage an Datenbanken, Frage-Antwort- oder Expertensysteme in natürlicher Sprache. Da bei derartigen Anfragesequenzen äusserst komplexe Dialoge auftreten können, sind insbesondere Probleme der Dialogführung und Partnermodellierung zu bearbeiten. Ein vom Anwendungsgebiet weitgehend unabhängiges System ist HAM-ANS (Hamburger Anwendungsorientiertes Natürlichsprachliches System); vgl. Hoeppner et al. (1983), Wahlster (1982). Für die gegenwärtig existierenden Zugangssysteme ist charakteristisch, dass die Wissensbasis weitgehend statisch ist und über natürliche Sprache (überwiegend, s.u.) nur Abfragen und eingeschränkte Eingaben erfolgen. Bei textverstehenden Systemen 59* ist die Zielsetzung gerade anders gelagert: hier liegt die Aufgabenstellung darin, basierend auf Grundwissen

---

57* Diese doppelte Funktion betont auch Wahlster (1982), wenn von ihm als Hauptaufgaben der sprachorientierten KI-Forschung die exakte Beschreibung und Erklärung komplexer Informationsverarbeitungsprozesse mit informatischen Mitteln und die maschinelle Verfügbarmachung der an intelligentes Sprachverhalten gebundenen Leistungen in natürlichsprachlichen Systemen, angeführt werden. Hierbei betont er ausserdem, dass das "... Erkenntnisinteresse wesentlich durch die ... ingenieurswissenschaftliche Zielsetzung der Konstruktion von Anwendungssystemen bestimmt" ist (Wahlster 1982; p.13).

58* Diese Dichotomie von TVS – NZS (s.u.) ist nicht in aller Strenge durchzuhalten; wie die weiteren Beschreibungen zeigen werden, handelt es sich eher um ein Spektrum, bei denen TVS und NZS als Extremfälle die Pole bilden.

59* Z.B. das an der TU-Berlin entwickelte System KIT zum Verstehen von Wettermeldungen; Habel (1982 b), Rollinger (Hrsg, 1984).

über einen Diskursbereich, aus Texten Wissensbestände aufzubauen, d.h. Wissen zu akquirieren.

Diese beiden Gesichtspunkte der Akquisition bzw. Bereitstellung von Wissen bestimmt die primären Forschungs- und Entwicklungsaufgaben der jeweiligen Bereiche. Andererseits stellen Akquisitionsaufgaben für Zugangssysteme und Bereitstellungsaufgaben für TVSe die jeweils sinnvolle und notwendige Ergänzung im Leistungsspektrum dar, und sind als sekundäre Forschungsaufgaben ('primär' und 'sekundär' sind hier zeitlich in Bezug auf den Ablauf des Forschungs- und Entwicklungsprozesses zu verstehen) zu bearbeiten. Somit ergibt sich eine Konstellation, wie sie in Abb. 2.11 dargestellt ist; in dieser ist auch angedeutet, dass für die Zukunft integrierende (in Bezug auf die Fähigkeiten bzw. die zu erbringenden Leistungen) Systeme zu erwarten sind.

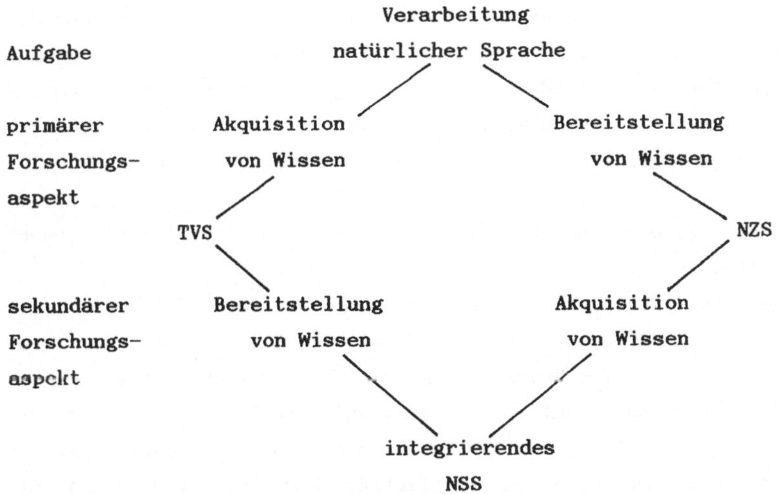

Abb. 2.11: Natürlichsprachliche Systeme: TVS – NZS

Derartige integrierende Systeme werden in Bezug auf maschinelle Übersetzung und Übersetzungsunterstützung, Interaktion mit Hintergrundsystemen, wie Experten-, Planungs-, und Auskunftssystemen, eingesetzt werden können. Einschränkend – in Bezug auf zu hohe und verfrühte Erwartungen – will ich hier darauf hinweisen, dass die konzeptuelle Analyse des Diskursbereichs, und somit die Bereitstellung von Weltwissen (wenigstens in einem gewissen Grade und Umfang) die Voraussetzung für jedes leistungsfähige NL-Anwendungssystem ist.

<u>3.   Die Repräsentationssprache SRL</u>

Im vorliegenden Kapitel werde ich die Grundzüge der Repräsentationssprache SRL (Semantic Representation Language) beschreiben. SRL wurde seit 1977, vgl. Habel/Schmidt (1979), Habel/Reddig/Rollinger (1981), Schneider et al. (1981), als Bedeutungsrepräsentationssprache für den Aufgabenbereich der natürlichsprachlichen Fragebeantwortung konzipiert, und später (ab 1981) zu einer Repräsentationssprache für Textbedeutungen erweitert; vgl. Habel (1984 a), Rollinger (1984), Günther/Habel/Rollinger (1983). Um adäquat als Repräsentationsformalismus innerhalb eines IPS fungieren können, muss SRL daher, wie in Kap. 2.2 dargestellt wurde, auch den Ansprüchen einer Wissensrepräsentationssprache genügen. Daher wurde bei der Entwicklung von SRL – und bei der Beschreibung der Sprache in diesem Kapitel – stets auf eine "empirische Fundierung" Wert gelegt, d.h. es wurden aufgrund insbesondere sprachlicher Fakten Konzepte in SRL eingebracht, die eine adäquate Behandlung der entsprechenden Phänomene gewährleisten. Das Ziel, eine Sprache mit hinreichender Beschreibungskraft zu entwickeln, wurde zum forschungsleitenden Prinzip erhoben. Dieses Vorgehen soll hier kurz mit dem, in der logisch-linguistischen Semantik üblichen, Vorgehen verglichen werden.

'Beschreibungskraft' ist angelehnt an Chomskys (1965) Terminus 'descriptive power' für generative Grammatiken:
(3.1) ".....es gibt zwei Gesichtspunkte, unter denen man von 'Rechtfertigung einer
      generativen Grammatik' sprechen kann. Auf einer Ebene, der der Be-
      schreibungsadäquatheit, ist die Grammatik in dem Masse gerechtfertigt, in dem
      sie korrekt ihren Gegenstand, nämlich die linguistischen Intuitionen, d.h. die
      (zum Teil unbewusste) Kompetenz, des Sprechers beschreibt. In diesem Sinne ist
      die Grammatik durch äussere Gründe gerechtfertigt und zwar durch Gründe der
      Übereinstimmung mit sprachlichen Fakten." (Chomsky, 1965, 26-7; Übers. C.H.)

Ersetzt man in (3.1) 'generative Grammatik' durch 'IPS' und sieht als den Gegenstandsbereich bzw. die "Fakten", die von einem IPS beschrieben werden sollen, neben sprachlichen Fakten die intuitiv gültigen Schlüsse an, so ist der Rahmen der weiteren Überlegungen hinreichend charakterisiert.

Da Schlussverfahren eine wesentliche Rolle bei informationsverarbeitenden Systemen spielen, und da wie in Kap. 2.3 dargestellt wurde, "gute" Repräsentationsformalismen eine logische Grundlage besitzen sollten, erfordert die Übertragung der Begründungssituation von generativen Grammatiken (3.1) auf IPSe u.a. die Forschung auf dem Gebiet "empirischer Fundierung von Logiken" 1*.

Man betrachte hierzu die Beziehungen zwischen Logik und Sprache, so wie sie in Abb. 3.1 dargestellt sind.

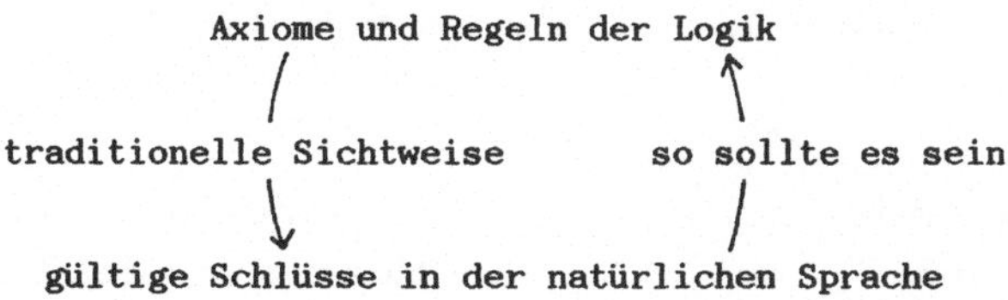

Abb. 3.1: Zur Beziehung: Logik - gültige Schlüsse

Vielleicht etwas überspitzt kann die traditionelle logische Sichtweise, die z.B. auch im Montague-Paradigma deutlich wird, folgendermassen beschrieben werden: Den Ausgangspunkt stellen Axiome und Regeln der Logik, d.h. logische Systeme, dar. Ausschliesslich Schlüsse, die zu diesen Systemen korrespondieren, sind gültige Schlüsse; d.h., was als gültiger Schluss anzusehen ist, wird durch das betrachtete logische System bestimmt. Die Gegenrichtung scheint jedoch wichtiger zu sein: Gegeben seien Schlussfiguren (z.B. formuliert in natürlicher Sprache), die allgemein als gültig angesehen werden. Aufgabe der Logik und der KI ist es dann, Axiome und Regeln, oder allgemeiner: formale Systeme zu entwickeln, die diese Schlussfiguren repräsentieren, erklären und rechtfertigen (vgl. Abb. 3.2) 2*.

Entsprechend zur empirischen Grundlage der Grammatiktheorie ergibt sich für IPSe als zusätzliche Forderung:

(3.2) Die Urteile der Sprecher-Hörer über die Gültigkeit von Schlüssen sollten als "empirische", primäre Evidenz für semantische (logische) Theorien verwendet werden.

1* Man beachte, dass hier der Plural 'Logiken' verwendet wird. In der Tat handelt es sich hier um den Übergang zu "alternativen Logiken", die über Konzepte der klassischen zweiwertigen Logik, einschliesslich der modalen Prädikatenlogik, hinausgehen, etwa nicht-monotonen (z.B. Reiter, 1980 a) oder mehrwertigen Logiken (Belnap, 1976).
Die folgenden Überlegungen, welche ich ähnlich, aber aus anderer Blickrichtung in Habel (1983 b) dargestellt habe, sind insbesondere durch Barwise beeinflusst. Man vgl. hierzu Abb. 2.8 (in Kap. 2.3), die Barwise/Perrys (1983) Sichtweise Rechnung trägt, und Barwise/Cooper (1981; p.200-202) zu 'semantic intuitions'. Die Folgerungen, die ich gezogen habe, möchte ich natürlich nicht Barwise anlasten.

2* Diese Sichtweise hat, wie ich in Habel (1983 b) dargestellt habe, schon einige Male in der Geschichte der Logik eine auslösende Rolle gespielt. Man denke etwa an die Übergänge:
Aussagenlogik -> Prädikatenlogik
monadische Prädikatenlogik -> nicht-monadische Prädikatenlogik
Jeweils waren Adäquatheitsgesichtspunkte in bezug auf die Beschreibungsstärke bzgl. der Schlussfiguren die entscheidenden Auslöser.

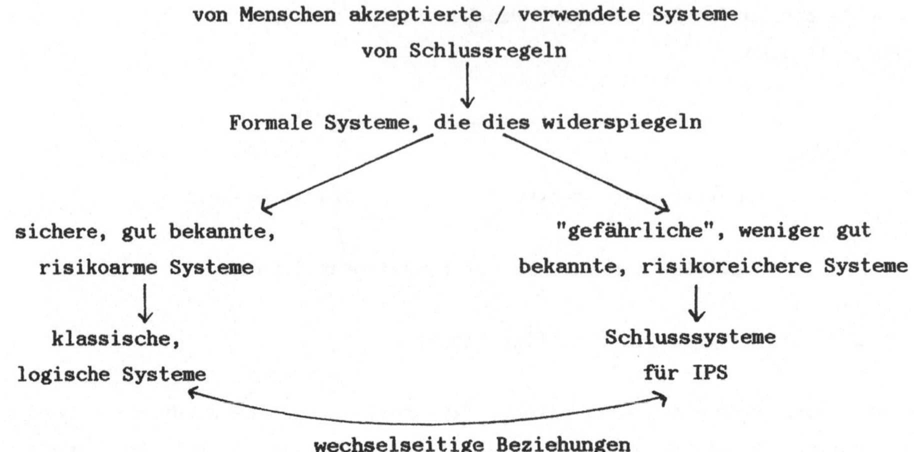

Abb. 3.2: Zur empirischen Fundierung von Repräsentationsformaten

Wo nun bei der Entwicklung derartiger semantischer Theorien die Grenze zwischen 'logisch' und 'ausserlogisch' zu ziehen ist, ist (gegenwärtig) nicht zu erkennen. In Bezug auf derartige Grenzziehungen sind u.a. die folgenden Punkte zu berücksichtigen:

- Der Gegensatz 'logisch' – 'ausserlogisch' korrespondiert für zahlreiche Wissenschaftler mit dem Gegensatz 'Theorie' – 'Metatheorie': Ein logischer Kern, die Theorie, wird mit einer Metatheorie versehen, die das für das Ausserlogische, z.B. die default-Schlüsse, zuständig ist. Vgl. Doyle (1979), Weyhrauch (1980).
- Der Gegensatz 'logisch' – 'ausserlogisch' ist in der Geschichte der Logik Veränderungen unterworfen gewesen; so kann man – mit einer berechtigten Vergröberung – sagen, dass z.B. 'möglich' und 'notwendig' mit der Entwicklung der entsprechenden Modallogiken zu logischen Partikeln avancieren konnten. Ähnliches gilt bzgl. der epistemischen Logiken für 'glauben' und 'wissen'. Problematischer wird es bei der Logik von Perzeptionsausdrücken; vgl. Barwise (1981) und Barwise/Perry (1983; pp. 170-212).

Feststehen dürfte jedoch zumindestens, dass von einer allgemein akzeptierten, unveränderlichen Abgrenzung nicht ausgegangen werden darf.

In der SRL-Konzeption werden – wie die weiteren Darstellungen zeigen werden – in verschiedener Hinsicht Erweiterungen der klassischen zweiwertigen Prädikatenlogik vorgenommen; dies betrifft sowohl zusätzliche Operatoren, als auch nicht-monotone Schlussverfahren.

3.1. Die syntaktische Basis von SRL

Die Syntax von SRL 3* folgt den Prinzipien, die von Kalish/Montague (1964) für "Sprachen formaler Theorien" verwendet werden. Für die rekursive Definition wohlgeformter Ausdrücke in SRL werden als Basisinventar

(3.3)   VAR,   eine (abzählbare) Menge von (Term-) Variablen,

  OP,   eine (endliche) Menge von Operatoren,

  EFF := $\{t,f\}$, die Menge der Effekte von Operatoren

  ('t' bzw. 'f' stehen für Term bzw. Formel.)

zugrunde gelegt. Die Operatoren stellen die Konzept-Konstanten der Sprache dar; vgl. Kapitel 3.2.

Die Menge der syntaktischen Symbole von SRL, d.h. das Alphabet, besteht aus VAR, OP, und den üblichen Sonderzeichen "(", ")" und "," zur Kennzeichnung der Operator-Operanden-Struktur und Trennung der Argumentstellen, sowie dem Hochkomma "'" zur Bildung bzw. Kennzeichnung von Namen 4*. Über diesem Alphabet können beliebige Zeichenketten gebildet werden, wobei durch das Definitionsschema Abb. 3.3 die Menge der wohlgeformten Ausdrücke, d.h. der SRL-Ausdrücke, erklärt wird. SRL-Ausdrücke werden grundsätzlich als bedeutungstragend angesehen, wobei jedoch einigen, nämlich den sorteninkorrekten (s. Kap. 3.3) häufig keine sinnvolle Bedeutung zugewiesen werden kann.

Die Formationseigenschaften der Operatoren werden durch die Abbildung TYP spezifiziert (Kalish/Montague, 1964) :

  TYP : OP -----> EFF x N x N x N   5*

Durch den Effekt des Operators wird angegeben, ob es sich um einen termbildenden oder einen formelbildenden Operator handelt. Hieraus ist (als Projektion bzgl. der ersten Stelle von TYP) die Abbildung 'eff' definierbar:

  eff : OP -----> EFF

Das von TYP(op) erzeugte Quadrupel wird im weiteren stets durch

  TYP(op) = $\langle$eff, m, n, p$\rangle$

bezeichnet werden, wobei die Komponenten m, n, p die folgende Spezifizierung von 'op' beinhalten: op bindet m Variablen, op hat n Terme und p Formeln als Argumente.

3* Die folgende Darstellung der SRL-Syntax schliesst sich weitgehend an die Beschreibung in Schneider et al. (1981) an.

4* Ausgangspunkt für diese Verwendung der Quotes ist Quines (1951) Trennung von Objekten und deren Namen. Vgl. auch die Ausführungen am Beginn von Kap. 5.1..

5* N = Die Menge der natürlichen Zahlen einschliesslich der Null (0).

Unter Verwendung der bisher eingeführten Bezeichnungen lassen sich nun die Mengen
TER und FOR (der Terme bzw. der Formeln) durch ein rekursives Schema (s. Abb. 3.3)
definieren 6*.

    (i)   Jede Variable (aus VAR) ist ein Term.

    (ii)   Wenn $op \in OP$ mit TYP (op) = $\langle t,m,n,p \rangle$ und

              $x.1,\ldots,x.m \in$ VAR

              $t.1,\ldots,t.n \in$ TER

              $f.1,\ldots,f.p \in$ FOR

              dann ist op $(x.1,\ldots,t.1,\ldots,f.1,\ldots,f.p) \in$ TER.

   (iii)   Dies sind alle Terme.

    (iv)   Wenn $op \in OP$ mit TYP (op) = $\langle f,m,n,p \rangle$ und

              $x.1,\ldots,x.m \in$ VAR

              $t.1,\ldots,t.n \in$ TER

              $f.1,\ldots,f.p \in$ FOR

              dann ist op $(x.1,\ldots,t.1,\ldots,f.1,\ldots,f.p) \in$ FOR.

    (v)   Dies sind alle Formeln.

Abb. 3.3: Definitionschema für Terme und Formeln

Die Menge der Formeln entspricht der Menge der "well-formed expressions", wie sie
üblicherweise in Logiken (ohne Funktionsausdrücke) eingeführt wird. In SRL werden
sowohl Terme als auch Formeln als (wohlgeformte) SRL-Ausdrücke bezeichnet.
Entsprechend wird im folgenden, wie schon in Habel (1983 a), SRL als Paar von Mengen
aufgefasst:

(3.4)   SRL = $\langle$ TER, FOR $\rangle$

Diese Einteilung trägt dem Gegensatz von Termen und Formeln, bzw. Objekten
einerseits und Ereignissen (bzw. Zuständen, Situationen) andererseits, Rechnung, der
in den Kap. 4–7 noch eingehend behandelt werden wird.

Die oben beschriebenen Komponenten von TYP sind noch nicht für alle Anwendungs- und
Problemfälle ausreichend. Deswegen werden an verschiedenen Stellen der SRL-
Konzeption und der Implementierung Spezifizierungen durchgeführt; vgl. insbesondere
Kapitel 3.3.

6* Dass FOR schon im Definitionsschema für TER auftritt, zeigt, dass die beiden
Definitions-Teilschemata nicht unabhängig voneinander betrachtet werden dürfen.

3.2. Operatoren und Konzepte: Teil I

Wenn SRL als Repräsentationssprache angesehen werden kann bzw. soll, so ist auch die Frage zu behandeln, was eigentlich durch SRL-Ausdrücke bzw. SRL-Operatoren repräsentiert wird. Die Antwort ist zugleich schwierig und einfach: Einfach ist sie, wenn man unter Zugrundelegung der in Kap. 2.2 und 2.3 dargestellten Überlegungen mit

(3.5) SRL-Ausdrücke repräsentieren mentale Zustände und (hierüber oder direkt) die reale Welt.

antwortet. Schwierig ist die Antwort, wenn zusätzlich geklärt werden soll, was eigentlich ein mentaler Zustand ist 7*. Diese zweite, weitergehende Antwort zu geben, kann (hier) nicht geleistet werden. Stattdessen will ich als nicht weiter definierten, intuitiv und informell verwendeten, Grundbegriff, 'Konzept' ins Spiel bringen, und zwar durch die Forderung

(3.6) SRL-Operatoren repräsentieren Konzepte.

welche zugleich eine Hypothese über SRL-Repräsentationen und das, was mit einem SRL-basierten IPS beschrieben werden kann, darstellt.

Der Begriff 'Konzept' (concept) ist in der Kognitionswissenschaft weit verbreitet und wird dort ebenfalls überwiegend als undefinierter Grundbegriff verwendet. Daher will ich im weiteren auch nicht den Versuch einer expliziten Begriffsklärung unternehmen, sondern nur durch Erläuterung einiger wesentlicher Aspekte so etwas wie die Familienähnlichkeit (im Wittgensteinschen Sinne) von 'Konzept' facettenhaft betrachten.

'Konzept' betrifft 8* die Gesamtheit der Bedeutungen 9*, einschliesslich der korrespondierenden Erwartungen und Standardannahmen von Begriffen. Wenn hier von 'Bedeutungen' die Rede ist, so betrifft dies, wie am Ende dieses Kapitels 3.2

7* Hier will ich nochmals auf die oben schon durchgeführten Überlegungen und die dort aufgeführten Arbeiten aus der Psychologie und Philosophie verweisen, insbesondere auf Pylyshyn (1980), der auf den "repräsentationalen Charakter" mentaler Zustände hinweist.

8* Im weiteren wird 'Konzept' stets, falls nicht explizit eine andere Quelle angegeben wird, für den in dieser Arbeit verwendeten und intendierten 'Konzept'-Begriff benutzt.

9* Hiermit unterscheide ich mich von Macnamara (1982), der zwar den Versuch einer Definition von 'concept' als Menge der notwendigen und hinreichenden Kategorisierungsbedingungen (p.211-212) unternimmt, dafür aber den Preis zahlt, sowohl eine (nicht sehr klare) Trennung von 'meaning' und 'concept' vornehmen zu müssen, als auch unscharfe Konzepte (vgl. Kap. 3.8) nicht adäquat behandeln zu können.

genauer erläutert werden wird, eher kognitive und psychologische Aspekte als solche der logischen Semantik. An dieser Stelle soll schon erwähnt werden, dass z.B. von Jackendoff (1983; chap. 6) für die Übereinstimmung der Ebenen semantischer und konzeptueller Strukturen eines IPS argumentiert wird.

Was macht nun ein Konzept aus? Welches sind die wesentlichen Aspekte? Ich will hier auf einige der in Kap. 2 angesprochenen Beispiele zurückgreifen. Als erstes sei das Konzept 'fliegen' betrachtet 10*. Der Kern des Konzeptes betrifft sicherlich die Tatsache, dass eine (meist schnelle) Fortbewegung vorliegt und zwar eine oberhalb des Erdbodens 11*. Von diesem Punkt der Analyse an kommen Subkonzepte von 'fliegen' ins Spiel, z.B.,

(3.7) a. das des aktiven natürlichen Fliegens von Tieren, wobei für diese Fälle entprechende Fortbewegungsorgane, wie Flügel, benötigt werden,

      b. das aktive, künstliche Fliegen, das sowohl ein technisches Hilfsmittel, ein Flugzeug oder ähnliches, als auch spezielle Fähigkeiten, eine Ausbildung und eine Zulassung, voraussetzt,

      c. das passive, künstliche Fliegen, das ein Spezialfall des Reisens ist, und zwar nicht die spezifischen Anforderungen an den Fliegenden voraussetzt, die in b. gefordert wurden, aber z.B. beinhaltet, dass verhältnismässig hohe Reisekosten entstehen.

Wie dieses, nur einige Aspekte von 'fliegen' berührende, Beispiel zeigt, müssen mit dem Operator 'fliegen' 12* zahlreiche andere Konzepte, d.h. Operatoren, "verbunden" sein, und zwar solche, welche unter anderem die Funktion, soziale und rechtliche Gesichtspunkte (z.B. Kosten und Zulassung) betreffen; nur hierdurch kann erreicht werden, dass der Operator 'fliegen' wirklich das repräsentiert, was zum Konzept gehört.

Als nächstes will ich das in Kap. 2.3 behandelte Ampelbeispiel aufgreifen; 'Ampel-frame' (Abb. 2.9) und 'Ampel-Berücksichtigen-script' (Abb. 2.10) zeigen, welche Bereiche im Ampel-Konzept u.a. zusammenzufassen sind, und über einen 'Ampel'-Operator erfasst werden müssen, um eine adäquate Behandlung von Strassenverkehrssituationen in einem IPS zu erreichen. An dieser Stelle sollte auch

---

10* Eine ausführliche schema-orientierte Analyse dieses Konzeptes habe ich in Habel (1985 b) durchgeführt. Die folgenden Betrachtungen zu 'fliegen', die weitgehend auf dieser Arbeit basieren, sind als informelle Motivation zu verstehen.

11* Genauer formuliert: Ohne stützenden Kontakt zum Erdboden. Hierdurch sollen Fälle wie Hochbahnen ausgeschlossen werden. Eine adäquate Beschreibung des Konzeptes muss insbesondere eine Klärung der Frage, was als Bezugsebene anzusehen ist, beinhalten. Z.B. können Insekten in einer Tiefgarage fliegen; erst die Angabe der Bezugsebene vervollständigt die Darstellung.

12* Hierbei gehe ich schon von der im weiteren beschriebenen Repräsentation von Konzepten durch SRL-Operatoren aus.

die Frage, wessen Konzepte im IPS zu repräsentieren sind, angesprochen werden. Betrachtet man die Darstellungen in den Abbildungen 2.9 und 2.10, so stellt man fest, dass die Ampelfarben 'rot' und 'grün' eine herausragende, Entscheidungen bestimmende, Rolle spielen. Dieses können sie für Rot-Grün-Farbenblinde sicherlich nur in indirekter Weise, und zwar über die Beziehungen der Abbildung 3.4.

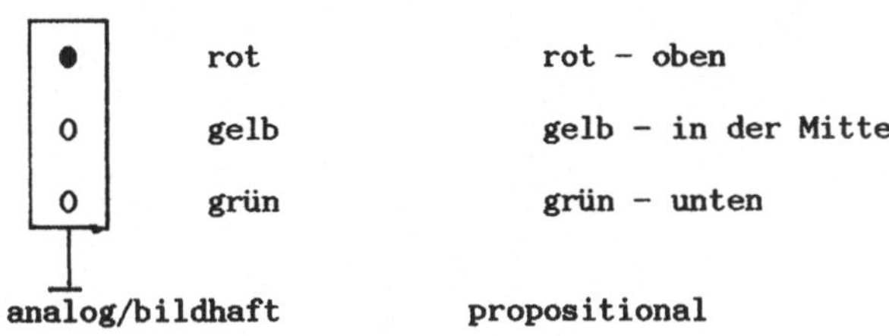

Abb. 3.4: Ampel: Lichtpositionen - Ampelfarben

Dies zeigt, dass Konzepte innerhalb spezieller IPSe unterschiedliche Ausprägungen besitzen müssen. So werden Experten sicherlich in ihrem Ampel-Konzept weitere Informationen aufgenommen haben, welche für einen Laien uninteressant und unwichtig sind. Derartige Überlegungen führen zu der von Putnam (1975) eingeführten Idee der 'sprachlichen Arbeitsteilung' (division of linguistic labor; p.227), die insbesondere darauf beruht, dass innerhalb der Sprachgemeinschaft wesentliche Teile eines Konzeptes allgemein bekannt sind, ansonsten aber nur den Experten zugänglich sind. Diese Formulierung des Prinzips, die von partieller 'Kenntnis eines generellen Konzeptes' ausgeht, kann auch von der psychologischen Seite her auf die Konzepte, über die Individuen verfügen, fokussiert werden:
(3.8) Die Konzepte, die die Mitglieder einer Sprachgemeinschaft besitzen, weisen weitgehend Überlappungen auf; darüberhinaus existiert die Peripherie von Konzepten, welche nur mit einigen Mitgliedern geteilt wird.
Die Überlappungsbereiche sind offensichtlichweise für den Erfolg sprachlicher Kommunikation ausschlaggebend.

Bei der Konstruktion eines IPS, d.h. beim Aufbau eines Systems von Wissenssystemen, sei es zur Durchführung von Simulationsexperimenten, sei es zum Zweck eines natürlichsprachlichen Anwendungssystems, sollte man sich stets des individuellen Charakters von Konzepten, entsprechend (3.8), bewusst sein. Auch ein IPS ist in dieser Hinsicht ein Individuum und kann nicht die Sprachgemeinschaft in ihrer Gesamtheit repräsentieren. Letzteres zu erreichen, kann auch kein sinnvolles Ziel sein; ein künstliches IPS, welches - in Bezug auf Teilaufgaben - als Mitglied der Sprachgemeinschaft angesehen werden kann, ist das Äusserste, was bei der Konstruktion eines IPS erwartet werden darf.

Abschliessend (für diesen Abschnitt 3.2) will ich noch einmal die wichtigsten, für das weitere grundlegenden, Vorüberlegungen zu Konzepten zusammenfassen: Konzepte betreffen wohlstrukturierte Gesamtheiten von Wissen und beinhalten insbesondere Beziehungen zu anderen Konzepten. Ausserdem ist stets zu berücksichtigen, dass Konzepte als kognitive Entitäten anzusehen sind, die in bezug auf individuelle IPSe untersucht werden 13*.

13* Eine Weiterführung dieser Überlegungen werde ich in den Kapiteln 3.4, 3.6 und 3.7 vornehmen und in den Kap. 4-6 für Objekt-Konzepte, das sind solche, die Objekten der realen und der projizierten Welt entsprechen, spezialisieren.

3.3. Sorten und Sortierung in SRL

Unter Verwendung des in Abb. 3.3 ausgeführten Definitionsschemas für wohlgeformte SRL-Ausdrücke sind keine weiteren Zulässigkeitsbeschränkungen für die Argumentbelegung gegeben, ausser dass Term-Argumentstellen mit Termen und Formel-Argumentstellen mit Formeln zu belegen sind. Diese "Liberalität" 14* würde u.a. den folgenden Repräsentationsversuch zum Beispielsatz (2.3.a) zulassen:

(3.9.a) fliegen ('Alpen', 'Italien')

Hier wird ein 2-stelliges Prädikat (formelbildender Operator) 'fliegen' verwendet, dessen erstes Argument den Fliegenden und dessen zweites Argument das Ziel bezeichnet 15*. Eine Möglichkeit, derartige "unsinnige" Belegungen zu erkennen und auszuschliessen, besteht darin, an die Argumentstellen explizite Zulässigkeits-, d.h. Wohlgeformtheits-Bedingungen, zu stellen, die im weiteren auch als Sortenbedingungen bezeichnet werden 16*. Derartige Zulässigkeitsbeschränkungen sind, den Überlegungen des Kapitels 2.2 folgend, als Bestandteil des Konzeptes 'fliegen' anzusehen.

Von einem formalen Standpunkt bedeutet dies, dass eine explizite Sortierung des Gegenstandsbereichs durchgeführt wird. Aufgrund entsprechender Überlegungen für axiomatische Systeme der Mathematik wurden mehrsortige Prädikatenlogiken, u.a. von Schmidt (1938) und Oberschelp (1962) entwickelt. Für derartige mehrsortige Logiken mit Termsortierung gilt:

- Jedes Termzeichen wird einer Sorte zugeordnet. Hierbei ist es sowohl möglich, von disjunkten Sortierungen (Schmidt, 1938) als auch von nicht-disjunkten Sortierungen (Oberschelp, 1962) auszugehen.
- Für jedes Prädikat (bzw. allgemeiner: jeden Operator) ist festzulegen, zu welchen Sorten die Argumente zu gehören haben, um eine 'sortenkorrekte' Argumentbelegung zu erhalten. (Man beachte hier die Beziehung: Operator – Konzept.)
- Für jede Sorte existieren entsprechende Termvariablen, um sortenkorrekte Quantifizierungen zu gewährleisten.

14* Den Begriff 'Liberalität' verwende ich im Sinne Oberschelps (1977), der auch Ausdrücke zulässt, die aufgrund von Sortenverfehlungen (im unten beschriebenen Sinne) entstehen.

15* Die SRL-Repräsentationsbeispiele, die in der vorliegenden Arbeit verwendet werden, sind, wie im Vorwort erläutert, "minimal" und nicht auf Adäquatheit der Darstellung hin gewählt.
So berücksichtige ich hier für 'fliegen' nur zwei Argumentstellen. Als Argumente werden im vorliegenden Kapitel ausschliesslich Individuenkonstanten verwendet; eine adäquatere Behandlung individueller Konzepte erfolgt in Teil II.

16* Dieses Kapitel 3.3 kann nur einen skizzenhaften Überblick über das Sortenkonzept in SRL geben. Eine detaillierte Beschreibung der Term-Sortierung findet sich in Habel/Reddig/Rollinger (1981) bzw. Schneider et al. (1981).

Für das oben verwendete Beispiel des Prädikats 'fliegen' ergäbe sich etwa die folgende, informelle Belegungsvorschrift 17*:

(3.10) Argumentbelegungsvorschrift für 'fliegen'

          1. Arg. : tierisches Lebewesen

          2. Arg. : Lokalität

Diesen Überlegungen folgend wird in SRL eine Sortierung (vorerst der Terme) durchgeführt. Das Grundinventar von SRL wird hierzu um eine endliche Menge S von Sortennamen erweitert. Darüberhinaus wird den Termen aus SRL rekursiv eine 'Sortenzugehörigkeit' (sor-z) zugeordnet,

    sor-z: TER -> S

beginnend mit den Individuenkonstanten, die als Operatoren des TYPs $\langle t,0,0,0 \rangle$ aufgefasst werden. Um die rekursive Zuordnung zu ermöglichen, ist für termbildende Operatoren eine Operation 'Sorten-Effekt' (s-eff) anzugeben, die aus den Sorten der Argumente die Sorte des resultierenden Terms berechnet. Ein Beispiel möge dies verdeutlichen 18*:

(3.11) Falls sor-z('Franz') = 'mensch',

        dann sor-z('vater'('Franz')) = 'mensch'

Analog zu dieser durch das Sortenkonzept bedingten Erweiterung des Effekts (eff), vgl. Kap. 3.1, ergibt sich - entsprechend der durch das Beispiel aufgezeigten informellen Zulässigkeitsbeschränkung - die Spezifizierung der dritten Komponente von TYP zu einem Sortenzugehörigkeitsraster:

(3.12) Falls TYP(op) = $\langle$eff, m, n, p$\rangle$,

    so ex. zu op ein Sortenraster Sor-R (op) = $\langle$s.1,....s.n$\rangle$ so dass gilt:

    op (x.1,...,t.1,....,t.n,f.1,....) ist sortenkorrekt,

    falls sor-z (t.i) verträglich_mit s.i für i=1,..n.

Unter Verwendung der Sortenkorrektheitsdefinition (3.12), auf deren wesentlichen Bestandteil, der Verträglichkeit, ich unten ausführlicher eingehen werde, können nun SRL-Ausdrücke klassifiziert werden, in sortenkorrekte und sorteninkorrekte. Dies bedeutet nicht, dass sorteninkorrekte Ausdrücke prinzipiell verboten werden, und somit im Sinne Oberschelps (1977) eine illiberale Grammatik (für SRL) vorliegt; vielmehr werden sortenkorrekte Ausdrücke als Ideal, d.h. Ideal- bzw. Normalfall, angesehen, so dass beim Auftreten sorteninkorrekter Ausdrücke spezielle Massnahmen einzuleiten sind. So wird etwa, wenn im Fall (3.9 a.) eine sortenkorrekte Alternative

(3.9 b.) fliegen ('Müllers','Italien')

17* Hiermit werden zuerst einmal einige Aspekte des des Gesamtkonzeptes (3.7) betrachtet; entsprechende Belegungsvorschriften für die Subkonzepte werden unten erläutert.

18* Hier wird der termbildende Operator 'vater', d.h. eine Funktion verwendet, da in derartigen Fällen die Konzeption des Sorteneffekts deutlicher und einfacher zu Tage tritt.

existiert, diese als die geeignete Bedeutungsrepräsentation ausgewählt. Genauer, unter Rückgriff auf Weltwissen, sowohl auf generelles über Menschen, als auch auf spezielles über Müllers 19*, wird die Ansteuerung des geeigneten Subkonzeptes von 'fliegen', entsprechend (3.7.c) zu

(3.9.c)   fliegen_pass. ('Müllers','Italien')

erfolgen, bzw. zu (2.3.b) die Repräsentation

(3.9.d)   fliegen_nat. ("Kraniche",'Italien')   20*

erstellt werden. Am Beispiel von 'fliegen' kann auch verdeutlicht werden, was unter den oben erwähnten "speziellen Massnahmen" verstanden werden soll.   Man betrachte hierzu die Sätze:

(3.13) a. Die Mona Lisa fliegt zur Weltausstellung nach New York.

       b. Der Hope-Diamant fliegt zur Weltausstellung nach New York.

In beiden Fällen, die von manchen Sprechern des Deutschen sicherlich als nicht-korrekt bewertet werden, könnte eine Bedeutungszuweisung durch Analogie 21* unter Verwendung des Subkonzeptes 'fliegen_pass' erfolgen.

In der (nicht ganz expliziten) Definition (3.12) von 'Sortenkorrektheit' spielt der Begriff der 'Verträglichkeit' die fundamentale Rolle. Da hier keine vollständige Darstellung des Konzeptes der Verträglichkeit erfolgen soll (vgl. jedoch Habel/Reddig/Rollinger 1981), werde ich hier eine Skizze der zugrundeliegenden Ideen geben. Betrachtet man noch einmal das oben verwendete Beispiel (2.3.a), so wird deutlich, dass (3.9.b) als sortenkorrekt angesehen werden kann, wenn 'Müllers' der Sorte 'tierisches Lebewesen' zugewiesen sind, und hierbei Gleichheit der Sorten (bzw. Sortennamen) als Verträglichkeitskriterium verwendet wird. Andererseits sind leicht Fälle denkbar, in denen die Zuweisung der spezielleren Sorte 'menschl. Lebewesen' notwendig ist, etwa um eine Unterscheidung in

(3.14)   arbeiten_bei ('Müllers' , 'TU Berlin')   sortenkorrekt

          arbeiten_bei ("Kraniche" , 'TU Berlin')   sorteninkorrekt

zu gewährleisten. Dies würde durch das Sortenraster

    Sor-R ('arbeiten_bei') = <'mensch', 'jur._person'>

erreicht.

19* Derartiges Wissen wird z.T. als Attributierung in referentiellen Netzen kodiert; vgl. hierzu Kap. 5.2.

20* Während die Quotes bei 'Italien' das Vorkommen eines Namens betreffen, werden die Anführungszeichen bei "Kraniche" (und im weiteren) benutzt, um abkürzend einen Ausdruck aus NL in einen SRL-Ausdruck einsetzen zu können. Hierdurch können Beispiele – bei (3.9.d) handelt es sich nicht um einen wohlgeformten SRL-Ausdruck – in einem Quasi-SRL formuliert werden, ohne in allen Punkten (Argumentstellen) volle Detaillierung durchführen zu müssen.

21* Derartige Prozesse für IPSe zu formalisieren, stellt einen der wichtigsten Aufgabenbereiche der zukünftigen Forschung dar. Insofern ist dieses Beispiel (3.13) als "Absichtserklärung" für weitere Arbeiten zu verstehen; eine Realisierung von Analogieschlüssen in SRL liegt bisher nicht vor.

Sortenverträglichkeit muss somit direkt, d.h. durch Identität der Sortennamen, als auch indirekt über Verträglichkeitsbeziehungen zwischen Sortennamen bestehen. Die Kenntnisse der Sortenverträglichkeiten werden von mir als Teil des Wissensbestandes eines IPS angesehen. Um derartiges Wissen repräsentieren zu können, wird in SRL von einer Verbandsstruktur der Sorten ausgegangen; im vorliegenden Fall würde etwa innerhalb des Sortenverbandes (exakter: Verbandes von Sortennamen) der Teilverband 'Tiere' (Abb. 3.5) berücksichtigt werden.

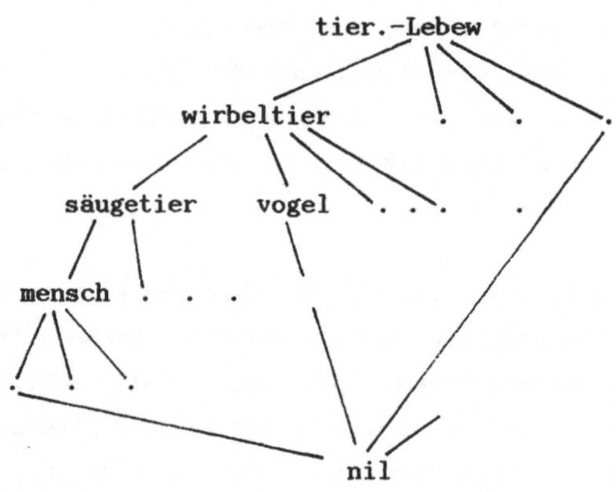

Abb.3.5: Sortenteilverband: Tiere

Die Verbandsstruktur, die über der Menge S definiert ist, wird innerhalb der SRL-Sortenkonzeption in verschiedenen Bereichen ausgenutzt, z.B. bei der Berechnung des Sorten-Effekts oder in Bezug auf Bestimmtheit bei der Referenzanalyse (Kapitel 6). An dieser Stelle mag ein Beispiel der Sorten-Effekts-Berechnung genügen. Ausgangspunkt sei ein Sortenverband, in dem die Unterscheidung von männlichen und weiblichen Tieren berücksichtigt wird. Dies geschieht in SRL dadurch, dass Teile des Sortenverbandes als Produkt (im verbandstheoretischen Sinne) von elementaren Verbänden gebildet werden; z.B. kann 'weibl.-mensch' als Produkt aus 'weibl' und 'mensch' (innerhalb der Produktbildung der Teilverbände 'Tiere' (Abb. 3.5) und 'Geschlecht' (Abb. 3.6)) interpretiert werden (Schneider et al. 1981) 22*.

22* Die Sorte 'geschlecht' als top-Element des Sortenteilverbandes steht für 'weibl. oder männl.'.

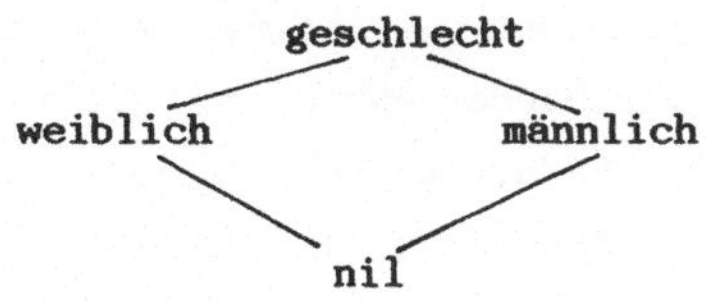

Abb. 3.6: Sortenteilverband: Geschlecht / Sexus

Da der Vater eines Tieres (Lebewesens) männlich ist, kann nicht die Vorschrift

   sor-z (vater (t.i)) = sor-z (t.i),

die bei oberflächlicher Betrachtung (3.11) zugrunde zu liegen scheint, verwendet werden, da im Fall von Termen, die einer Sorte der Art 'weibl.-mensch' zugeordnet wären, für 'vater (t.i)' der unkorrekte Sorteneffekt 'weibl.-mensch' berechnet würde. Nutzt man die Verbandsstruktur und hiermit die Verbandsoperationen aus, so kann errechnet werden, dass

   sor-z (vater (t.i)) = 'männl.-mensch'

auch für

   sor-z (t.i) = 'weibl.-mensch'

gilt (Schneider et al., 1981).

Nachdem im vorhergehenden Kapitel 3.2 erste Überlegungen zum Status von Operatoren, genauer zur Repräsentationsbeziehung zwischen Operatoren und Konzepten erfolgte, ist es nun an der Zeit, den Status von Sorten zu erläutern. Wie schon in den Arbeiten von Schmidt (1938) und Oberschelp (1962) gezeigt wurde, kann unter Verwendung von Sortenprädikaten auf kanonische Weise ein Übergang von einer mehrsortigen Sprache zu einer "äquivalenten" einsortigen Sprache erfolgen. Sind also Sorten und Sortenprädikate als SRL interne Stellvertreter für die gleichen Objektklassen der Welt oder des Denkens anzusehen und insofern äquivalent? Die bisher schon beschriebene Verwendung der Sorten zeigt, dass dies nicht der Fall ist, und zwar in folgender Hinsicht:

(3.16) – Sortenprädikate (und andere einstellige Prädikate) repräsentieren Situationen (Zustände, Ereignisse, ...) der Welt und betreffen insofern Annahmen über die Welt, d.h. über das Zutreffen (oder im logischen Sinne: die Wahrheit bzw. Falschheit) von Aussagen.

– Sorten betreffen die Wohlgeformtheit von Konzeptualisierungen, und somit die Bewertungen 'sinnvoll' bzw. 'unsinnig' für Aussagen.

23* In ähnlicher Weise wird in Brachman (1983) bzw. Brachman/Fikes/Levesque (1983) eine Unterscheidung eine 'assertional' und eine 'terminological component' von Wissensrepräsentationssystemen vorgenommen.

Diese Unterscheidung 23* darf nicht dahingehend missverstanden werden, dass Sorten und Sortenprädikate unabhängig voneinander wären; zu jeder Sorte existiert auch ein Sortenprädikat. Umgekehrt jedoch bedeutet es für ein einstelliges Prädikat eine Auszeichnung, zum Sortenprädikat erhoben zu werden; erst aufgrund von Erfahrungen, d.h. in der Kommunikations-Praxis, wird es deutlich, dass gewisse Klassen von Objekten zu Wohlgeformtheitsbedingungen führen können und insofern die Annahme einer entsprechenden Sorte sinnvoll wäre 24*. Aufgrund der oben erläuterten Nichtäquivalenz von Sorten und Sortenprädikaten sind Sortenverbände auch nicht als ISA-Hierarchien interpretierbar, wie sie üblicherweise in der KI verwendet werden 25*. Eine, wenn nicht sogar die wichtigste Funktion derartiger Wissensstrukturen betrifft die Vererbung von Eigenschaften d.h. Inferenzen, und ist somit in den Bereich 'Wissen über Regularitäten in der Welt' einzuordnen. Und dies ist gerade nicht die Funktion von Sorten (s.o.): Über Sorten wird nur Sortenverträglichkeit vererbt; andere Vererbungen werden nicht direkt über die Sortenverbände durchgeführt.

Entsprechend zur Sortierung der Terme ist auch eine Sortierung von Formeln möglich. Neben der von Rollinger (1984a) verwendeten Sortierung, die insbesondere die für die argumentative Struktur relevanten Sortierungsgesichtspunkte (z.B. 'Kausalität') betrifft, sind für den Bereich des Textverstehens weitere, durch die formelbildenden Operatoren induzierte Formelsorten wichtig, etwa Bewegungsformeln, Besitzwechselformeln, usw; vgl. Miller/Johnson-Laird (1976). Da in der vorliegenden Arbeit Probleme der Objektreferenz, und somit der Terme, im Vordergrund stehen, werde ich auf Formelsorten hier nicht weiter eingehen.

24* Dieser Problemkreis, der in den Bereich des Lernens, insbesondere des 'maschinellen Lernens', fällt muss in der vorliegenden Arbeit ausgeklammert werden.

25* Zu ISA-Hierarchien und Vererbung von Eigenschaften vgl. Brachman (1979, 1983) und Habel (1985 b).

3.4. Inferenzoperatoren

Wie in Kapitel 3.2 erläutert wurde, gehe ich davon aus, dass Entitäten von SRL
'kognitive Konzepte' repräsentieren. Innerhalb der kognitiven Konzepte lassen sich
Konzepttypen festlegen, denen wiederum Typen von SRL-Ausdrücken bzw. Entitäten
entsprechen (vgl. Abb. 3.7).

geschlossene Terme	Individuen-Konzepte
geschlossene Formeln	faktuelle Konzepte
Operatoren mit TYP $\langle t, 0, m, 0\rangle$	nominale Konzepte
Operatoren mit TYP $\langle f, 0, m, 0\rangle$	prädikative Konzepte
.	.
.	.

Abb. 3.7: Kognitive Konzepte 26*

Eine wesentliche Eigenschaft menschlicher Sprachverarbeitung und kognitiver
Prozesse allgemein besteht sicherlich darin, dass gewisse Konzepte zueinander in
Beziehung gesetzt werden; ein klassisches Beispiel, der Tradition der
Bedeutungspostulate, vgl. Carnap (1952), folgend, betrifft die nicht-akzidentelle
Beziehung zwischen
   'junggeselle ('Franz')' und 'unverheiratet('Franz')'.
Die Systematik — oder anders ausgedrückt: das Regelhafte —"dieser Beziehung ist
darin zu sehen, dass sie nicht durch die Individuenkonstante (das individuelle
Konzept) 'Franz' verursacht wird, sondern genereller für beliebige individuelle
Konzepte zutrifft, d.h. durch eine Beziehung zwischen prädikativen Konzepten
induziert ist (Miller 1978a). Diese Beziehung wird Miller (1978a) folgend als
konzeptuelle Folgerung(-sbeziehung) bezeichnet und durch den Operator "C->"
repräsentiert. An den Schreibweisen der Logik orientiert wird in SRL die Beziehung
zwischen prädikativen Konzepten durch offene Formeln, für das obige Beispiel durch
(3.17.a) junggeselle (x) C-> unverheiratet (x)
dargestellt. Die oben aufgeführte Beziehung bzgl. 'Franz' wird entsprechend durch
(3.17.b) junggeselle ('Franz') C-> unverheiratet ('Franz')
repräsentiert. Hierbei ist es wichtig, zwischen der offenen Formel (3.17.a), die
eine Inferenzregel repräsentiert 27*, und der geschlossenen Formel (3.17.b) zu
unterscheiden, die eine spezielle Inferenz repräsentiert, die vom System ausgeführt
wird.

26* Hier folge ich, wenn auch mit gewissen Abweichungen, die nicht nur notationeller
    Art sind, Miller/Johnson-Laird (1976) und Miller (1978a). Bei Miller (1978a)
    werden 'faktuelle Konzepte' als 'sentential concepts' bezeichnet.

27* Inferenzregeln werden als Transformationsregeln über der Repräsentationssprache
    aufgefasst. Vgl. hierzu Habel (1983a). In Kap. 3.8 werde ich eine Erweiterung
    dieser Sichtweise für die Fälle unsicherer Inferenzen vornehmen.

Mit (3.17) wird ein sehr spezielles und besonders einfaches Beispiel verwendet, einfach in Bezug auf die Tatsache, dass genau zwei prädikative bzw. faktuelle Konzepte beteiligt sind, eine Prämisse und eine Konklusion. Sowohl im Bereich des Textverstehens als auch allgemein im Bereich kognitiver Prozesse treten häufig Inferenzregeln mit mehr als einer Prämisse auf. Aus diesem Grunde ist es günstig, für SRL einen speziellen Listenoperator 'prem' zum Bilden einer Gesamtprämisse einzuführen 28*,

mit TYP (prem): = $\langle f,0,0,p \rangle$ mit p>0.

'C->' stellt ein Beispiel eines Inferenzoperators dar; die in Kapitel 3.1 beschriebene SRL-Basis wird um eine Klasse von Folgerungsoperatoren (bzw. Inferenzoperatoren) INF-OP erweitert, für die gilt:

(3.18) inf-op $\in$ INF-OP : TYP (inf-op) = $\langle f,0,0,2 \rangle$ 29*

Offene Formeln mit Hauptoperator aus INF-OP heissen Regeln. Unter Verwendung der Formationsvorschrift für SRL ist durch diese Erweiterung der Operatormenge die Regelrepräsentationssprache RRL erklärt. Teilmengen RUL von RRL stellen Regelwissen (s. Kap. 3.5) dar.

Ein Beispiel für konzeptuelle Folgerungen, welches den Bereich der Wahrnehmungsverben betrifft 30*, soll dieses Kapitel abschliessen:

(3.19.a) Peter sieht die Mondkapsel landen.

kann unter Verwendung des Operators sehen_1 (mit TYP $\langle f,0,1,1 \rangle$) durch

(3.19.b) sehen_1 ('Peter', landen ("Mondkapsel"))

dargestellt werden. Mit Hilfe der Inferenzregel

(3.19.c) sehen_1 (x, p) C-> p

kann nun auf

(3.19.d) landen("Mondkapsel")   –   'Die Mondkapsel landet.'

geschlossen werden. Die Inferenzregel (3.19.c) entspricht dem 'Principle of Veridicality' bei Barwise (1981) und Barwise/Perry (1983; p181, 187) 31*.

28* Vgl. auch Habel (1984 a). Hier nicht einen generellen Operator zum Bilden von Formelmengen bzw. Formelkonstrukten zu nehmen, sondern einen speziellen für die Konstruktion einer Gesamtprämisse ist dadurch begründet, dass die entstehende Gesamtformel eine spezielle Funktion erfüllen soll, nämlich den Inferenzprozess auszulösen oder in einer KI-üblichen Sprechweise, eine Inferenz "anzustossen", zu "triggern".
Vgl. zu derartigen Prozessen in SRL: Rollinger (1984 b). Dort wird eine z.T. abweichende, systemorientierte Notation verwendet.

29* Neben dem Operator 'C->' der konzeptuellen Folgerung werden in RRL (s.u.) auch weitere Folgerungs-, d.h. Inferenzoperatoren, verwendet, etwa solche, die deduktiv-logische Folgerung oder induktive Schlüsse betreffen. Zum zweiten Typ vgl. Emde (1984).

30* Dieses Beispiel, das an Barwise (1981) und Barwise/Perry (1983) angelehnt ist, betrifft insbesondere auch den Unterschied zwischen 'epistemisch neutralen' und 'epistemisch positiven' Wahrnehmungsbeschreibungen. Die im weiteren skizzierte SRL-Lösung wird sicherlich nur einigen der hierbei wichtigen Gesichtspunkte gerecht. Zur Kritik der Barwise-Perry-Analyse siehe Higgenbotham (1983 a).

31* Die vorliegende Regel zeigt auch, dass in SRL/RRL neben Termvariablen auch

Die Konstruktion, die in (3.19.a) verwendet wird, wird als NI-Konstruktion ('naked infinitive') bezeichnet. Eine alternative Äusserung mit anderer Bedeutung liegt in (3.20.a) Peter sieht, dass die Mondkapsel landet.

vor, der Konstruktion mit 'dass-Komplement'. Worin liegt der Unterschied zwischen (3.19) und (3.20)? Nach verbreiteter Ansicht (vgl. Barwise (1981)) liegt er genau darin, dass (3.20) zusätzlich ausdrückt, dass Peter das, was er sieht auch zur Kenntnis nimmt. Dass diese - zugegebenermassen - subtile Unterscheidung nicht unbegründet ist, lässt sich durch folgenden Test nachprüfen: Man setze (3.19.a) bzw. (3.20.a) jeweils durch:

   "aber er glaubt, dass sie abstürzt"

fort. Während im ersten Fall ein akzeptables Satzpaar entsteht, ist im zweiten Fall die Konstruktion als abweichend anzusehen 32*. Dieser Umstand ist nach Barwise und Perry darauf zurückzuführen, dass zwei Lesarten von 'sehen' existieren, eine 'epistemisch neutrale', in der der Sprecher von (3.19) nichts über Peters Zurkenntnisnahme der Landung aussagt und eine 'epistemisch positive', in welcher zusätzlich mitgeteilt wird, dass Peter auch wirklich wahrgenommen und 'akzeptiert' hat, dass die Mondkapsel gelandet ist. Dieser Unterschied kann in SRL dadurch dargestellt werden, dass zusätzlich zum 'Prinzip der Veridikalität' (3.19.c), das analog auch für 'sehen_2' gilt, ein 'Prinzip der epistemischen Verpflichtung' etwa in der Formulierung

(3.20.b)   sehen_2(x,p) C-> akzeptieren(x,p)

angenommen wird 33*. Welche der beiden Lesarten von 'sehen', 'sehen_1' oder 'sehen_2' (in etwa see.N und see.T bei Barwise/Perry, 1983) im konkreten Fall vorliegt, kann von der syntaktischen Komponente des IPS entschieden werden.

Offen ist jedoch die Frage, wie und in welchem Umfang entsprechende Differenzierungen vorgenommen werden sollten. Dies hängt zum einen davon ab, ob der Gegenstandsbereich, welcher als Diskursbereich eines formalen bzw. künstlichen IPS verwendet wird, überhaupt zu derartigen Konstruktionen Anlass bietet, zum anderen davon, ob Sprecher/Hörer einer natürlichen Sprache die entsprechende Unterscheidung systematisch in der oben beschriebenen Weise verwenden. (Beide Fragen sind nur

---

Formelvariable verwendet werden Diese Erweiterung der Basis-SRL kann in offensichtlicher Weise im Definitionsschema (Abb. 3.3) vorgenommen werden. In ähnlichem Zusammenhang wird von Barwise (1981) dafür argumentiert, dass die Behandlung von Perzeptionssätzen (verdeckte) Quantifizierungen über Situationen und Szenen beinhaltet.

32* Wie häufig bei Akzeptabilitätsbewertungen kann auch hier der Fall eintreten, dass der Leser andere sprachliche Intuitionen besitzt als ich (bzw. andere Testpersonen, an denen ich die Satzpaare ausprobiert habe). Gegebenenfalls führt der Versuch mit den entsprechenden Vergangenheitssatzpaaren zu einer anderen, neuen Beurteilung.

33* 'Akzeptieren' betrifft hier die Aufnahme in den Wissensbestand. D.h. dass ein IPS, das (3.20) in der beschriebenen Weise verarbeitet, Wissen und Vermutungen über den Wissensbestand von Peter aufbaut.

empirisch zu beantworten; und dies kann nicht der Gegenstand der vorliegenden Arbeit sein.) Wichtig ist jedoch, dass durch die Beispiele (3.19) – (3.20) gezeigt wurde, wie entsprechende Phänomene innerhalb der SRL-Konzeption darzustellen sind 34*.

34* Eine erweiterte und adäquatere Darstellung kann unter Verwendung von Attributierungen und Bewertungen, die in Kap 3.8 erläutert werden, erfolgen. Hiermit können dann auch "nicht-ausschliessliche" Regularitäten systematisch behandelt werden. Derartige Erweiterungen werde ich in der vorliegenden Arbeit nicht behandeln.

3.5. Weltmodelle in SRL

In Kapitel 2.2, speziell in (2.14), wurde eine Dreiteilung des Wissensbestandes (K) über die Welt eines IPS in
- faktuelles Wissen (F)
- regelhaftes Wissen (R)
- Objektwissen (O)

durchgeführt; ausserdem wurde darauf hingewiesen (2.7), dass die Wissensbestände dynamisch sind.

Somit ergibt sich als erste Formalisierung für das Konzept 'Wissen eines IPS i zum Zeitpunkt t':

(3.21) $WM(t) = K.i (t) = \langle F.i (t) , R.i (t) , O.i (t) \rangle$

Jeder dieser Wissenstypen ist durch eine Menge (im formalen Sinne) von Wissensentitäten, d.h. Ausdrücken der Wissensrepräsentationssprache, repräsentiert. Innerhalb der SRL-Konzeption wird das faktuelle Wissen durch Mengen von "Fakten" dargestellt, d.h.

(3.22.a) $F(t) \subset FOR.cl$ (Menge von geschlossenen Formeln),

das Regelwissen wird entsprechend durch Regelmengen repräsentiert:

(3.22.b) $R(t) = RUL(t) \subset RRL$

Die explizite Darstellung des Wissens über Objekte, d.h. die Eigenständigkeit der Wissenskomponente O.i, macht ein wesentliches Charakteristikum der SRL-Konzeption aus. Die netzartige Struktur 35* von O.i führt dazu, dass im weiteren O.i als Referentielles Netz, bezeichnet mit RefN, angesehen wird. Schon jetzt will ich einige Vorteile einer eigenständigen Wissenskomponente für Wissen über Objekte erwähnen:
- der Zugriff zu Wissenseinheiten kann sowohl über die relevanten Beziehungen/Propositionen erfolgen (faktuelles Wissen), als auch über die beteiligten Objekte (referentielles Wissen).
- Durch die Referenzobjekte, d.h. die ausgezeichneten Elemente der Datenstruktur RefN, wird das Inventar für Interpretationsprozesse (im Sinne der Logik) gegeben. Dies ist im folgenden Sinne zu verstehen: Wenn Ausdrücke der semantischen Repräsentationssprache SRL interpretiert werden, so sind die Individuenkonstanten durch die Menge der Referenzobjekte (REFO) vorgegeben; Quantifikationen sind durch Substitutionen bzgl. REFO zu interpretieren.

Die Beziehung zwischen den Wissenskomponenten 'F' und 'O', d.h. zwischen faktuellem und referentiellem Wissen (Wissen über Objekte), ist im wesentlichen durch

----

35* Der netzartige Charakter von O wird in Kap. 5 ausführlich erläutert werden.

inferentielle Prozesse, d.h. über 'R' gegeben (z.B. Fokussierungstransformationen; vgl. Kap. 5.1.2).

Innerhalb des faktuellen Wissens wird in der SRL-Konzeption eine weitere wichtige Aufteilung vorgenommen, nämlich diejenige in explizites Wissen, d.h. die Menge von Formeln, die explizit, d.h. extensional, in der WB des Systems (sei es Mensch oder Maschine) gespeichert ist, im weiteren stets mit F bezeichnet, und das implizite Wissen F_R, das mittels R aus F ableitbare Wissen.

Um diesen Prozess der Ableitung von Wissensentitäten zu erläutern, sei daran erinnert, vgl. (3.18), dass Regeln in SRL durch offene Formeln repräsentiert werden, deren Hauptoperator aus INF-OP ist, und dass diese Inferenzregeln als Transformations- bzw. Ableitungsregeln interpretiert werden, wie sie in der Theorie axiomatischer Systeme oder formaler Sprachen üblich sind 36*. D.h. falls eine Regel der Form

(3.23.a) $r = \text{inf\_op (prem, konkl)} \in \text{RUL}$

existiert und 'prem' über der Faktenbasis F "verifiziert" werden kann, d.h. eine Instantiierung, etwa 'inst', zu 'prem' (bezeichnet mit inst ¦ prem) in F gefunden werden kann

(3.23.b)   inst ¦ prem $\in$ F

so kann daraus die entsprechende Instantierung der Konklusion

(3.23.c)   inst ¦ konkl $\in$ FOR

abgeleitet werden; symbolisiert wird dies durch

(3.24.a)   F r-> konkl

Entsprechend wird für 'Ableitung bzgl. des Regelsystems RUL'

(3.24.b)   F RUL-> konkl

geschrieben, und für 'Ableitung in beliebig vielen Schritten' könnte

(3.24.c)   F RUL-*-> konkl

verwendet werden. Da der Unterschied zwischen direkter und nicht-direkter Ableitung im folgenden nur eine untergeordnete Rolle spielt, werde ich die Schreibweise (c) nicht benutzen und beide Fälle durch (b) notieren.

Somit ergibt sich als Explikation für das implizite Faktenwissen eines IPS i zum Zeitpunkt t:

(3.25) $\text{F\_R.i(t)} = \{\ p \in \text{FOR}\ |\, \text{F.i(t)}\ \text{RUL.i(t)->}\ p\ \}$

36* Für die folgende Skizze der Begriffe 'Ableitung', 'inferentielle Hülle' usw.
gehe ich davon aus, dass der Leser mit der Theorie axiomatischer Systeme
vertraut ist; die Beschreibung dient insofern nur der Einführung der im weiteren
verwendeten Notation.

Dieses implizite Wissen, das als die inferentielle Hülle von F.i(t) bzgl. R.i(t) angesehen/bezeichnet werden kann, stellt also den Wissensbestand dar, den das IPS prinzipiell, d.h. ohne Beschränkung in Hinblick auf zeitliche oder räumliche (bzgl. Speicherkapazität) Ressourcen ableiten könnte. Sicherlich wird nur ein Teil dieses Wissens wirklich explizit gemacht werden, vgl. Abb. 3.8; insbesondere wird der explizierte Teil vom behandelten Weltabschnitt abhängig sein.

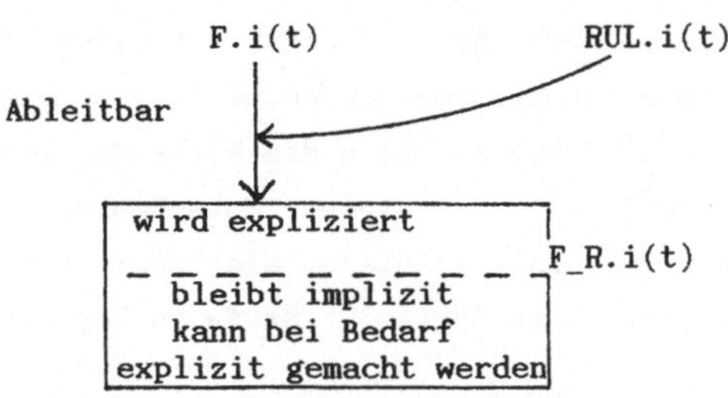

Abb. 3.8 Explizites und implizites Wissen

Einige in Hinsicht auf diesen Punkt relevante Aspekte werden generell in Kap. 3.8 behandelt werden; speziell die Fragestellungen in Bezug auf Inferenzen und explizites und implizites Objektwissen sind Thema des Kapitels 5.

Abschliessend sei bemerkt, dass für F_R.i(t) all das gilt, was in Kap. 2.3 in Zusammenhang mit default-Schlüssen und nicht-monotonen Logiken erwähnt wurde. Da unter den Regeln aus RUL.i(t) auch default-Regeln sein werden, besteht die "Gefahr", dass das abgeleitete Wissen zum Zeitpunkt t "Fakten" enthält, die sich im nachhinein, d.h. zu einem späteren Zeitpunkt (t+n), nicht als haltbar erweisen. Diese sind dann zu revidieren. Trotzdem ist davon auszugehen, dass in natürlichen IPSen zum Zeitpunkt/im Zustand t mit diesen, später sich als nicht haltbar herausstellenden, Fakten gearbeitet wird.

3.6. Höhere Konzepte

Im Kapitel 3.4 wurden Inferenzregeln und Inferenzoperatoren als SRL-interne Repräsentationen für gewisse systematische Beziehungen in der Welt und, hieraus resultierend zwischen kognitiven Konzepten, eingeführt, ohne die "SRL-Ebene" zu verlassen. Die Beziehung zwischen 'junggeselle' und 'unverheiratet', die in (3.17.a) durch eine offene RRL-Formel dargestellt wurde, d.h. unter Rückbezug auf die SRL-Formationsregeln (Abb.3.3) unter Verwendung von Termen (hier: implizit allquantifizierten Termvariablen), kann auch direkt auf einer Meta-Ebene durch Aussagen über prädikative Konzepte beschrieben werden. In dieser META-SRL 37* nehmen die nominalen und prädikativen kognitiven Konzepte die Rolle der Termkonstanten ein. Entsprechend sind höhere formelbildende Operatoren, Meta-Operatoren, einzuführen. Der Übergang von SRL zu META-SRL ist insofern als repräsentationssprachliche Analogie zum Übergang von der Prädikatenlogik 1. Stufe zu Logiken höherer Stufen anzusehen 38*.

Die folgende Skizze zu META-SRL und höheren Konzepten (s.u.) wird nur an Hand von Beispielen erfolgen 39*.

Analog zum Operator der konzeptuellen Folgerung auf der SRL/RRL-Ebene findet sich in META-SRL der Operator 'C=>', der die entsprechende Beziehung zwischen den prädikativen Konzepten herstellt:

(3.26) C=> (junggeselle, unverheiratet)   (Präfixschreibweise)

       bzw. junggeselle C=> unverheiratet   (Infixschreibweise)

Entsprechende Formeln werden als Meta-Fakten bezeichnet (s.u.). Die Beziehung zwischen META-SRL und SRL/RRL wird durch Regelschemata hergestellt, die den Meta-Operatoren zugewiesen sind. So gehört etwa zur konzeptuellen Folgerungsbeziehung das folgende Regelschema:

(3.27) p (x) C-> q(x) , falls p C=> q.

Durch Instantiierung der Prädikatskonstanten im Regelschema kann aus (3.27) dann, ausgehend von einem Metafakt, etwa (3.26), eine Regel aus RRL, im vorliegenden Fall (3.17.a), gewonnen werden.

37* META-SRL darf nicht mit der in früheren Publikationen, etwa Habel/Schmidt (1979), Schneider et al. (1981), beschriebenen SRL-Version MSRL (Modal SRL) verwechselt werden.

38* Vgl. hierzu: v. Kutschera (1967), Carnap (1958), Rogers (1971). Insbesondere von Carnaps Untersuchungen zu Relationen (in den Abschnitten 10 und 30) sind die folgenden Überlegungen beeinflusst.

39* Eine ausführlichere Darstellung im Kontext lernender Systeme findet sich in Emde/Habel/Rollinger (1983), Emde (1984) und Habel/Rollinger (1985). Da ich davon ausgehe, dass der Leser mittlerweile mit der SRL-Notation hinreichend vertraut ist, werde ich auf Details de Darstellung verzichten.

Obwohl (3.27) aus Gründen der Vereinfachung der hier vorgestellten Beispiele nur für einstellige Prädikate formuliert ist, lässt sich leicht ein Weg für die Verallgemeinerung auf mehrstellige erkennen.

Man betrachte zuerst einmal die Beziehungen zwischen den Konzepten auf der SRL-Ebene, welche in den folgenden Beispielen dargestellt sind:
(3.28) a. vater_von (x,y)   C->   männlich (x)
       b. mutter_von (x,y) C->   kind_von (y,x)
Bei beiden konzeptuellen Folgerungen 'C->' spielt das Verhalten der Argumentstellen, einmal Projektion auf die erste, einmal Vertauschung, die entscheidende Rolle. Insofern steht das in (3.26) eingeführte Symbol (bzw. der hierdurch symbolisierte META-SRL-Operator) für eine Klasse von Meta-Operatoren, bei dessen einfachster Ausprägung keine Anforderungen an das Verhalten der Argumente der Operatoren gestellt wird. Entsprechend zu den üblichen Bezeichnungsweisen der Mathematik können für die in (3.28) aufgeführten konzeptuellen Folgerungen die folgenden Meta-Operatoren (für konzeptuelle Folgerungen im eigentlichen Sinne) zugrunde gelegt werden:
(3.29) a. C=p.1=> mit der Interpretation:
           Regelschema basierend auf Projektion bzgl. der ersten Argumentstelle
       b. C=perm 1-2=> mit der Interpretation:
           Regelschema basierend auf der Permutation von 1. und 2. Argumentstelle.

Diesen gerade skizzierten Problemkreis des "Verhaltens der Argumente der Basisoperatoren" findet man auch, ausserhalb von SRL, wenn man analoge Bereiche der formalen Repräsentationssprachen untersucht:
- in Logiken höherer Stufe sind z.B. Prädikatenvariablen unterschiedlicher, explizit gekennzeichneter Stellenzahl anzusetzen (Rogers, 1971; p.75ff)
- ISA betrifft, in einer Interpretation, genau einen TYP von 'C=>', und zwar den zwischen einstelligen Basiskonzepten 40*.

Meta-Operatoren wie 'C=>' werden von mir als Repräsentanten für "höhere Konzepte" angesehen. Was hierunter zu verstehen ist, wird sich deutlicher zeigen, wenn im weiteren einige andere Exemplare Stellvertreter höherer Konzepte bzw. Spezialfälle von 'C=>' betrachtet werden.

Die Einführung der höheren Konzepte trägt insbesondere der Einsicht Rechnung, dass es über den systematischen Beziehungen zwischen Konzepten, bzw. den Eigenschaften

----

40* Dies ist der wesentliche Grund dafür, dass ISA-Hierarchien für mehrstellige Konzepte nicht geeignet sind; vgl. hierzu auch Brachman (1983).

von Konzepten, systematische höhere Beziehungen gibt. Hier ist z.B. an die generellen Eigenschaften von Transitivität (TRANS) und Konversität (CONV) gedacht.

(3.30) a. p (x,y) & p(y,z) C-> p(x,z) , falls TRANS(p)

      b. p (x,y) C-> q (y,x) ,   falls CONV (p,q)

Wie beim Fall (3.27) lassen sich aufgrund von Instantiierungen aus den Regelschemata in (3.30) beim Vorliegen der entsprechenden Meta-Fakten, z.B. TRANS('nördlich') oder CONV('nördlich', 'südlich'), Regeln aus SRL/RRL generieren 41*.

Konversität im streng mathematischen Sinne stellt einen Spezialfall von (3.30.b) dar, und zwar den der bidirektionalen konzeptuellen Folgerung. Einige Probleme, welche bei der Verwendung von Meta-Operatoren und Konzepten auftreten können, will ich abschliessend am Beispiel der Transitivität skizzieren. Dieses Beispiel wird hier verwendet, da es in der Diskussion zu Bedeutungspostulaten (und alternativen Vorschlägen) traditionellerweise eine herausragende Rolle spielt. Wenn ein höheres Konzept der Transitivität für ein IPS angenommen wird, und dies ist der Kern der Meta-Konzept-Idee, so bedeutet dies, dass hiermit eine Generalisierung verschiedener Basiskonzepte verbunden ist. Genau in diesem Sinne wird auch von Pylyshyn (1980; p.125) dafür argumentiert, dass zumindestens durch die Annahme von formalen Operator-Typen, die in der funktionalen Architektur des IPS in entsprechender, hier die Transitivität widerspiegelnder Weise, realisiert sind, das Konzept 'Transitivität' generell dargestellt ist. Die Zuweisung des Operator-Typs im Sinne Pylyshyns entspricht gerade dem Meta-Fakt 'TRANS(p)' in der SRL-Notation.

Als Argument gegen die Annahme eines generellen Transitivitätskonzeptes (und gegen Bedeutungspostulate) werden z.B. von Johnson-Laird (1980) Fälle der Art 'rechts_von' an einem runden Tisch, oder analog für das oben angesprochene Beispiel geographischer Relationen 'westlich_von' verwendet. Diese Argumente sind m.E. nicht stichhaltig, weil sie erstens von einem ausschliesslich mathematischen Transitivitätsbegriff ausgehen und zweitens vernachlässigen, dass die Transitivitätseigenschaft nicht global, d.h. für den gesamten Definitionsbereich des Basiskonzepts angenommen werden muss 42*. Ebendso wie oben schon das höhere Konzept 'C=>' in mehrere Detaillierungen aufgespalten wurde, ist für eine adäquate Repräsentation auch davon auszugehen, dass unterschiedliche Typen von

---

41* Vgl. hierzu Emde/Habel/Rollinger (1983), Emde (1984) und Habel/Rollinger (1985); dort wird das "Erlernen" von Regelwissen über entsprechende geographische Prädikatskonzepte behandelt. Man beachte, dass das Konzept 'westlich' zum Beispiel im Gegensatz zu 'nördlich' nicht 'global transitiv' ist. Hierbei wird auf eine Lesart von 'nördlich', und zwar diejenige, die durch Breitengrade induziert ist, bezuggenommen.

42* Nicht-globale Transitivität wird in META-SRL über das zusätzliche Konzept der 'Stützmenge' erfasst; vgl. Emde (1984), Emde/Habel/Rollinger (1983), Habel/Rollinger (1985).

'Transitivität' anzunehmen sind. So wird in vielen Fällen, in denen man beim ersten Versuch die "normale, mathematische" Transitivität annehmen würde, bei genauer Betrachtung eine irreflexive Transitivität (IR-TRANS) anzusetzen sein, etwa bei 'verwandt_mit', 'schwester_von'.

Ausschlaggebend für die Mächtigkeit der META-SRL-Konzeption ist, dass auch in der META-SRL-Ebene, den beschriebenen Ansätze entsprechend, wieder Regeln, genauer Meta-Regeln gebildet werden können, etwa:

(3.30) c. TRANS (p) & CONV (p, q) MC=> TRANS (q)   43*

('MC=>' steht für 'meta-conceptual entailment'.)

So kann etwa aus

(3.31) a. TRANS('nördlich')

      CONV('nördlich', 'südlich')

unter Verwendung von (3.30.c) geschlossen werden, dass auch

(3.31) b. TRANS('südlich')

gilt. Verwendet man die in Kapitel 3.5 eingeführte Sprechweise über Fakten und Regeln entsprechend auf der Meta-Ebene, so bedeutet dies, dass aus den Meta-Fakten, d.h. der Menge von META-SRL-Formeln, die Eigenschaften von und Beziehungen zwischen Basiskonzepten repräsentieren, und Metaregeln, d.h. META-RRL-Ausdrücke, die systematische Beziehungen zwischen höheren Konzepten darstellen, zusätzliche Metafakten erschlossen werden können 44*. Hiermit ergibt sich die zur Basis-Ebene analoge Situation, die in Abb. 3.9 dargestellt ist:

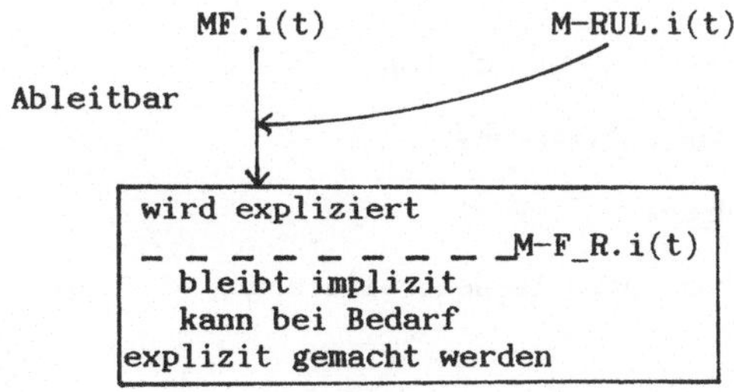

Abb. 3.9 Explizites und implizites Meta-Wissen

43* Diese Ebene der SRL-Ausdrücke müsste konsequenterweise als META-RRL bezeichnet werden. Weitere, höhere, Ebenen, etwa dem Motto "It metas all the way up!" folgend, stellen sicherlich einen interessanten Untersuchungsgegenstand dar. Fraglich ist jedoch, bis zu welcher Ebene eine kognitive Interpretation sinnvoll sein wird. Da dieser Bereich gegenwärtig (fast) ausschliesslich unbeantwortete Fragen betrifft, breche ich auf der vorliegenden Ebene meine Untersuchungen ab.

44* Ein System, welches auf META-SRL basierend Regeln "erlernt", ist von Emde (1984) implementiert worden. Vgl. auch Habel/Rollinger (1985), Emde/Habel/Rollinger (1983).

Abschliessend sei noch kurz auf die hier wichtigsten Beziehungen zwischen den SRL-Ebenen eingegangen und zwar wieder am Beispiel der Transitivität von 'nördlich'. Ausgangspunkt sei etwa eine Faktenmenge, die u.a.

(3.31) c. nördlich ('Paris','Madrid')

        nördlich ('Brüssel','Paris')

        nördlich ('Amsterdam','Brüssel')

        nördlich ('Amsterdam','Paris')

enthält. Aus dieser Menge von SRL-Formeln kann durch "Generalisierung" (als IPS-Prozess) erschlossen werden, dass

(3.31) d.   ALL x,y,z:

         nördlich (x,y) & nördlich (y,z)

        C-> nördlich (x,z)

Diese Regularität ist - immer noch - in SRL dargestellt; aus meiner Sichtweise ist sie als Implikationsbeziehung innerhalb eines implizit vorgegebenen Diskursbereiches aufzufassen. Erst durch den nächsten Schritt, den Übergang zum RRL-Ausdruck

(3.31) e. nördlich (x,y) & nördlich (y,z)

       C=> nördlich (x,z),

d.h. zu einer Regel, wird eine konzeptuelle Folgerung dargestellt und somit das Regelhafte in den Vordergrund gestellt. Dass es sich hier um einen Spezialfall der Transitivität handelt, wird wiederum erst in der nächsten Ebene, META-SRL, durch

(3.31) f. TRANS (nördlich)

dargestellt. Die hier am Beispiel erläuterten Beziehungen zwischen den Ebenen sind in Abb. 3.10 zusammengefasst.

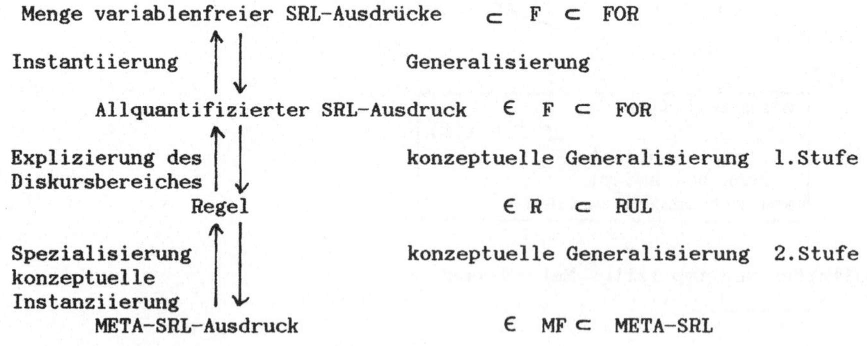

Abb. 3.10: SRL-META-SRL Ebenen

Warum sollten eigentlich verschiedene, insbesondere verschieden zu interpretierende Repräsentationsebenen (entsprechend (3.31.c–f) angesetzt werden? Zum einen folgt man hiermit dem wissenschaftlichen Ideal, die höchstmögliche Generalisierungs- bzw. Abstraktionstufe zu erreichen. Hierzu kommen im vorliegenden Fall auch bzw. gerade "praktische und empirische Überlegungen": Legt man den Begriff der 'kognitiven Ökonomie' zugrunde, wie er etwa von Collins/ Loftus (1975) verwendet wird, so kann die Rechtfertigung für die Schritte aus (3.31) bzw. Abb. 3.10 folgendermassen geführt werden: Es ist für ein natürliches bzw. künstliches IPS ökonomischer, über ein generelles, höheres Konzept der Transitivität zu verfügen, und für dieses die notwendigen Eigenschaften zu kennen, um die relevanten Prozesse durchführen zu können, als entsprechende Fähigkeiten und Kenntnisse für alle Spezialisierungen entwickeln zu müssen. Diese Sichtweise führt in konsequentester Anwendung dazu, für natürliche IPSe, d.h. für den Menschen, die Angeborenheit (einiger) höherer Konzepte anzunehmen 45*. Ob das höhere Konzept 'Transitivität' angeboren ist, oder nicht, kann nicht Gegenstand der vorliegenden Untersuchung sein. Ich gehe jedoch davon aus, und sehe mich hierbei in Übereinstimmung z.B. mit Pylyshyn (1980), dass ein leistungsfähiges IPS, sei es natürlich oder künstlich, über ein entsprechendes Konzept verfügen sollte, und dass es daher gerechtfertigt ist, derartige höhere Konzepte als Grundinventar eines IPS vorzusehen. Die Forderung, ein künstliches IPS (einer zukünftigen Generation künstlicher IPSe) müsse in der Lage sein, alle derartigen Konzepte selbstständig zu erlernen, halte ich daher nicht für gerechtfertigt.

45* Zur Angeborenheitsfrage – in Bezug auf die Grammatik – siehe z.B. Chomsky (1980) und allgemeiner die Diskussionen zwischen Piaget und Chomsky in Piatelli-Palmarini (ed) (1980). Einige Untersuchungen zur Angeborenheit kognitiver Konzepte sind bei Dretske (1981; p.231ff) diskutiert.

3.7. Operatoren und Konzepte: Teil II

Wie die Überlegungen der letzten Kapitel 3.5 - 3.6 gezeigt haben, sind Konzepte bzw. Operatoren weder isoliert zu betrachten noch als "unstrukturierte" Entitäten anzusehen. Was ein Konzept ausmacht, hängt wesentlich davon ab, welche Beziehungen zu anderen Konzepten existieren und wie diese Beziehungen repräsentiert werden 46*. Die Darstellung von Konzepten durch SRL-Operatoren trägt dieser Situation dadurch Rechnung, dass SRL-Operatoren als "Datenstrukturen" (hier in einem informellen Sinne) angesehen werden. Das zu einem Operator/Konzept gehörige Wissen beinhaltet u.a. die folgenden Wissenstypen 47*:

(3.32)   interne Struktur eines SRL-Operators

      a. Operatorname: op

      b. syntaktische Informationen: TYP(op)

      c. Wohlgeformtheitseigenschaften und Bedingungen:

         - s-eff (op) , Sorteneffekt

         - Sor-R (op) , Sortenraster

      d. konzeptuelle Beziehungen und Eigenschaften

         - Regeln, in denen 'op' als Prämisse oder Konklusion auftritt

         - Metafakten, in denen 'op' als Argument auftritt

      e. Weltwissen über 'op', "Beispiele"

         - Fakten, d.h. $p \in F$, in denen 'op' auftritt

In Abb. 3.11 sind die Verweise in verschiedene Wissenskomponenten des IPS, die den "Inhalt eines Konzeptes" ausmachen, graphisch veranschaulicht 48*:

Eine entsprechende interne Struktur (vgl. Abb. 3.12) ergibt sich auch für Meta-Operatoren, d.h. für höhere Konzepte. Ohne hier auf Details einzugehen (vgl. hierzu

----

46* Diese Sichtweise liegt z.B. auch Miller (1978 a) zugrunde, bzw. den psychologischen Arbeiten zu semantischen Netzen, z.B. Collins/Loftus (1975). Eine formale Darstellung der gleichen Grundidee findet sich bei Hayes (1979), der das Konzeptwissen in Form von Axiom-Konzept-Hypergraphen darzustellen beabsichtigt. Zur kurzen Erläuterung: Axiome stehen für Regeln bzw. allquantifizierte logische, z.B. SRL-, Ausdrücke (vgl. Abb. 3.10); sie werden als Kantenmarkierungen verwendet, die Knoten repräsentieren Konzepte. Hypergrahen statt Graphen sind notwendig, da ein Axiom mehr als zwei Konzepte zueinander in Beziehung setzen kann.

47* Der Sorteneffekt (in c.) ist zwar in Kapitel 3.3 nur für termbildende Operatoren erläutert worden, er kann jedoch im Falle der Formelsortierung (vgl. Bemerkungen am Ende von Kap. 3.3) analog für formelbildende Operatoren verwendet werden.

48* Diese Darstellung zeigt weitgehende Analogie zur 'normal form for the description of meaning' im Rahmen der Putnamschen (1975) Stereotypen-Theorie. Stereotypen sind in meiner Sichtweise als Metafakten bzw. Regeln darstellbar.

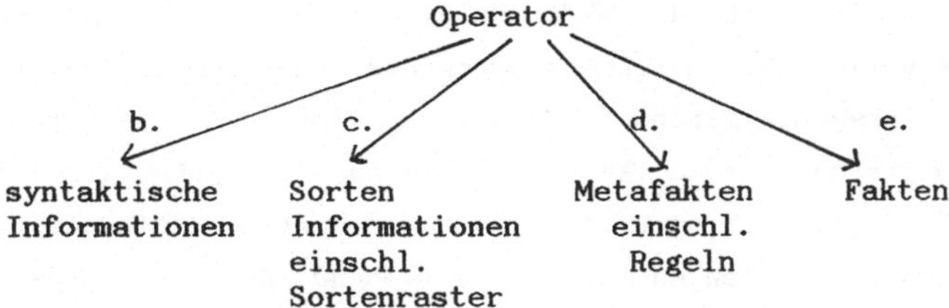

Abb. 3.11 Wissen zu Operatoren

Habel/Rollinger, 1985) seien nur einige wichtige Aspekte der Beziehungen d.-f. skizziert:

d. Durch Meta-Regeln werden die Beziehungen zu anderen Meta-Operatoren festgelegt.

e. Der Verweis auf Metafakten bzw. Regeln liefert Instanzen für das entsprechende höhere Konzept.

f. Charakteristische Situationen sind wichtig, um den Generalisierungsprozess (vgl. Abb. 3.10) zu steuern. So ist etwa

$$p(a,b) \ \& \ q(b,a)$$

ein Indiz, d.h. eine charakteristische Situation dafür, dass p und q konvers zueinander sein könnten. Zur Kenntnis eines höheren Konzeptes gehört sicherlich, derartige Situationen als Indiz einschätzen zu können, d.h. die Schemata für charakteristische Situationen zu kennen, Nur wenn derartiges Wissen vorhanden ist, kann der ökonomische Vorteil höherer Konzepte (s. Kap. 3.6) zum Tragen kommen.

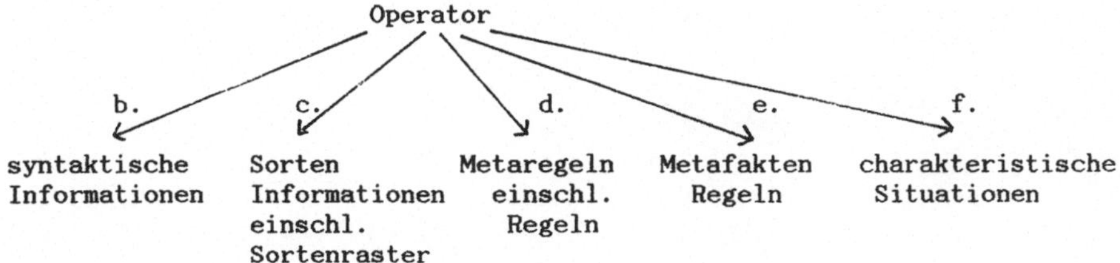

Abb. 3.12 Wissen zu Meta-Operatoren

Sowohl für SRL-Operatoren als auch für META-SRL-Operatoren spielt inferentielles Wissen eine wesentliche Rolle. Diese Wissenskomponente (der operator-spezifischen Inferenzen) ist dafür ausschlaggebend, dass SRL insofern als prozedurale Repräsentationssprache angesehen werden kann, als die zu 'op' gehörigen Inferenzen zu "gegebenem Zeitpunkt" (vgl. Rollinger, 1984 b zu derartigen Inferenzprozessen) durchgeführt werden. Dieses Vorgehen entspricht weitgehend dem, was in den schema-orientierten Wissensrepräsentationssprachen, z.B. KRL, (vgl. Kap. 2.3) unter 'procedural attachment' (Winograd, 1974, 1975) verstanden wird. Dieses Zusammenspiel von deklarativen und prozeduralen Aspekten von Konzepten ist jedoch nicht nur ein KI-spezifisches Resultat der Arbeiten zu künstlichen IPSen, es findet sich ebenso innerhalb der Kognitionswissenschaft und Philosophie (Dretske, 1981):

(3.33) "A concept is a type of internal structure: one whose semantic context, when instantiated, exercises control over system output" (p.214)

"... a concept is a two-faced structure: one face backwards to informational origins; the other face looks ahead to effects and consequences." (p.214-5).

Mit diesen Zitaten will ich meine Erläuterungen, dass SRL-Operatoren Repräsentationen für Konzepte sind, abschliessen.

3.8. Attribute und Bewertungen

Betrachtet man Erklärungen bzw. Erläuterungen des Begriffs 'Inferenz' in Wörterbüchern oder Fachbüchern der Logik, Philosophie oder Psychologie, so findet man u.a. die folgenden Einträge:

(3.34)   Inferenz / inference

    a. "...; a conclusion drawn from premises or evidence; a deduction; a conjecture which may or may not be backed up by proper premises; ..." (Webster, 1981)

    b. "The process of drawing a conclusion, or a conclusion reached, on the basis of previously made or accepted judgements." (Drever, 1964)

    c. "A person infers p from q if he comes to accept q on the strength of p, or comes to accept that if p were the case, then q would be the case." (Haack, 1978)

    d. Inferenzen sind wahrheitserhaltende Transformationen. (Allgemeingut der Logik)

Berücksichtigt man die in den Kapiteln 2.2 und 2.3 angestellten Überlegungen, so sieht man, dass die Erläuterungen in (3.34) zwar partiell zutreffen, aber wichtige Aspekte dessen, was eine Inferenz in einem IPS sein soll, nicht berücksichtigen. Insbesondere betrifft dies die Gesichtspunkte, welche früher schon im Zusammenhang mit default-Schlüssen und unsicheren Schlüssen behandelt wurden. So wird ein Mensch, wenn er hört, dass ein Auto die Schlüterstrasse entlangfährt, annehmen, dass dies überwiegend auf der rechten Strassenseite geschieht, und dass die Geschwindigkeit vermutlich/normalerweise zwischen 30 und 60 km/h liegt. Ebenso wird ein Mensch, wenn er erfährt, dass das betreffende Auto ein Volkswagen war, keinen Schluss auf ein spezifisches Modell durchführen, sondern in einem "unterbestimmten Wissenszustand" bleiben (s. hierzu: Kap. 6).

Ohne hier eine detaillierte Analyse dieser Problemfälle durchzuführen, will ich auf einen, in Bezug auf (3.34) wichtigen Aspekt hinweisen. Es werden auch in derartigen Fällen Inferenzen durchgeführt, aber nicht wahrheitserhaltende, sondern solche, welche die Einstellungen zu Propositionen betreffen, so z.B. dass über gewisse Situationen angenommen wird, dass sie 'vermutlich', 'vielleicht', 'wahrscheinlich' oder 'typischerweise' der Fall sein werden. Dementsprechend soll eine alternative Begriffsbestimmung für Inferenz gegeben werden:

(3.35) Inferenzen sind Informationsverarbeitungsprozesse, bei denen in wohldefinierter Weise die Einstellung/Haltung zu einer Proposition aufgrund von Einstellungen zu anderen, vorgegebenen Propositionen eingenommen wird 49*.

Um (3.35) im Rahmen der vorliegenden Arbeit einsetzbar zu machen, muss expliziert werden, was im weiteren unter Einstellungen bzw. Haltungen verstanden werden soll, bzw. wie diese in der SRL-Konzeption repräsentiert werden können. Hierzu wird der Wissensrepräsentationsformalismus noch einmal erweitert, und zwar durch eine Bewertung bzw. Attributierung der Wissensentitäten 50*. Unter Verwendung einer höherdimensionalen Attributenmenge (ATT) ergibt sich für das attributierte faktuelle Wissen und Regelwissen:

(3.36.a)   F ⊂ FOR x ATT   bzw.   R ⊂ RRL x ATT

Die Attribute bzw. Attributsdimensionen betreffen insbesondere die Einstellungen des Systems bzw. des Sprecher/Hörers zum eigenen Wissen (sei es bewusst oder unbewusst). Einige Kandidaten für Attributsdimensionen sind Evidenzbewertungen (Rollinger 1984 b) und Wissensspuren (Kanngiesser 1984). Entsprechend sind bewertende Inferenzen Transformationen der Art

(3.36.b)   FOR x ATT   --->   FOR x ATT,

die in wohldefinierter Weise auf Grund der Einstellung (Attributen) zu den Prämissen Konklusionen und Einstellungen zu diesen erzeugen.

Die in den Kapiteln 3.4 - 3.7 durchgeführten Überlegungen lassen sich in natürlicher Weise auf attributierte Wissensbestände bzw. Systeme übertragen.

3.9. Zusammenfassung zu SRL

In den vorhergehenden Kapiteln 3.1 - 3.8 wurden die wesentlichen Konzepte der Repräsentationssprache SRL erläutert und, unter Berücksichtigung der grundsätzlichen Überlegungen aus Kap. 2, einige Problembereiche dargestellt, welche ein IPS, das eine natürliche Sprache (partiell) beherrscht, zu handhaben in der Lage sein sollte. Insbesondere habe ich darauf hingewiesen, wie vermittels von SRL-Repräsentationen einige dieser interessanten Phänomene einer Beschreibung, Erklärung oder "Konstruktion zwecks Simulation" näher gebracht werden können. In den nun folgenden Kap. 4-7 wird aufbauend auf diesen Vorarbeiten speziell das Problem der Objektreferenz und somit der in Kap. 3 weitgehend ausgeklammerten Wissenstyp 'Objektwissen' untersucht.

49* Vgl. hierzu Habel (1983 a). Dort habe ich die Grundzüge einer inferentiellen Semantik, basierend auf einem zu (3.35) analogen Inferenzbegriff skizziert.

50* Diese Erweiterung geht auf Habel (1979) zurück; dort werden Bewertungsformalismen für formale Grammatiken eingeführt und im Problembereich der Erzeugung und Beschreibung strukturierter Sprachen untersucht. Das dort ebenfalls dargestellte Konzept 'bewertender axiomatischer Systeme' wird in Gust/Habel/Rollinger (1981) auf die Bewertung von faktuellem und inferentiellem Wissen übertragen.

4. Referentialität: Eine Einschränkung des Problemkreises

Der Untertitel dieses Kapitels ist bewusst mehrdeutig gewählt; zum einen wird im weiteren durch das Problemfeld 'Referentialität' eine Einschränkung in bezug auf die umfassendere Problematik der Sprachbeherrschung vorgenommen, zum anderen wird der Bereich 'Referentialität' selbst in einer eingeschränkten Betrachtungsweise behandelt werden.

Wie in Kapitel 2.2 (vgl. insbesondere Abb. 2.4) dargelegt wurde, vertreten mentale/kognitive Repräsentationen Entitäten der projizierten Welt. Und diese projizierten Welten sind die Objekte kommunikativer Handlungen 1*. Wenn ein Sprecher A einen Satz S an B gerichtet äussert, so ist dieser Satz, selbst wenn er als Äusserung über die Welt intendiert ist, stets eine Äusserung über die projizierte Welt von A; das Ziel der Äusserung ist, im Normalfall, in der projizierten Welt von B einen (von A beabsichtigten) Zustand zu erreichen 2*. Diese Kommunikationssituation ist - vereinfacht - in Abb. 4.1 dargestellt 3*.

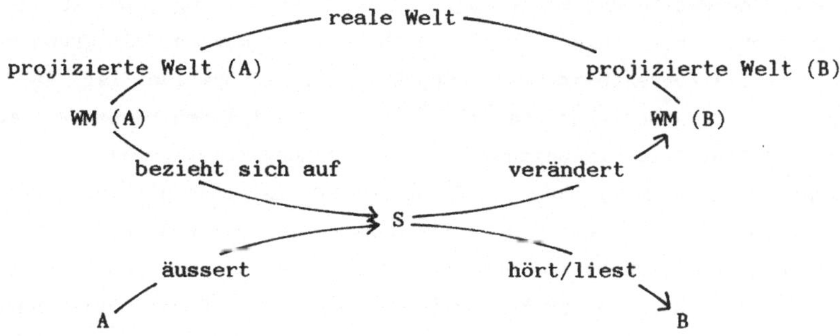

Abb. 4.1.a: Eine Kommunikationssituation

1* Dies bedeutet nicht, dass "man über die reale Welt nicht reden kann", sondern, dass man es stets vermittels einer projizierten Welt tut. Zwischen beiden "Welttypen" existieren natürlich systematische Beziehungen, die ich in bezug auf formale Repräsentationen speziell für den Bereich der Referentialität in der Homomorphieannahme (5.2) postulieren werde.

2* Eine ähnliche Sichtweise findet sich z.B. bei Castaneda (1977; p. 125): "To communicate is to cause other persons to have thoughts (and beliefs) or feelings (and attitudes) of a kind one wishes them to have."

3* Eine ähnliche graphische Veranschaulichung findet sich auch in Gust/Habel/Rollinger (1981) und Habel (1983 a). Dort wird jedoch die für die vorliegende Arbeit wichtige Unterscheidung zwischen realer und projizierter Welt nicht in hinreichender Strenge und Explizitheit vorgenommen.

Weltmodelle (WM) werden in der vorliegenden Arbeit, und dies ist auf die IPS-Konzeption zurückzuführen, stets als sprachliche Entitäten, genauer als Strukturen von SRL-Ausdrücken, angesehen.
Somit ergibt sich als Erweiterung zu Abb. 4.1.a:

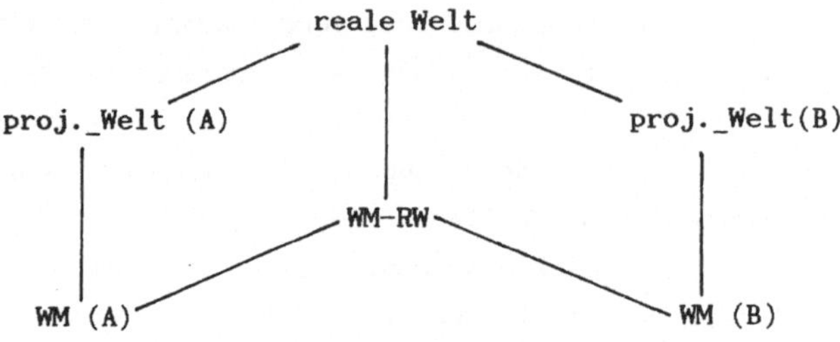

Abb. 4.1.b: Kommunikationssituation und Welten

wobei insbesondere die Beziehungen zwischen den Weltmodellen WM(A) bzw. WM(B) und dem formalen Modell WM-RW der realen Welt, zwischen der realen Welt und dem formalen Modell WM-RW und der Status dieses WM-RW zu klären sind.
WM-RW kann als eine "objektive und korrekte", formale Beschreibung (z.B. in SRL) der realen Welt angestrebt werden; hier liegt jedoch bekanntermassen das grundlegende Problemn darin, wie die Korrektheit bzw. Objektivität nachzuweisen ist 4*. Dies betrifft auch den "Zuständigkeitsbereich" (der Disziplinen): WM-RW müsste insbesondere das Resultat naturwissenschaftlicher Forschung sein.
Für die Beziehung zwischen WM(A) bzw. WM(B) und WM-RW ist dann die oben genannte Homomorphie-Forderung (5.2) anzusetzen. Ein Mensch (Sprecher-Hörer) wird über direkte Erfahrungen und Kommunikation dazu verpflichtet WM(A) bzw. WM(B) homomorph zu WM-RW anzulegen, ohne dass er WM-RW jemals kennen wird. Diese Beziehungen zu klären, ist überwiegend psychologischen Untersuchungen vorbehalten.

Da ich, wie oben erläutert, die Beziehung zwischen realer und projizierter Welt nicht als primären Gegenstandsbereich der vorliegenden Arbeit ansehe, sondern Untersuchungen zur Sprachbeherrschung im Zentrum stehen, sollen im weiteren die systematischen Beziehungen zwischen Weltmodellen, und insofern projizierten Welten, und sprachlichen Ausdrücken behandelt werden, und hierbei insbesondere die systematischen Veränderungen von Weltmodellen durch sprachliche Äusserungen; vgl. (2.7). Diese Sichtweise, bzw. Schwerpunktsetzung, ist grundlegend, wenn nun eine – erste – Klärung dessen, was als 'Referenz' bezeichnet werden soll, vorgenommen wird. Üblicherweise wird 'Referenz' als eine Beziehung zwischen sprachlichen Ausdrücken und Gedanken einerseits und der Realität andererseits angesehen 5*.

4* Vgl. hierzu z.B. Rescher (1984).

Die philosophisch-logische Diskussion zur Referenz-Beziehung ist derartig umfangreich, dass ich hier nicht einmal ansatzweise eine Darstellung und Würdigung der verschiedenen Standpunkte durchführen kann. Ich werde daher nur einige Aspekte ansprechen 6*, die für die Konzeption des Referentiellen Netzes (Kap. 5) besonders wichtig sind, und insbesondere diesen Abschnitt verwenden, um eine erste Klärung der im weiteren verwendeten Terminologie zu erreichen.

Eine wichtige Unterscheidung, die im weiteren wesentlich sein wird, betrifft

Referenz vs. Deskription, Designation, Denotation.

Ich verwende hier, ähnlich zu Haack (1978; p. 70) als Abgrenzungskriterium die Unterscheidung zwischen Semantik und Pragmatik, und zwar im folgenden Sinne:

(4.1) – 'Referenz' betrifft den pragmatischen Aspekt, d.h. die Beziehung, die ein Sprecher/Hörer zwischen sprachlichen Ausdrücken und der projizierten Welt herstellt.

     – 'Designation' betrifft den semantischen Aspekt, d.h. die Beziehung zwischen sprachlichen Ausdrücken und projizierter Welt, die dem zugrundeliegenden Sprachsystem eigen ist.

An dieser Stelle möchte ich noch einmal darauf hinweisen, dass als Welt bzw. Realität hier und im folgenden stets die projizierte Welt eines Sprechers/Hörers angesprochen ist; diese Sichtweise, die z.B. auch von Jackendoff (1983) vertreten wird, und die der Kognitionspsychologie entgegenkommt, wird in der philosophisch-logischen Betrachtungsweise nur bedingt akzeptiert (s.u.): dort wird meist die Beziehung 'Sprache – Realität' in den Vordergrund gestellt, jedoch nicht ausschliesslich, wie insbesondere die Arbeiten von Donnellan (1966) und Kripke (1977) zeigen 7*. Auch hier wird der pragmatische Aspekt, d.h. was der Sprecher mit Ausdrücken der natürlichen Sprache erreicht bzw. erreichen will, in den Vordergrund gestellt bzw. gleichberechtigt neben semantischen Fragestellungen untersucht. So definiert Kripke 'speaker's reference':

5* Als beispielhaft für derartige "Definitionen" von 'Reference' siehe etwa Platts (1975; p. 133) oder Blackburn (1984; chapter 9).

6* Hierdurch und durch entsprechende Verweise in den folgenden Kapiteln wird deutlich werden, durch welche Arbeiten und somit welche Personen meine Überlegungen am stärksten geprägt wurden. Da die Literatur zum Thema 'Referentialität' sehr umfangreich ist, ist es möglich, aber auch bedauerlich, dass ich die eine oder andere wesentliche Arbeit nicht zur Kenntnis genommen habe bzw. in der vorliegenden Abhandlung nur ungenügend oder gar nicht erwähne, obwohl ich ihr interessante Einsichten verdanke.

7* Diese beiden Aufsätze haben auf die Diskussionen der letzten Jahre einen wesentlichen Einfluss ausgeübt, daher sind sie beispielhaft genannt.

(4.2) "When a speaker asserts an existential quantification, EX x : phi (x) & psi (x), it may be clear which thing he has in mind as satisfying "phi (x)", and he may wish to convey to his hearers that that thing satisfies "psi (x)". In this case, the thing in question (which may or may not actually satisfy "phi (x)") is called the "speaker's referent" when he makes the existential assertion." (Kripke, 1977; p. 17).

Diese Passage trägt, m.E., der oben beschriebenen Trennung in reale und projizierte Welt (vgl. Abb. 4.1) Rechnung, wenn man 'speaker's referent' als Objekt der projizierten Welt ansieht, d.h. IPS-intern durch einen SRL-Ausdruck repräsentiert.

An dieser Stelle möchte ich darauf hinweisen, dass Putnams (1978) Aussage, dass Theorien der Referenz für Theorien des Sprachverstehens viel weniger besagen als gemeinhin angenommen wird, sich, nach meinem Verständnis der Arbeiten Putnams, gerade auf semantische Referenz (im Sinne Kripkes, 1977), also auf den Bezug zur realen Welt bezieht. Referenz auf die projizierte Welt ist jedoch der Kern der Sprachbeherrschung.
Worum wird es sich also im folgenden drehen? Das Referenzproblem, wie es in der vorliegenden Arbeit gesehen wird, umfasst die Fragen

(4.3) – Wie sind Objekte der projizierten Welt in diesem IPS zu repräsentieren?
     – Welche repräsentationssprachlichen Entitäten stehen für Objekte der projizierten Welt?
     – Wie wird durch sprachliche Mittel auf Objekte der projizierten Welt referiert / verwiesen?

Wie aus diesen Fragen schon ersichtlich wird, ist Objektreferenz, d.h. ein eingeschränkter Bereich der Referenzproblematik, Thema der Untersuchung. Im folgenden Kapitel 4.1 werden einige der wichtigsten Probleme der Objektreferenz an Beispielen skizziert werden; anschliessend in Kap. 4.2 werden klassische, quantifikationelle Lösungsansätze dargestellt und diskutiert werden. In Kap. 5 wird dann eine Lösungsalternative, die der Referentiellen Netze, vorgestellt werden.

4.1. Klassische Probleme der Referentialität

Im vorliegenden Kapitel werde ich einige klassische Problembereiche der Referentialität an Beispielen einführen. Diese Probleme, die z.T. geradezu als Testfälle für logisch-philosophische und linguistische Theorien gelten können, sind, wie ich glaube nachweisen zu können, auch für künstliche IPSe relevant. Zum einen insofern, als der IPS-Ansatz dann, wenn er an diesen Problemen scheitert, in bezug auf Beschreibung und Erklärung von Sprachbeherrschung als inadäquat bezeichnet werden müsste, zum anderen, weil derartige Problemfälle (s.u.) nicht nur von Philosophen oder Linguisten konstruiert werden, sondern offensichtlicherweise im Alltag auftreten und von einem einsetzbaren natürlich-sprachlichen System beherrscht werden müssen.

Da die Beschreibung des Phänomenbereichs 'Sprachbeherrschung durch ein IPS' das primäre Thema der vorliegenden Untersuchung ist, kann eine detaillierte Diskussion z.B. der logisch-philosophischen Namens- und Referenztheorien hier nicht erfolgen, obwohl auf viele Überlegungen, die in diesem Bereich durchgeführt wurden, direkt oder indirekt bezug genommen wird 8*.

4.1.1. Namen und definite Kennzeichnungen

Zwei stillschweigend gemachte Voraussetzungen, die sich bei jeder Verwendung der Begriffe 'Individuum', 'individuelles Konzept' (o.ä.) feststellen lassen, sind, dass jeweils zwei Objekte, die als Individuen bezeichnet werden, voneinander - in irgendeiner Weise - unterscheidbar sind 9*, und dass jedes Objekt eindeutig individuell "benannt" bzw. "angesprochen" werden kann. Als in gewisser Weise grundlegendste Bezeichnungsmethode erweist sich die Verwendung von (Eigen-) Namen, wie etwa: 'Fritz', 'Aristoteles', 'Italien', 'Technische Universität Berlin' usw. Da aber, ich folge hier der Argumentation Reichenbachs (1947; p.256), die Anzahl der Individuen, über die zu sprechen ein Mensch (oder ein IPS) beabsichtigt bzw. durch die Umstände veranlasst sieht, viel grösser ist als die Anzahl der Eigennamen, die in einer Sprachgemeinschaft bekannt sind, benötigt man ein zusätzliches sprachliches Mittel der Bezeichnung. Dies sind definite Kennzeichnungen, etwa 'der Erfinder des

---

8* Einen insbesondere in bezug auf die Anaphernproblematik hervorragenden Überblick gibt Heim (1982) im ersten Kapitel ihrer Arbeit.

9* Explizit findet man dies sogar als Charakterisierung bei der formalen Beschreibung von Weltmodellen, etwa im Datenbankbereich: "... an 'entity' is a thing that exists and is distinguishable; that is, we can tell one entity from another." (Ullman, 1980, p.11).

Blitzableiters', 'der gegenwärtige Fachbereichsvorsitzende', 'die gerade Primzahl'. Wichtig ist hierbei, zu erkennen, dass dieses zusätzliche Mittel nicht der "Behebung eines Mangels" dient, sondern vielmehr einen Vorteil darstellt. Ein ökonomisches 10* Sprachsystem ist sicherlich eines, in dem eine vernünftige Ausbalancierung zwischen Basiskonzepten (hier: Namen) und komplexeren Konstruktionen (hier: definiten Kennzeichnungen) erfolgt.

Bevor hier die wichtigsten Probleme mit Namen und definiten Kennzeichnungen skizziert werden, will ich kurz auf ihren Status in logischen Sprachen eingehen: Namen entsprechen, und dies wird in allen gängigen Einführungen der formalen Logik betont, den Individuenkonstanten logischer Sprachen, d.h. in SRL (vgl. Kap.3.1) den Operatoren des TYPs $\langle$ t,0,0,0 $\rangle$. Definite Kennzeichnungen erfordern auch in logischen Sprachen zusätzliche sprachliche, d.h. hier syntaktische Mittel, nämlich zusätzliche termbildende Operatoren. Dies sind entweder Funktionskonstanten, also Operatoren vom Typ $\langle$ t,0,n,0 $\rangle$, wie etwa 'vater_von' oder Deskriptionsoperatoren, z.B. vom Typ $\langle$ t,1,0,1 $\rangle$, etwa den IOTA-Operator 11*.

(4.4) a.   IOTA x : p (x)

      bezeichnet das eindeutig bestimmte Objekt mit der Eigenschaft p.

Eine IOTA-Deskription darf/kann nur dann gebildet werden, wenn die 'Unitätsbedingung' erfüllt ist:

(4.4) b.   EX x : p (x)

      ALL x ALL y : (p (x) & p (y)) -> x = y

Unter Verwendung von Deskriptionsoperatoren wurde von Russell (1905) eine 'theory of descriptions' entwickelt, die u.a. die Gleichsetzung von Bedeutungen von Namen und korrespondierenden definiten Kennzeichnungen beinhaltet 12*.

10* 'Ökonomie' ist hier im Sinne einer 'kognitiven Ökonomie' zu verstehen; vgl. Collins/Loftus (1975) bzw. Kap.3.6. Derartige ökonomische Prinzipien sind sowohl für den Spracherwerb als auch für den Einsatz der Sprachkenntnisse, die aktive Sprachbeherrschung, von Bedeutung.
Im weiteren Verlauf der Untersuchungen werde ich an verschiedenen Punkten auf entsprechende Phänomene zurückkommen.

11* Vgl. Russell (1905) und Hilbert/Bernays (1968; pp 393ff). Einige Probleme im Zusammenhang mit der Unitätsbedingung des IOTA-Operators werden im folgenden, insbesondere in Kap. 5, behandelt werden.

12* Da die vorliegende Arbeit keine logisch-philosophische Abhandlung von Bedeutungs- und Referenztheorien ist, werde ich vieles sehr verkürzt und daher inadäquat behandeln. Ausführliche Darstellungen finden sich z.B. bei Linsky (1977), Kripke (1980), Salmon (1982) und im Überblick bei Haack (1978), Platts (1979) und Blackburn (1984). Die von mir entwickelte Konzeption referentieller Netze (Kap.5) orientiert sich an der unten skizzierten 'causal theory of reference' (Kripke, 1980), Salmon (1982). Auf die wesentlichen Unterschiede zwischen dieser kausalen Theorie und der der referentiellen Netze werde ich in Kap. 5 hinweisen.

Beginnen wir nun mit einigen Problemen im Zusammenhang von Namen. Es können Fälle auftreten, in denen Namen Objekte bezeichnen, die in der Realität nicht (oder vermutlich nicht) existieren bzw. existiert haben, z.B. 'Sherlock Holmes', 'Zeus'. Derartige Fälle, die z.B. zu Problemen bei der Darstellung und Behandlung von Sätzen der Art

(4.5)   Sherlock Holmes hat nicht existiert.

führen können (vgl. Linsky, 1977), waren der historische Ausgangspunkt für Russells Untersuchungen.

Andererseits existieren Namen, die mehr als ein Objekt der Realität betreffen können; man denke hier – als die offensichtlichsten Beispiele – an Vornamen und Familiennamen. Beide Fälle, die in gewisser Weise Verletzungen der beiden Teile der Unitätsbedingung (4.4 b.) entsprechen, müssen von einem sprachbeherrschenden IPS bearbeitet bzw. berücksichtigt werden können. Der Bezug auf projizierte Welten, in denen auch fiktionale Objekte vertreten sein können, stellt die Voraussetzung für eine Lösung des Problems 'leerer Namen' dar. Entsprechend sind auch bei definiten Kennzeichnungen "Abweichungen" von den Unitätseigenschaften in der Realität des Sprachgebrauchs anzutreffen: so existiert, einem klassischen Beispiel folgend, 'der gegenwärtige König von Frankreich' nicht, und auch mit 'der Autor von "Situations and Attitudes" ' bekommt man Probleme, denn es handelt sich hierbei um zwei Personen, Barwise und Perry (1983) 13*. Wieder, wie im Fall der Namen, liefert der Bezug auf die projizierte Welt einen Ansatz zur Lösung: Sprecher, die derartige 'nicht–wohlgeformte Deskriptionen' verwenden, beziehen sich eben nicht auf die Realität, sondern auf ihre Vorstellung der Realität, d.h. ihre projizierte Welt bzw. ihr Weltmodell.

An dieser Stelle ist auch eine erste kurze Skizze der Ansätze, die häufig mit 'causal theory of reference' bezeichnet werden 14*, angebracht. Der Kern dieser Theorie besteht, grob gesagt, darin, dass zu einem Referenten 15*, d.h. hier Objekt

---

13* Noch etwas komplizierter und verwirrender wird die Situation bei: 'Nicolas Bourbaki, der Autor von xyz', denn einerseits ist 'Nicolas Bourbaki' ein Pseudonym für mehrere Mathematiker; andererseits jedoch ist nicht auszuschliessen, dass ein bestimmtes Werk, das unter diesem Namen erschienen ist, doch von einer Einzelperson geschrieben worden ist.

14* Diese Bezeichnung, die den 'kausalen Charakter' der Verbindungen in Designationsketten (Devitt, 1981) in den Vordergrund stellt (s.u.), ist (leider) die am weitesten verbreitete. Ich bevorzuge, wie schon in Habel (1981) angedeutet wurde und wie in Kap. 5 ausgeführt werden wird, eine eher "historische Sichtweise", wie sie sich auch in Donnellans (1974) Bezeichnung 'historical explanation theory' widerspiegelt.

15* In der Konzeption 'Referentieller Netze' (Kap. 5) werden im Gegensatz zur kausalen bzw. historischen Theorie der Referenz Designationen von Referenzobjekten, dies sind Objekte der projizierten Welt, untersucht. Darüber hinaus, und dies macht erst eine Übertragung der logisch-philosophischen Überlegungen auf Prozessmodelle , d.h. IPSe der Sprachbeherrschung, möglich, werden die Verwendungsbedingungen von Designationen in Form von Attributen (Kap. 5.2, 5.3) repräsentiert.

der Realität, verschiedene Designationen existieren können, von denen im wesentlichen zwei Typen existieren: Namen und Kennzeichnungen/Deskriptionen (Kripke, 1980; p. 24). Namen und Kennzeichnungen unterscheiden sich (im Hinblick auf mögliche Welten, im Sinne der 'possible worlds semantics') darin, dass Namen starre Designationen sind, d.h. in jeder möglichen Welt den Referenten bezeichnen, während Kennzeichnungen akzidentell sind, d.h. bzgl. verschiedener möglicher Welten zutreffende bzw. nicht zutreffende Deskriptionen sein können. Aus dieser Analyse folgt, im Gegensatz zur Russellschen (1905) Bezeichnungstheorie, zum einen, dass Namen nicht als gleichbedeutend zu gewissen Mengen von Kennzeichnungen angesehen werden dürfen, und zum anderen, dass wir d.h. Menschen einen Namen für einen Referenten verwenden können, auch wenn unsere Kennzeichnungen für diesen Referenten teilweise oder sogar überwiegend unzutreffend sind. Darüber hinaus lösen sich auch die oben beschriebenen Probleme mit mehrdeutigen und leeren Namen, z.B. 'Sherlock Holmes', zu dem keine Person der Realität existiert, auf. Die Bezeichnung 'kausale Theorie' beruht nun auf der Art und Weise, wie die Namensdesignation in der Sprachgemeinschaft "weitergegeben" wird. Nach Kripke ist jede Verwendung eines Namens durch eine kausale (meiner Sichtweise nach: historische) Kette 16* von Verwendungen mit der ersten Verwendung dieses Namens für den betroffenen Referenten, den Vorgang der Namensgebung, auch als 'initial baptism' bezeichnet, verbunden. Diese kurze Skizze sollte hinreichend gezeigt haben, dass auch der Kripke-Theorie für Namen und Kennzeichnungen pragmatische Aspekte, genauer Gesichtspunkte des Sprachgebrauchs, zugrunde liegen.

4.1.2. Koreferenz, Anaphern und pronominale Referenz

Aufbauend auf den oben angestellten Überlegungen zu Namen und Kennzeichnungen kann nun der Problembereich der Koreferenz erläutert werden. Man betrachte den Satz

(4.6) a.   Paul traf den Universitätspräsidenten und

          erläuterte ihm seine Vorstellungen.

Für einen menschlichen Leser dieses Satzes ist es klar, dass hier von zwei Personen die Rede ist, referiert wird auf sie mit einem Namen bzw. einer definiten Nominalphrase (NP); weiterhin ist ersichtlich, wer wem wessen Vorstellungen erläuterte. Die koreferentiellen Zusammenhänge können z.B. durch die Verwendung von Referenzindizes markiert werden:

(4.6) b.   Paul.1 traf (den Universitätspräsidenten).2

          und erläuterte ihm.2 seine.1 Vorstellungen.

16* Eine Kritik an der Kausalitätsannahme findet sich bei Evans (1973).

Die Aufgabe, die hierbei von einem natürlichen bzw. künstlichen IPS zu lösen ist, besteht darin, die Koreferenzbeziehungen aufzudecken, d.h. die entsprechenden Markierungen mit Referenzindizes durchzuführen, oder in der üblichen linguistischen Terminologie 17* für die pronominalen, anaphorischen Ausdrücke 'ihm' bzw. 'seine' Antezedenten zu finden.

Darüberhinaus muss noch, um überhaupt eine Bedeutungsrepräsentation erstellen zu können, die Subjektlücke des zweiten Teilsatzes erkannt und geschlossen werden, was ich hier durch die Verwendung des Symbols 'E' für Lücken 18* andeuten will:

(4.6) c.   Paul.1 traf (den Universitätspräsidenten).2

                und E.1 erläuterte ihm.2 seine.1 Vorstellungen.

Entsprechende Erscheinungen treten in verstärktem Masse zwischen Sätzen, insbesondere in längeren Diskursen, auf, z.B. in der Zweisatz-Variante zu (4.6.a):

(4.7) a.   Paul traf den Universitätspräsidenten. Er

                erläuterte ihm seine Vorstellungen.

die jedoch zwei Koreferenzanalysen zulässt, nämlich die zu (4.6.b) entsprechende

(4.7) b.   Paul.1 traf (den Universitätspräsidenten).2 .

                Er.1 erläuterte ihm.2 seine.1 Vorstellungen.

und die gerade invers gelagerte

(4.7) c.   Er.2 erläuterte ihm.1 seine.2 Vorstellungen.

Wenn nicht durch den Kontext zusätzliche, spezielle Information gegeben wird, dann wird im Deutschen die Interpretation (4.6.b) gegenüber (4.6.c) vorzuziehen sein. Wenn hier von 'vorziehen' gesprochen wird, so soll damit auf einen wichtigen Aspekt bei der Koreferenzanalyse hingewiesen werden: es ist oft der Fall, dass bei mehreren möglichen Koreferenzbeziehungen, d.h. Anapher-Antezedenten-Beziehungen nicht eindeutig und unzweifelhaft eine als die richtige erkannt werden kann, sondern für den Hörer/Leser sind nur Tendenzen in bezug auf eine vermutlich beste bzw. wahrscheinlichste Koreferenzbeziehung erkennbar; vgl. hierzu Kap. 5.

Eine erste, noch vorläufige Tendenzregel 19*, die für die Interpretation b und gegen c spricht, könnte die folgende sein:

17* Ich verzichte hier auf eine explizite Definition von 'Anapher', 'Antezedent' und 'Koreferenz'. Vgl. hierzu z.B. Reinhart (1983), Heim (1982), Evans (1982), oder aus der Sicht der KI Hirst (1981). An dieser Stelle möchte ich darauf hinweisen, dass von einer durchgehenden einheitlichen Bezeichnungsweise nicht gesprochen werden kann.

18* 'E' steht in Anlehnung an 'empty categories' in der neueren Chomsky-Linguistik (Chomsky, 1981). Ich werde in der vorliegenden Arbeit zwar in mancher Hinsicht auf diese Entwicklungen Bezug nehmen, jedoch weder eine detaillierte Diskussion noch einen ausführlichen Vergleich durchführen.

19* Man beachte, dass derartige Tendenzregeln eine Analogie zu Default-Regeln aufweisen.

(4.8) a.   Falls nicht durch zusätzliche (Kontext-) Information anderes
            wahrscheinlicher ist, bezieht sich ein Personalpronomen in
            Subjektstellung des zweiten Satzes auf das Subjekt des ersten Satzes.

Entsprechend kann für Demonstrativpronomen die Tendenzregel

(4.8) b.   Falls nicht durch zusätzliche (Kontext-) Information anderes
            wahrscheinlicher ist, bezieht sich ein Demonstrativpronomen in
            Subjektstellung des zweiten Satzes auf die nächstgelegene, geeignete NP
            des ersten Satzes.

formuliert werden. Diesem Prinzip folgend wird

(4.9) a.   Paul traf den Universitätspräsidenten. Dieser
            erläuterte ihm seine Vorstellungen.

korrekt durch

(4.9) b.   Dieser.2 erläuterte ihm.1 seine.2 Vorstellungen.

parallel zur weniger üblichen Interpretation c in (4.7), interpretiert.

Was in (4.8.b) unter 'geeignete NP' verstanden werden kann, lässt sich an den
Beispielen (4.10) erkennen 20*:

(4.10)   Paul traf den Universitätspräsidenten vor der
            ausserordentlichen Konzilssitzung.

       a.   Dieser erläuterte ihm seine Vorstellungen.

       b.   Diese fand ausnahmsweise am Dienstag statt.

Hier will ich auf die in (4.8) erwähnte 'zusätzliche (Kontext-) Information' nur
kurz eingehen; man beachte, dass in Hinblick auf die kombinatorischen Möglichkeiten
zu (4.7.a) noch weitere Koreferenzbeziehungen möglich sind, nämlich u.a.

(4.7) d.   * Er.1 erläuterte ihm.1 seine.1/2 Vorstellungen.

       e.   ? Er.1 erläuterte ihm.2 seine.2 Vorstellungen.

Gegen die Analyse d. spricht, dass Subjekt und Objekt des Verbs 'erläutern' bzw. die
entsprechenden Argumentstellen des Operators (kognitiven Konzepts) 'erläutern'
üblicherweise/ notwendigerweise verschieden sind, was sich z.B. an der
Ungewöhnlichkeit von "Ich erläutere mir ... " zeigt. Die Interpretation, die aus e.
resultiert, ist allenfalls in sehr eingeschränkten und "merkwürdigen" Situationen
möglich; normalerweise erläutert man anderen nicht deren eigene Vorstellungen. Um
Fälle wie d. und e. ausschliessen zu können, ist Wissen über die Konzepte
'erläutern' und 'Vorstellung' notwendig 21*. Dass und wie derartiges Wissen in

----

20* Eine formale, explizite Definition von 'geeigneter Antezedent' wird in den Kap.
    5.2 und 5.3 erfolgen.

21* Neben dem Wissen über die entsprechenden Konzepte ist vielfach aufgrund rein
    sprachlichen Wissens eine Entscheidung für oder gegen eine bestimmte Lesart
    möglich; so ist für gewisse Koreferenzsituationen die Verwendung von
    Reflexivpronomina obligatorisch.

einem SRL-basierten IPS dargestellt werden kann und verwendet werden soll, habe ich
in Kap. 3 beschrieben.

Weltwissen ist auch bei der Referenzanalyse unter Benutzung der Tendenzregel (4.8.a)
verwendbar, wie die Beispiele

(4.11)   Michael besitzt einen Dackel.
       a.   Er füttert ihn regelmässig mit Süssigkeiten.
       b.   Er beisst manchmal den Briefträger.
zeigen. Bevor ich auf den Bereich 'indefinite Deskriptionen', wie etwa 'ein Dackel'
in (4.11), näher eingehen werde, sei angemerkt, dass auch definite NP Antezedenten
erfordern bzw. haben können, und somit Prozesse der Koreferenzanalyse auch zwischen
Nicht-Pronomen relevant sind. Man betrachte hierzu:
(4.12)   Peter besuchte im vorigen Jahr New York und Washington.
              Die Stadt am Hudson gefiel ihm sehr, während ihn die amerikanische
              Hauptstadt langweilte.
Ein volles Verständnis dieses Satzpaares beinhaltet meines Erachtens, dass der Hörer
die korrekte Zuordnung der Koreferenzbeziehungen vornimmt, und dies ist sicherlich
nur aufgrund faktuellen Wissens (über die Welt) möglich. Fehlt derartiges Wissen, so
wird nur ein Teilverständnis möglich sein; andererseits kann in diesem Fall der
Hörer zusätzlich zu Informationen über Peters (Amerika-) Reise neues, partielles
Wissen über die geographischen Verhältnisse der USA erwerben; vgl. hierzu Kap. 5 und
Kap. 6.

4.1.3. Indefinite Deskriptionen

Die klassische Frage in bezug auf indefinite Deskriptionen lautet: kann man mit
indefiniten Deskriptionen überhaupt referieren? Eine ebenso klassisch Antwort 22*
ist: Nein , indefinite NP sind mit existentiellen Quantifikationen zu
repräsentieren. Diese traditionelle Lösung, die auch in allen gängigen
Logiklehrbüchern in Beispielen zur Prädikatenlogik zugrundegelegt wird, würde für
den ersten Satz aus (4.11) die Bedeutungsrepräsentation
(4.11) c.   EX x : besitzen ('Michael', x) & dackel(x)

---

ergeben. Der Hauptmangel dieser Darstellung besteht darin, dass das Resultat, wenn man die Fortsetzungen durch (4.11) a. oder b. betrachtet, konterintuitiv ist: Wie sind nun 'ihn' in a. oder 'Er' in b. zu interpretieren? Entsprechend der oben durchgeführten Überlegungen sollte man davon ausgehen, dass der Sprecher mit diesen Pronomen auf ein Objekt der projizierten Welt referiert , und zwar auf den 'Dackel', auf den im einführenden, ersten Satz Bezug genommen wurde. Nur, und dies ist mehr als ein Schönheitsfehler, bei der quantifikationellen Analyse entsprechend (4.11.c) wird kein Referent der für die anaphorische Beziehung benötigten Art angesprochen, da ja "indefinite NPs nicht referentiell verwendet werden können". Der Ausweg aus diesem Dilemma, der auch der Konzeption der referentiellen Netze (Kap. 5) zugrunde liegt, ist der intuitiv naheliegende, dass durch eine indefinite NP das Objekt bezeichnet wird, das der Sprecher gerade meint. Und dies bedeutet gerade, dass 'speaker's reference' im Sinne Kripkes (1977), vgl. (4.2), vorliegt.

Zusammenfassend kann also festgestellt werden, dass eine Funktion indefiniter Deskriptionen darin besteht, einen Referenten in den Diskurs einzuführen, d.h. einen Referenten, den der Sprecher meint, für den Hörer als vermutlich neuen Referenten bzgl. des Weltmodells des Hörers zu kennzeichnen 23*. Geht man von dieser Primär-Funktion indefiniter Deskriptionen aus, so erklärt sich hieraus u.a. das von Hankamer/Sag (1976; p.399) aufgestellte Prinzip:

(4.13)   Zwei indefinite NPs im gleichen Diskurs unterscheiden
         sich stets in bezug auf den intendierten Referenten.

4.1.4. Sind definite Deskriptionen wirklich definit?

Als grundlegende Anforderung an definite Deskriptionen wurde in (4.4.b) die Unitätsbedingung gestellt. Wie verhält es sich hiermit bei definiten NPs in natürlicher Kommunikation? Betrachtet man den Beispielskomplex (4.7), so stellt sich die Frage nach der Unität bzgl. des prädikativen Konzepts 'Universitätspräsident' 24*.

23* Diese Charakterisierung der Funktion von Deskriptionen wird in Kap. 5 ausführlich dargestellt werden. Im Vorgriff sei hier nur schon gesagt, dass der Kern des Referenzproblems, in Hinsicht auf sprachbeherrschende Systeme, in der Suche nach geeigneten Referenten für Designationen zu sehen ist. Sprachliche, insbesondere syntaktische, Mittel dienen dazu, die Suche zu steuern.

24* Aus guten Gründen wird hier noch keine Stelligkeitsangabe für den entsprechenden Operator gemacht: die folgende Argumentation ist unabhängig davon, ob er 1- oder 2-stellig (oder wieviel-stellig der Leser auch immer mag) ist.

Die in (4.7) gegebene definite NP 'der Universitätspräsident' ist sicherlich keine definite Kennzeichnung im strengen, logischen Sinne wie sie in (4.4.b) durch die Unitätsbedingungen charakterisiert wurde, denn (und das wissen wir über die Welt) es gibt zahlreiche Universitätspräsidenten. Wenn hier dennoch von einer definiten Kennzeichnung gesprochen werden soll, dann von einer 'versteckten' 25*. Durch den textuellen oder situativen Kontext der Äusserung wird der Bereich der in Frage kommenden Universitätspräsidenten so weit eingeschränkt, dass in der Tat die Unitätsbedingung erfüllt ist; insofern sind die Definitheit erzeugenden Umstände im Kontext versteckt. Insbesondere erwartet der Sprecher, dass der Hörer diese Einschränkung ebenfalls nachvollziehen wird, und insofern nicht einen neuen Referenten (vgl. 4.1.3) einführt, sondern – bildhaft gesprochen – einen alten Referenten reaktiviert. Was oben als versteckte definite Deskription bezeichnet wurde, kann dann unter Verwendung von Kontextbedingungen durch

(4.14)   IOTA x : universitätspräsident (x) & KONTEXTBED (x) 26*

dargestellt werden, wobei das verschärfende Prädikat 'KONTEXTBED' die Unität erzwingen muss. Der kritische Punkt bei dieser Analyse des definiten NP ist natürlich die Festlegung dessen, was im aktuellen Fall die Kontextbedingungen ausmacht. (Dieser Punkt, der von Evans nur informell behandelt und von Heim zwar kritisiert, aber nur partiell einer Lösung nähergebracht wird, stellt einen Kern des Kap. 5.2 dar). Abschliessend will ich für die Skizze des Problembereichs 'definite Kennzeichnungen' noch einmal kurz auf den Einfluss der Stelligkeit (siehe Fussnote zu Beginn von 4.1.4) eingehen. Wenn man 'universitätspräsident' z.B. 2-stellig angesetzt hätte, wobei die zweite Argumentstelle die entsprechende Institution betreffen würde, so wäre über den Kontext, und insofern über 'KONTEXTBED', die aktuelle Institution einzuschränken; es läge also ebenfalls eine versteckte definite Deskription vor. Man betrachte, um sich dies klarzumachen,

(4.15)   Paul traf einen Universitätspräsidenten.

Hier bleibt die Institution offen/ungenannt. Dieser Satz sollte also beim Hörer einen neuen Referenten einführen, und zwar gerade einen, der einen UP repräsentiert, dessen Heimatuniversität (noch) nicht genannt wurde, und eventuell Sprecher und Hörer unbekannt ist bzw. bleiben wird.

25* Ich entlehne diese Bezeichnungsweise Heim (1982), die in der Erläuterung des Vorgehens von Evans (1980 a,b) 'disguised definite descriptions' verwendet. Die im folgenden, insbesondere in Kap. 5, vorgestellten Designationen und Deskriptionen durch ETA-Operatoren werden nur in wohlbegründeten Fällen (s.u.) definit gemacht. Im Normalfall wird die Definitheit durch Kontextinformation, die in Attributen repräsentiert ist (Kap. 5.2), erzwungen.

26* Im weiteren werde ich SRL-Operatoren, die eine spezielle Funktion besitzen, durch Grossschreibung hervorheben. Als spezielle Funktionen fasse ich hierbei u.a. die folgenden auf: Bildung von Dèskriptionen, Wissenssystem interne Verweise und kontextuelle Einsschränkungen. Diese Hervorhebung dient der besseren Lesbarkeit der SRL-Ausdrücke, da hierdurch der besondere Status von einzelner Ausdrücke betont wird.

4.1.5. Plurale Referenten

Die bisher aufgeführten Fälle definiter bzw. indefiniter Kennzeichnungen betrafen stets Einzeldinge; oder vom sprachlichen Blickwinkel aus gesehen singulare Nominalphrasen. Obwohl für die meisten der oben angesprochenen Erscheinungen im pluralen Fall Entsprechungen existieren, wird hier, wie ich unten zeigen werde, die Situation noch etwas komplizierter, und zwar, informell ausgedrückt, weil man es jetzt mit Mengen zu tun bekommt.

Ich beginne jedoch wieder mit den einfachsten Fällen, den Namen und definiten Kennzeichnungen. Wie im Singular können auch im Plural Eigennamen zur Designation verwendet werden, etwa 'Müllers', 'Erinnyen', 'Bayern München'. Gemeinsam ist diesen Fällen, dass vermittels eines Eigennamens auf ein Kollektivum, d.h. eine Gruppe von Individuen, verwiesen wird. Im Gegensatz zum singularen Gebrauch von Eigennamen wird im Plural häufig der bestimmte Artikel verwendet. Dies kann unter Umständen als Indiz dafür angesehen werden, dass hier keine echten Eigennamen vorliegen, sondern nur abgekürzte Kennzeichnungen 27*, wie die Umschreibungen in (4.16) andeuten mögen:

(4.16) a. Müllers flogen nach Italien.

Die (Mitglieder der Familie) Müller(s) flogen nach Italien.

 b. Die Bayern gewannen gegen den HSV.

Die (Spieler von) Bayern (München) gewannen gegen den HSV.

Bei definiten Nominalphrasen, wie in

(4.17) Die Universitätspräsidenten trafen sich zu ihrer

jährlichen Sitzung in Bonn.

liegt häufig, wie im singularen Fall, eine versteckte Definitheit vor, die aus dem Kontext - analog zu (4.14) - erschlossen werden muss. Man beachte, dass (4.17) auch dann als angemessen, wohlgeformt und wahr angesehen werden kann, wenn einer der Universitätspräsidenten am Treffen nicht teilnahm.

Im Fall indefiniter, pluraler Nominalphrasen, z.B.

(4.18) a. Claus betreut einige Diplomanden.

gehe ich ebenfalls, wie im Singularfall, davon aus, dass 'einige Diplomanden' referentiell, d.h. nicht quantifikationell, zu analysieren ist. Die Argumentation ist analog zu Kap. 4.1.3; sie betrifft wiederum die anaphorischen Pronomen (diesmal im Plural), z.B. im anschliessenden Satz:

(4.18) b. Sie arbeiten über Wissensrepräsentationen.

27* Die Unterscheidung 'Namen' vs. 'Deskriptionen' wird in der Konzeption Referentieller Netze (Kap. 5.1) ausführlich behandelt werden. Ich verzichte deswegen hier auf eine Rechtfertigung, diese Beispiele als Namen im Plural zu bezeichnen.

Während im Singularfall der Umfang (hier im Sinne von Kardinalität; vgl. Kap. 5.2
und 6) des Referenten bekannt ist, fehlt diese Information im Plural häufig. Der
Hörer weiss im Fall (4.18) nur, dass es sich um 2 oder mehr handelt 28*, aber
darüber hinaus, dass sie alle auf dem Gebiet der Wissensrepräsentationen arbeiten.
Neben diesem Fall, den ich hier informell durch 'Referenzidentität' charakterisieren
will , und der im Singular-Fall der einzig mögliche ist, kann im Plural noch der
Fall der referentiellen Inklusion auftreten, etwa bei der Fortführung des Diskurses
durch:
(4.18)   c.   Einige werden in diesem Jahr ihre Arbeit abschliessen.
Ein Hörer, bzw. ein sprachbeherrschendes IPS, muss hier einen neuen Referenten
aktivieren, wie es bei indefiniten NP entsprechend (4.13) notwendig ist, zusätzlich
jedoch gewisse Bezeichnungen zwischen den Referenten, hier die Inklusion,
berücksichtigen.

4.1.6. Generische Kennzeichnungen

Generische Terme bzw. generische Kennzeichnungen stellen in allen gängigen Namens-
und Bezeichnungstheorien eine nicht sehr beliebte Klasse von Spezialfällen dar. Bis
auf wenige Ausnahmen, etwa Carlson (1980, 1982), werden sie daher meist entweder von
der Untersuchung ausgeschlossen oder nur am Rande unter Verwendung von
generalisierenden Quantifikationen inadäquat abgehandelt.   Einleitend will ich ein
an Carlson (1982) angelehntes Beispiel anführen:
(4.19)   a.   Hunde sind Säugetiere.

         b.   Hunde haben vier Beine.

         c.   Hunde fressen Fleisch.

         d.   Hunde säugen ihre Jungen.
(Dass hier jeweils der artikellose Plural verwendet wird, spielt für die
zugrundeliegende Problematik keine Rolle; es könnten ebenso singulare Konstruktionen
gewählt werden.)
Offensichtlicherweise treten hier gerade die Schwierigkeiten mit Allquantifikationen
(bzw. 'meist'-Quantoren) auf, die in Kap. 2.3: (2.24) - (2.30) erläutert wurden. Da
generische Nominalphrasen sich in bezug auf anaphorische Pronomen so verhalten, wie
es in den Abschnitten 4.1.2-3 dieses Kapitels für definite und indefinite NPs
beschrieben wurde, man betrachte etwa

28* Ich möchte hier schon darauf hinweisen, dass 'einige' in hohem Masse
    kontextabhängig ist. So betrifft 'einige Hemden' normalerweise weniger Objekte
    als 'einige Büroklammern'. Siehe hierzu auch Kap. 6 bzw. Hörmann (1983), der
    psycholinguistische Untersuchungen zu 'ein paar' beschreibt.

(4.20)   Hunde sind Säugetiere, denn sie säugen ihre Jungen.

muss davon ausgegangen werden, dass auch hier ein Referent (in der projizierten Welt) angesprochen wird 29*.   Dementsprechend wird im weiteren die Existenz von Referenten zu generischen Termen angenommen.

4.1.7. 'Niemand' und andere Negationen

Mit den bisher dargestellten Problembereichen und deren Analysen mag der Eindruck entstanden sein, als ob hier davon ausgegangen würde, dass NPs stets referentiell verwendet würden bzw. indefinite NPs nie durch existentielle Quantifikation adäquat repräsentierbar seien.

Dies ist nicht der Fall; zum einen gibt es Sätze, in denen explizit Existenzaussagen gemacht werden, wie etwa

(4.21)   Es gibt einen Studenten, der bei Zweistein seine
                Diplomarbeit schreibt.

Dass derartige existentielle Behauptungen zur Bildung von Referenten führen können, wird in Kap. 5 anhand von Fokussierungstransformationen beschrieben werden. Dieser Prozess der Fokussierung bewirkt eine zusätzliche Repräsentation und spricht somit nicht gegen die Annahme einer Darstellung mit Quantifikation.

Darüber hinaus existieren Sätze, in denen explizit oder implizit Existenzaussagen negiert werden, etwa mit

(4.22)   Diese Universität besitzt gegenwärtig keinen Präsidenten.

'keinen' kann als 'nicht einen' – wobei 'einen' als unbestimmter Artikel, nicht als Zahlwort aufzufassen ist – angesehen werden.

Für gewisse Konzepte (insbesondere sortale Konzepte; vgl. Kap. 3.2, 3.3) sind derartige "Negationen" sogar lexikalisiert, z.B. durch 'niemand', 'nichts', 'nirgendwo', 'nie' usw. Was passiert, wenn derartige Ausdrücke fälschlicherweise referentiell interpretiert werden, sei abschliessend an einem Beispiel von Carroll (1965; pp 281f) demonstriert:

29* Weitere bzw. ausführlichere Argumente finden sich bei Carlson (1980, 1982). Ich
    werde in Kap. 7.1 auf diesen Punkt noch einmal kurz zurückkommen.

(4.23)   "Who did you pass on the road?" the King went on ...
           "Nobody," said the Messenger.
           "Quite right", said the King, "this young lady saw him too. So of
           course Nobody walks slower than you."
           "I do my best," the Messenger said in a sullen tone. "I'm sure nobody
           walks much faster than I do!"
           "He can't do that," said the King, "or else he'd have been here
           first. ...".

4.1.8. Abschliessende Zusammenfassung

Die in 4.1.1 - 4.1.7 skizzierten Problembereiche stellen in gewisser Weise die
Testfälle für jede Theorie der Namen und Bezeichnungen dar; darüber hinaus besteht
die Aufgabe, sprachbeherrschende IPSe so zu konzipieren, dass sie die entsprechenden
Phänomene in angemessener Weise beschreiben, erklären und bearbeiten können.
Im folgenden Kapitel 4.2 wird der traditionelle Lösungsvorschlag, der der
quantifikationellen Analyse, daraufhin untersucht werden, ob er als Grundlage eines
IPS der Sprachbeherrschung geeignet ist. In den Kapiteln 5 - 6 werde ich dann einen
- m.E. adäquateren - Lösungsvorschlag, den der Referentiellen Netze, vorstellen und
anhand der in diesem Kapitel beispielhaft eingeführten Problembereiche für die
Adäquatheit der Konzeption argumentieren.

4.2. Die quantifikationelle Analyse

Unter 'quantifikationeller Analyse' will ich im folgenden die Methode der Repräsentation von Bedeutungen verstehen, die auf der Verwendung der Prädikatenlogik 1.Stufe (oder einer geeigneten modallogischen Erweiterung) basiert und in der Nominalphrasen mit Hilfe von Quantoren repräsentiert werden. Dieses Vorgehen ist in der gegenwärtigen Logik und Philosophie, aber auch der Linguistik vorherrschend.
Bis auf wenige Ausnahmen 30* sind alle von mir bisher erwähnten Arbeiten der philosophischen Logik und Linguistik dem quantifikationellen Paradigma zuzurechnen. Trotz der Kritik, die Vertreter der 'Logical Form', also der Extended Standard Theory Chomskys , an rein quantifikationellen Analysen üben, vgl. z.B. Hornstein (1984), sind diese Ansätze m.E. ebenfalls dem quantifikationellen Paradigma zuzuordnen, insofern nämlich, als die Mechanismen der Anaphernbindung weitgehend der Variablenbindung (bei Quantifizierungen) entsprechen 31*.

Im folgenden werde ich für einige der in Kap. 4.1 informell behandelten Beispiele quantifikationelle Analysen durchführen, so wie sie üblicherweise vorgeschlagen werden, und anhand dieser Beispiele sowohl die wichtigsten Charakteristika als auch Nachteile dieser Methode skizzieren.

Beginnen wir mit dem ersten Satz des Beispiels (4.6, 4.7):
(4.24) a.   Paul traf den Universitätspräsidenten.
Unter Verwendung des IOTA-Deskriptors (4.4), speziell der Deskription (4.14), ergibt sich die Repräsentation 32*
(4.24) b.   treffen   ('Paul',

                IOTA x: universitätspräsident (x) & KONTEXTBED (x))
Diese Repräsentation, die in ähnlicher Form für Referentielle Netze verwendet wird (vgl. Kap. 5), ist jedoch keine quantifikationelle Repräsentation im üblichen Sinne. Stattdessen wird üblicherweise von der "Umformungsregel"
(4.25)   p (IOTA x: q (x))   gdw

           EX x: p (x) & ALL y : (q (y) -> x = y) & q (x)
____

30* Diese "rühmlichen Ausnahmen" sind : Heim (1982), Kamp (1981) und Barwise/Perry (1983); aber auch in diesen Arbeiten ist nur eine partielle Ablösung aus der traditionellen Sichtweise zu finden. Einen Vergleich dieser Ansätze zur Konzeption Referentieller Netze führe ich in Kap. 5.4 durch.

31* Vgl. hierzu etwa Chomsky (1981) und Hornstein (1984). In der vorliegenden Arbeit werde ich den Gegensatz zur EST nicht detailliert erläutern; ich glaube jedoch, mit der Vorstellung der alternativen Konzeption 'Referentieller Netze' (insbesondere in Kap. 5) eine hinreichende Abgrenzung gegenüber und Kritik an den traditionellen rein, quantifikationellen Ansätzen, auch innerhalb der EST, zu liefern.

32* Aus Gründen der Vereinfachung wird hier und im folgenden auf eine explizite Behandlung von Tempus und Zeit verzichtet; d.h. es wird hier für den Operator 'treffen' kein Zeitargument angesetzt.

die auf den Unitätsbedingungen (4.4.b) beruht, explizit oder implizit Gebrauch
gemacht 33*. Dies führt dann zu

(4.24) c.   EX x : treffen ('Paul', x)

      & universitätspräsident (x) & KONTEXTBED (x)

      & ALL y : unversitätspräsident (y) & KONTEXTBED (y)

      -> y = x

oder unter Verwendung eines mehrstelligen Operators 'universitätspräsident' (vgl.
Kap. (4.1.4)) und dadurch bedingt der Vermeidung des expliziten Operators
'KONTEXTBED' z.B. für

(4.26) a.   Paul traf den Präsidenten der TU Berlin.

zu.

(4.26) b.   EX x : treffen ('Paul', x)

      & universitätspräsident (x, 'TU_Berlin')

      & ALL y : universitätspräsidenten (y, 'TU_Berlin')

      -> y = x

Die Nachteile derartiger Repräsentationen (für sprachbeherrschende IPSe) sind u.a.
die folgenden:

- Aussagen erhalten auch dann der Charakter einer Existenzaussage, wenn dies in
  der natürlich-sprachlichen Formulierung nicht explizit der Fall war.

- Die vermittels einer "Quantoren-Konstruktion" repräsentierte Nominalphrase ist
  als solche in der Bedeutungsrepräsentation nur schwer wiederfindbar. (Auf
  diesen Punkt werde ich unten ausführlicher eingehen.)

- Die Repräsentationen sind "unschön" und "unhandlich".

Dieser dritte Punkt wird deutlicher, wenn man sich der Aufgabe unterzieht,

(4.27) a.   Paul traf die Präsidenten der TU, FU und der

      Hochschule der Künste.

eine quantifikationelle Repräsentation zuzuweisen. Man hat hier u.a. die Probleme zu
behandeln, die Quantoren der Art genau 3 mit sich bringen. Eine quantifikationelle
Darstellung wäre:

33* Derartige Eliminierungen von IOTA-Operatoren werden von Hilbert/Bernays (1968;
    pp 432ff) in Hinblick auf die formalen Eigenschaften deduktiver Systeme
    untersucht. Insbesondere wird dort gezeigt, dass die Eliminierung ohne Folgen
    bleibt.

```
(4.27)  b.     EX x, y, z  : treffen ('Paul', x)
                            & universitätspräsident ( x, 'TU_Berlin' )
                            & treffen ('Paul', y)
                            & universitätspräsident ( y, 'FU_Berlin' )
                            & treffen ('Paul', z)
                            & universitätspräsident ( z, 'HdK' )
                            & ALL v : universitätspräsident ( v, 'TU_Berlin' )
                                   ->v = x
                            & ALL v : universitätspräsident ( v, 'FU_Berlin' )
                                   ->v = y
                            & ALL v : universitätspräsident ( v, 'HdK' )
                                   ->v = z
```

Bevor die oben aufgelisteten Kritikpunkte, die als solche, die auf "ästhetischen Bewertungen" basieren, angesehen werden könnten, durch weitere Beispiele untermauert werden, soll auf die entscheidenden Vorteile der quantifikationellen Analyse hingewiesen werden.

Die Zielsetzung der logisch-philosophischen Semantik ist, verkürzt gesagt, die Untersuchung der Wahrheitsbedingungen (bzgl. möglicher Welten) für die logischen Repräsentationen natürlich-sprachlicher Sätze. Und eben diese Wahrheitsbedingungen sind über quantifikationelle Ausdrücke ermittelbar, und zwar auch dann, wenn logische Sprachen mit Deskriptionsoperatoren und Funktionen verwendet werden. Die oben skizzierte, von Russell immer wieder als vorteilhaft herausgestellte Eliminierung von IOTA-Deskriptionen hat gerade das Ziel, die Wahrheitsbedingungen der untersuchten Ausdrücke deutlich zutage treten zu lassen 34*. Da aber, wie in Kap. 2 erläutert wurde, in der vorliegenden Arbeit nicht die Analyse von Wahrheitsbedingungen, sondern der Umgang mit, d.h. die Veränderung von, Weltmodellen im Vordergrund der Untersuchungen steht, sind hier auch die Adäquatheitskriterien anders gelagert. Bedeutungs-Repräsentationen sollten daher daran gemessen werden, inwieweit sie auch als Wissensrepräsentation, bzw. allgemeiner, in der Darstellung von Weltmodellen, eingesetzt werden können. In Hinblick auf rein quantifikationelle Darstellungen sprechen einige Gründe gegen die Adäquatheit; die oben aufgeführten "Schönheitsfehler" betreffen gerade die Eignung für diesen Verwendungszweck.

34* Vgl. hierzu auch Evans (1982; p. 57): "One thing is sure: there is absolutely no
    need for the butchering of surface structure in which Russell so perversely
    delighted; the analysis of 'the phi is F' into the form
        EX x : (phi (x) & ALL y : (phi (y) -> x = y) & F (x))
    is entirely an artefact of his determination to arrive at a quantificational
    sentence expressible in the notation of 'Principia Mathematica'."

Deutlich lässt sich dies erkennen, wenn man eine indefinite Variante des Beispiels (4.6), (4.26) betrachtet:

(4.28) a.   Paul traf einen Universitätspräsidenten.

wird üblicherweise quantifikationell durch

(4.28) b.   EX x : treffen ('Paul', x) & universitätspräsident (x)

dargestellt. Wieder wird, analog zum definiten Fall (4.26), die Existenzaussage überbetont, und das Objekt, das durch den Satz in die Diskurswelt eingeführt wird, implizit gelassen.   Da derartige Repräsentationen die Zustände (bzw. Zwischenzustände) des IPS bestimmen, werden m.E. durch quantifikationelle Analysen inadäquate Zustände verursacht. Man beachte, dass diese Kritik von der Zielsetzung, Prozesse in sprachbeherrschenden Systemen zu beschreiben und zu erklären, bestimmt ist. Ob man die weitere Argumentation akzeptiert, ist wesentlich davon abhängig, ob man dieser Zielsetzung folgt.

Unter anderen Zielsetzungen, z.B. unter der der logisch-philosophischen Semantik, Wahrheitsbedingungen für Sätze oder eventuell Diskurse (s.u.)   zu formulieren, ist es nicht notwendig, (Zwischen-) Zustände zu betrachten. Anders ausgedrückt: Meine Kritik richtet sich nicht gegen quantifikationelle Repräsentationen und Analysen im allgemeinen, sondern gegen deren (ausschliessliche) Verwendung in IPSen.

Ich will nun die Veränderung der Repräsentationen, d.h. auch des Weltmodells eines IPS, untersuchen, die durch

(4.29) a.   Er erläuterte ihm seine Vorstellungen.

hervorgerufen werden. Eine, wenn auch bzgl. 'Vorstellungen' sicherlich inadäquate, Repräsentation des Gesamtdiskurses 35* wäre:

(4.29) b.   EX x : treffen ('Paul', x)

    & universitätspräsident (x)

    & EX y : (erläutern ('Paul', x, y)

     & vorstellungen_von (y, 'Paul')

Was ist falsch bzw. schlecht an diesem Vorgehen? Zuerst einmal sei auf einen technischen Punkt hingewiesen: Beim Übergang von (4.28) zu (4.29) ist der Skopus von 'EX x' wieder zu öffnen und, bildhaft gesprochen, zu "erweitern". Dieser Schritt kann, da ein Rückverweis auf das Objekt 'Universitätspräsident' in einem längeren Diskurs häufig auftreten kann, bis zum Ende der Textverarbeitung immer wieder geschehen. Das bedeutet aber, dass die Repräsentation des ersten Satzes unter Einfluss der folgenden Sätze stets noch verändert wird. Dieser Kritikpunkt fällt mit

----

35* Entsprechende Vorschläge finden sich bei Geach (1968), vgl. hierzu auch Heim (1982). Der wichtigste Fortschritt der Geachschen Analysen ist sicherlich darin zu sehen, dass Repräsentationen nicht für einzelne Sätze, sondern für Texte, wenn auch kurze, untersucht werden. Die Nachteile der quantifikationellen Analysen, die bei Heim (1982) ausführlich, aber unter einer anderen Blickrichtung erläutert werden, sind beträchtlich (s.u.).

einem weiteren zusammen, der durch die Frage: "Was ist eigentlich die Repräsentation der Einzelsätze ?" charakterisiert werden kann. Der Preis für das Bilden einer Gesamtrepräsentation ist, dass keine adäquaten Einzelrepräsentationen mehr vorliegen 36*. Für die Beschreibung und Erklärung der Prozesse in sprachverarbeitenden Systemen ist es jedoch notwendig, für die einzelnen Eingaben und Zwischenzustände wohlinterpretierbare Repräsentationen zu besitzen. Etwas überspitzt formuliert; ein Sprecher/Hörer versteht sowohl die Teile als auch das Ganze eines Textes.

Ein letzter Kritikpunkt: in (4.29.b) wird mit Ausnahme von 'Paul' keine adäquate Repräsentation der beteiligten, d.h. im Diskurs angesprochenen Objekte zur Verfügung gestellt. Derartige, insbesondere eigenständige Repräsentationen werden aber benötigt, wenn ein IPS mit einer Bedeutungs-Repräsentation "arbeiten" soll. Man überlege sich, wie etwa aufgrund von (4.29.b) die Fragen

(4.30)   Wen hat Paul getroffen ?

Wem hat Paul seine Vorstellungen erläutert ?

beantwortet werden sollen. Hierzu ist ein geeigneter "Extrakt" aus (4.29.b) als Antwort zu wählen. Die quantifikationelle Darstellung unterstützt derartige Prozesse jedoch nicht in geeigneter Weise, wie man sieht, wenn man versucht, entsprechende "Extraktionen" generellen Regeln folgend durchzuführen.

Als Fazit dieser Kritik sei zusammengefasst: Bedeutungsrepräsentationen sollten

(4.31) - sowohl für Sätze als auch für Diskurse adäquat sein,

- sowohl für ganze Texte als auch deren Teile, insbesondere die angesprochenen Objekte, eigenständige, wohlzuweisbare Repräsentationen enthalten.

Dieser Forderung nach strukturierter Repräsentation wird in der Konzeption 'Referentieller Netze' Rechnung getragen. Durch sie ist es möglich, Objekte der projizierten Welt zu repräsentieren und insbesondere auch den oben angesprochenen Gesichtspunkt der Zustandsveränderungen (des Systems) sowohl in bezug auf faktuelles Wissen (die Formeln betreffend) als auch in bezug auf Objektwissen zu berücksichtigen.

36* Aus der Sicht des logisch-philosophischen Semantikers bedeutet dies, dass die Wahrheitsbedingungen der Einzelsätze nicht adäquat repräsentiert sind. Dieser Einwand ist es, der nach Heim (1982; p. 9) den Geach-Ansatz gegenwärtig in der philosophischen Logik unpopulär macht.

5.   Referentielle Netze

Ausgangspunkt für die folgenden Darstellungen ist die in Kap. 2.2 erläuterte Aufgabenstellung für Repräsentationssysteme:

(5.1) Repräsentationssprachen dienen der expliziten Darstellung von Weltmodellen, d.h. projizierten Welten, in IPSen.

Berücksichtigt man ausserdem, dass Theorien über sprachbeherrschende IPSe Theorien über menschliche Sprachbeherrschung, d.h. Bereiche der Kognition, beinhalten, so ist eine kanonische Beziehung zwischen 'Weltmodell' und 'Gedächtnis' hergestellt.

Die Darstellung von faktuellem Wissen durch eine Menge von (oder Strukturen über) Formeln korrespondiert mit propositionalen Gedächtnismodellen, wie sie in der Psychologie verwendet werden (vgl. Anderson/Bower 1974, Kintsch 1977, Anderson 1983). Der gemeinsame, hier relevante Kern der Untersuchungen im Bereich des menschlichen Gedächtnisses (unabhängig davon, ob ein propositionales Modell zugrunde gelegt wird oder nicht) betrifft die Struktur (bzw. Organisation) des Gedächtnisses und die Art und Weise, in der diese die Prozesse des Speicherns und Erinnerns unterstützt. Die in bezug auf faktuelles Wissen entscheidende Frage lautet: Mit welchen Mitteln wird der Weg zu den aktuell relevanten Informationen bzw. Propositionen gefunden?

 Wenn nun an den Leser oder den Autor dieser Arbeit (oder ein sprachbeherrschendes IPS) z.B. die Frage gestellt würde, was er/sie (oder es) über ein bestimmtes Objekt der Welt, z.B. 'New York', 'die TU Berlin' oder 'Noam Chomsky' weiss, so ist die wesentliche Aufgabe im Erinnerungs- bzw. Retrievalprozess, die relevanten Wissensentitäten im faktuellen Wissen, d.h. hier die Propositionen, zu finden. Welche sind das nun? Sicherlich gehören insbesondere einige derjenigen dazu, die 'von den entsprechenden Objekten handeln'. Da nicht davon ausgegangen werden sollte, dass alle Propositionen, d.h. das gesamte faktuelle Wissen in Hinsicht auf diese Objekte durchsucht werden soll bzw. kann, ist der springende Punkt für eine adäquate Theorie des Erinnerns, und somit des Gedächtnisses, darin zu sehen, "Fakten, die gewisse Objekte betreffen" zu explizieren 1*. Ein guter Weg zur relevanten

----

1* Beispiele und Fragen dieser Art werden - neben anderen Argumenten - innerhalb der KI aufgeführt, um für 'objekt-orientierte' Repräsentationen zu plädieren (vgl. DiPrimio/Christaller 1983).
Entsprechende Vorschläge liegen auch für den Datenbankbereich durch Falkenbergs (1975) 'significations' bzw. Konrads (1976) 'individuenorientierte Datenbanksicht' vor. Für beide Ansätze gilt jedoch, dass sie unter der Zielsetzung einer einheitlichen Fundierung von Datenbanktheorien, weniger aber der Beschreibung adäquater Speicherungs- und Retrievalprozesse, entwickelt wurden, und insofern (meines Wissens nach) nicht zu Realisierungen führten.

Information verläuft über die Argumente (z.B. Terme) der korrespondierenden Formeln. Aus diesem Grund wird in der SRL-Konzeption 2* eine weitere Komponente des Gedächtnisses, bzw. des Welt- und des Diskursmodells, das 'Referentielle Netz' (RefN) eingeführt; dieses ist somit die Wissenskomponente, die Wissen über Objekte betrifft.

Wenn hier von 'Wissen über Objekte' gesprochen wird, so wird damit insbesondere postuliert, dass Menschen (innerhalb ihrer Weltmodelle) über 'individuelle Konzepte' verfügen, die als Stellvertreter für Objekte der projizierten Welt angesehen werden können, und dass diese individuellen Konzepte in einigen wesentlichen kognitiven Prozessen eine eigenständige, d.h. von den faktuellen Konzepten unabhängige Rolle spielen 3*. Dieser Annahme liegt eine weitergehende zugrunde, die ich, in Anlehnung an mathematische Sprechweisen, als Homomorphie-Annahme bezeichnen werde:

(5.2) Homomorphie-Annahme:
    Adäquate Wissensrepräsentationen sind "homomorph" zur projizierten Welt und
    diese wiederum "homomorph" zur realen Welt.

Da einerseits 'Homomorphie', bzw. 'Isomorphie', Begriffe sind, die sich auf Strukturähnlichkeit bzw. Strukturgleichheit beziehen, andererseits aber über die 'Struktur der Welt' im vorliegenden Zusammenhang keine Aussagen gemacht werden können, kann der in (5.2) verwendete Begriff 'homomorph' nur metaphorisch gebraucht werden. Die Grundidee, die hinter der Homomorphie-Annahme steht, ist die folgende: Bestandteile eines Objektes/einer Situation sollten auch als Bestandteile der Repräsentation dieses Objektes/dieser Situation dargestellt werden können, zumindest dann, wenn hierbei wesentliche Aspekte des Ganzen betroffen sind 4*. Für den vorliegenden Problembereich der Referentialität führt die Homomorphie-Forderung zur in (4.31) formulierten Forderung nach strukturierten Repräsentationen, insofern nämlich, als Objekte als Bestandteile von Situationen (in denen sie auftreten) angesehen werden, und daher auch entsprechend eigenständig repräsentiert werden sollten 5*.

2* Vgl. hierzu auch die Arbeiten Habel (1981, 1982a, 1983a, 1985a).

3* Die Aufgabenbereiche, die zum Nachweis der Eigenständigkeit im weiteren herangezogen werden, sind die in (2.15) als zentral gekennzeichneten: Sprachverstehen, Sprachproduktion und Schlussfolgerungen.

4* Verwandte Überlegungen finden sich auch in der 'propositionale'-vs.-'analoge'-Repräsentationen-Debatte, die ich in Kap. 2.3 kurz angesprochen habe; vgl. die dort aufgeführte Literatur. In diesem Zusammenhang werden auch, siehe Palmer (1978), verschiedene Typen von Isomorphie zwischen Welt und mentalem Modell diskutiert.

5* Um nocheinmal auf meine Kritik an quantifikationellen Repräsentationen zurückzukommem:
        "EX x : .... p(x)...."
    ist selten eine adäquate Repräsentation der indefiniten NP 'ein p'.

5.   Referentielle Netze

Ausgangspunkt für die folgenden Darstellungen ist die in Kap. 2.2 erläuterte Aufgabenstellung für Repräsentationssysteme:

(5.1) Repräsentationssprachen dienen der expliziten Darstellung von Weltmodellen, d.h. projizierten Welten, in IPSen.

Berücksichtigt man ausserdem, dass Theorien über sprachbeherrschende IPSe Theorien über menschliche Sprachbeherrschung, d.h. Bereiche der Kognition, beinhalten, so ist eine kanonische Beziehung zwischen 'Weltmodell' und 'Gedächtnis' hergestellt.

Die Darstellung von faktuellem Wissen durch eine Menge von (oder Strukturen über) Formeln korrespondiert mit propositionalen Gedächtnismodellen, wie sie in der Psychologie verwendet werden (vgl. Anderson/Bower 1974, Kintsch 1977, Anderson 1983). Der gemeinsame, hier relevante Kern der Untersuchungen im Bereich des menschlichen Gedächtnisses (unabhängig davon, ob ein propositionales Modell zugrunde gelegt wird oder nicht) betrifft die Struktur (bzw. Organisation) des Gedächtnisses und die Art und Weise, in der diese die Prozesse des Speicherns und Erinnerns unterstützt. Die in bezug auf faktuelles Wissen entscheidende Frage lautet: Mit welchen Mitteln wird der Weg zu den aktuell relevanten Informationen bzw. Propositionen gefunden?
   Wenn nun an den Leser oder den Autor dieser Arbeit (oder ein sprachbeherrschendes IPS) z.B. die Frage gestellt würde, was er/sie (oder es) über ein bestimmtes Objekt der Welt, z.B. 'New York', 'die TU Berlin' oder 'Noam Chomsky' weiss, so ist die wesentliche Aufgabe im Erinnerungs- bzw. Retrievalprozess, die relevanten Wissensentitäten im faktuellen Wissen, d.h. hier die Propositionen, zu finden. Welche sind das nun? Sicherlich gehören insbesondere einige derjenigen dazu, die 'von den entsprechenden Objekten handeln'. Da nicht davon ausgegangen werden sollte, dass alle Propositionen, d.h. das gesamte faktuelle Wissen in Hinsicht auf diese Objekte durchsucht werden soll bzw. kann, ist der springende Punkt für eine adäquate Theorie des Erinnerns, und somit des Gedächtnisses, darin zu sehen, "Fakten, die gewisse Objekte betreffen" zu explizieren 1*. Ein guter Weg zur relevanten

---

1* Beispiele und Fragen dieser Art werden - neben anderen Argumenten - innerhalb der KI aufgeführt, um für 'objekt-orientierte' Repräsentationen zu plädieren (vgl. DiPrimio/Christaller 1983).
Entsprechende Vorschläge liegen auch für den Datenbankbereich durch Falkenbergs (1975) 'significations' bzw. Konrads (1976) 'individuenorientierte Datenbanksicht' vor. Für beide Ansätze gilt jedoch, dass sie unter der Zielsetzung einer einheitlichen Fundierung von Datenbanktheorien, weniger aber der Beschreibung adäquater Speicherungs- und Retrievalprozesse, entwickelt wurden, und insofern (meines Wissens nach) nicht zu Realisierungen führten.

5.1. Referentielle Netze: Die Basiskonzeption

Aufgrund der Homomorphie-Annahme (5.2) kommt für den Bereich der Objektreferenz den Termen in SRL die Rolle der (repräsentations-)sprachlichen Einheiten zu, mit denen Objekte der projizierten Welt designiert werden. Innerhalb der Klasse der Terme kann man, entsprechend der Syntax von SRL, vgl. Kap. 3.1, zuerst einmal eine Einteilung in vier relevante Subtypen vornehmen; diese sind in Abb. 5.1, durch Beispiele erläutert, aufgeführt.

Subtyp	TYP	SRL-Ausdruck	nat.-spr. Entsprechung
Variablen		x	–
über Operatoren gebildete Konzepte:			
Konstanten	$\langle t,0,0,0\rangle$	'Paul'	Paul
Deskriptionen gebildet durch			
Funktions- ausdrücke	$\langle t,0,n,0\rangle$	vater_von('Paul')	der Vater von Paul
Deskriptions- operatoren	$\langle t,1,0,1\rangle$	IOTA x: uni_präs(x,'TU Berlin')	der Präsident der TU Berlin
	$\langle t,1,0,1\rangle$	ETA x: mitarb_von ('Paul', x)	ein Mitarbeiter von Paul

Abb. 5.1: Subtypen von Termen

Wenn hier Variablen keine natürlich-sprachlichen Entsprechungen zuerkannt werden, dann geschieht dies deshalb, weil selbst in den Fällen, in denen auch ich eine quantifikationelle Analyse durchführen werde, z.B. bei expliziten Existenzaussagen, erst im Zusammenspiel mit dem entsprechenden Quantor nicht-leere natürlich-sprachliche Entitäten ins Spiel kommen 6*. Ob Repräsentationssprachen im allgemeinen, und SRL im speziellen, Funktionsausdrücke bzw. Funktionsoperatoren enthalten sollen, ist eine schwer zu entscheidende Frage. Da n-stellige Funktionsoperatoren äquivalent durch n+1-stellige Prädikatsoperatoren (+ IOTA-Operator) dargestellt werden können, gibt es keine formalen Gründe für die explizite

---

6* Diese Sichtweise weicht deutlich von der häufig vertretenen Annahme der direkten Korrespondenz zwischen Variablen und Pronomen ab. Dies ist jedoch nicht verwunderlich, da diese Korrespondenzannahme u.a. auf der These basiert, dass Pronomen (und indefinite NPs) nicht referentiell verwendet werden können.

Verwendung der Funktionsoperatoren. Jede Argumentation für diesen Subtyp muss sich also auf empirische Befunde stützen, also auf solche, die insbesondere die Adäquatheit von Repräsentationen betreffen. Bzgl. SRL ist diese Frage gegenwärtig noch nicht entschieden; um eine m.E. einheitliche Behandlung der entsprechenden Phänomene durchführen zu können, werde ich im folgenden, bis auf wenige – dann im Detail begründete – Ausnahmen, Prädikatsoperatoren (+ Deskriptionsoperatoren) verwenden.

Individuenkonstanten (bzgl. SRL), also Ausdrücke vom TYP $\langle t,0,0,0 \rangle$, bilden die Menge der Namen, NAM 7*. Diese werden Quine (1951) folgend durch Quotes (Hochkommata) gekennzeichnet (bzw. gebildet). So schreibt Quine (1951; p. 23):

"...a statement about an object must contain a name of the object rather than the object itself."

Und in bezug auf

"(1) Boston is popolous," (p. 23)

"In (1) the place-name is used, and in this way the city is mentioned." (p. 23).

Dieser Leitlinie folgend verwende ich in SRL

popolous ('Boston')

um anzudeuten, dass der Name einer bestimmten Stadt, d.h. eines Objektes der Realität, bzw. ihres Stellvertreters in der projizierten Welt, als Argument im SRL-Ausdruck verwendet wird.

5.1.1. Designation und Referentielle Netze

Wenn innerhalb eines IPS das Wissen über Objekte der projizierten Welt repräsentiert werden soll, so benötigt man hierzu zwei Arten von IPS-internen Entitäten, zum einen formale Stellvertreter für die Objekte der projizierten Welt, zum anderen repräsentationssprachliche Ausdrücke zu ihrer Beschreibung. Das Inventar für die formalen Stellvertreter wird durch die folgende Festlegung bereitgestellt:

(5.3) In SRL existiert, zusätzlich zu den im Definitionsschema (Abb. 3.3) wohlgeformter SRL-Ausdrücke aufgeführten Variablen und Konstanten, eine weitere Menge von Termen:

REFO , die Menge der Referenzobjekte.

REFO ist endlich, aber nicht beschränkt.

7* Dies bedeutet, dass Namen in SRL (vgl. (5.5)) stets von der Gestalt " 'string' " sind.

Die in (5.3) verwendete Formulierung 'endlich, aber nicht beschränkt' ist folgendermassen zu interpretieren: Zu jedem Zeitpunkt, d.h. in jedem Zustand des IPS, ist eine Menge von Referenzobjekten (RefOs) vorhanden, die den aktuellen Bestand von Stellvertretern der Objekte der projizierten Welt bilden, die Menge REFO.t. Das System verfügt über die Fähigkeit, diese Menge bei Bedarf zu verändern, insbesondere neue RefOs zu kreieren, und somit zu einer grösseren Menge REFO.t+1 überzugehen. Da für derartige Erweiterungen keine Beschränkungen vorgesehen sind, ist REFO im Prinzip nicht beschränkt. Diese Anforderungen an die Menge der Referenzobjekte, REFO, resultieren aus der Tatsache, dass jederzeit der Bestand an Objekten, über die wir, als Menschen, etwas wissen, über die wir nachdenken und kommunizieren, erweiterbar ist. In der sprachlichen bzw. kognitiven Praxis ist sicherlich davon auszugehen, dass die Anzahl der Objekte, die im menschlichen Gedächtnis speicherbar sind, beschränkt ist. Dieser Gesichtspunkt soll hier jedoch keine Beachtung finden, er könnte durch die Festsetzung einer hinreichend grossen Kapazitätsgrenze für REFO berücksichtigt werden. Wichtig für die weiteren Darstellungen ist, dass REFO stets als der aktuelle Bestand an Referenzobjekten angesehen werden kann, d.h. die Objekte, über die das IPS zum aktuellen Zeitpunkt etwas weiss, vertritt.

Die Eigenschaft der Nichtbeschränktheit von REFO zeigt die starke Parallelität zu Variablen; dies ist auch nicht überraschend, da RefOs gerade die Aufgabe übernehmen werden, die in anderer, m.E. inadäquater, Weise in quantifikationellen Ansätzen den gebundenen Variablen zukommt.

Referentielle Objekte sind, wie oben gesagt, blosse formale Stellvertreter. Bedeutungstragend werden sie dadurch, dass ihnen, qua Bezeichnungen, Eigenschaften zugewiesen werden. Dies soll an einem ersten, einfachen Beispiel verdeutlicht werden. Hierzu greife ich auf die in Kap. 4.2 verwendeten Situationen zurück. In
(5.4)   a. Paul traf den Präsidenten der TU Berlin.
(entspricht (4.26.a)) ist von drei Objekten die Rede, von zwei Personen, 'Paul' und 'dem Präsidenten', und von einer Institution, der 'TU Berlin'. Dementsprechend werden durch diese Äusserung drei RefOs aktiviert 8*, die Stellvertreter dieser Objekte; diese seien im weiteren durch r.1, r.2 und r.3 individualisiert. Zwei dieser Objekte werden in (5.4.a) durch Namen, das dritte durch eine definite Deskription bezeichnet. Diese Beziehung zwischen RefOs und SRL-Termen, als

---

8* 'Aktiviert' ist hier noch informell verwendet; Aktivierungsprozesse werden in Kap. 5.1.4 und 5.3 explizit und ausführlich behandelt werden.

9* Dieser Gebrauch von 'Designation' ist, abgesehen davon, dass ich stets Referenzobjekte, d.h. interne Stellvertreter und nicht Referenten in der realen Welt betrachte, vgl. hierzu Kap. 4, konsistent zu dem in den kausalen Theorien der Referenz, siehe z.B. Haack (1978), vgl. auch (4.1), Devitt (1981), oder

Designationsbeziehung 9* bezeichnet, kann unter Verwendung der in Kap. 4 benutzten Konzepte durch

(5.4) b.   r.1   ——   'Paul'

r.2   ——   IOTA x : universitätspräsident (x,'TU Berlin')

r.3   ——   'TU Berlin'

dargestellt werden. Diese Repräsentation ist aber in einem wesentlichen Punkt noch unbefriedigend, insofern nämlich, als die Beziehung zwischen r.2 und r.3 nur implizit, über den Namen 'TU Berlin', gegeben ist. Da, wie in (5.3) festgelegt, RefOs als SRL–Terme gelten, kann diese Beziehung expliziert werden durch:

(5.4) c.   r.1   ——   'Paul'

r.2   ——   IOTA x : universitätspräsident (x, r.3)

r.3   ——   'TU Berlin'

Die hier verwendete RefO–basierte Deskription von r.2 trägt insbesondere der Tatsache Rechnung, dass r.2 primär über das Objekt r.3 bestimmt wird, und dessen Name nur ein Mittel zum Zweck ist.

Die beiden unterschiedlichen Repräsentationen (5.4) b. und c. spiegeln eine im weiteren relevante Unterscheidung innerhalb der SRL–Ausdrücke wider, der auf der folgenden Kategorisierung der SRL–Terme basiert 10*:

(5.5)   SRL–Terme fallen in eine der folgenden Kategorien:

- Referenzobjekte   (REFO)

- Variablen   (VAR)

- Namen   (NAM, Operatoren mit Typ = $\langle t,0,0,0 \rangle$)

- Deskriptionen   (DESKR, gebildet mit Operatoren vom Typ $\langle t,m,n,p \rangle$

Da Deskriptionen auch, wie in (5.4.c), RefOs enthalten können, ist die folgende Einteilung, die später noch einmal geringfügig ergänzt werden wird, relevant:

(5.6) a. - Ein SRL–Ausdruck ist RefO–basiert (abgekürzt mit R–b), falls alle Termargumentstellen, entsprechend des Definitionsschemas (Abb. 3.3) auf RefOs zurückgeführt sind.

- Ein SRL–Ausdruck ist namensbasiert (N–b), falls alle Termargumentstellen auf Namen zurückgeführt sind.

b. Für die Menge DESKR C TER ergeben sich entsprechend die Subkategorien

R–b–DESKR, der RefO–basierten Deskriptionen

N–b–DESKR, der namensbasierten Deskriptionen

Die Menge der designierenden SRL–Ausdrücke, der Designatoren, ist dann gegeben durch

(5.7) a. DESIGN = NAM $\cup$ DESKR.cl   11*

Kripke (1980; p. 24):
" If we want a common term to cover names and descriptions, we may use the term 'designator'."

10* Namen, d.h. argumentfreie Operatoren, sind keine Deskriptionen. Bei Deskriptionen wird stets mindestens ein Operator mit mindestens einem Term– oder Formelargument auftreten, d.h. n $>$ 0 oder p $>$ 0.

Nicht-designierend sind Variablen (VAR) und alle offenen Terme (DESCR.op). Zur (analog zu (5.7.a) bezeichneten) Klasse NON-DESIGN von SRL-Ausdrücken gehören ausserdem auch solche, die mit gewissen speziellen Operatoren wie 'dum' (vgl. (5.29)), 'TERM' (vgl. (5.31)) oder 'JEWEIL' (vgl. (5.42)) gebildet werden.

Designationsbeziehungen können nun durch eine zweistellige Relation
(5.7) b. DES $\subset$ REFO x DESIGN 12*
repräsentiert werden; diese Beziehung ist in (5.4.b-c) durch " --- " dargestellt worden. Aufgrund der netzartigen Struktur, man beachte die weiteren Beispiele, die z.B. auch in der Kante " --- " zum Ausdruck kommt, werden Repräsentationen wie (5.4.b-c) als referentielle Netze bezeichnet:
(5.8)   REF-N $\subset$ REFO   x   DESIGN   13*
Hierzu sind einige Anmerkungen und Erläuterungen angebracht:
- Der Unterschied zwischen (5.7.b) und (5.8), d.h. zwischen der Designationsrelation und Referentiellen Netzen, ist darin zu sehen, dass entsprechend (4.1) Designation Beziehungen zwischen sprachlichen Ausdrücken, hier SRL-Ausdrücken, betrifft, während mit Referenz, und somit durch referentielle Netze, Beziehungen, die durch aktuellen Gebrauch von Sprecher/Hörern bzw. einem formalen IPS vorgenommen werden, angesprochen werden.
- Referentielle Netze beziehen sich auf das Objektwissen eines IPS in einem bestimmten Zustand. Daher wird bei genauerer Betrachtungsweise - und dies wird im weiteren dann, wenn es zweckmässig bzw. notwendig ist, geschehen - die zusätzliche Angabe von Indizes, die das IPS und/oder den jeweiligen Zustand betreffen, erfolgen. Diese Erweiterung wird sich z.B. auf den Vergleich von RefNen des Sprechers und des Hörers auswirken. Man beachte, dass Sprecher (S) und Hörer (H) über verschiedene Mengen REFO(S) und REFO(H) verfügen, denn es dreht sich hier um die formalen Repräsentationen der jeweiligen projizierten Welten.
- Neben den expliziten Beziehungen (Kanten) zwischen RefOs und Designationen treten auch implizite Verweise zwischen RefOs auf, wie etwa zwischen r.2 und

---

11* DESCR.cl steht für die Menge der geschlossenen Deskriptionen, d.h. für solche ohne freie Variablen.
Auch die in Kap. 5.3.2 eingeführten Verweisoperatoren führen zu designierenden SRL-Ausdrücken.

12* Diese Darstellung bzw. Bezeichnungsweise weicht von meinen früheren Arbeiten, z.B. Habel (1983 a, 1984 b, 1985 a), insofern ab, als dort die Unterscheidung zwischen Namen und Deskriptionen nicht vorgenommen wurde. Daher habe ich dort anstelle der Designationsbeziehung von einer Deskriptionsbeziehung zwischen REFO und D-TER gesprochen, wobei D-TER die Menge der deskribierenden Terme ist; in meiner damaligen Terminologie betraf dies Namen und Deskriptionen, also die Ausdrücke, die ich in der vorliegenden Arbeit unter DESIGN zusammenfasse.

13* Man beachte den Unterschied 'RefN' - REF-N': 'RefN' ist eine abkürzende Bezeichnungsweise für 'referentielles Netz', während sich 'REF-N' stets auf eine formale Repräsentationsstruktur über SRL bezieht.

r.3 in Beispiel (5.4). Diese werden im weiteren stets implizit gelassen und als Verweise ('pointer') angesehen 14*

Dieser dritte Punkt der (impliziten) Verweise zwischen Referenzobjekten ist für die Interpretation des RefNes als Wissenssystem über Objekte von besonderer Bedeutung. In den Netzen in (5.4) ist über r.3 ausser dem Namen nichts weiteres explizit ausgesagt; weiteres, implizites, Wissen über r.3 ist jedoch in der IOTA-Deskription zu r.2 enthalten. An dieser Stelle muss darauf hingewiesen werden, dass ich oben, bei (5.4), eine IOTA-Deskription angesetzt habe, ohne dort die Unitätsbedingungen (4.4) abzuprüfen; der erste Teil, derjenige der Existenz, kann aus der Äusserung (5.4.a) gefolgert werden, die Eindeutigkeit aber sollte nicht aus der Verwendung des bestimmten Artikels geschlossen werden, da diese, vgl. Kap. 4.1.1, häufig nur durch die zusätzliche Berücksichtigung des Kontextes, genauer, unter Verwendung des Prädikats 'KONTEXTBED' erzwungen werden kann. Im vorliegenden Beispiel kann jedoch davon ausgegangen werden, dass zusätzliches, regelhaftes Wissen über den betreffenden Operator, hier 'universitätspräsident', zur Anwendung gebracht werden kann.

Den Wissenstyp, der im vorliegenden Fall zum Einsatz kommt, will ich durch 'Kardinalitätseigenschaften des Operators' bezeichnen 15*. Zum Weltwissen über Universitäten und ihre Präsidenten gehört es, wenigstens für die gegenwärtige Praxis an deutschen Universitäten, und nur dieser Teil der Welt sei hier berücksichtigt, dass eine Universität zu einem gegebenen Zeitpunkt genau einen Präsidenten hat 16* und niemand gleichzeitig Präsident mehrerer Universitäten ist.

Diese Eigenschaft, die für Relationen als 'one-to-one' bezeichnet wird (vgl. für den Bereich relationaler Datenbanken: Ullmann, 1980, p. 13), werde ich, Carnap (1958; p.75) folgend, als Univalenz bezeichnen, wobei ich im folgenden, der Einfachheit halber, nur zweistellige Konzepte betrachte:

14* Hierin liegt ein Unterschied zu einigen netzartigen Gedächtnismodellen wie etwa dem 'assoziativen Gedächtnis' bei Anderson/Bower (1974) bzw. semantischen Netzen von Collins/Loftus (1975), bei denen entsprechende Beziehungen zwischen RefOs ebenfalls als Kanten repräsentiert würden.

15* Kardinalitätseigenschaften werden als Wissen über Objekte, insbesondere über die Attribute von Designationen und Referenzobjekte, vgl. Kap. 5.2, berücksichtigt. Ein Spezialproblem, das der Unter- und Überbestimmtheit von Kardinalitäten, wird in Kap. 6 behandelt werden.

16* Man beachte, dass dies für Vizepräsidenten im allgemeinen nicht gilt, trotzdem aber oft - und dies stützt die oben gemachten Bemerkungen zur IOTA-Deskription - von 'dem Vizepräsidenten' gesprochen wird. Dies ist immer dann gerechtfertigt, wenn der Kontext die Definitheit erzwingt.

(5.9)   Sei p ein zweistelliges prädikatives Konzept.

  p ist univalent bzgl. der ersten Argumentstelle, falls gilt:

   p(a.1, b) & p(a.2, b) -> a.1 = a.2

  Dies wird durch Un.1 (p) bezeichnet.

  p ist univalent bzgl. der zweiten Argumentstelle, Un.2 (p), falls gilt:

   p(a, b.1) & p(a, b.2) -> b.1 = b.2

  p ist univalent bzgl. der ersten und zweiten Argumentstelle, Un.1,2 (p),

  falls Un.1 (p) und Un.2 (p)

('Un.1,2 (p) entspricht offensichtlicherweise 'one-to-one'). Die Univalenz, in ihren
verschiedenen Ausprägungen, wobei Erweiterungen für mehrstellige Operatoren, d.h.
Konzepte, sinnvoll sind, ist als höheres Konzept im Sinne des Kapitels 3.6
aufzufassen. Insofern sind die definierenden Bedingungen in (5.9) als Regelschemata
der entsprechenden höheren Konzepte interpretierbar. Wissen über die Univalenz
einzelner Prädikatskonzepte gehört zum Regelwissen eines IPS; es wird als Metafaktum
repräsentiert, etwa im vorliegenden Fall durch

(5.10) a. Un.1,2 ('universitätspräsident')

   b. Un.2 ('universitätsvizepräsident')

Die Verwendung von Univalenzeigenschaften in Prozessen über referentielle Netzen
will ich am Beispiel (5.4) erläutern. Wenn, wie im vorliegenden Fall, eine IOTA-
Deskription eines RefOs vorliegt – diese war aufgrund der Univalenzeigenschaft
(5.10.a) gebildet worden – kann eine Fokussierungstransformation entsprechend der
Regel

(5.11)   Falls Un.2 (p),

   r.i - IOTA x : p (x, r.j)

  FOK ->

   r.j - IOTA x : p (r.i, x)

durchgeführt werden. (Die Korrektheit dieser Transformation folgt direkt aus der
Unitätsbedingung (4.4) und der Univalenzdefinition (5.9)). Dies führt zur
zusätzlichen Designation

(5.4) d.   r.3 - IOTA x : universitätspräsident (r.2, x)

oder in quasi-natürlichsprachlicher Umschreibung

(5.4) e.   - die Universität, deren Präsident r.2 ist

Bevor ich auf die Vorteile derartiger Fokussierungen, die ausführlicher in Kap.
5.1.2 und 5.3 behandelt werden, eingehen will, sei hier auf einen möglichen Einwand

----

17* Ich weise hier auf diese Kritikmöglichkeit hin, weil in der Diskussion über
Namenstheorien Zirkulationsprobleme eine wesentliche Rolle spielen; vgl. Devitt
(1981; pp 21-23) bzw. Kripke (1980; p. 71). Dass die durch die 'causal theory'
vermiedene Zirkularität auch in meiner Theorie referentieller Netze nicht in der
kritisierten Weise auftritt, wird im Anschluss an (5.12) erläutert werden.

17* eingegangen, den der "zyklischen Begründung" bzw. "zyklischen Designation".
Betrachtet man das beim gegenwärtigen Stand der Analyse vorliegende Teilnetz für r.2
und r.3

(5.12)   r.2 - IOTA x : universitätspräsident (x, r.3)

              r.3 - IOTA x : universitätspräsident (r.2, x)

                  ＼ 'TU Berlin'

so fällt gerade die wechselseitige, und somit zyklische, Deskription von r.2 und r.3
auf. Dass derartige Zyklen als unschädlich angesehen werden sollten, hat mehrere
Gründe, von denen ich hier nur die wichtigsten aufführen will:

- Im Normalfall liegen für eines oder mehrere RefOs weitere Designationen vor, die
  namensbasiert sind, so dass an dieser Stelle die Designationskette 18* endet,
  oder die über andere, am Zyklus nicht beteiligte RefOs deskribiert sind, so dass
  über diese eine referentielle Fundierung der Designationskette erreicht wird.

- Beim Aufbau referentieller Netze, d.h. des Objektbestandes eines Weltmodells,
  durch Kommunikationsprozesse treten in der Tat häufig Fälle auf, in denen zwei
  (oder mehrere) RefOs gleichzeitig durch ihre wechselseitigen Beziehungen
  eingeführt werden. So gehe ich davon aus, dass mit der Äusserung "Am Institut
  ist auch ein Ehepaar tätig" u.a. RefOs für beide Personen aufgebaut werden,
  wobei die wechselseitige Designation, dass auch der Partner am Institut tätig
  ist, die im vorliegenden Zusammenhang herausragende ist.

Die Funktionsweise von RefNen in Prozessen der Repräsentation von Textbedeutungen
sei nun an einer schon in (4.29) im Zusammenhang mit quantifikationellen Analysen
verwendeten Fortsetzung von (5.4.a) erläutert:

(5.13) a.   Er erläuterte ihm seine Vorstellungen.

Die Einbindung dieser Äusserung in das referentielle Netz (5.4.c), (5.12) führt,
unter Benutzung der in (4.29) verwendeten Konzepte, zu 19*:

(5.13) b.   r.1 - 'Paul'

               r.2 - IOTA x : universitätspräsident (x, r.3)

               r.3 - IOTA x : universitätspräsident (r.2, x)

                   ＼ 'TU Berlin'

               r.4 - IOTA x : erläutern (r.1, r.2, x)

                     & vorstellungen (x, r.1)

Die Deskription zu r.4 wird durch einen Fokussierungsprozess, ähnlich dem in (5.11),

----

18* Designationskette ist hier informell verwendet. Eine Explikation des Begriffes
    erfolgt in Kap. 5.3.4.

19* Die hier verwendete IOTA-Deskription von r.4 ist sicherlich nicht adäquat,
    insofern nämlich, als durch sie ein singulares, individuelles Objekt deskribiert
    wird. In (5.57.c) wird eine adäquatere Repräsentation durch ein Klassen-RefO
    verwendet werden.

20* Neben dieser Fokussierung können auch noch weitere, z.B. in bezug auf 'treffen'
    und 'erläutern', auftreten. Aus Gründen der Übersichtlichkeit will ich hier nur
    eine einzige Fokussierung betrachten.

erzeugt 20*.   Derartige Prozesse werde ich im folgenden Kap. 5.1.2 erläutern; zum
gegenwärtigen Zeitpunkt will ich nur auf das Resultat dieses Vorganges aufmerksam
machen, dass nämlich in   (5.13.b) ein   Stellvertreter für die erläuterten
Vorstellungen existiert, auf den somit in den weiteren Analyseschritten und
Repräsentationen explizit Bezug genommen werden kann, z.B. dann, wenn eine weitere
Fortführung des Diskurses durch

        Sie betrafen Veränderungen der Studienordnung.

erfolgt.

Ohne hier auf die Details der referentiellen Prozesse (vgl. hierzu Kap. 5.1.4 und
5.3) einzugehen, will ich das vorliegende Kapitel mit einem weiteren Beispiel
abschliessen. Statt der Fortführung von (5.13) betrachten wir, beim gleichen ersten
Satz des Diskurses (5.4.a) und bei gleichem RefN, die Anschlussäusserung

(5.14) a.   Starnick erläuterte ihm die Ausbaupläne der Universität.

Unter Verwendung einer Regel über die Verwendung definiter Designationen 21*,

(5.15)   Namen und definite Designationen beziehen sich auf aktivierte, oder
              leicht aktivierbare, RefOs.

kann der in (5.14.a) geäusserte Sachverhalt in das Ausgangsnetz eingebunden werden,
wodurch

(5.14) b.   r.1 – 'Paul'

              r.2 – IOTA x : universitätspräsident (x, r.3)
                  ＼ 'Starnick'

              r.3 – IOTA x : universitätspräsident (r.2, x)
                  ＼ 'TU Berlin'

              r.4 – IOTA x : erläutern (r.1, r.2, x)
                            & vorstellungen (x, r.1)

              r.5 – IOTA x : erläutern (r.2, r.1, x)
                            & ausbauplan (x, r.3)

entsteht. Man beachte, dass gerade über die Beziehungen zwischen r.2 und r.3 klar
wird, welches RefO als 2. Argument für 'ausbauplan' infrage kommt. Es bleibt für das
RefN dieses Beispiels nur noch zu klären, warum der Eigenname 'Starnick' als
Designation von r.2 und nicht von r.1 angesehen werden sollte. An dieser Stelle
möchte ich noch einmal daran erinnern, dass RefNe, wie (5.14.b), als
Repräsentationsmöglichkeiten anzusehen sind; d.h. es ist nicht sichergestellt, dass
diese jeweilige Repräsentation auch diejenige ist, die vom Sprecher intendiert war.
Dies liegt insbesondere daran, dass, wie ich in Kap. 4.1.2 schon angedeutet habe,

----

21* Genauer werden diese Regel und ähnliche in den Kapiteln 5.1.4 und 5.3
    dargestellt werden. Im Moment will ich durch die Beispiele erst einmal die
    Konzeption und grundlegende Struktur referentieller Netze erläutern. Die über
    RefNen ablaufenden Prozesse können erst aufbauend auf der Grundkonzeption und
    einigen Erweiterungen, die in Kap. 5.2 durchgeführt werden, vollständig explizit
    gemacht werden. Daher müssen vorerst informelle Formulierungen genügen.

Regeln wie (4.8) und (5.15) Tendenzregeln sind. Daher können eben auch mehrere Tendenzen in Konflikt zueinander treten, so dass der Hörer beim Verstehensprozess eine mögliche, eventuell aber eine vom Sprecher nicht intendierte, Alternative auswählt. Doch nun zu den Gründen, die für die Entscheidung (5.14.b) aufzubauen, wesentlich sein könnten:

- Weltwissen: Vorwissen über den UP bzw. 'Paul', in bezug auf den Nachnamen ist natürlich ausreichend, um eine entsprechende Designationsbeziehung herzustellen. Wenn derartiges Vorwissen nicht vorliegt, und dies ist bei den meisten Lesern des Diskurses sicherlich der Fall, so spielt eine wesentliche Rolle:
- Namenskonventionen: Personen werden innerhalb eines Diskurses meist durchgehend mit Vor- oder Nachnamen bezeichnet. Diese Konvention, zusammen mit (5.15), führt zur Präferenz für "r.2 - 'Starnick'".

5.1.2. Faktuelles Wissen, Objektwissen und Fokussierungen

Wie ich in den Kapiteln 2.2 und 3.5 erläutert habe, liegt eines er wesentlichen Merkmale der SRL-Konzeption zur Wissens- und Bedeutungsrepräsentation in der Dreiteilung der Wissensbestände in faktuelles Wissen, Regelwissen und Objektwissen. Im vorliegenden Kapitel werde ich die wechselseitigen Beziehungen zwischen faktuellem Wissen und Objektwissen, d.h. zwischen F und REF-N, in den Vordergrund stellen.

Durch die Einführung des Konzeptes der RefOs ergibt sich für die Darstellung faktuellen Wissens eine formal geringfügige, aber für die Interpretation äusserst wichtige Veränderung gegenüber (3.22.a)

$$F (t) \subset FOR.cl$$

und zwar dahingehend, dass Fakten sowohl RefO-basiert als auch namensbasiert, vgl. (5.6), dargestellt werden können. Im weiteren werde ich stets von RefO-basierten Fakten ausgehen, d.h. Faktenwissen als

(5.16) $$F (t) \subset R\text{-}b\text{-}FOR.cl$$

ansetzen. Diese Sichtweise, die faktuelles Wissen als 'de re'-Wissen ansieht, basiert auf der Annahme, dass Fakten sich stets auf Objekte (der projizierten Welt), also auf RefOs, beziehen, und dass insofern die internen Repräsentationen von Fakten innerhalb des Weltmodells auch auf RefOs basieren müssen.

'De re'-'de dicto'-Ambiguitäten betreffen in meiner Sicht einerseits den Unterschied zwischen indefiniten Deskriptionen und echten Existenzaussagen; für Quines (1956) berühmtes Beispiel

(5.17) a.   Ralph believes that someone is a spy.

existieren dementsprechend zwei Repräsentationen: die RefO-basierte, die Quines 'relational' entspricht,

(5.17) b.   glauben ('Ralph', spion (r.i))

und die existentielle Aussage, die zu Quines 'notional' korrespondiert:

(5.17) c.   glauben ('Ralph', EX x : spion (x))

Der andere wesentliche Bereich der 'de re'-'de dicto'-Ambiguitäten, derjenige nämlich, der unterschiedliche Designationen eines RefOs betrifft, und der in Fällen wie

(5.18) a. Peter glaubt, dass Stockholm die Hauptstadt Dänemarks ist.

auftaucht, wird im RefN-Ansatz dadurch berücksichtigt, dass hier Deskriptionen der Art

(5.18) b. die Stadt, von der Peter glaubt, dass sie die Hauptstadt
            Dänemarks ist

verwendet werden, um das entsprechende RefO für den Hörer von (5.18.a) zu definieren. Betrachtet man das Phänomen unter dem Blickwinkel Peters, so liegt das RefN

(5.18) c.   REF-N (Peter)

        r.i ——— 'Stockholm'
            ╲
              IOTA x : hauptstadt_von (x, r.j)
        r.j ——— 'Dänemark'

vor, das gerade den relevanten Sachverhalt widerspiegelt, dass Peter einem Irrglauben in bezug auf den Namen der dänischen Hauptstadt unterliegt.

'De re'-'de dicto'-Phänomene stellen insofern kein eigentliches bzw. wesentliches Problem 22* für die vorliegende Konzeption dar; hiermit ist natürlich nicht ausgesagt, dass es bei der Repräsentation der Satzbedeutung offenkundig wäre, welche der Repräsentationen die jeweils vom Sprecher intendierte ist.

Nach diesem kurzen Abstecher will ich auf die RefO-basierte Darstellung von Fakten zurückkommen. Die schon aus der RefN-Sichtweise dargestellten Diskurse (5.4) und (5.13) bzw. (5.4) und (5.14) erfahren die faktuelle Repräsentation

(5.19) a. treffen (r.1. r.2)

          erläutern (r.1, r.2, r.4)

  bzw. b. treffen (r.1, r.2)

          erläutern (r.2, r.1, r.5)

22* Stich (1983) bezeichnet in seinem 6. Kapitel die Annahme der 'de re'-'de dicto'-Ambiguität als einen Mythos der gegenwärtigen Philosophie. Seine Darstellung einer Analyse der Quineschen Beispiele ist weitgehend parallel zur oben durchgeführten Skizze der RefO-Lösung.
Ich werde im weiteren auf diesen Problemkreis nicht mehr eingehen, da eine detaillierte Auseinandersetzung mit den entsprechenden philosophischen Fragestellungen eine eigenständige, umfassende Arbeit erfordern würde.

Durch das Zusammenspiel von Objektwissen, d.h. den oben aufgeführten RefNen, und faktuellem Wissen (5.19) liegt eine vollständige und m.E. in wesentlichen Aspekten adäquate Repräsentation der natürlichsprachlichen Äusserungen vor. So können etwa aus (5.19.b) und dem RefN (5.14.b) als sinnvolle und angemessene Antworten auf die Frage,

(5.20) a. Wen hat Paul getroffen ?

die schon in (4.30.a) als Testfall gegen die quantifikationelle Analyse verwendet wurde, gegeben werden:

(5.20) b. - Starnick

       - den Präsidenten der TU Berlin

       - Starnick, den Präsidenten der TU Berlin.

Welche der Antworten im aktuellen Fall gegeben werden sollte, ist aufgrund des situativen Kontextes aus dem RefN zu ermitteln 23*.

Die hier vorgeschlagenen Wissens-/Bedeutungsrepräsentationen, die faktuelles Wissen und Objektwissen gleichberechtigt nebeneinanderstellen, sind offensichtlich in vieler Hinsicht redundant. So ist etwa der Sachverhalt des Erläuterns im obigen Beispiel mehrfach repräsentiert, einmal durch das jeweils zweite Faktum in (5.19), zum anderen durch die Deskription von r.3 bzw. r.4. Diese Redundanz, die in Hinblick auf Speicherplatzeffizienz (und dies kann sowohl technisch/informatisch als auch kognitiv verstanden werden) sicherlich als Nachteil anzusehen ist, bedeutet andererseits einen wesentlichen Vorteil der von mir vorgeschlagenen Konzeption; erst das Zusammenspiel beider Repräsentationsformen ermöglicht einerseits adäquate und auf den Hörer zugeschnittene Formulierungen, wie (4.20) zeigt, andererseits werden Suchprozesse im Gedächtnis/Wissensbestand durch die referentiellen Beziehungen, die im RefN expliziert sind, effizienter. Diese These, die durch die Beispiele der folgenden Kapitel untermauert werden wird, lautet:

(5.21) Redundanz in der Wissensbasis, die durch mehrfache Repräsentation in F und RefN verursacht ist, kann zu adäquateren und effizienteren Wissensverarbeitungsprozessen führen.

Die Verwendung von 'kann' in (5.21) soll darauf hinweisen, dass diese Effizienzsteigerung auf der Prozessseite nur dann vorliegen wird, wenn eine wohlausgewogene Redundanz vorliegt. Relevante Wissensentitäten sollten mehrfach gespeichert sein; für irrelevante ist eine aufwendigere Suche angemessen 24*.

23* Entscheidungsgrundlagen hierzu liefern die im Kapitel 5.2 eingeführten Designationsattribute. Man beachte, dass erst dann, wenn unterschiedliche Designationen eines RefOs explizit oder implizit dargestellt sind, die von Belnap/Steel (1976) als wichtige Typisierung herausgestellte Unterscheidung in "'nominal' vs. 'real' alternatives" zum tragen kommen kann.

24* Einige Vorschläge, wie 'Relevanz' in der RefN-Konzeption expliziert werden kann, werde ich in Kapitel 5.2 im Zusammenhang mit der Attributierung Referentieller Netze machen.

Betrachtet man die in (5.19.b) fakten-, d.h. formelorientiert, beschriebene Situation, so stellt man fest, dass sich, vorerst auf der Ebene der natürlichen Sprache, weitere, für unterschiedliche Zwecke geeignete Deskriptionen bilden lassen, z.B.

(5.22) a.   - derjenige/einer, den Paul getroffen hat

        - derjenige/einer, der Paul die Ausbaupläne der TU erläutert hat

    b.   - derjenige/einer, dem die Ausbaupläne der TU erläutert wurden

        - derjenige/einer, der den TU-Präsidenten getroffen hat

Ob hier 'derjenige' oder 'einer' gewählt wird, hängt davon ab, ob der Kontext dem Hörer erlaubt, eindeutig auf das deskribierte Objekt zu schliessen. Die in (5.22) aufgeführten natürlich-sprachlichen Beschreibungen haben formale Entsprechungen auf der SRL-Seite, wobei ich hier den indefiniten Fall ('einer') behandeln werde. Hierbei wird der in Abb. 5.1 schon erwähnte Deskriptionsoperator 'ETA' verwendet, der dem IOTA-Operator bis auf die Angabe der zweiten Unitätsbedingung, die die Eindeutgkeit erzwingt, vgl. (4.4.b), entspricht. Somit kann

(5.23)   ETA x : p (x)

durch

      "ein Objekt, auf das p zutrifft, (vorausgesetzt, dass p überhaupt auf ein

      Objekt zutrifft)"

interpretiert werden 25*.

Unter Verwendung des ETA-Operators ergeben sich für (5.22) die RefO-basierten SRL-Repräsentationen, genauer SRL-Deskriptionen:

(5.24) a.   - ETA x : treffen (r.1, x)

        - ETA x : erläutern (r.1, x, r.4)

    b.   - ETA x : erläutern (r.2, x, r.5)

        - ETA x : treffen (x, r.2)

Diese Deskriptionen, genauer: die entsprechenden Designationsbeziehungen und somit Beziehungen im RefN, können aufgrund der Fokussierungstransformation (5.25) aus dem faktuellen Wissen, hier (5.19.a) erstellt werden.

(5.25)   Falls   p (r.1, ... r.j)   aus   F",

        FOK ->

           r.i ——— ETA x : p (r.1, ... , x, ... r.j)   aus   REF-N

           (ETA-Deskription bzgl. der zu r.i gehörenden Argumentstelle)

25* Der ETA-Operator geht auf Hilbert/Bernays (1970; pp 9ff) zurück; dort werden verschiedene Typen indefiniter Deskriptionsoperatoren, 'EPSILON' und 'ETA', untersucht.
Im folgenden Kapitel 5.1.3 werde ich ausführlicher auf die Eigenschaften dieser Operatoren eingehen.

Da diese Fokussierung zu indefiniten ETA-Deskriptionen führt, muss weder, wie im Fall der Fokussierungstransformation (5.11), eine Univalenzbedingung für p erfüllt sein, noch muss über den Kontext, etwa 'KONTEXTBED', eine Unitätsbedingung abgeprüft werden.

Falls p ein n-stelliges Konzept ist, können vermittels (5.25) n Fokussierungen durchgeführt werden. Würde man an dieser Stelle keine Vorkehrungen treffen, d.h. würden sämtliche Fokussierungen einer Formel wirklich ausgeführt, so würde eine Inflation der referentiellen Beziehungen eintreten. Es soll daher hier schon darauf hingewiesen werden, dass Fokussierungen nur in relevanten Fällen ausgeführt werden sollen; wie das Konzept der 'Relevanz' im vorliegenden Ansatz expliziert werden kann, wird in den Kapiteln 5.2 und 5.3 erläutert werden 26*.

Bevor ich auf einige weitere, wichtige Phänomene bei Fokussierungen eingehen werde, will ich den gerade angesprochenen Aspekt der Inflation der RefOs noch aus einem anderen Blickwinkel betrachten. Zu diesem Zweck nehme ich das Beispiel (4.15) wieder auf:

(5.26) a.   Paul traf einen Universitätspräsidenten.

Aufgrund der bisher durchgeführten Überlegungen, die z.B. auch die Entscheidung beinhalten, 'universitätspräsident' als zweistelliges Konzept anzusehen 27*, kann der offensichtlichen Ähnlichkeit zwischen den Sätzen mit definitem und indefinitem Objekt dadurch Rechnung getragen werden, dass eine einheitliche formel-orientierte Repräsentation gewählt wird, nämlich

(5.26) b.   treffen (r.1, r.2)

und die Unterschiedlichkeit der Deskriptionen des Objektes im RefN berücksichtigt wird. Im vorliegenden Fall wird für r.2 eine ETA-Deskription anzusetzen sein, etwa

(5.26) c.   r.2 —— ETA x : universitätspräsident (x, r.3)

        r.3 —— ETA x : universität (x)

           \\ ETA x : universitätspräsident (r.2, x)

Die Annahme der Existenz von r.3, bzw. des von r.3 ausgehenden Teilnetzes bedeutet in der der vorliegenden Arbeit zugrundeliegenden kognitiven Interpretation der RefNe, dass der Hörer des Satzes (5.26.a), bzw. das IPS, einen internen Stellvertreter für die Universität aktiviert hat, deren Präsident r.2 ist. Diese Annahme scheint mir, vgl. auch Kap. 5.1.4, zu weitgehend zu sein. Allein durch den

---

26* Entsprechend zur inferentiellen Hülle, vgl. Kap. 3.5, kann von einer Fokussierungshülle gesprochen werden, die jedoch nur partiell, nämlich in einem relevanten Bereich, realsisert wird.

27* Es kommt hier nicht darauf an, ob 'universitätspräsident' 1-, 2- oder n-stellig ist; wichtig ist mir, dass für jedes Konzept eine feste Stelligkeit angenommen wird, und dass mit jeweils genau einem Operator und nicht einer Familie von Operatoren unterschiedlicher Stelligkeit gearbeitet wird.

Satz (5.26.a) sollte noch nicht das RefO r.3 kreiert werden; vielmehr sollte eine Repräsentation gewählt werden, die es erlaubt, r.3 dann aufzubauen, wenn es notwendig wird, und es solange unberücksichtigt zu lassen, wie es möglich ist. Wenn etwa in der Fortsetzung des Diskurses von der betreffenden Universität nicht die Rede ist, sollte ein entsprechendes RefO nicht kreiert werden. Um dies zu erreichen, führe ich als zusätzliche Klasse von Termen 'Dummysymbole' (DUM) ein; hierbei handelt es sich um SRL-Ausdrücke, die in der natürlichsprachlichen Äusserung nicht oder nur indirekt auftreten (indirekt etwa durch 'Universitätspräsident') und für die im Objektwissen (noch) keine Stellvertreter existieren. Ihre formale Funktion besteht darin, die Wohlgeformtheit der SRL-Ausdrücke sicherzustellen. Im vorliegenden Fall ergibt sich somit die referentielle Beziehung

(5.26) d.   r.2 - ETA x : universitätspräsident (x, dum).

Dummies sind keine designierenden Terme, und sie sind insofern ähnlich zu Variablen; andererseits werden sie nicht durch Quantoren gebunden. Insbesondere ist wichtig, dass Dummies nicht identifizieren, d.h. jedes Auftreten eines Dummies (dum) kann prinzipiell, wenn es später durch ein RefO ersetzt wird (s.u.), auf ein anderes Objekt der projizierten Welt verweisen 28*. Insofern ist etwa durch

(5.26) e.   r.6 - ETA x : universitätspräsident (x, dum)

im Zusammenhang mit d. nicht die Univalenz von 'universitätspräsident' verletzt.

Wird nun (5.26.a) durch einen Satz fortgesetzt, der die Aufnahme eines RefOs für eine Universität erfordert, wie etwa durch

(5.27)   Dieser erläuterte ihm die Ausbaupläne seiner Universität.

so wird nachträglich 'dum' in (5.26.d) durch das entsprechende RefO ersetzt, und es wird somit ein zu (5.26.c) korrespondierendes RefN gebildet.

An dieser Stelle möchte ich auf Deskriptionen in (5.22.b) und (5.24.b) zurückkommen:

(5.28)   a. einer, dem die Ausbaupläne der TU erläutert wurden
          b. ETA x : erläutern (x, r.2, r.4)

In den obigen Beispielen hatte ich - offensichtlich unberechtigterweise - (5.28.b) als die SRL-Repräsentation zu (5.28.a) bezeichnet; dies war insofern unberechtigt, als in der SRL-Repräsentation das RefO r.2 vorkommt, in der natürlich-sprachlichen Formulierung jedoch nicht. Hier tritt eine für die Verbalisierung/Generierung häufige Erscheinung auf, die "Tilgung weniger relevanter Einheiten". Unter Benutzung des Dummy-Konzeptes kann dies wie folgt realisiert werden:

28* Hierin entsprechen Dummies den 'anonymous variables' in PROLOG; vgl. Clocksin/Mellish (1981; p. 24).

(5.29)   Falls   r.i   in

    p (r.1, ... r.j)   weniger relevant,

so

DUM->

    p (r.1, ...,dum, ... r.j)

       (dum bzgl. der Argumentstelle von r.i)

Durch Verwendung derartiger Dummysierungstransformationen wird die Tilgung weniger relevanter Einheiten als ein einheitlicher Prozess auf der Ebene der kognitiven Repräsentationen angesetzt, dem ein weiterer Prozess der eigentlichen Produktion der natürlich-sprachlichen Ausdrücke folgt. Für diesen zweiten Schritt ist es unerheblich, ob ein Dummy auftritt, weil diese Argumentposition generell oder für die spezielle Äusserung als irrelevant angesehen wird 29*.

Ich will dieses Kapitel 5.1.2 mit der Erläuterung eines weiteren Fokussierungskonzeptes abschliessen, das insbesondere in der Generierung natürlich-sprachlicher Beschreibungen eingesetzt werden kann. Man betrachte den Satz

(5.30)   a.   Paul ist an einer Universität beschäftigt.

Dessen faktuelle Repräsentationen

(5.30)   b.   beschäftigt_bei (r.1, r.7)

      universität (r.7)

können als '&'-verknüpft angesehen werden, das RefN zu (5.30 a) ist:

(5.30)   c.   r.1 ——— ETA x : beschäftigt_bei (x, r.7)

      r.7 ——— ETA x : universität (x)

             ETA x : beschäftigt_bei (r.1, x)

Wendet man auf (5.30.b), bei expliziter '&'-Verknupfung, die Fokussierungs-Transformation (5.25) an, so erhält man:

(5.30)   d.   r.7 ——— ETA x : beschäftigt_bei (r.1, x)

            & universität (x)

Die in d. verwendete Deskription ist aussagekräftiger als jede der beiden in c. aufgeführten Deskriptionen von r.7. Da bei der Generierung von natürlich-sprachlichen Kennzeichnungen gerade die Aufgabe, hinreichend spezifische Kennzeichnungen zu bilden, im Vordergrund stehen muss, ist die Kombination von Deskriptionen (bzw. designierenden Termen) zu einer Deskription ein häufig durchzuführender Schritt. Insofern ist, wenigstens für gewisse Problemstellungen, d. als eigenständige Deskription wünschenswert. Um derartige kombinierte Deskriptionen abgekürzt schreiben zu können, und darüber hinaus für die anschliessenden Sprachproduktionsprozesse günstiger zu formulieren, werde ich "die eine Formel in die andere einsetzen", im vorliegenden Fall:

29* Diese Trennung in mehrere Ebenen der Planung und Durchführung einer Äusserung entspricht der Trennung in die Aufgaben "what to say" und "how to say it". Vgl. Clark/Clark (1977; Chap. 6).

'universität (x)' für x in 'beschäftigt_bei (r.1, x)'

einsetzen. Dies ist jedoch nur dann möglich, wenn 'universität (x)' als Term angesehen wird, da anderenfalls die Wohlgeformtheit des entstehenden SRL–Ausdruckes verletzt würde. Zu diesem Zweck führe ich einen zusätzlichen Operator TERM ein, der bzgl. einer Variablen offene Formeln in offene Terme transformiert und dessen Interpretation durch

(5.31)   p (r.i, TERM (q(x)))

    entspricht

   p (r.i, x) & q (x)

festgelegt ist 30*.   Unter Verwendung dieser Notation ergibt sich für r.7 die folgende referentielle Beziehung:

(5.30)   e.   r.7   –   ETA x : beschäftigt_bei(r.1, TERM (universität(x)))

Die oben aufgestellte Behauptung, dass derartige Repräsentationen für die Produktion natürlich-sprachlicher Ausdrücke gut geeignet sind, möge der Leser selbst überprüfen.

Ein weiterer Vorteil dieser Notation wird deutlich, wenn man das obige Beispiel unter der zusätzlichen Kontextannahme betrachtet, dass Paul zwei (oder mehrere) Beschäftigungsverhältnisse hat, aber genau eine bei der Universität. Unter diesen kontextuellen Bedingungen kann und wird ein IPS anstelle von (5.30) das referentielle Teilnetz

(5.30)   f.   r.7 ——— IOTA x : beschäftigt_bei(r.1, TERM (universität(x)))

      ETA x : universität (x)

      ETA x : beschäftigt_bei (r.1, x)

aufbauen; man beachte, dass die erste Deskription nicht eine syntaktische Kombination der anderen ist, und dass die in die Bildung dieser spezifischen Deskription eingegangenen Kontexteigenschaften (weiteres, faktuelles Wissen) in (5.30.f) hinreichend berücksichtigt sind, so dass die entsprechenden (inferentiellen) Prozesse, die die Unitätsbedingungen abgeprüft und insofern die Definitheit sichergestellt haben, nicht mehrfach durchgeführt werden müssen.

30* 'TERM' entspricht der von mir in Habel (1982 a) eingeführten 'bar'-Schreibweise: TERM (q(x)) ~ q̄ (x). Die in der vorliegenden Arbeit benutzte Notation zeigt m.E. deutlicher die Funktion des Operators, und ist daher vorzuziehen.

5.1.3. Deskriptionsoperatoren

Die Adäquatheit der Konzeption referentieller Netze wird davon abhängen, welche Arten von RefOs repräsentiert und auf welche Weise sie designiert werden können. Hierbei ist insbesondere die Ausdruckskapazität der Deskriptionen von Bedeutung; aus diesem Grund werde ich im vorliegenden Kapitel über die beiden bisher eingeführten und in den Beispielen verwendeten Deskriptionsoperatoren IOTA und ETA einige weitere, besonders wichtige, termbildende Operatoren, genauer Deskriptionsoperatoren, exemplarisch vorstellen und in einer vergleichenden Darstellung erläutern. Wenn hier von einer 'exemplarischen Vorstellung' gesprochen wird, dann insofern, als ich in der vorliegenden Arbeit nicht versuchen werde, einen vollständigen und für die Repräsentation natürlich-sprachlicher Texte adäquaten Satz von Deskriptionsoperatoren vorzulegen; Ziel dieses Kapitels ist es, die wesentlichen Typen von Deskriptionsoperatoren und ihre Eigenschaften vorzustellen und somit die Basis für empirische Arbeiten bereitzustellen, die das kognitive bzw. formale Inventar (in bezug auf Deskriptionsoperatoren) untersuchen.

Hier möchte ich auch noch einmal daran erinnern, dass RefNe als formale, interne Repräsentationen von Weltmodellen angesehen werden sollen und dass insofern einige Zielsetzungen anders gelagert sind als in der formalen Semantik. (Hierauf werde ich in Kap. 5.4 zurückkommen.)

Mit den beiden Operatoren IOTA und ETA wird die Möglichkeit bereitgestellt, auf Einzeldinge zu referieren, d.h. in der Konzeption referentieller Netze, Einzeldinge zu designieren. Neben Einzeldingen stellen bekanntermassen auch Gruppierungen von Objekten - diese werde ich im weiteren als Kollektiva bezeichnen - Objekte unseres (menschlichen) Denkens, Sprechens und Handelns dar. Dementsprechend ist es notwendig, auch die Referenz auf Kollektiva, die in natürlichen Sprachen üblicherweise durch plurale Nominalphrasen erfolgt, innerhalb von RefNen darstellen zu können. Aus formaler, mathematischer Sicht bedeutet dies, dass neben Einzeldingen auch Klassen von Objekten in referentiellen Netzen auftreten können, oder anders ausgedrückt, dass Klassen-RefOs verwendet werden. Dies führt dazu, dass neben den oben genannten Operatoren für die Deskription von Einzeldingen solche für die Deskription von Klassen benötigt werden.

Für die einheitliche Darstellung von individuellen RefOs und Klassen-RefOs werde ich mich im weiteren an der Notation der Mengentheorie orientieren, jedoch dort, wo es möglich, d.h. offensichtlich ist, auf überflüssige Mengenschreibweisen, bzw. Klammern, verzichten. Da Klassen-RefOs als Stellvertreter von Klassen (Kollektiva) angesehen werden, kann die Schreibweise

$$r.i \quad \subset \quad r.j$$

in üblicher Weise interpretiert werden. Individuen-RefOs werden entsprechend als 'singletons', d.h. Stellvertreter von einelementigen Klassen, angesehen. Insofern kann auch in diesen Fällen ' $\subset$ ' verwendet werden; die Elementrelation wird daher zwischen RefOs nicht betrachtet werden.

Zu klären ist in diesem Zusammenhang, welche Probleme sich dadurch ergeben, dass

- Individuen-RefOs mit ihren Einerklassen identifiziert werden,
- der Elementbegriff durch den Teilklassenbegriff, oder allgemeiner durch eine 'Teil_von'-Beziehung ausgedrückt wird.

Zum ersten dieser Problembereiche verweise ich auf Quine (1969; p.31-2):

> "...none if the utility of class theory is impaired by counting an individual, its unit class, the unit class of that unit class, and so on, as one and the same thing. ......
>
> Everything comes to count as a class; still, individuals remain marked off from the other classes in being their own sole members."

Entsprechend kann die Elementbeziehung als Teilklassenbeziehung formuliert werden 31*.

Ebenso wird in natürlicher Weise von der Kardinalität eines RefOs gesprochen werden; diese wird mit card (r.i) bezeichnet werden 32*. Unter Verwendung dieser Schreibweise kann festgelegt werden:

$$(5.32) \qquad r.i \quad \text{heisst Individuen-RefO} \qquad \text{falls}$$
$$\text{card } (r.i) \ = \ 1$$

Die Unitätsbedingung (4.4) des IOTA-Operators rechtfertigt dies insofern, als sie mit dem Kardinalitätskonzept, durch

$$(5.33) \qquad \text{card (} \{x \mid p(x) \} \text{) } = \ 1$$

formuliert, zu (5.32) korrespondiert.

Als termbildendes Analogon zum formelbildenden Quantor 'ALL' wird der Deskriptionsoperator 'ALL_t' eingeführt:

$$(5.34) \text{ a.} \qquad \text{ALL\_t } x \ : \quad p \ (x)$$

31* Aufgrund der Verträglichkeit der in der vorgelegten Arbeit verwendeten Auffassung mit Quines Klassentheorie und der Klassenlogik von Glubrecht/Oberschelp/Todt (1983) kann davon ausgegangen werden, dass die hier eingenommene Sichtweise der Individuen- und Klassen-RefOs nicht zu einem Konflikt mit axiomatischen Mengentheorien führt; so sind auf den beiden genannten Klassentheorien bzw. Logiken verschiedene Axiomatisierungen der Mengentheorie, z.B. in Paragraph 19 bei Glubrecht/Oberschelp/Todt (1983) für die von Zermelo-Fraenkel, durchgeführt worden.

32* Kardinalitäten von RefOs spielen in verschiedener Hinsicht eine herausragende Rolle; dies wird sich in Kap. 5.2 durch die Einführung eines speziellen Kardinalitätsattributes niederschlagen. In Kap. 6 werde ich einige spezielle Phänomene der Unter- und Überbestimmtheit, unter dem Blickwinkel der Kardinalität, detailliert behandeln.

bezeichnet die Klasse der Objekte mit der Eigenschaft p.

Entsprechend zum ersten Teil der Unitätsbedingung (4.4.b) bzw. (5.33) für die Verwendung von IOTA – man beachte, dass 'ALL_t' als plurales Gegenstück zum singularen IOTA definiert wird (s.u.) – sind Kardinalitätsbedingungen für ALL_t zu formulieren, und zwar:

(5.34) b.   card ({x | p(x) }) > 1

d.h., falls

(5.34) c.   r.i ——— ALL_t x :   p (x),

so ist damit ausgesagt, dass r.i mehr als ein individuelles Konzept umfasst. Diese Bedingung ist als natürlich anzusehen; man beachte hierzu etwa die Äusserung:

(5.35) a.   Der Senator traf die Präsidenten der Berliner Universitäten.

Bevor ich auf das hierdurch aufgebaute RefN und damit auf den Problemkreis 'Klassen als Terme/Argumente' eingehen werde, seien einige wichtige Bemerkungen zum Status und zur Funktion der Kardinalitätsbedingungen gemacht. Hierbei ist insbesondere daran zu erinnern, dass durch die sich ausschliessenden Bedingungen

(5.36)   card = 1   card > 1

            (5.33)   (5.34.b)

            IOTA   ALL_t

singulare und plurale NPs und somit Deskriptionen auf der sprachlichen Seite, und ein- bzw. mehrelementige Klassen (RefOs) auf der Seite der formalen Stellvertreter (REFO) voneinander getrennt werden. Dies bedeutet insbesondere, dass einelementige Klassen, d.h. Individuen, nicht durch 'ALL_t'-Deskriptionen designiert werden dürfen. Dies auszuschliessen ist aus verschiedenen Gründen (s.u.) wünschenswert; man beachte etwa die Sätze

(5.37) a.   Die Ministerpräsidenten der Bundesländer waren bei
               der Sitzung anwesend.

       b. * Die (gegenwärtigen) Bundeskanzler waren bei der Sitzung
               anwesend.

Während der erste dieser Sätze natürlich und wohlgeformt erscheint, ist der zweite als bzgl. des Weltwissens abweichend anzusehen. Und dies sicherlich gerade deswegen, weil die oben formulierte Kardinalitätsbedingung (5.36) für

(5.37) c.   ALL_t x   : bundeskanzler (x, t.0) 33*

verletzt ist. Diese Sprechweise, die 'Verletzungen von Bedingungen' verwendet, weist deutlich auf die Funktion der Kardinalitätsbedingungen hin:

(5.38)   Kardinalitätsbedingungen spezifizieren Präsuppositionen 34*.

33* Ich verwende hier – ausnahmsweise – einen Zeitparameter, und zwar, um die Unterscheidungen 'gegenwärtig', 'bisherig', 'früher' durchführen zu können. 't.0' steht hier für 'gegenwärtig'.

34* Die 'Existentiellen Präsuppositionen', die etwa von Strawson (1959) in bezug auf definite Deskriptionen untersucht werden, beziehen sich auf eine spezielle Kardinalitätsbedingung, nämlich card = 1.
Zum Zusammenhang von Unitätsbedingungen und Präsuppositionen siehe auch Heim (1982).

Verwendet ein Sprecher solche NP-Konstruktionen, die normalerweise zu IOTA- bzw. ALL_t-Deskriptionen führen, wie in (5.36.b), so ist er verpflichtet zu prüfen, ob die entsprechenden Kardinalitätsbedingungen erfüllt sind. Sind diese Bedingungen verletzt, riskiert er Fehlschlüsse des Hörers und verhält sich somit nicht kooperativ im Sinne der Griceschen Konversationsmaximen, vgl. Grice (1975).

Ich kehre jetzt zu dem im Zusammenhang mit (5.35.a) schon erwähnten Problemkreis der 'Klassen als Argumente' zurück. Da ALL_t ein termbildender Operator ist und da RefOs nicht in syntaktischer Hinsicht in individuelle und kollektive unterschieden werden, ist die Verwendung entsprechender Terme bzw. RefOs als Argumente von anderen Operatoren unproblematisch. Somit ergibt sich als RefN zu (5.25.a):

(5.35.) b.   r.1 – IOTA x :   senator (x) & KONTEXTBED (x)

          r.2 – ALL_t x :   universitätspräsident (x, r.3)

          r.3 – ALL_t x :   universität (x, r.4)

          r.4 – 'Berlin'

und die R-b-Formel

(5.35) c.   treffen (r.1, r.2)

als Teil des faktuellen Wissens. An diesem Beispiel, das sicherlich keine vollständig adäquate Repräsentation darstellt, können einige der wichtigsten Eigenschaften und Probleme von Klassen-RefOs illustriert werden. Ich beginne mit der faktuellen Repräsentation (5.35.c). Für den vorliegenden Fall gilt, dass vom Ganzen auf die Teile geschlossen werden darf, d.h. wenn r.1 die Gesamtheit r.2 der Berliner Universitätspräsidenten getroffen hat, so hat er auch die r.j getroffen, die das Kollektivum r.2 bilden.

Diese am Beispiel erläuterte Eigenschaft von 'treffen' gehört in die Klasse der Monotonieeigenschaften 35* prädikativer Konzepte:

(5.39)   Sei p ein prädikatives Konzept vom Typ ⟨f, 0, n, 0⟩.

            p ist downward-monoton bzgl. der i-ten Argumentstelle (d-mon.i), falls gilt:

            p (r.1, ... r.k, ... r.n) C-> p (r.1, ... r.j, ... r.n)

            für   r.j ⊂ r.k

Downward-Monotonie ist wie Univalenz, vgl. (5.9), zu den höheren Konzepten zu rechnen; derartige Meta-Eigenschaften bestimmen weitgehend die Bedeutung der jeweiligen Basis-Konzepte. Für das Konzept 'treffen' sollte etwa

(5.40)   d - mon.1 ('treffen')

            d - mon.2 ('treffen')

35* Diese Bezeichnungsweise lehnt sich an entsprechende Bezeichnungen für Eigenschaften von 'generalized quantifiers' an, die von Barwise/Cooper (1981) formuliert und ausführlich von van Benthem (1983 a, 1984) untersucht wurden.

angesetzt werden. Hiermit sind dann die oben informell beschriebenen Schlussfolgerungen (zur UP-Situation) explizierbar. Gegen das Konzept der downward-Monotonie im allgemeinen und die Zuweisung der Monotonien (5.40) im speziellen scheinen, auf den ersten Blick wenigstens, Fälle wie

(5.41) a.   Die Minister trafen sich mit ihren Staatssekretären.

zu sprechen. Für (5.41.a) existieren mindestens zwei Lesearten; eine, die die Situation, in der alle Minister und alle Staatssekretäre zu einer gemeinsamen Sitzung zusammentrafen, betrifft, und die zweite, die auch durch

(5.41) b.   Die Minister trafen sich mit ihren jeweiligen
                Staatssekretären.

beschrieben werden kann. Diese zweite Situation ist mit den durch (5.39) induzierten Referenzen nicht verträglich. Zur Lösung dieses Problemfalles möchte ich noch einmal auf den Status der SRL-Repräsentationen (d.h. F und RefN) verweisen; SRL-Repräsentationen sind interne Stellvertreter, sie konstituieren Weltmodelle. Und in derartigen Weltmodellen muss zwischen den beiden oben beschriebenen Situationen unterschieden werden. Die Partikel 'jeweilig' in (5.41.b) deutet den Weg in die Richtung, die ich hier vorschlagen werde: 'jeweilig' blockiert die Inferenzen, die durch die d-Monotonie ausgelöst werden könnten. Aus diesem Grund setze ich, unter Verwendung einer hier nicht weiter erläuterten Markierung für die Blockierung der entsprechenden Inferenz 'JEWEIL', für die beiden oben beschriebenen Situationen, die folgenden faktuellen Repräsentationen an 36*:

(5.42) a.   treffen (r.8, r.9)

      b.   treffen (r.8, JEWEIL (r.9))

  mit RefN :   r.8   –   ALL_t x : minister(x)

             r.9   –   ALL_t x : staatssekretär(x)

Das hier skizzierte Vorgehen, das innerhalb der quantifikationellen Analysen eine Entsprechung in unterschiedlichen Quantorenanordnungen und Skopi findet, basiert auf der in Kap. 2.3 erläuterten Blockierungsidee: Inferenzen, die üblicherweise durchgeführt würden, sind durch spezielle Information, d.h. Markierungen, bei Bedarf zu blockieren.

Im obigen JEWEIL-Beispiel wurden u.a. auch einige der Probleme gestreift, die die Gleichbehandlung von Klassen und Kollektiva betreffen. Aus Gründen der kognitiven Adäquatheit scheint mir eine Quasiidentifikation angebracht. Die unterschiedlichen Betrachtungsweisen können als verschiedene 'Facetten' eines RefOs angesehen werden, die im RefN durch Attribute (s. Kap. 5.2) repräsentiert werden. Derartige Attribute

---

36* Dieser Lösungsvorschlag, dessen Ausarbeitung eine ausführliche Analyse der entsprechenden Partikeln aufgrund empirischer, einzelsprachlicher Analyse erfordern würde, kann hier nicht weiter verfolgt werden. Analoges Vorgehen dürfte auch für einige Fälle von 'entsprechend', 'betreffend' oder im Englischen für 'respectively' sinnvoll sein.

können dann, z.B. in bezug auf JEWEIL, zur Blockierung oder Auslösung von Inferenzen verwendet werden. (Eine ausführliche Behandlung dieses Problemkreises 'Klassen vs. Kollektiva' bleibt weiteren Untersuchungen vorbehalten.)

Das referentielle Netz (5.35.b) kann nun dazu dienen die Nützlichkeit des Konzeptes der d-Monotonie zu demonstrieren. Wenn dieses Konzept überhaupt sinnvoll und aussagekräftig sein soll, so müssen auch prädikative Konzepte existieren, denen die entsprechende Eigenschaft, d.h. das höhere Konzept, nicht zukommt. Man betrachte die aus der Deskription zu r.2 durch Defokussierung gewonnene Formel:

(5.43) a.   universitätspräsident (r.2, r.3)

Sicherlich dürfen hier die in (5.39) d-Monotonie-Inferenzen nicht durchgeführt werden. Warum nicht? Eine eingehendere Betrachtung der Definitionen von d-Monotonie und Univalenz (5.9) zeigt, dass Un.1.2 ('universitätspräsident') mit der Zuweisung von d-Monotonie-Eigenschaften konkurriert. Dies bedeutet, dass aus (5.43) – aufgrund der one-to-one-Eigenschaft – nur eine elementweise Zuordnung, etwa der Art:

(5.43) b.   universitätspräsident (r.21, r.31)

universitätspräsident (r.22, r.32)

.   .

.   .

.   .

erfolgen darf, wobei für derartige Schlussfolgerungen weiteres Wissen über die Zusammensetzung von r.2 bzw. r.3 benötigt würde, welches sicherlich stark weltabhängig wäre.

Bevor ich zu weiteren pluralen, d.h. klassenbildenden, Deskriptionsoperatoren übergehe, sei hier erwähnt, dass in Entsprechung zum IOTA-Operator, häufig in der natürlichen Sprache eine definite plurale NP vorliegt, ohne dass eine ALL_t-Deskription zulässig ist; auch hier muss entweder durch die Verwendung des Kontextes, d.h. durch KONTEXTBED (x), eine dem zweiten Teil der Unitätsbedingung entsprechende Definitheit erzwungen werden, oder auf eine indefinite Deskription, analog zu ETA, ausgewichen werden. Die Definitheit von 'ALL_t' 37* ergibt sich durch

(5.44)   Falls   r.i ── ALL_t x : p (x),

so gilt (für nicht-leere r.j):

p (r.j)   <=>   r.j $\subset$ r.i 38*

Die SRL-interne Entsprechung für das natürlich-sprachliche 'einige', bezeichnet durch 'SOME_t', ist bzgl. der bisher verwendeten Deskriptionsoperatoren, unter den

---

37* Ausführlich werden Definitheitsprobleme in Kap. 6 behandelt werden.

38* Beide Teile der Unitätsbedingung für IOTA können in (5.33) zusammengefasst werden, da hier durch card = 1 keine Alternativen r.j $\subset$ r.i in Frage kommen (r.j $\neq \emptyset$).

Gesichtspunkten der Klassifizierungsdimensionen: Definitheit und Kardinalität ($>$ 1) die noch fehlende (vgl. Abb. 5.2) 39*.

	definit	indefinit
card = 1	IOTA	ETA
card $>$ 1	ALL_t	SOME_t

Abb. 5.2 : Die grundlegenden Deskriptionsoperatoren

Da die Eigenschaften und Verwendungsweisen der benachbarten Operatoren in der Operatorenmatrix (Abb. 5.2) in diesem Kapitel und den vorhergehenden hinreichend erläutert wurden, kann ich mich im Fall von 'SOME_t' kurz fassen; ich beginne wieder mit einem Beispiel:

(5.45)   Der Senator traf einige Hochschullehrer des FB Informatik.

     Sie erläuterten ihm ihre Vorstellungen.

Die Verwendung der Pronomen im 2. Satz sind wiederum, wie im ETA-Fall, als Indiz dafür anzusehen, dass auch hier ein entsprechendes RefO anzusetzen ist, etwa durch das RefN

(5.46)   r.1   —   IOTA x : senator (x) & KONTEXTBED (x)

     r.2   —   SOME_t x : hochschullehrer (x, r.3)

     r.3   —   'FB Informatik'

Für SOME_t gilt, analog zu ALL_t, die Kardinalitätsbedingung (5.34.b):

     card ({ x | p (x) }) $>$ 1

und insofern liegt auch nur in eingeschränkter Weise eine Parallelität zum Quantor 'EX' vor; 'eingeschränkt' deswegen, weil der Fall card = 1 durch 'ETA' abgedeckt wird. Diese Aufspaltung der Fälle ist, wie oben schon für den definiten Fall erläutert wurde, darauf zurückzuführen, dass Kardinalitätsbedingungen Präsuppositionen induzieren.

'SOME_t' ist nicht definit; die plurale Definitheitsbedingung wurde in (5.44) formuliert. Stattdessen gilt für indefinite (plurale) Deskriptionsoperatoren 40*,

(5.47)   Sei I-D ein indefiniter Deskriptionsoperator.

     Falls   r.i —— I-D x : p (x),

     so existiert   r.j mit

     p (r.j) &   ¬[r.j $\subset$ r.i]

39* In früheren Arbeiten (z.B. Habel 1981, 1984 b) habe ich 'A' und 'E' für die pluralen Operatoren verwendet. Die jetzige Schreibweise wird, wie ich hoffe, leichter lesbar sein und ausserdem den Bezug zu anderen Ansätzen, etwa dem von Barwise/Cooper (1981) deutlicher machen.

40* Diese Eigenschaft indefiniter Deskriptoren, die offensichtlich auch für ETA gilt, kann als definierendes Charakteristikum für 'Indefinitheit' verwendet werden. Vgl. hierzu auch Kap. 6. Das in (5.47) auftretene r.j muss zum aktuellen Zeitpunkt nicht unbedingt im RefN aktualisiert sein; d.h. (5.47) macht eine Aussage über den "Raum möglicher RefOs bzgl. p".

Als weiterer wichtiger indefiniter Deskriptionsoperator soll - als Vertreter einer ganzen Klasse von ähnlichen Operatoren - eine SRL-Formalisierung des natürlich-sprachlichen 'meist', hier als 'MOST_t' bezeichnet, vorgestellt werden. Man betrachte hierzu die Fortsetzung des Diskurses (5.45) durch

(5.48) a.   Die meisten beklagten sich über die hohen Studentenzahlen.

Wie in den bisher erläuterten Fällen gehe ich davon aus, dass auch durch 'die meisten' ein neues RefO, ausgehend vom aktuellen RefN (5.46), kreiert wird 41*, das im weiteren Diskursverlauf eigenständig, d.h. z.B. als Antezedent für anaphorische Pronomen, verwendet werden kann, da es als Objekt im Weltmodell des Hörers (bzw. IPSes) vorhanden ist. Die Designationsbezeichnung bzw. die Erweiterung des RefN (5.46), die durch (5.48.a) ausgelöst wird, kann durch

(5.48) b.   r.4 - MOST_t : r.2

beschrieben werden. Diese Darstellung weicht von den bisher verwendeten Designationen insofern ab, als MOST_t hier (!) keine Variable bindet und keine Formel, sondern ein RefO als Argument aufweist. Die abkürzende Schreibweise werde ich im folgenden Absatz begründen; vorher sei nur darauf hingewiesen, dass 'MOST_t' generell, wie die anderen bisher betrachteten Deskriptionsoperatoren, vom Typ ⟨ t, 1, 0, 1 ⟩ ist, und daher auch in Repräsentationen der Art

(5.49)   a.   die meisten Hochschullehrer des FB Informatik

          b.   r.5 - MOST_t x : hochschullehrer (x, r.3)

Anwendung findet.

Doch nun zur Rechtfertigung der Schreibweise in (5.48.b): ich greife hierbei auf einige Ideen zurück, die u.a. von Barwise/Cooper (1981) und van Benthem (1983 a) für die logisch-linguistische Analyse mit Hilfe von 'generalized quantifiers' nach Mostowski (1957) erarbeitet wurden. Diesen Ideen folgend besitzen 'quantifier' die internen Srukturen (Barwise/Cooper; 1981, p. 162)

(5.50)   Quantifier

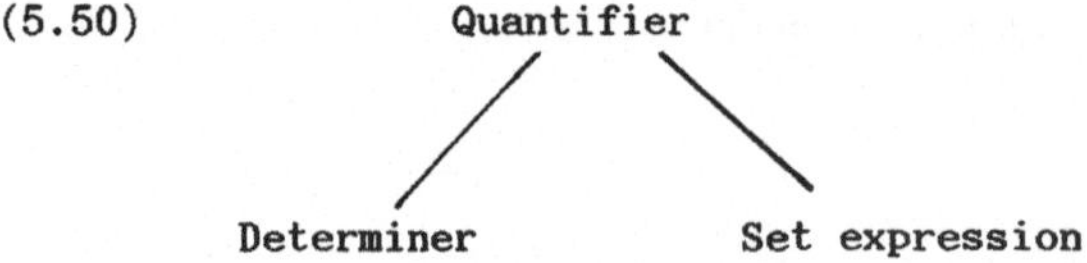

und die Funktion (Barwise/Cooper; 1981, p. 163):

(5.51)   "Quantifiers are used to assert that a set has some property.
             EX x : phi (x) asserts that the set of things which satisfy phi (x)
             (informally ({x I phi (x)) .....}) is a nonempty set."

41* 'Kreiert' wird hier - noch - informell verwendet. Eine formale Explikation
    erfolgt in Kap. 5.2.3.

Überträgt man diese formelorientierte Sichtweise entsprechend der der vorliegenden Arbeit zugrundeliegenden Grundhaltung auf Terme bzw. RefOs, d.h. setzt man für 'Determiner' in (5.50) 'Deskriptionsoperator' und interpretiert in üblicher Weise offene Formeln 'p (x)' als Mengen bzw. Klassen, vgl. (5.51), so sind Deskriptionsoperatoren gerade solche Operatoren, die über Klassen designativ operierend Terme bilden, und zwar solche, die auf Klassen-RefOs referieren. Und gerade dies geschieht in (5.48.b), denn r.2 ist ein Klassen-RefO. (Da hier die Klasse mit r.2 bezeichnet ist, ist eine Variablenbindung durch MOST_t überflüssig.)

Nachdem die Notation geklärt ist, sollen nun die wichtigsten Eigenschaften von 'MOST_t' zusammengefasst werden. 'MOST_t' ist plural, d.h. es gilt die Kardinalitätsbedingung "card > 1", und da (5.47) anzusetzen ist, ist 'MOST_t' als indefinit anzusehen. Der semantische Kern betrifft nun das Verhältnis der Kardinalitäten. Dies kann in verschiedener Weise festgelegt werden, wobei ich mich hier auf die Lesart "mehr positive als negative Fälle" festlegen will 42*, d.h.

(5.52)   r.i   -   ALL_t x : p (x)

            r.j   -   MOST_t x : p (x)

       dann   card (r.j) > card (r.i) / 2

Abschliessend für dieses Kapitel 5.1.3 sei noch ein weiterer, definiter Deskriptionsoperator erwähnt. Man betrachte hierzu eine Variation des Beispiels (4.27):

(5.53) a.   Der Senator traf die Präsidenten der TU, FU und der

              Hochschule der Künste.

Hier ist von drei Universitätspräsidenten die Rede, repräsentiert etwa durch r.2, r.3 und r.4. Um ein Klassen-RefO zu deskribieren, wie es den von mir vorgestellten Überlegungen folgend als Antezedent in

(5.53) b.   Sie berichteten über die Probleme ihrer Hochschulen

angesprochen wird, wird zusätzlich zur intensionalen Klassendeskription durch 'ALL_t' ein Operator für extensionale Klassenbildung eingeführt, mit 'CLASS' bezeichnet 43*. Somit ergibt sich

(5.53) c.   r.5 ——— CLASS (r.2, r.3, r.4)

und als formelorientierte, R-b-Repräsentation von a.

(5.53) d.   treffen (r.1, r.5)

Mit den im vorliegenden Kapitel erläuterten Deskriptionsoperatoren 'IOTA', 'ETA', 'ALL_t', 'SOME_t', 'MOST_t' und 'CLASS' sind die wichtigsten Typen exemplarisch

---

42* Dies ist sicherlich nur eine unter vielen möglichen Explikationen von 'meist'. Siehe hierzu auch Kap. 7.1 und die dort aufgeführte Literatur.

43* 'CLASS' ist, ausnahmsweise, ein Operator mit variabler Stelligkeit. Dass die Verwendung derartiger Operatoren in SRL ohne wesentliche Änderung der Konzeption möglich ist, habe ich in Habel (1983 a, 1984 a) nachgewiesen; vgl. hierzu auch den Operator 'prem', der in Kap. 3.4 eingeführt wurde.

vorgestellt worden. In Kap. 5.1.4 werde ich nun deren Verwendung in sprachbeherrschenden Systemen, insbesondere in bezug auf Verstehen und Produzieren von Sätzen bzw. Texten, beschreiben.

5.1.4. Welt- und Diskursmodelle

Im vorliegenden Kapitel werde ich nun detaillierter auf den Status bzw. die Funktion referentieller Netze innerhalb eines IPS eingehen, darauf nämlich, dass RefNe als Teil eines Weltmodells angesehen werden. Im Weltmodell eines IPS sind die relativ permanenten 44* Wissensbestände des IPS enthalten; vgl. etwa (2.7), (3.21). Sei nun

$$REF-N \quad (t.0)$$

das referentielle Netz, über das das untersuchte IPS zum Zeitpunkt t.0 verfügt. t.0 legt einen Zustand z.0 des IPS fest; vgl (2.7) 45*. Ausgehend vom Weltmodell WM (t.0) soll nun durch IPS ein Text T verarbeitet, d.h. verstanden, werden. Wie schon in Kap. 2 (vgl. insbesondere Abb. 2.2 und (2.7)) erläutert wurde, wird in der vorliegenden Arbeit 'Verstehen' eines Textes mit 'Erstellen einer Bedeutungsrepräsentation' und 'Integration in das Weltmodell' gleichgesetzt, wobei der Verstehensprozess nicht nur auf den Text Bezug nimmt, sondern auch auf das Wissen über die Welt, das Weltmodell WM (t.0) zurückgreift.

Betrachtet man diese Ausgangssituation, die durch ein Weltmodell WM (t.0) und den zu verarbeitenden Text T gegeben ist, so kann davon ausgegangen werden, dass sicherlich nur Teile des Weltwissens für die Verarbeitung benötigt und auch verwendet werden, während andere Teile keine Berücksichtigung finden. So wird etwa bei den in den vorhergehenden Kapiteln verwendeten Universitätsbeispielen Wissen über Universitäten (im allgemeinen) und die erwähnten (im speziellen) herangezogen werden, während z.B. das in Kap. 2.3 erläuterte Wissen über Ampeln oder Pinguine hier irrelevant ist. Dieses Beispiel zeigt, dass es sinnvoll und wichtig ist, innerhalb einer IPS-Konzeption zwischen aktivierten und nicht-aktivierten Wissensbeständen, bzw. Teilen des Weltmodells, zu unterscheiden. Dies bedeutet für die Komponente der

---

44* 'Relativ permanent' soll darauf hinweisen, dass – genauer wird dies im Verlauf dieses Kapitels ausgeführt werden – Weltmodelle einerseits stabile Wissensbestände sind, d.h. solche, die das IPS über längere Zeiträume, insbesondere über mehrere Texte/Diskurse im wesentlichen beibehält, die andererseits aber auch Veränderungen unterworfen sind.

45* Aufgrund der im Zusammenhang mit (2.7) erläuterten Beziehungen zwischen Zuständen und Zeiten (Zeitpunkten bzw. Zeiträumen) werde ich im weiteren Zustände z.i und die Zeiten t.i, in denen das System diese Zustände einnimmt, falls keine speziellen Gründe dagegen sprechen, "identifizieren", d.h. weitgehend Zustände und Zeiten quasisynonym verwenden.

Referentiellen Netze, dass auch hier Teile des RefN aktiviert werden müssen, während andere nicht-aktiviert "im Hintergrund schlummern".

Bevor ich auf den Vorgang der Aktivierung näher eingehen werde, soll das Resultat der Textverarbeitung betrachtet werden. In Texten/Diskursen werden jeweils Ausschnitte der realen bzw. projizierten Welt abgehandelt. Unter der gerade erläuterten Annahme der Existenz 'aktivierter Teilwelten' bedeutet dies, dass interne Repräsentationen dessen, was im Diskurs über die Welt ausgesagt wird, aufgebaut werden. Diese durch einen Text induzierten Repräsentationen werden im weiteren als Diskursmodelle 46*

$$DM \ (z.0, \ T)$$

bezeichnet werden. Für Diskursmodelle gilt:

- Das resultierende DM ist nicht nur vom Text abhängig, sondern insbesondere von der Ausgangssituation, d.h. dem Zustand, in dem sich das IPS zu Beginn des Verstehensprozesses befindet. Dies trägt der Tatsache Rechnung, dass der gleiche Text von verschiedenen Hörern, bzw. IPSen, aber auch zu verschiedenen Zeitpunkten unterschiedlich interpretiert wird (bzw. werden kann).

- Im DM sind auch Wissensentitäten enthalten, die nicht explizit in der natürlich-sprachlichen Äusserung formuliert waren; insofern sind die Repräsentationen eher als Diskurs-Bedeutungs-Repräsentationen anzusehen. (Ich werde im weiteren stets die kürzere Schreibweise verwenden; der Leser sollte jedoch den interpretativen Charakter der Repräsentationen im Auge behalten.)

- Die Unterscheidung Weltmodell – Diskursmodell betrifft die Wissenstypen des faktuellen und des Objektwissens gleichermassen. Dies führt dazu, dass zum DM ein spezielles RefN gehört, das im weiteren als

$$REFN\_D$$

bezeichnet werden wird. (Diese Bezeichnung wird nur dann verwendet werden, wenn die Unterscheidung WM – DM besonders betont werden soll.)

Nach der Verarbeitung des Textes, zum Zeitpunkt t.1, bzw. im Systemzustand z.1, liegt die folgende Situation bzgl. der Welt- und Diskursmodelle vor:

(5.54) a.   WM (t.0)   gesamtes Weltmodell

        WM_akt (t.0, T)   durch T aktiviertes WM

    mit

        WM_akt (t.0, T) $\subset$ WM (t.0)

46* Entsprechende Unterscheidungen und ähnliche Bezeichnungen finden sich u.a. bei Johnson-Laird (1983) und van Dijk/Kintsch (1983), die auf durch Diskurse aufgebaute 'mental models' bzw. 'situation models' den Schwerpunkt ihrer Untersuchungen legen.

b.   DM (t.0, T) = DM (t.1)

 mit

DM (t.0, T) ∩ WM_akt (t.0, T)   ≠ ∅

Diese Beziehung zwischen DM und WM_akt spiegelt gerade die gelungene Integration (vgl. Kap. 2 insbesondere Abb. 2.2 und (2.7)) der Textbedeutungsrepräsentation in das vorhandene Wissen (=Weltmodell) wider.

In diesem Zusammenhang tritt der Problemkreis der 'Deaktivierungsphänomene' auf, insofern nämlich, als mindestens die beiden folgenden Fragen zu untersuchen sind:
- Welche Teile des Diskursmodells werden in das Weltmodell übernommen?
- Wie verändert sich WM_akt, wenn ein anderes Thema aufgenommen wird, z.B. ein neuer Text bearbeitet wird?

Die erste dieser Fragen lässt sich durch die in Abb. 5.3 dargestellte Situation veranschaulichen.

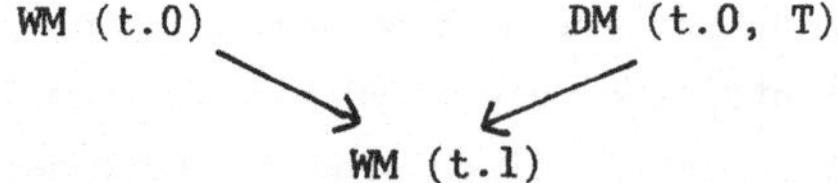

Abb. 5.3: Änderung des Weltmodells durch Texteingabe.

Es ist sicherlich nicht sinnvoll, davon auszugehen, dass die gesamte im Text kodierte Information, also das komplette DM, dem Weltmodell hinzuzufügen ist; zum einen deshalb nicht, weil manche Teile von DM nicht hinreichend wichtig sind, um weiterhin gespeichert zu werden, zum anderen deswegen nicht, weil u.U. Teile des WM aufgrund des Textes revidiert werden müssen. Dies bedeutet insbesondere, dass

(5.55)   WM (t.1) = WM (t.0) ∪ DM (t.0, T)

nur in Ausnahmefällen gelten wird. Der komplette Integrationsprozess hat also mehr zu leisten (s.u.) als Wissensbestände zu vereinigen.

Eine der wichtigsten Teilaufgaben beim Aufbau des DM und bei der Integration in das Weltmodell – und dies ist die Aufgabenstellung, die in der vorliegenden Arbeit vorrangig untersucht wird – besteht darin, die im Diskurs angesprochenen Objekte in eine referentielle Beziehung zu RefOs aus dem Weltmodell, d.h. aus REF-N, zu stellen. Zur Erläuterung der entsprechenden Prozesse will ich noch einmal auf das Beispiel (5.4), (5.13) zurückkommen:

(5.56) a.   Paul traf den Präsidenten der TU Berlin.

 Er erläuterte ihm seine Vorstellungen.

Aufgrund des ersten Satzes werden – auf die Einzelheiten werde ich in den Kapiteln 5.2 und 5.3 näher eingehen – die referentiellen Beziehungen (entsprechend (5.4.c))

(5.56) b.   r.1 ——— 'Paul'

          r.2 ——— IOTA x : universitätspräsident (x, r.3)

          r.3 ——— 'TU Berlin'

aktiviert und als Basis des REF-N_D aufgebaut. Die entscheidende Aufgabe ist nun in bezug auf die Verarbeitung des zweiten Satzes zu bewältigen. Dessen faktuelle Repräsentation ist vorläufig (vgl. die Bezeichnungen aus (5.13)):

(5.57) a.   erläutern (r_t.1, r_t.2, r_t.3)

          & vorstellungen (r_t.3, r_t.4)

Der Kern des Verfahrens ist oben durch 'vorläufig' bzw. 'r_t', was für 'temporäres RefO' steht, angedeutet.

Die Repräsentation (5.27.a) kann quasi-natürlich-sprachlich durch

(5.57) b.   r_t.1 erläutert r_t.2 etwas, und zwar r_t.3.

          Für dieses r_t.3 gilt, dass es eine Vorstellung von r_t.4 ist.

umschrieben werden. Es ist also von vier temporären RefOs die Rede; 'temporär' insofern, als ihre eigenständige Existenz nur bis zur erfolgreichen Einbindung in das Diskursmodell, d.h. in REF-N_D, angenommen wird. Die zu (5.57.a) korrespondierenden referentiellen Beziehungen sind:

(5.57) c.   r_t.1 ——— ETA x : erläutern (x, r_t.2, r_t.3)

          r_t.2 ——— ETA x : erläutern (r_t.1, x, r_t.3)

          r_t.3 ——— ETA x : erläutern (r_t.1, r_t.2, x)

                    SOME_t x : vorstellungen (x, r_t.4)

          r_t.4 ——— ETA x : vorstellungen (r_t.3, x)

Dieses temporäre RefN entsteht aus (5.57.a) durch ETA-Fokussierung (vgl. (5.25)) bzw. SOME_t-Fokussierung, die die plurale Entsprechung zur ETA-Fokussierung ist. Dass hier eine plurale Fokussierung vorgenommen wird, ergibt sich aufgrund von Informationen aus der sprachlichen Oberfläche. Diese können durch die in Kap. 5.2.1 eingeführten Designationsattribute berücksichtigt werden. Ein Pluralattribut steuert die Auswahl zwischen ETA- und SOME_t-Fokussierung.

Der nächste Schritt, der nun zu erfolgen hat, besteht darin, zu prüfen, ob die temporären RefOs identisch sind mit RefOs des REF-N_D bzw. des REF-N_W (des Weltmodells). Im vorliegenden Fall würden die folgenden Identitäten aufgedeckt werden müssen:

(5.58)   r.1 = r_t.1 = r_t.4

          r.2 = r_t.2

Da zu r_t.3 kein geeigneter Kandidat gefunden wird, ist hier die Umwandlung des temporären RefOs r_t.3 zu einem neuen RefO des REF-N_D, r.4, durchzuführen, d.h. r.4 ist zu kreieren. Man beachte, dass das nach den Identifizierungen und der Umbenennung entstandene RefN (bis auf einige hier nicht näher erläuterte kleinere Unterschiede) mit dem RefN (5.13.b) übereinstimmt, das oben als Ergebnis der Verarbeitung der Satzfolge (5.4), (5.13) = (5.56) angenommen worden war.

Obwohl bereits die Lebensdauern von RefOs im Welt- und im Diskursmodell unterschiedlich sind, stellt der Übergang zu den gerade beschriebenen temporären RefOs und RefNen einen so gravierenden Einschnitt dar, dass ich aus diesem Blickwinkel die RefOs aus REF-N_W und REF-N_D unter der Bezeichnung 'permanente RefOs' zusammenfassen werde, wenn der Gegensatz zu temporären RefOs herausgestellt werden soll.

Wie werden nun Identifizierungen zwischen temporären und permanenten RefOs, wie die oben beschriebenen, die in (5.58) zusammengefasst wurden, durchgeführt? Als erste Antwort will ich hier nur darauf hinweisen, dass einerseits Weltwissen 47*, und dies betrifft sowohl regelhaftes Wissen als auch faktuelles Wissen, herangezogen wird, und dass andererseits sprachliches Wissen, hier z.B. über die Verwendung von Pronomen, verwendet wird. Ausserdem wird, wie oben erläutert, der Aktivierungszustand der RefNe eine wesentliche Rolle spielen.

Nach diesen – eher informellen – Bemerkungen könnte nun eine ausführlichere Beschreibung der entsprechenden Referenzanalyseprozesse erfolgen, insbesondere eine, die die gerade aufgeführten Parameter

- Aktivierung
- sprachliche Markierungen
- Weltwissen

berücksichtigt. Obwohl die Basiskonzeption der referentiellen Netze eine für die Prozesse der Referenzanalyse geeignete Wissensstruktur bereitstellt, müssen, um die oben genannten Parameter adäquat berücksichtigen und effizient verarbeiten zu können, einige Erweiterungen 48* der Konzeption vorgenommen werden. Aus diesem Grunde wird im folgenden Kapitel die Attributierung referentieller Netze eingeführt werden.

47* Einige Beispiele hierzu habe ich im Zusammenhang mit den UP-Sätzen in Kap. 4.1.2 aufgeführt.

48* Der Zwang zur Erweiterung resultiert – und dies soll hier noch einmal betont werden – nicht aus der "Unmöglichkeit mit der Basiskonzeption die Probleme lösen zu können", sondern aus der Grundhaltung, Information dort zu kodieren, wo sie benötigt wird, und Wissen so zu repräsentieren, dass gute Gründe für die kognitive Adäquatheit der Darstellung existieren. In beiden Punkten stellen Attributierungen eine m.E. gravierende Erweiterung des Basiskonzeptes dar.

5.2. Attributierungen in referentiellen Netzen

Im vorliegenden Kapitel werde ich zwei Grundideen, die ich im Laufe dieser Arbeit schon in unterschiedlicher Detaillierung erläutert habe, zusammenführen: Die Basiskonzeption der referentiellen Netze (Kap. 5.1) und die Konzeption der Attribute zu bzw. Bewertungen von Wissensentitäten (Kap. 3.8).

Der Kern der Attributierungskonzeption 49* liegt in der Berücksichtigung der folgenden Annahmen:

- Wissenssysteme sind nicht homogene Mengen von Wissensentitäten, sondern weisen eine interne Struktur auf. Diese Binnenstruktur des Wissens (vgl. hierzu Habel, 1979) kann durch Attribute induziert werden.

- Sprecher/Hörer (also auch IPSe) verfügen nicht nur über Wissen, sondern besitzen auch Einstellungen gegenüber den Wissensentitäten. Hierunter fallen z.B. Einschätzungen bzgl. der Sicherheit bzw. Zuverlässigkeit, Erinnerungen über die Herkunft des Wissens, etc. Derartige Einstellungen und Annahmen über Wissen, die zum Teil auch Wissen über Wissen umfassen, sollten direkt an den entsprechenden Wissensentitäten durch Markierungen repräsentiert werden.

- Sprecher/Hörer besitzen insbesondere auch Wissen über Anwendbarkeit, d.h. Anwendungsbedingungen, von Wissensentitäten. Auch dieser Typ von Meta-Wissen sollte in einem IPS in geeigneter Weise darstellbar sein.

Alle diese Typen von Wissen über Basis-Wissen

(5.59)   - Strukturierungswissen

              - Einstellungen zum Wissen

              - Anwendbarkeitswissen

werden im weiteren über Attributierungen in RefNen repräsentiert und verarbeitet werden. Bevor dies detailliert in den folgenden Kapiteln dargestellt werden wird, will ich die in (5.59) aufgelisteten Typen an einem - informell gehaltenen - Beispiel erläutern. Im Gegensatz zu den bisher behandelten Aufgabenstellungen werde ich dieses Mal den Bereich der Generierung von Sätzen betrachten. Ausgangspunkt sei hierbei 50*

49* Vgl. hierzu die Skizze in Kap. 3.8 oder die ausführlichen Darstellungen zur Bewertung von und durch Grammatiken in Habel (1979). Die im weiteren ausgeführten Überlegungen werden sich (fast) ausschliesslich auf Attribute und Bewertungen von Objektwissen beziehen; sie stellen insofern eine Spezialisierung auf eine Klasse von Attributierungsphänomenen dar.

50* Zur Vereinfachung des Beispiels berücksichtige ich so wenige RefOs wie möglich. Deswegen werde ich auch an einigen Stellen die Deskriptionen nicht (!) RefO-basiert formulieren.

146

(5.60)   r.17 ——— 'Bernd'
                 ETA x : hochschullehrer (x, 'FB Informatik')
                 ETA x : fachgebiet (x, 'KI')
                 ETA x : hochschulorchester (x, "Bratsche")
                 ETA x : hochschulorchester (x, "Cello")

(Im weiteren werde ich, der Abkürzung wegen, 'des.i' verwenden, wenn ich auf die i-te Designation zu r.17 verweisen will.)

Unter dem Gesichtspunkt der Strukturierung von Wissensbeständen ist davon auszugehen, dass r.17 zu mehreren Teilwelten gehört, zumindest zur 'Universitätswelt' und zur 'Musikwelt'. Auch die Designationen betreffen unterschiedliche Teilwelten: des.1 ist generell verwendbar (mit gewissen Einschränkungen, die unten erläutert werden), des.2 und des.3 betreffen die Universitätswelt, des.4 und des.5 die Musikwelt. Für manche Anwendungen, auf die ich hier nicht näher eingehen will, ist darüberhinaus die Annahme einer eigenen 'Universitätsmusikwelt' sicherlich von Interesse.

Man betrachte nun die Situation, in der ein Sprecher bzw. IPS beabsichtigt,
(5.61) a.   treffen (r.17, r.18)
zu äussern. Hierbei ist zu entscheiden, wie r.17 natürlich-sprachlich zu designieren ist. Dies wird sicherlich davon abhängen, wer der Hörer/Adressat der generierten Äusserung ist, d.h. welche Kommunikationssituation vorliegt, und welche Person durch r.18 repräsentiert ist. Beginnen wir mit dem zweiten Entscheidungsparameter. Falls r.18, wie in den früheren Beispielen, ein Universitätspräsident ist, wird es angemessen sein, nur generell verwendbare oder universitätswelt-spezifische Designationen zu verwenden. Umgekehrt werden des.2 und des.3 in Musikwelt-Diskursen nur in Ausnahmefällen akzeptiert werden. Eine Voreinstellung des Diskursbereiches würde für den Fall, dass r.18 einen Universitätspräsidenten betrifft, der auch Mitglied des Hochschulorchesters ist, ebenfalls zu einer korrekten Designation führen. Insofern sind Strukturierungsinformationen für die Verwendbarkeit gewisser Designationen ausschlaggebend.

Eine andere Art von Anwendungsbedingung betrifft die Verwendung des Eigennamens. Die Konventionen des Deutschen legen weitgehend fest, in welchen Situationen ein Vorname, ein Nachname, ein Name mit Titel, usw., verwendet wird. Die Entscheidung für die eine oder andere Bezeichnung hat u.a. die Vertrautheit von Sprecher und Hörer, aber auch von Hörer und Bezeichnetem zu berücksichtigen. Von der Analyse der Sprechsituation wird also abhängen, ob
(5.61) b.   Bernd traf r.18

           oder

        c.   Ein KI-Professor traf r.18

geäussert wird.

Ich komme nun zum dritten Typ (bzgl. 5.59), den Einstellungen zum Wissen. Hierbei will ich davon ausgehen, dass die 'Musikwelt'- Designationen dem IPS von verschiedenen Personen mitgeteilt wurden, vielleicht des.4 durch 3 Informanten gestützt wird, während des.5 nur auf einem Informanten beruht. Geht man darüberhinaus von einer Regel (des Weltwissens) der Art "Normalerweise spielt man in einem Orchester genau ein Instrument" aus, so liegt in (5.60) eine Inkonsistenz 51* vor. Sicherlich ist es sinnvoll, zuerst einmal, d.h. solange keine weiteren zusätzlichen Informationen vorliegen, davon auszugehen, dass des.4 "besser" als des.5 ist, und insofern für die meisten Fälle vorzuziehen ist. Diese Haltung kann jedoch zu Schwierigkeiten führen:

- Zum einen würde gegenüber dem Informanten von des.5 die Verwendung von des.4 im Normalfall zu Missverständnissen Anlass geben; falls die Herkunft von des.5 gespeichert und erinnert wird, kann das IPS die für den Adressaten der Äusserung geeignete Designation verwenden.

- Ein anderes Problem taucht auf, falls die Informanten bzgl. des.4 (nennen wir sie: "Tom, Dick und Harry") nicht viel von Musik verstehen, während der Informant bzgl. des.5 selbst Mitglied des Hochschulorchesters ist. In diesem Fall wäre eine rein zählende Analyse der Wissensquellen sicherlich inadäquat.

Mit anderen Worten: die Designationen eines RefOs sollten daraufhin bewertet werden, wie "gut" sie sind ,und falls möglich und notwendig, sollte die Herkunft gespeichert werden. (Diese Sichtweise ist die RefN-Spezialisierung der Kanngiesserschen (1984) Wissensspuren.)

Durch das vorliegende Beispiel ist auch gezeigt worden, an welchen Stellen Attributierungen auftreten können; im weiteren werden die folgenden Typen von Attributierungen (vgl. die Bezeichnungen aus (5.7)) verwendet werden:

(5.62)   - Attributierungen von Designationen, d.h. Termen aus DESIGN
         - Attributierungen von referentiellen Beziehungen,
            d.h. Paaren aus REFO x DESIGN
         - Attributierungen von RefOs

Diese Typen der Attributierung werden sowohl bei der Auswahl geeigneter Designationen, wie das obige Beispiel zeigt, als auch bei der Referenzanalyse eingesetzt werden. In den folgenden Kapiteln 5.2.1 - 5.2.3 werde ich die Struktur attributierter referentieller Netze erläutern; das anschliessende Kapitel 5.3 wird dann die Prozesse, die über attributierten RefNen ablaufen, zum Thema haben.

51* Die folgende Beschreibung ist als informelle Vorbemerkung zum Thema 'Inkonsistenz' aufzufassen. Eine ausführlichere, formale und explizite Darstellung von 'Inkonsistenz in RefNen' werde ich in Kap. 6 durchführen.

5.2.1. Designationsattribute

Die Menge der designierenden SRL-Terme, DESIGN, umfasst (5.7.a) sowohl Namen als auch komplexe Deskriptionen, die mit Hilfe von term-bildenden Operatoren aufgebaut werden. Für beide Arten von Designationen ist anzunehmen, dass Sprecher/Hörer über Anwendungswissen bzgl. dieser Designationen verfügen. Ich will hier mit dem einfacheren Fall der Namen beginnen. Zum sprachlichen Wissen gehört sicherlich, dass 'Paul' und 'Bernd' Vornamen, und zwar männliche, sind. ebenso wird, und hier spielt auch Weltwissen eine Rolle, von den normalen Sprechern/Hörern des Deutschen gewusst, dass 'Berlin' der Name einer (bestimmten) Stadt ist, dass 'Elbe' einen Fluss bezeichnet, dass durch Titel, wie 'Dr.', 'Prof.', 'Bundeskanzler' komplexe Namen 52* gebildet werden können und wie derartige Namen verwendet werden. Um derartige Kenntnisse adäquat repräsentieren zu können, gehe ich davon aus, dass Namen in SRL über entsprechende Markierungen bzw. Attribute verfügen. Daher werden als Erweiterung des bisher verwendeten SRL-Inventars zusätzliche Basisausdrücke, die hier mit mnemotechnischen Abkürzungen bezeichnet werden, eingeführt 53*:

(5.63)   'Eigenname'

'Vorname', 'Nachname', 'Titel'

'Stadt', 'Fluss', 'Firmenname', ...

'mask', 'fem'

Aus einer formaleren Sichtweise werden die in (5.63) aufgeführten SRL-Ausdrücke als Attribute bezeichnet, spezieller als 'Namensattribute'. An den in (5.63) aufgeführten Beispielen lassen sich einige Eigenschaften der Attributierungskonzeption verdeutlichen:

– Attribute betreffen wohlunterscheidbare Aspekte von Designationen, im vorliegenden Fall (5.63) den Bereich des 'Namenseins'. (Andere Bereiche, wie Weltausschnitte, habe ich im einleitenden Beispiel des Kapitels 5.2, (5.60) – (5.61), vorgestellt.) Aus diesem Grunde wird im weiteren davon ausgegangen, dass Attributierungen über höherdimensionalen Strukturen erfolgen.

52* Ich fasse Bezeichnungen wie 'Dr. Müller', 'Bundeskanzler Kohl', nicht als Deskriptionen, sondern als komplexe Namen auf. Dies bedeutet nicht, dass aus diesen Namen nicht doch noch Deskriptionen abgeleitet werden könnten. Derartige Ableitungen werde ich jedoch als Inferenzen über RefNen, spezieller Designationen, betrachten. Hierdurch kann einigen Phänomenen der Verwendung derartiger komplexer Namen besser Rechnung getragen werden, als wenn von vornherein eine Aufteilung in Namen und Deskriptionen vorgenommen würde. Man denke hier z.B. daran, dass 'Bundeskanzler Kohl' normalerweise artikelfrei verwendet wird, im Gegensatz zu "der Bundeskanzler, Helmut Kohl".

53* Attribute werden – soweit sie durch Ausdrücke der natürlichen Sprache bezeichnet werden – durch Hochkommata gekennzeichnet. Da Attribute nicht innerhalb von Formeln und Termen auftreten, ist eine Verwechselung mit SRL-Namen (vgl. Kap. 3.1) ausgeschlossen.

- Attribute können komplexe Objekte sein, z.B. ist es für den Bereich der Namensattribute sinnvoll, komplexe Attribute wie: 'Titel + Nachname', 'mask + Vorname' anzunehmen. Dies führt dazu, dass bzgl. einzelner Attributsdimensionen Formationsregeln zur Bestimmung des entsprechenden Attributsbereiches vorzusehen sind 54*. Derartige Regelsysteme, die als Attributssyntaxen (oder Attributsgrammatiken) bezeichnet werden sollen, gehören sicherlich zum Wissenssystem eines Sprechers/Hörers bzw. eines IPSes der jeweiligen natürlichen Sprache.

- In vielen, wichtigen Fällen (vgl. hierzu insbesondere Kap. 6) weisen die Attribute einer Dimension eine Verbandsstruktur auf. So wird für Namensattribute durch die entsprechende Attributssyntax ein Verband zu generieren sein, der ungefähr die in Abb. 5.4 dargestellte Struktur aufweist 55*.

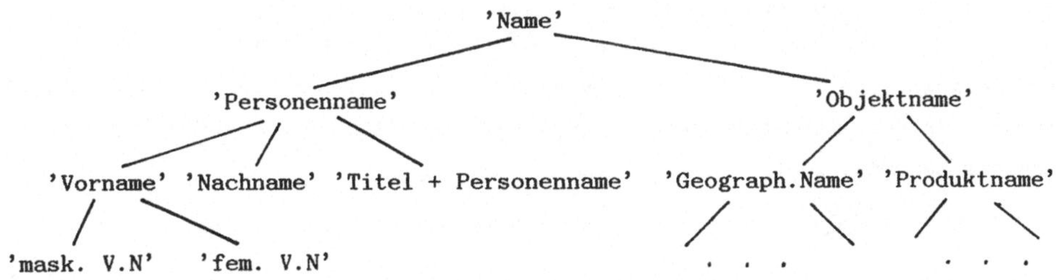

Abb. 5.4:   Struktur der Namensattribute (Vorschlag)

Eine weitere wichtige Klasse bzw. Dimension der Attributierung betrifft 'Sortenattribute', d.h. die Verwendung von Sorten (vgl. Kap. 3.3) als Attribute von Designationen. Man betrachte etwa einige der Deskriptionen, die im temporären RefN (5.57.c) verwendet wurden:

(5.64) a.   des.1 : ETA x : erläutern (x, r_t.2, r_t.3)

              des.2 : ETA x : erläutern (r_t.1, x, r_t.3)

              des.3 : ETA x : erläutern (r_t.1, r_t.2, x)

Das prädikative Konzept 'erläutern' verfüge über das Sortenraster, vgl. (3.12):

54* Da es mir in der vorliegenden Arbeit um den Entwurf und die grundlegenden Eigenschaften eines Repräsentationsformalismus zur Darstellung von Objektwissen und die Prozesse, die über entsprechenden Repräsentationen ablaufen, geht, werde ich hier nicht Syntaxen für spezielle Attributsdimensionen entwerfen.

55* Abb. 5.4 ist offensichtlich ein Baum, der jedoch durch Hinzufügen eines NIL-Knotens zu einem Verband gemacht werden kann.
Die Annahme der Verbandseigenschaft ist jedoch in Hinblick auf referentielle Prozesse, vgl. Kap. 5.3 und Kap. 6. vorteilhaft.

(5.64) b.   SorR ('erläutern') = <'person','person','gedankl._Objekt'> 56*

Unter Verwendung der in Kap. 3.3 erläuterten Sortenzugehörigkeitsbedingungen kann nun auf die Sorten der in (5.64.a) verwendeten Deskriptionen geschlossen werden:

(5.64) c.   des.1 ----- 'person'

        des.2 ----- 'person'

        des.3 ----- 'gedankl. Objekt'

Diese Sorten werden, wie oben angekündigt wurde, als Attribute der entsprechenden Designation, spezieller hier: Deskription, aufgefasst. Die Verbandsstruktur, die für sortale Konzepte in Kap. 3.3 gefordert worden war, führt, wie im Fall der Namensattribute, dazu, dass auch die Sortenattribute einen Verband bilden; von dieser Eigenschaft wird in Kap. 6.2 in Hinsicht auf Bestimmtheitsphänomene Gebrauch gemacht werden.

Während die Sortenattribute Eigenschaften der SRL-Syntax widerspiegeln, und insofern – man beachte hier die in Kap. 3 erläuterte Beziehung zwischen SRL-Operatoren und Sorten einerseits und Konzepten andererseits – in den aussersprachlichen Bereich einzuordnen sind, werde ich auch einige primär linguistische Attribute verwenden. Als erstes Beispiel sei hier die Genus-Markierung genannt, die für den Spezialfall der Vornamen in der Struktur der Namensattribute (Abb. 5.4) auftaucht. Unter Verwendung der Genusattribute

(5.65) a.

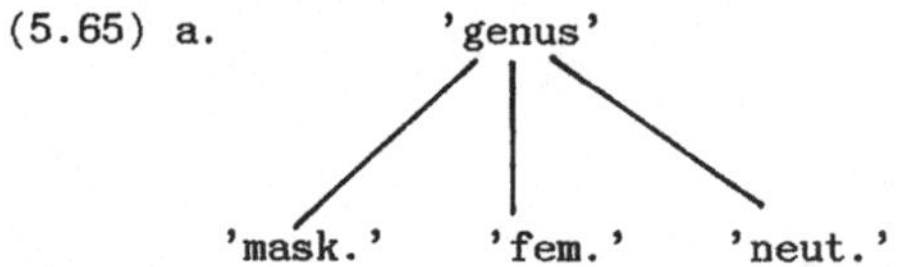

kann etwa der Unterschied 'Professorin' – 'Professor' über Unterschiede in der Attributierung der entsprechenden designierenden Terme

(5.65) b.   Deskription   Genusattribut

     ETA x : professor (x) ——————— 'fem.'

     ETA x : professor (x) ——————— 'mask.'

dargestellt werden. Dieses Verfahren führt dazu, dass die Gemeinsamkeit der beiden Nomen auf der Ebene der kognitiven Konzepte durch die Verwendung des gleichen SRL-Operators 'professor' repräsentiert wird, während die unterschiedliche Realisierung an der Oberfläche durch unterschiedliche Genusattribute dargestellt wird. Derartige Zuordnungen von kognitiven Konzepten und Genusattributen zu Wörtern der jeweiligen natürlichen Sprache sind Bestandteil des lexikalischen Wissens eines IPSes. Sie sind

---

56* Dieses Sortenraster, das ausschliesslich der Erläuterung des Phänomens 'Sorten als Attribute' dienen soll, ist sicherlich nicht vollständig adäquat. Einerseits können auch 'juristische Personen', wie Ausschüsse und Gremien, Erläuterungen durchführen bzw. Ziel von Erläuterungen sein. Andererseits ist die Sorte 'gedankliches Objekt' nur in erster Näherung geeignet, Vorstellungen, Pläne und ähnliches durch einen Oberbegriff abzudecken.

in hohem Masse sprachspezifisch. Das Englische etwa zeigt in diesem Bereich gegenüber dem Deutschen ein unterschiedliches Verhalten; die Verwendung von Genusattributen ist dort im Zusammenhang mit Nomen von nur untergeordneter Bedeutung, während für das Deutsche, insbesondere für die Behandlung pronominaler Referenz (s.u.), auf diese Attribute nicht verzichtet werden kann.

Um die Verwendung von Attributen bei der Referenzanalyse, insbesondere in bezug auf pronominale Anaphora, zu erläutern, betrachte ich eine Variante des Beispiels (5.56):

(5.66) a.   Maria traf den Präsidenten der TU Berlin.

               Sie erläuterte ihm ihre Vorstellungen.

Wie in (5.57) beschrieben, kann dem zweiten Satz dieses Diskurses die faktuelle Repräsentation

(5.66) b.   erläutern $(r\_t.1, r\_t.2, r\_t.3)$

               & vorstellungen $(r\_t.3, r\_t.4)$

zugewiesen werden, wobei einige der $r\_t.i$ in der sprachlichen Oberfläche durch Pronomina realisiert sind, und zwar:

(5.66) c. $r\_t.1$ —— "sie"

               $r\_t.2$ —— "ihm"

               $r\_t.4$ —— "ihre"

Da ich davon ausgehe, dass anaphorische Pronomen designieren und insofern referentiell verwendet werden können, setze ich für die natürlich-sprachlichen Pronomen SRL-Analoga an, deren Funktion gerade darin besteht, referentielle Bezüge herzustellen. Beispiele für derartige 'Referenzoperatoren' sind 57*:

(5.67)   SRL-Operator   linguistische Kategorie

             PersP   Personalpronomen

             PossP   Possesivpronomen

             DemP   Demonstrativpronomen

             ReflP   Reflexivpronomen

Referenzoperatoren sind termbildende Operatoren vom Typ $\langle t,0,0,0 \rangle$, die sich von Namen, die vom gleichen Typ sind, in bezug auf ihr Verhalten bei der Referenzanalyse unterscheiden (s.u.). Entsprechend zum Fall der Nomen, die eine maskuline und eine feminine Variante zulassen, sind auch für die Pronomen wichtige Eigenschaften der Oberflächenrealisierungen in Attributen kodiert; diese Kodierungen, die als Teil des lexikalischen Wissens des IPSs aufzufassen sind, sind für einige wichtige Beispiele in Abb. 5.5 aufgeführt.

57* Die in der vorliegenden Arbeit verwendete Kategorisierung basiert weitgehend auf der Akademie-Grammatik (Heidolph et al., 1981). Ein wesentlicher Unterschied besteht darin, dass ich hier die von Heidolph et al. vorgenommene Differenzierung der Personalpronomen in 'Stellvertreter-Pronomen' (3. Pers.) und 'Deiktische Personalpronomen' (1. und 2. Pers.) nicht auf der Ebene der Designationsoperatoren, sondern (s.u.) auf der Ebene der Attribute zu diesen Operatoren vornehme.

nat.-sprachl. Pronomen	SRL-Operator	Attribute		
		genus	pers.	status
ich	PersP	–	1 Sg	–
du	PersP	–	2 Sg	T
Sie	PersP	–	2 Sg	V
er	PersP	mask.	3 Sg	–
sie	PersP	fem.	3 Sg	–
es	PersP	neutr.	3 Sg	–
wir	PersP	–	1 Plur	–
ihr	PersP	–	2 Plur	T
Sie	PersP	–	2 Plur	V
sie	PersP	–	3 Plur	–

Abb. 5.5.a :   Personalpronomen (Nominativ)

nat.-sprachl. Pronomen	SRL-Operator	genus	pers.	status
mich	PersP	–	1 Sg	–
mir	PersP	–	1 Sg	–
dir	PersP	–	2 Sg	T
Ihnen	PersP	–	2 Sg	V
ihm	PersP	mask.	3 Sg	–
ihr	PersP	fem.	3 Sg	–
ihm	PersP	neutr.	3 Sg	–

Abb. 5.5.b :   Personalpronomen (weitere Kasus / Auswahl)

nat.-sprachl. Pronomen	SRL-Operator	genus	pers.	status
mein	PossP	–	1 Sg	–
dein	PossP	–	2 Sg	T
Ihr	PossP	–	2 Sg	V
sein	PossP	mask.	3 Sg	–
ihr	PossP	fem.	3 Sg	–
sein	PossP	neutr.	3 Sg	–
dieser	DemP	mask.	3 Sg	–
diese	DemP	fem.	3 Sg	–
dieses	DemP	neutr.	3 Sg	–
diese	DemP	–	3 Plur	–
mich	ReflP	–	1 Sg	–

Abb. 5.5.c :   weitere Pronomen (Auswahl)

Bevor nun unter Verwendung der Attribute von Referenzoperatoren das Beispiel (5.66) abschliessend behandelt werden wird, will ich einige Erläuterungen zu den in den Abbildungen 5.5 a–c aufgeführten Darstellungen geben:

–   Die Markierung bzw. "Nicht-Markierung" '–' für die Attribute 'genus' bzw. 'status' bedeutet, dass die betreffende Form des Pronomens bzw. die Designation bzgl. dieses Attributes neutral ist. Neutralität von z.B. 'du' in bezug auf 'genus' betrifft das grammatische Geschlecht; das biologische wird im Gegensatz hierzu als 'sexus' bezeichnet und durch ein Attribut des RefOs (vgl. Kap. 5.2.2) repräsentiert.

- Die Markierungen/Attribute 'T' und 'V' in der Dimension 'status' sind Abkürzungen für 'tu' bzw. 'vous', die in den meisten Untersuchungen zu Statusebenen bei der Pronominaverwendung benutzten Bezeichnungen. (Vgl. hierzu Brown/Gilman, 1960). Dass 'T' - 'V' als Unterschiede nur in der 2. Person auftreten, ist zwar für die meisten eropäischen Sprachen typisch, stellt jedoch kein Sprachuniversal dar 58*.

- Betrachtet man die in Abb. 5.5 aufgeführten Beziehungen als Lexikoneinträge, d.h. als lexikalisches Wissen eines IPS, so zeigt sich, dass ein Oberflächenausdruck, z.B. 'sie' oder 'mich', zu verschiedenen Paaren ⟨design, att⟩ führen kann. Welche Zuordnung im aktuellen Fall gewählt wird, ist insbesondere aufgrund der syntaktischen Strukturen zu entscheiden 59*.

- Eine in mancher Hinsicht verwandte Darstellungsweise findet sich bei Hausser (1979). Er verwendet 'context variables' unterschiedlichen Typs, etwa 'gamma.1(x)' zu 'ich' und 'male(x) & gamma.3(x)' zu 'er' korrespondierend; in dieser Darstellung wird, und hierin liegt ein wesentlicher Unterschied zu der von mir gewählten Repräsentationsform, das grammatische Genus in die Bedeutungsrepräsentation verlagert. Dies ist jedoch m.E. inadäquat, wie ich im weiteren an Beispielen der Genus-Sexus-Inkongruenz zeigen werde.

Ich kehre nun zum Beispiel (5.66) zurück; die in (5.66.c) unter Verwendung von Pronomen des Deutschen dargestellten Designationsbeziehungen können unter Zugrundelegung der in Abb. 5.5 aufgeführten Beziehungen ebenfalls in temporären RefNen verwendet werden, so dass sich zu (5.66.b) die referentiellen Beziehungen

----

58* Bedeutend feiner strukturierte Statussysteme finden sich in vielen ostasiatischen Sprachen. Derartige Phänomene habe ich, im Rahmen bewertender Grammatiken, in Kap. 4.2.3 von Habel (1979) behandelt.

59* Da ich mich in der vorliegenden Arbeit schwerpunktmässig mit Wissens- und Bedeutungsrepräsentationen befasse, werde ich auf diesen Punkt der syntaktischen Analyse bzw. des Zusammenspiels von Syntax und Semantik (in einem weiteren Sinne) nicht eingehen.

(5.66) d.   r_t.1 — ETA x : erläutern (x, r_t.2. r_t.3) — 'person'
                     ⟍ PersP ————————————————————————— 'fem', '3 Sg'

        r_t.2 — ETA x : erläutern (r_t.1, x, r_t.3) — 'person'
               ⟍ PersP ————————————————————————— 'mask', '3 Sg'

        r_t.3 — ETA x : erläutern (r_t.1, r_t.2, x) — 'ged. Obj'
               ⟍ ETA x : vorstellungen (x, r_t.4) ———— 'ged. Obj'

        r_t.4 — ETA x : vorstellungen (r_t.3, x) ———— 'person'
               ⟍ PossP ————————————————————————— 'fem', '3 Sg'

ergeben, wobei hier auch die in (5.64) erläuterten Sortenattribute berücksichtigt
werden. Betrachtet man nun das zum ersten Satz von (5.66.a) gehörige RefN

(5.66) e.   r.5 ——— 'Maria' ————————————————— 'fem' 'Vorname'
        r.2 ——— IOTA x : univ.präs.(x, r.3) ——— 'person'
        r.3 ——— 'TU Berlin' ——————— 'Eigenname' 'Institution'

so ist es offensichtlich, wie aus dem Vergleich der Designationsattribute auf die
Beziehungen

(5.66) f.   r.5 = r_t.1 = r_t.4
                r.2 = r_t.2

geschlossen werden kann. (Der Ablauf derartiger Prozesse wird detailliert in Kap.
5.3.3 beschrieben werden.)

Die Beispiele der Pronomen (vgl. Abb. 5.5) haben schon gezeigt, dass einer
Designation, z.B. 'PersP', verschiedene Attributionskombinationen zugeordnet werden
können, genauer: dass die auf der sprachlichen Oberfläche verwendeten Formulierungen
dafür ausschlaggebend sind, welche Attributierung einer Designation im temporären
(oder permanenten) RefN auftritt. Dieses Phänomen tritt insbesondere auch im
Zusammenhang von Aktivierungs- und Fokussierungsprozessen auf. Auch hier werde ich
mit einem Beispiel beginnen; man betrachte hierzu die Satzfolgen 60*

60* '(+)' und '(-)' kennzeichnen die – von Testpersonen vergebenen – Präferenzen
    für die jeweiligen Alternativen. Wie in solchen Fällen üblich, sind abweichende
    Bewertungen (durch den Leser) nicht auszuschliessen. Ich möchte ausdrücklich
    darauf hinweisen, dass hier nicht eine Aussage über Akzeptabilität bzw. Nicht-
    Akzeptabilität gemacht wird, sondern von einer 'Präferenz für eine Alternative'
    gesprochen wird.

(5.68) a.   Paul hat ein Kind. Es ist eine Tochter.

      a.1 Er liebt sie sehr. (+)

      a.2 Er liebt es sehr.   (−)

     b.   Paul hat ein Kind. Er liebt es sehr.

              Es ist eine Tochter.

     c.   Peter hat zwei Kinder. Das Mädchen geht in die Vorschule.

      c.1 Nächstes Jahr wird es in die Schule kommen. (+)

      c.2 Nächstes Jahr wird sie in die Schule kommen. (−)

Ohne hier auf die Ebene der RefNe überzugehen, will ich eine auf Designationsattributen basierende Erklärung dieses Phänomens vorschlagen. Für das Kind, genauer die Tochter von Paul bzw. Peter, liegen nach den ersten beiden Sätzen von a. bzw. c. im Hinblick auf das natürliche Geschlecht (Sexus) die gleichen Informationen vor. Der Unterschied liegt darin, welches Genus-Attribut die zuletzt verwendete Designation aufweist, im a.-Fall über 'Tochter' 'fem' und im c.-Fall über 'Mädchen' 'neutr'.

Wenn man diesen Erklärungsansatz akzeptiert, so ist 'zuletzt verwendete Designation' zu explizieren. Hierfür führe ich eine weitere Attributsdimension ein, die der Fokusgrade. In einer ersten Näherung soll davon ausgegangen werden, dass Fokusgrade durch natürliche Zahlen (einschliesslich 0) repräsentiert werden, wobei ein hoher Wert für einen hohen Grad an Fokussierung stehen soll. Diese Beschreibung der Interpretation deutet auch an, dass 'Fokus', wie ich den Begriff in der vorliegenden Arbeit, insbesondere auch im folgenden Kapitel 5.2.2, verwende, ein Konzept ist, das die Aspekte 'Aktivierung', 'Aufmerksamkeit' und 'im Blickpunkt des Interesses stehend' betrifft. Insofern ist das hier verwendete Konzept 'Fokus' nicht mit dem der Prager Schule (vgl. etwa: Sgall/Hajicova/Benisova, 1973) identisch, sondern entspricht eher der Sichtweise, die in Arbeiten der kognitionswissenschaftlich orientierten KI, etwa von Grosz (1978, 1981) oder Reichman (1978), zum Ausdruck kommt.

Die in (5.68) aufgeführten Präferenzen legen es nahe, eine Verarbeitungsstrategie der Art

(5.69)   Beziehe Dich auf die Designation mit dem höchsten

           Fokusgrad!

anzunehmen.

Diese Beispielklasse der Fokusattribute zeigt, dass nicht nur eine Attributierung der Designationen, wie sie für Namens- und Sortenattribute angesetzt werden kann, sondern eine Attributierung der Designationsbeziehungen (vgl. (5.62)) von Interesse ist. Dieser Situation trage ich im weiteren durch die Einführung des Konzepts der designationsattributierten RefNe Rechnung:

(5.70) a.   Gegeben sei eine nicht-leere, höherdimensionale

                 Menge von (Designations-) Attributen

                         D-ATT

                 und eine Attributierungsabbildung

                     d-att : REFO x DESIGN -> D-ATT

Die Bezeichnung 'höherdimensional' weist darauf hin, dass referentielle Prozesse (Kap. 5.3) so konzipiert sind, dass jeweils spezielle Aspekte der Attribute, etwa Fokus, Genus, einzeln berücksichtigt werden können. Ich werde daher im weiteren D-Attribute als Vektoren oder Listen, je nach Geeignetheit für die Darstellung, formulieren. Insbesondere werden unmarkierte bzw. irrelevante Attributionsdimensionen vernachlässigt werden.

Die Attributierungsabbildung ist, wie die Zuordnung von Bedeutungsrepräsentationen, situationsabhängig, d.h. das IPS weist bei vorgegebener Eingabe T im Zustand z.0 den in T bzw. RefN (z.0) auftretenden Designationen bzw. Paaren $\langle r.i, des.j \rangle$ Attribute zu. Dies führt dazu, dass im weiteren, als Erweiterung der Konzeption RefNe (5.8), d-attributierte RefNe betrachtet werden. Für sie gilt:

(5.70) b.   d-att_REF-N $\subset$ REFO x DESIGN x D-ATT

Die Netze (5.66) d. und e. sind erste Beispiele hierfür.

5.2.2. RefO-Attribute

Im vorhergehenden Kapitel 5.2.1 habe ich Attribute zu Designationen bzw. Designationsbeziehungen dargestellt. Diese repräsentieren Eigenschaften von designierenden SRL-Ausdrücken bzw. von referentiellen Verwendungen dieser designierenden Ausdrücke. In beiden Fällen sind RefOs, d.h. die internen, mentalen Stellvertreter von Objekten der projizierten Welt, nur indirekt betroffen. Im vorliegenden Kapitel werde ich nun das Konzept der Attributierung auf RefOs übertragen; die dahinterstehende Annahme ist, dass Sprecher/Hörer (bzw. IPSe) im objektorientierten Wissensbestand, den RefNen, auch die wesentlichen Eigenschaften der Objekte kodiert haben.

Zur Erläuterung des Begriffes 'wesentliche Eigenschaften eines RefOs' will ich mit einem Beispiel, der Wiederaufnahme von (5.68.c.2) beginnen:

(5.71) a.   Peter hat zwei Kinder. Das Mädchen geht in die Vorschule.

                 Nächstes Jahr wird sie in die Schule kommen.

(In der Diskussion über Genusattribute, in Kap. 5.2.1, war diese Satzfolge, genauer der Abschluss durch den dritten Satz unter Verwendung des femininen Personalpronomens 'sie' mit '-' gekennzeichnet worden, wobei '-' als 'geringere Präferenz' zu interpretieren ist.) Wodurch wird der Hörer dieser Satzfolge nun dazu gebracht, 'sie' in geeigneter Weise zu interpretieren, d.h. auf die Tochter von Peter zu beziehen? Würde die Analyse ausschliesslich auf Genusattributen beruhen, könnte aus der vorliegenden Satzfolge, bzw. dem hieraus aufgebauten d-attributierten RefN, die korrekte Zuordnung nicht vorgenommen werden. Man beachte, dass das einzige auftretende Nomen mit dem Genus 'fem' 'Vorschule' ist; das entsprechende RefO nicht als Antezedenten zuzulassen, ergibt sich aus dem Sortenraster zu 'kommen' 61*. Benötigt wird ein Antezedent, der mit dem Genus 'fem' der Designation, die sich durch Fokussierung des dritten Satzes ergibt, nämlich

(5.71) b. r_t.5 — ETA x : kommen (x, "in Schule", "nächst.Jahr") — 'fem' verträglich ist. Der Lösungsweg, um dieses Problem zu beseitigen, ist intuitiv klar: Zum Weltwissen gehört, dass Mädchen weiblich sind; und über dieses Wissen ist ermittelbar, wer mit 'sie' gemeint ist. Um derartiges Wissen an geeigneter Stelle repräsentieren zu können, führe ich zusätzliche Attribute zu RefOs ein, die wiederum, wie im Fall der D-ATTe, als höherdimensionale Wissensstrukturen angesetzt werden. Für das Beispiel (5.71) wird zuerst einmal der Aspekt (d.h. die Dimension) des 'natürlichen Geschlechts' (Sexus) relevant sein; dieses Attribut ist zwar analog zum Genusattribut (5.65.a) aufgebaut,

(5.72) a.

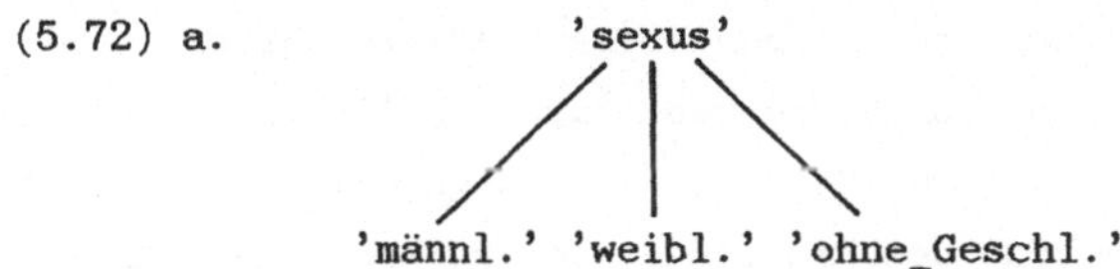

bezieht sich jedoch auf RefOs und nicht auf Designationen. Die Beziehungen zwischen Genus und Sexus

(5.72) b.   'mask.'   'männl.'

        'fem.'   'weibl.'

        'neutr.'   'ohne_Geschl.'

sind im Deutschen nicht verbindlich. Es kann zwar davon ausgegangen werden, dass in der überwiegenden Zahl der Fälle für männliche bzw. weibliche RefOs Designationen des Typs 'mask.' bzw. 'fem.' vorliegen, wobei u.a. die in (5.71) verwendeten Ausnahmen existieren, für sächliche RefOs ist jedoch keine systematische Genuszuordnung zu finden. Aus diesem Grund kann die Verträglichkeit bzw.

61* Ich gehe hier von einem Weltausschnitt aus, in dem 'kommen' auf belebte Objekte beschränkt wird. Sätze wie "Der Winter kommt" fallen also aus dem Sprachumfang dieses Fragments heraus.

Unverträglichkeit zwischen Sexus- und Genusattributen, entsprechend (5.72.b), nur in Ausnahmefällen für die Referenzanalyse verwendet werden; eine derartige Ausnahmesituation liegt aber gerade in (5.71) vor, insofern nämlich, als für gewisse belebte Objekte auch im Deutschen eine weitgehende Parallelität zwischen Genus und Sexus vorliegt 62* und die Konventionen des Deutschen einen Wechsel des Genus, wenn dieser durch den Sexus induziert ist, zulässt, d.h. Konstruktionen des Typs "Das Mädchen .... . Sie .... ." erlaubt.

Unter Verwendung von Attributen zu RefOs ergibt sich als RefN (Teilnetz) für die ersten beiden Sätze von (5.71.a)

(5.71.c)   'männl.' —— r.1 —— 'Peter' ————————— 'mask.' 'Vorname'
             'weibl.' —— r.3 —— ETA x : kind_von (r.1, x) — 'neutr.'
                                 ETA x : mädchen (x) ———————— 'neutr.'

Die oben skizzierten Überlegungen zur Genus-Sexus-Kongruenz erklären, warum die referentielle Beziehung (5.71.b) des temporären RefNs r_t.5, die aus dem dritten Satz der Satzfolge gebildet wurde, zum REF-N (5.71.c) passt, d.h. warum r.3 und r_t.5 identifiziert werden dürfen. Nachdem ich hiermit die Zulässigkeit dieser Identifizierung erläutert habe, ist zusätzlich zu begründen, warum überhaupt ein Vergleich, d.h. eine Überprüfung der Verträglichkeit, zwischen r.3 und r_t.5 durchgeführt werden soll.

Entsprechend zu den im vorhergehenden Abschnitt für Designationsbeziehungen durchgeführten Überlegungen kann davon ausgegangen werden, dass RefOs selbst Objekte sind, denen eine grössere bzw. geringere momentane Aufmerksamkeit zukommt, mit anderen Worten, dass RefOs ein Fokusgrad (im Sinne von Kap. 5.2.1) als Attribut zugewiesen ist. Durch die Erwähnung im zweiten Satz der Satzfolge weist r.3 einen hohen Fokusgrad auf und wird deshalb von den Prozessen der Referenzanalyse als Antezedenzanwärter zur Überprüfung der Verträglichkeit herangezogen 63*.

Analog zu den Formalisierungen (5.70) der Designationsattribute ergibt sich für RefO-Attribute:

62* Dies gilt für menschliche Wesen und für gewisse Klassen von Tieren, insbesondere für Tiere, mit denen der Sprecher vertraut ist, z.B. Haus- und Nutztieren, oder in den Fällen, in denen die Aufmerksamkeit explizit auf das natürliche Geschlecht gerichtet ist. Vorsicht ist hier beim generischen Gebrauch der Artikel geboten, etwa im Fall: "Der Löwe säugt, wie alle Säugetiere, seine Jungen."

63* Die Prozesse der Referenzanalyse werden in Kap. 5.3, insbesondere im Kap. 5.3.3, detailliert beschrieben werden. Dort wird auch 'Antezedenzanwärter' expliziert werden.

(5.73) a.   Gegeben sei eine nicht-leere, höherdimensionale

           Menge von (RefO-) Attributen

               R-ATT

           und eine Attributierungsabbildung

               r-att : REFO -> R-ATT

RefNe, die sowohl über D-Attribute als auch über R-Attribute verfügen, werden als doppelattributierte RefNe (AA_RefNe) bezeichnet; für sie gilt:

(5.73) b.   AA_REF-N $\subset$ (R-ATT x REFO) x DESIGN x D-ATT

Die Klammerung der beiden ersten Komponenten des kartesischen Produktes soll andeuten, dass die R-Attribute funktional von REFO abhängen, oder anders ausgedrückt, dass in relationaler Schreibweise eines RefNes alle Quadrupel mit gleicher zweiter Komponente, d.h. alle Beschreibungen verschiedener Designationen derselben RefOs, dieselben R-Attribute aufweisen.

Im folgenden sollen noch zwei Themenkomplexe in bezug auf R-Attribute angesprochen werden:

     - Welche Eigenschaften werden durch R-Attribute dargestellt?

     - Wie werden einem RefO R-Attribute zugewiesen?

Die bisherigen Erläuterungen zu R-Attributen enthielten schon zwei Kandidaten für Aspekte, d.h. Dimensionen, der R-Attributierung: Sexus und Fokusgrad. Bevor ich zu generelleren Charakterisierungen der Menge R-ATT übergehen werde, will ich zwei weitere Vorschläge für R-ATT-Dimensionen vorstellen: Sortenattribute und Kardinalität.

Beginnen wir mit Sortenattributen: RefOs, d.h. Stellvertreter für Individuenkonzepte, sind in die durch Sorten gegebene Kategorisierung (Taxonomie) der Welt eingebettet; wir (Menschen) wissen, zu welcher Sorte ein gewisses RefO gehört, bzw. wir besitzen Annahmen darüber, die natürlich auch falsch sein können. Wenn man von einem Objekt 'Peter' hört, dass es zwei Kinder besitzt, so schliessen wir normalerweise daraus, dass Peter männlich ist, und wenn eines dieser Kinder die Vorschule besucht, dass Peter ein Mensch ist, da Peter der Vater eines Wesens ist, das eine Vorschule besucht und daher wohl ein Mensch sein wird. (Die meisten Leser werden schon aufgrund der Formulierung "Peter hat zwei Kinder" auf 'männlichen Menschen' geschlossen haben, da 'Kinder' üblicherweise auf menschliche Wesen verweist.) Somit kann einem derart beschriebenen RefO die Sorte 'männlicher Mensch' zugewiesen werden, d.h. das entsprechende RefN würde den folgenden Eintrag

(5.74) a.   'männl.' 'Mensch' —— r.1 —— 'Peter'

                  ETA x : kind_von (x, r.2)

enthalten. Hierbei ist die Sorte 'männlicher Mensch' als Schnitt der Sorten 'männl.' und 'Mensch' entsprechend der in Kap. 3.3 erläuterten Verbandsstruktur der Sorten aufzufassen. An dieser Stelle kann ich auch auf eine der Möglichkeiten, R-Attribute zu berechnen, hinweisen. Die erste Designation von $r.1$ verweist über das Genusattribut 'mask' auf 'männlich', die zweite Designation über entsprechendes Wissen bzgl. $r.2$ auf die Sorte 'Mensch'. Die verwendete Berechnungsvorschrift für Sortenattribute zu RefOs lautet also:

(5.74) b.   Sind $s.1, \ldots s.n$ die Sortenattribute von

Designationen von $r.i$, so ist

$s = inf\ (s.1, \ldots s.n)$ das Sortenattribut zu $r.i$

Man beachte, dass s in vielen Fällen spezifischer, und insofern informationsreicher, ist als die Sortenattribute der Designationsbeziehungen bzw. Designationen. (Auf diesen Gesichtspunkt des Informationsgehalts werde ich in Kap. 6 ausführlicher eingehen.) Jetzt sei nur schon darauf hingewiesen, dass die Fälle, in denen das Verfahren der Sortenattributsberechnung entsprechend (5.74.b) zur Sorte 'NIL' führt, einer besonderen Behandlung bedürfen. Man betrachte etwa den Satz

(5.75)   Im Jahre 1936 heiratete ich Peter Spence, und mein

jüngstes Kind, Conrad, wurde 1937 geboren.

Dieser Satz, der aus dem Kontext herausgelöst ist, wird sicherlich keine Schwierigkeiten bereiten; Probleme treten erst dann auf, wenn man berücksichtigen will, dass der Autor Bertrand Russell (1973; p. 297) ist. Dann werden sortale Attribute an der einen oder anderen Stelle zu 'NIL' führen, wegen inf('männl.','weibl.') = NIL. In diesem Fall ist also vom Leser zusätzliches Wissen gefordert, denn durch (5.75) wird eine Situation geschildert, die eine weitere Erklärung erforderlich macht. (Diese lautet: " ... Patricia Spence, allgemein bekannt als Peter Spence, ..." (Russell, 1973; p. 292).

Als weiteren wichtigen Typ von R-Attributen will ich - abschliessend für dieses Kapitel - Kardinalitätsattribute vorstellen. Hierzu komme ich wieder auf das Beispiel (5.71.a) zurück. Nach dem ersten Satz sollte das diese Satzfolge verarbeitende IPS einen internen Stellvertreter , d.h. ein Klassen-RefO (vgl. Kap. 5.1.3), kreiert haben, das 'die Kinder von Peter' repräsentiert, etwa durch

(5.76) a. $r.2$ —— ALL_t x : kind_von (r.1, x).

(Dieser Eintrag in das RefN ist als Ergänzung zur verkürzten Darstellung (5.71.c) zu sehen.) Zusätzlich zu dieser Designationsbeziehung sollte das IPS auch das Wissen über die Zahl der Kinder in adäquater Weise repräsentieren können. Dieses Wissen wird im weiteren durch Kardinalitätsattribute dargestellt und durch Ausdrücke der Art "card = 2" formuliert. Hieraus ergibt sich für das RefO $r.2$

(5.76) b.   card = 2 —— $r.2$ —— ALL_t x : kind_von (r.1, x)

Repräsentationen, die Kardinalitätsattribute berücksichtigen, ermöglichen 64* bei der Generierung unterschiedliche Ausdrücke der entsprechenden natürlichen Sprache zu formulieren, je nachdem, wie detailliert das betreffende RefO beschrieben werden soll; im obigen Fall etwa:

(5.76) c. Sie gehen noch nicht zur Schule.

Beide gehen noch nicht zur Schule.

Woher kommen nun die Kardinalitätsattribute? Sie werden durch die Deskriptionsoperatoren vermittelt. Singulare Operatoren wie 'IOTA' und 'ETA' führen zu 'card = 1', plurale wie 'ALL_t' und 'SOME_t' zu 'card > 1'.

Speziellere, d.h. informativere Attribute können aufgrund verschiedener Verarbeitungs- bzw. Schlussprozesse errechnet werden, z.B.

- aufgrund expliziter Angaben im Text, wie hier durch 'zwei Kinder',
- aufgrund komplexer Schlussprozesse, wie sie z.B. durch "5 Kinder, davon 1 Sohn, also 4 Töchter" informell beschrieben werden können,
- aufgrund expliziter, aber vager und/oder kontextabhängiger Deskriptionen wie sie in 'viele Bücher', 'einige Studenten' auftauchen. (Vgl. die entsprechenden Bemerkungen in Kap. 5.1.3 bzw. bei Hörmann, 1983.)

Ich will nun auf die oben schon formulierte Frage, welche Eigenschaften als R-Attribute zu repräsentieren sind, zurückkommen. Eine definite und endgültige Antwort kann zum gegenwärtigen Zeitpunkt nicht gegeben werden. Man kann das entsprechende Wissen auch an anderer Stelle des Weltmodells repräsentieren; so lässt sich z.B. das durch Sortenattribute kodierte Wissen sowohl in Designationen des betreffenden RefOs als auch durch Einträge im faktuellen Wissen darstellen, beide Male unter Verwendung des jeweiligen Sortenprädikats (vgl. Kap. 3.3). Wenn ich hier der expliziten Verwendung von Attributen den Vorzug gebe 65*, so deswegen, weil ich, wie an anderer Stelle schon mehrfach erläutert, davon ausgehe, dass Wissen dort repräsentiert werden sollte, wo es effizient eingesetzt werden kann. Die im vorliegenden Kapitel vorgeschlagenen Dimensionen von R-ATT finden in den referentiellen Prozessen, insbesondere denen der Referenzanalyse, intensiv Verwendung. Daher sollte davon ausgegangen werden, dass das entsprechende Wissen direkt dort, wo es benötigt wird, im RefN bzw. am RefO nämlich, abgespeichert ist, und nicht erst durch eventuell aufwendige Verfahren aus dem faktuellen Wissen bzw. den Designationen jedesmal neu erschlossen werden muss.

64* Weitere Anwendungsbereiche für Kardinalitätsattribute werden in Kap. 6 im Zusammenhang mit Problemen der Unter- und Überstimmtheit erläutert werden.

65* Dies bedeutet nicht, dass die sortale Information nicht in vielen Fällen mehrfach, also redundant, abgespeichert wird, d.h. als R-Attribut, als Designation des RefOs und im faktuellen Wissen.

Darüber hinaus ist davon auszugehen, dass – und hierauf werde ich im folgenden Kapitel zurückkommen – die internen Stellvertreter, die RefOs, als informationsreiche, komplexe und strukturierte Wissensentitäten anzusehen sind, die entsprechende Informationen, wie z.B. Sortenzugehörigkeit und Kardinalität, direkt beinhalten.

5.2.3. Zur kognitiven Interpretation attributierter RefNe

Bevor ich im folgenden Kapitel 5.3 auf die Prozesse, die über RefNen ablaufen, eingehen werde, will ich im vorliegenden Abschnitt eine zusammenfassende Darstellung der Wissensstruktur referentieller Netze unter dem Aspekt der 'kognitiven Realität' geben.

Ausgangspunkt für meine Überlegungen (vgl. auch Kap. 2.2 und 3.5) ist dabei, dass die Fähigkeit eines IPS, die für eine spezielle Aufgabe relevanten Wissensentitäten identifizieren und geeignet verwenden zu können, wesentlich für das intelligente Verhalten des IPS verantwortlich ist. Aus dieser Grundannahme ableitbar ist die Forderung nach wohlstrukturierten Wissenssystemen, die im SRL-Ansatz zur Annahme eines eigenständigen Wissenstyps

$$\text{Wissen über Objekte} = \text{RefN}$$

führt. Der Kern der RefN-Konzeption wird durch die Menge REFO, das mentale Inventar an Stellvertretern für Objekte der projizierten Welt, gebildet. REFO stellt also alle Objekte, genauer ihre Stellvertreter, bereit, über die das betreffende IPS etwas weiss 66*.
Den durch RefOs repräsentierten Objekten werden vom Sprecher/Hörer (bzw. IPSen) Eigenschaften zugewiesen. Ich unterscheide hier im wesentlichen zwei Typen von Eigenschaften, und zwar aufgrund der unterschiedlichen Repräsentationsform in RefNen:

- durch R-ATTe repräsentierte Eigenschaften
- durch Designationen repräsentierte Eigenschaften

66* Diese Formulierung lässt die Frage offen, ob das IPS weiss, dass/ob es etwas über ein spezielles Objekt der projizierten Welt weiss. Ebensowenig wird durch diese Sichtweise der Unterschied zwischen erinnerbarem und momentan verdecktem Wissen verschleiert.

Wie im vorhergehenden Kapitel 5.2.2 dargelegt wurde, ist die Zuordnung spezieller Eigenschaften zu einem dieser Typen gegenwärtig nicht durch streng formalisierte und empirisch bestätigte Kriterien durchgeführt; für R-ATTe habe ich oben die Charakterisierung durch 'essentielle' Eigenschaften verwendet. Als Kriterium der Essentialität wird dabei angesetzt, dass eine Vielzahl referentieller Prozesse – und hier handelt es sich (vgl. Kap. 5.3) um generelle Verfahren –, die in R-ATTen kodierte Information in besonderer Weise verwenden.

Eine andere Rechtfertigung, gewisse Eigenschaften als 'essentiell' anzusehen, beruht auf Universalität bzw. frühe Ausprägung während des Erwerbs kognitiver und sprachlicher Fähigkeiten bei Kindern. Dies sei an einigen Beispielen dargestellt:

- Sorten korrespondieren, wie in Kap. 3.3 dargestellt wurde, zu konzeptuellen Kategorien. Für diese wurde in zahlreichen empirischen Untersuchungen nachgewiesen, dass entsprechende Kategoriensysteme zur kognitiven Ausstattung des Menschen gehören. Vgl. hierzu insbesondere Rosch (1977) zur Prototypentheorie und zu Kategoriensystemen, und Keil (1979) zur Entwicklung von Kategoriensystemen beim Kind, sowie Smith/Medin (1981).
- Zumindest die Unterscheidung in Einzelding und Klasse ist schon in einem frühen Stadium der kognitiven bzw. sprachlichen Entwicklung nachweisbar. Macnamara (1982; Chap.10) weist darauf hin, dass schon im Alter von ca. 3 Jahren die entsprechenden Differenzierungen überwiegend korrekt durchgeführt werden 67*.
- Fokusattribute betreffen, wie oben eingehend erläutert wurde, den Aspekt der Aktivität/Aktivierung von Gedächtnisentitäten. Dass Aktivierungsprozesse bzw. Markierungen eine fundamentale Rolle in kognitiven Prozessen spielen, ist in der Gedächtnisforschung unumstritten (vgl. Kintsch, 1977; Anderson, 1983, Chap.3). Wie derartige Aktivierungen realisiert werden, ist dabei jedoch noch nicht vollständig geklärt.
Für den speziellen Fall der Referenzanalyse besonders interessant sind die Untersuchungen von Clark/Sengul (1979), durch die nachgewiesen wurde, dass Objekte, d.h. RefOs, die im letzten Satz bzw. im letzten Teilsatz erwähnt wurden, eine privilegierte Stellung im Arbeitsbereich des Gedächtnisses (working memory) einnehmen. Früher erwähnte Objekte werden deutlich weniger berücksichtigt. Dieses Verhalten stützt die Annahme von Fokusattributen in R-ATT.

Die weiteren Eigenschaften des RefOs (bzw. des durch das RefO vertretenen Objekts) werden über die Designationen des RefOs dargestellt. Für die Menge DESIGN der

---

67* Ob die von mir vorgeschlagenen Kardinalitätsattribute, die eine bedeutend feinere Abstufung ermöglichen, ebenfalls einer empirischen Überprüfung standhalten, müsste durch eingehende Experimente untersucht werden.

Designationen habe ich in (5.7.a) eine Aufteilung in 'Namen' und 'Deskriptionen' vorgenommen. Diese Einteilung, die der Tradition der Namenstheorie (vgl. Kripke, 1980; Linsky, 1977) folgt, kann auch empirisch bestätigt werden. So wurde z.B. durch Macnamara (1982; Chap. 2) das Vorliegen einer entsprechenden Differenzierungsfähigkeit bei Kindern im Alter von 2-3 Jahren nachgewiesen. Ortony/Anderson (1977) konnten aufgrund von Experimenten zur Referenzanalyse nachweisen, dass Namen und definite Deskriptionen von jeder adäquaten Theorie des semantischen Gedächtnisses als wohlunterscheidbare Designationstypen behandelt werden müssen. Die Arbeiten von Herrmann/Laucht (1976) zeigen, dass bei der Designation von Objekten, im Vergleich zu anderen Objekten derselben Kommunikationssituation, überwiegend minimal diskriminierende Deskriptionen verwendet werden. Das Auffinden derartiger Diskriminationen wird durch die Designationen der betreffenden RefOs unterstützt. Ein Vergleich zweier RefOs und ihrer Designationen dürfte hier effizienter sein als eine Suche über dem faktuellen Wissen.

Nachdem ich empirische Belege für die kognitive Realität der ersten drei Komponenten der AA_RefNe, R-Atte, RefOs und Designationen, aufgeführt habe, will ich abschliessend einige empirische Argumente für die Annahme der Designationsattribute zusammenstellen:

- Designationsattribute betreffen insbesondere Wissen darüber, wie Objekte sprachlich bezeichnet werden können; insofern spricht die Tatsache, dass Kommunikation in einer Sprachgemeinschaft funktioniert, für die Annahme entsprechender Wissensentitäten, wie z.B. 'Genus-Attribute' (vgl. Kap. 5.2.1).
- Unter den Designationsattributen habe ich u.a. den Bereich von Attributen aufgeführt, der Wissensquellen betrifft. Die von Clark/Marshall (1981) vorgeschlagenen 'reference diaries', vgl. Kap. 5.4.3, betreffen gerade diesen Aspekt: Sprecher und Hörer berücksichtigen bei der Kommunikation, welche Objekte bzw. Objektbezeichnungen dem Kommunikationspartner bekannt sein müssten.
- Attributierte Designationen beinhalten - man denke hier z.B. an die Designationen durch Referenzoperatoren wie 'PersP' (vgl. 5.66.d) - Informationen darüber, wie eine Referenz durch natürlich-sprachliche Ausdrücke hergestellt wurde, d.h. Information über die sprachliche Oberfläche. Dass derartiges Wissen im Gedächtnis - zumindest temporär - gespeichert wird, und zwar über das Arbeitsgedächtnis hinaus, wurde für den Bereich der Referenz (durch Pronomen und nicht-pronominale Nominalphrasen) durch Bates et al. (1980) nachgewiesen.

Die oben hergestellten Beziehungen zwischen der Konzeption der Wissensstruktur referentieller Netze einerseits, und den empirischen und theoretischen Untersuchungen der kognitiven Psychologie andererseits, sprechen m.E. für die

Adäquatheit referentieller Netze. Ausserdem kann ein weiterer Typ von Belegen für die Konzeption der RefNe angeführt werden: die konzeptions-internen. Im folgenden Kapitel 5.3 werde ich, nachdem die grundlegende Struktur der Wissenskomponente bzgl. 'Wissen über Objekte', d.h. der doppelt-attributierten RefNe, festliegt, Prozesse über RefNen darstellen. Diese Prozesse werden von allen bisher vorgeschlagenen Aspekten der RefNe Gebrauch machen und insofern eine SRL-/RefN-interne Rechtfertigung für die bisher gemachten Annahmen bilden.

5.3. Referentielle Prozesse

In den beiden vorangegangenen Kapiteln 5.1 und 5.2 habe ich bei der Darstellung der Wissensstruktur der RefNe stets auch von Prozessen über diesen Wissenssystemen Gebrauch gemacht, ohne die entsprechenden Prozesse explizit beschrieben zu haben. Im vorliegenden Kapitel wird daher die Formalisierung und Erläuterung referentieller Prozesse im Vordergrund stehen.

Hierbei werden im wesentlichen zwei Aufgabenstellungen betrachtet werden, die vom IPS zu erfüllen sind:

- die Veränderung des Weltmodells aufgrund eines Eingabetextes
- die Generierung eines Textes ausgehend von einem Weltmodell und einer Äusserungsabsicht.

Die Veränderung des Weltmodells, vgl. (2.7), aufgrund eines Eingabetextes

(5.77) $ch : \langle WM (t.0), T \rangle \longmapsto WM (t.1)$

beinhaltet: − weltmodell-abhängige Bedeutungsrepräsentation

            − Integration der Bedeutung in das WM.

Die Generierung eines Textes kann wie folgt charakterisiert werden:

(5.78)   Gegeben sei ein WM (t.0) und

              eine R-basierte SRL-Formel p, die die Bedeutung

              der beabsichtigten Äusserung repräsentiert.

                    $gen : \langle WM (t.0), p \rangle \longmapsto T$

              bezeichnet den Generierungsprozess.

Offensichtlich ist, dass 'ch' und 'gen' komplexe IPe sind, die u.a. aus Prozessen aufgebaut sind, die über dem objektorientierten Teil des WMs, über dem REF-N(t.0), operieren.   Diese Teilprozesse werden im folgenden als 'Referentielle Prozesse' bezeichnet werden.

Ausgehend von der Annahme, dass informationsverarbeitende Prozesse auf einer kleinen Anzahl von Basisprozessen beruhen, werde ich in Kap. 5.3.1 ein Inventar von Elementarprozessen über RefNen vorstellen, und anschliessend in Kap. 5.3.2 aus diesen einige komplexe referentielle Prozesse aufbauen, und zwar solche, die schon in den Erläuterungen zur Wissensstruktur der RefNe verwendet wurden.

In Kap. 5.3.3 wird − unter Verwendung komplexer referentieller Prozesse − der Vorgang der Referenzanalyse und der Generierung geeigneter Designationen dargestellt werden. Kap. 5.3.4 befasst sich dann mit der zeitlichen Veränderung der RefNe, d.h. mit der Geschichte von RefOs und RefNen.

5.3.1. Basisprozesse

Die Grundannahme des IPS-Paradigmas (vgl. Kap. 1.2) besteht darin, dass kognitive Prozesse als komplexe Informationsverarbeitungsprozesse aufgefasst werden können, wobei 'komplex' darauf hinweist, dass die höheren kognitiven Prozesse über einem Inventar von elementaren Prozessen (Newell/Simon 1972, 'elementary information process') bzw. Basisprozessen (BIP; vgl. (1.2.d)) aufgebaut sind 68*.

Im folgenden werde ich das Inventar der referentiellen Basisprozesse exemplarisch vorstellen 69*. Bei der Erläuterung werde ich der in (1.3) vorgenommenen Typisierung folgen. Bevor ich die Basisprozesse beschreibe, möchte ich darauf hinweisen, dass auch einige der folgenden BIPs schon auf elementareren Prozessen basieren. Eine noch weitergehende Trennung in Basisprozesse und atomare Prozesse würde für das Thema 'Referentielle Prozesse' m.E. nichts aussagen. Die Beschreibung der Prozesse erfolgt durch das Schema:

- Eingabe
- Funktion
- Ausgabe

Eine komplette Algorithmisierung bzw. Implementierung in einer gängigen Programmiersprache (z.B. LISP oder PROLOG) ist aufgrund meiner Erläuterungen (leicht) möglich.

Test- und Vergleichsprozesse

In diese Klasse von BIPs fallen Prozesse, die die Identität bzw. Verträglichkeit von Symbolstrukturen überprüfen. Die Basis bilden hier Vergleichsprozesse, die bei der Eingabe von zwei zu vergleichenden Symbolstrukturen — und dies sind hier stets SRL-Ausdrücke einer bestimmten syntaktischen Kategorie — die übereinstimmenden bzw. die abweichenden Teile markieren.

68* Erste Überlegungen zu diesem Thema habe ich in Habel (1985 a) vorgestellt; die dort erläuterten Einteilungen und Bezeichnungen stimmen mit den in dieser Arbeit verwendeten nur partiell überein. Die Weiterentwicklung der Theorie machte einige Veränderungen notwendig.

69* Die meisten dieser Prozesse können auch in bezug auf faktuelles Wissen und Regelwissen Anwendung finden; dieser Gesichtspunkt wird hier jedoch keine weitere Erwähnung finden.

(5.79)   des_VERGLEICH

    Eingabe: zwei Designationen, des.1, des.2

    Funktion: analysiert die syntaktische Struktur der Designationen,

               vergleicht die bzgl. der syntaktischen Struktur

               äquivalenten Operatoren und Argumente.

    Ausgabe: Paar: < gl, ungl >

               gl - Beschreibung der Übereinstimmung

               ungl- Beschreibung der Abweichungen

An einem Beispiel soll des_VERGLEICH 70* erläutert werden:

(5.80) a.   des.1   ETA x : kind_von (r.2, x)

             des.2   ETA x : tochter_von (r.3, x)

Die syntaktische Analyse (hier verkürzt dargestellt) der Terme führt zu

(5.80) b.

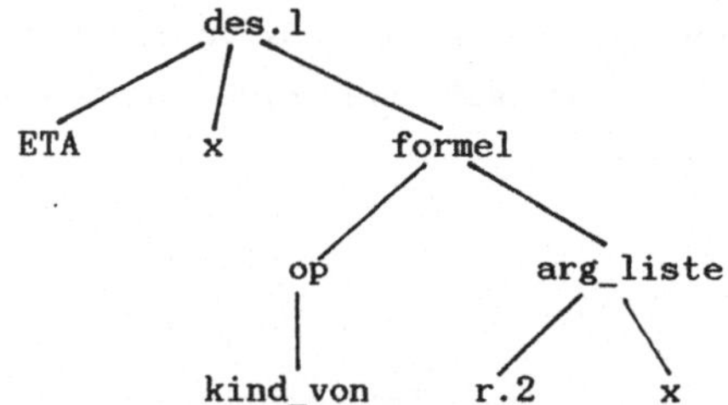

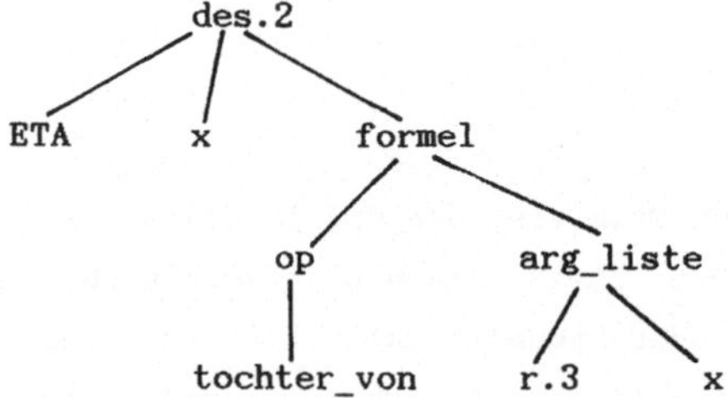

Die nun ablaufenden Basisprozesse für den Vergleich von Operatoren, Variablen und
Argumenten liefern:

(5.80) c.   gl =   ETA x : *op (*arg.1, x)

             ungl = <<*op, kind_von, tochter_von>, <*arg.1, r.2, r.3>>

70* des_Vergleich ist offensichtlich ein BIP zum Term-Vergleich, der auch für das
    faktuelle Wissen von Bedeutung ist. Ausserdem ist anzumerken, dass dieser BIP
    rekursiv arbeitet, weitere BIPs voraussetzt und insofern nicht als atomar
    bezeichnet werden kann.

wobei in 'gl' die Abweichungen durch '*' markiert sind, und 'ungl' eine Liste der Abweichungen ist.

Entsprechend ist der Vergleich zwischen Attributen durchzuführen:
(5.81)   att_VERGLEICH

Eingabe : zwei Attribute, att.1, att.2 des gleichen Typs,
           d.h. aus D-ATT oder R.ATT
Funktion: analysiert die Attribute in bezug auf die erwähnten
           Attributsdimensionen,
           vergleicht die Attribute der einzelnen Dimensionen.
Ausgabe : Paar < gl, ungl >

(Auf ein Beispiel kann hier verzichtet werden, da Funktion und Ausgabe analog zu des_VERGLEICH erfolgen.)

Aufbauend auf den Vergleichsprozessen können nun Testprozesse eingeführt werden, und zwar in bezug auf zwei Testkriterien: Identität und Verträglichkeit.
(5.82)   ID_TEST   (zwei Ausprägungen für 'des' und 'att')

Eingabe : zwei Designationen oder zwei Attribute
           (entsprechend VERGLEICH)
Ausgabe : wahr, falls 'ungl' aus VERGLEICH leer ist,
           falsch, sonst.

An dieser Stelle kann angemerkt werden, dass Identitäts-Tests für RefOs, wie sie z.B. in 'des_VERGLEICH' verwendet werden, auf die Prüfung der Identität (Gleichheit) des SRL-Ausdrucks aus REFO, d.h. auf Gleichheit der Zeichenfolge herauslaufen, ebenso wie dies beim Vergleich von Namen der Fall ist.

Bei den Verträglichkeitstests werde ich mit dem Fall der Attribute beginnen. Wenn zwei Attribute bzw. Attributsvektoren nicht identisch sind, so gibt es dennoch Fälle, in denen von einer Verträglichkeit der Attribute gesprochen werden sollte. Die Verträglichkeit zwischen Attributen betrifft jeweils einzelne Dimensionen der Mengen R-ATT bzw. D-ATT. Um die Schreib- bzw. Bezeichnungsweise zu vereinfachen, sei davon ausgegangen, dass die Dimensionen durch Dimensionsnamen bezeichnet sind 71*:

71* Ich werde im weiteren der schon häufig angewendeten Praxis folgen, die "Präfixe" 'D-' bzw. 'R-' dann zu vernachlässigen, wenn beide Fälle gleich behandelt werden. Ebenso wird der Index '.i' soweit wie möglich vermieden werden.

(5.83) a.   R–DIM bzw. D–DIM bezeichnen die Menge der

             Namen von Dimensionen von R–ATT bzw. D–ATT.

      b.   Ist etwa d–dim.i aus D–DIM , so steht

           'att aus d–dim.i' für

           'das Attribut att ist ein d–dim.i–Attribut'.

Hierdurch ist es jetzt unproblematisch, einzelne Aspekte der Attributierung anzusprechen.

Im weiteren gehe ich davon aus, dass für jede Dimension d_dim bzw. r_dim aus D–DIM bzw. R–DIM ein Verträglichkeitstest, d.h. ein spezieller IP, der die Verträglichkeit abprüft, existiert; dieser Prozess sei durch

           VERTRÄGL_d_dim.i bzw. VERTRÄGL_r_dim.i

bezeichnet 72*. Dass hierduch die oben erwähnte Grundannahme des Inventars von Basisprozessen nicht verletzt wird, ist darauf zurückzuführen, dass im wesentlichen zwei Typen von Attributs–Verträglichkeitstests angenommen werden:

–   Tests, die auf Verträglichkeits– bzw. Unverträglichkeitsrelationen beruhen; hierunter fallen sich ausschliessende Wissensquellen

–   Tests, die auf den Attributverbänden durchgeführt werden; hier sind etwa Sortenverband, Genusverband und Kardinalitätsverband zu nennen.

Die zweite Art der Tests soll kurz 73* am Beispiel der Sortenattribute erläutert werden. Zwei sortale Attribute werden dann als unverträglich angesehen, wenn ihr Infimum NIL ergibt, d.h.

(5.84)   VERTRÄGL_sor (s.1, s.2)

$$= \begin{cases} \text{wahr , falls inf (s.1, s.2)} \neq \text{NIL} \\ \text{falsch , falls inf (s.1, s.2)} = \text{NIL} \end{cases}$$

Die Verwendung der Verbandseigenschaft gewisser Attributsdimensionen setzt einen generellen Mechanismus für die Bildung des Infimums (in Verbänden) voraus, d.h. einen BIP 'inf'. Dieser wird auch an anderer Stelle, etwa bei der Prüfung der sortalen Wohlgeformtheit von SRL–Ausdrücken (vgl. Kap. 3.3), eingesetzt werden müssen.

Verträglichkeitstests, die dem Schema (5.84) entsprechend über 'INF' gebildet werden, erfüllen stets die Anforderung

(5.85)   Falls 'att.1' bzgl. 'dim' keinen Wert besitzt, so ist 'att.1' mit

           jedem 'att.2' (bzgl. 'dim') verträglich.

72* Es handelt sich hierbei um eine bzgl. der Dimensionen parametrisierte Familie von (Verträglichkeits–) Tests.

73* In Kap. 6 werden RefO–Attribute mit Verbandseigenschaft als Informationsverbände interpretiert werden; aus diesen Verbänden sind Bestimmtheitsstrukturen, die Ordnungsstrukturen ohne Verbandseigenschaft sind, ableitbar. Wesentliche Aspekte des Phänomenbereichs 'Inkonsistenz' können auf Unverträglichkeiten über diesen Bestimmtheitsstrukturen zurückgeführt werden.

wenn 'fehlender Wert' mit den TOP-Element des Verbandes 'ALL' gleichgesetzt wird. (Dieses Vorgehen rechtfertigt sich insbesondere aus der Interpretation der Verbände als Informationsverbände; vgl. Kap. 6).

Der allgemeine Fall der Verträglichkeitstests zwischen Attributen, d.h. höherdimensionalen Entitäten, kann nun auf die Tests bzgl. einzelner Attributsdimensionen zurückgeführt werden.

(5.86)   att-VERTRÄGL

        Eingabe : zwei Attribute, att.1, att.2

                eine Menge relevanter, aktueller Attributsdimensionen

                    $akt\_DIM \subset DIM$

        Funktion: Verträglichkeitsprüfung bzgl. aller als

                relevant angesehenen Dimensionen.

        Ausgabe : wahr, falls für alle dim.i aus akt_DIM gilt:

                    VERTRÄGL_dim.i (att.1, att.2) = wahr

           falsch, sonst.

An dieser Stelle sei noch einmal auf die Anforderung (5.85) hingewiesen, durch die sichergestellt wird, dass nicht-betroffene Dimensionen im Verträglichkeitstest keine Wirkung verursachen.

Auch beim Vergleich von Deskriptionen muss nicht in jedem Fall der Nichtidentität auf Unverträglichkeit bzw. Fehlen der Verträglichkeit geschlossen werden. Exemplarisch für derartige Konstellationen will ich eine Verträglichkeitssituation für das Beispiel (5.80) erläutern. (5.80.c) zeigt, dass die Identität der Deskriptionen an der Ungleichheit sowohl der eingebetteten Operatoren als auch der ersten Argumente scheitert. Das Vorgehen beim Verträglichkeitstest für Attribute zeigt, wie aus der Verträglichkeit der Komponenten auf die Verträglichkeit der Gesamtstruktur geschlossen werden kann. Zu klären ist also, in welchen Fällen Komponenten einer Deskription als verträglich bezeichnet werden können, und was überhaupt als 'Komponente' anzusehen ist.

Die Operator-Operanden-Struktur der SRL-Ausdrücke legt es nahe, Verträglichkeiten sowohl bzgl. der Operatoren und als auch bzgl. der Argumente zu untersuchen. Verträglichkeit zwischen Operatoren liegt z.B. dann vor, wenn op.1 und op.2 in einer konzeptuellen Folgerungsbeziehung 74* zueinander stehen, etwa

        op.1 C=> op.2 .

74* Ich betrachte im vorliegenden Kapitel, bei der exemplarischen Erläuterung der Verträglichkeitstests für Deskriptionen, nur den Spezialfall bzgl. 'C=>'. Eine Übertragung auf andere konzeptuelle Folgerungsoperatoren (vgl. Kap. 3.6) ist leicht möglich.

Obwohl 'C=>' im allgemeinen nicht symmetrisch ist, werde ich den im folgenden erläuterten Verträglichkeitstest symmetrisch ansetzen 75*.

Für die in (5.80) auftretenden Operatoren gilt:

(5.87) a.   'tochter_von' C=> 'kind_von'

Expliziert man das oben informell beschriebene Verträglichkeitskriterium zwischen Operatoren durch

(5.88) a.   op_VERTRÄGL.

         Eingabe : zwei Operatoren, op.1, op.2

         Ausgabe : wahr, falls op.1 C=> op.2

                    oder   op.2 C=> op.1

            falsch, sonst

so erhält man für den Fall

(5.89)   des.1   ETA x : kind_von   (r.2, x)

         des.2'   ETA x : tochter_von (r.2, x)

über die komponentenweise Verträglichkeit (analog zu 5.81) die Verträglichkeit von des.1 und des.2'. Die Situation des Beispiels (5.80) ist jedoch noch etwas komplizierter, insofern nämlich, als eine weitere Abweichung bzgl. der ersten Argumentstelle existiert.

An dieser Stelle kann das in Kap. 5.1.3 eingeführte Konzept der downward-Monotonie (5.39) eingesetzt werden. Sowohl 'kind_von' als auch 'tochter_von' sind d-monoton in beiden Argumentstellen 76*. Wenn nun in (5.80), (5.89) eine für die d-Monotonie-Schlüsse zulässige Konstellation vorliegt, nämlich

        r.3 $\subset$ r.2,

so sollten des.2 und des.2' als verträglich bezeichnet werden; dies wiederum führt zu einer Verträglichkeitskette (Transitivität der Verträglichkeit):

       des.1, des.2', des.2 .

Zusammenfassend können diese am Beispiel erläuterten Verfahren folgendermassen formal beschrieben werden:

75* Tests, die die Asymmetrie von 'C=>' berücksichtigen, werde ich in der vorliegenden Arbeit nicht einführen; eine Erweiterung in dieser Hinsicht ist ohne Schwierigkeiten durchführbar.

76* Dies gilt für die Fälle, in denen 'kind_von', 'tochter_von' sich auf leibliche, gemeinsame Kinder beziehen. Man beachte, dass dies der Standardinterpretation entspricht; die d-Monotonie-Schlüsse (vgl. Kap. 5.1.3) also normalerweise durchgeführt werden. Ausnahmefälle, z.B. bzgl. Stiefeltern – Stiefkindern, führen, ohne entsprechendes Wissen über diese Situation, zu Fehlschlüssen.

(5.90)   des_VERTRÄGL.

        Eingabe   :   zwei Deskriptionen, des.1, des.2

        Funktion :   zuerst Überprüfung der op_Verträglichkeit,

                    dann, Überprüfung der Argumentverträglichkeit.

        Ausgabe   :   wahr, falls Argumente übereinstimmen und bei

                    Abweichung der Operatoren op.1, op.2 gilt·

                    op_VERTRÄGL (op.1, op.2) = wahr

              wahr, falls Operatoren übereinstimmen und bei

                    unterschiedlichen Argumenten

                    (bzgl. entsprechender Argumentstellen)

                    arg_VERTRÄGL (arg.1, arg.2) = wahr

              falsch, sonst.

Ohne dass ich hier den Anspruch erheben will, alle Fälle der Argumentverträglichkeit
erfasst zu haben, ergibt sich für den in (5.90) verwendeten Test-BIP:

(5.91)   arg_VERTRÄGL

        Eingabe :   zwei Argumente, arg.1, arg.2

                ein Operator op

                eine Argumentstelle bzgl. op

        Ausgabe :   wahr, falls arg.1 oder arg.2 ein Dummy, dum $\in$ DUM

              wahr, falls op d-monoton bzgl. der betroffenen

                    Argumentstelle und

                        arg.1 $\subset$ arg.2 oder

                        arg.2 $\subset$ arg.1

              falsch, sonst.

(Man beachte, dass hier von RefO-basierten SRL-Ausdrücken ausgegangen wird, denn
'arg.1 $\subset$ arg.2' ist nur für RefO-Argumente erklärt. Zu 'DUM' vgl. Kap. 5.1.2,
insbesondere die Erläuterungen zu (5.26.c-e).)

Die Klasse der Verträglichkeitstests verlangt, dass durch die entsprechenden BIPs
auf verschiedene Teile des Weltmodells zugegriffen werden kann; dies betrifft
insbesondere das Regelwissen in der Form von Metafakten (bzgl. 'C=>' und d-
Monotonie), aber auch das RefN selbst, insofern nämlich, als die Beziehungen
zwischen den RefOs (als Argumente) überprüft werden müssen.

Speicherungs- und Retrievalprozesse

Diese Klasse von BIPs will ich, da sie für den Problembereich der Referentialität
bzw. die Wissensstruktur der RefNe keine speziellen oder typischen Fragestellungen
aufwirft, nicht näher behandeln. Es ist davon auszugehen, dass für RefOs,

Designationen und Attribute geeignete Abspeicherungs- und Retrievalverfahren existieren; sinnvoll ist es auch, und dies nicht nur unter Implementierungsgesichtspunkten, sondern insbesondere von einem kognitiven Standpunkt aus, anzunehmen, dass eine gezielte Suche, d.h. unter durch die Suchsituation vorgegebenen Aspekten, durchgeführt werden kann. Eine derartige Suche ist sicherlich einem Suchen-und-Testen'-Verfahren 77* vorzuziehen. Im Kap. 5.3.3, in dem die Problembereiche

- Suche eines geeigneten RefOs
- Suche einer besten Designation

behandelt werden, werde ich einige Aspekte und Verfahren, die im Rahmen einer gezielten Suche und der anschliessenden Auswahl der besten Symbolstruktur auftreten, ausführlich erläutern.

Löschung und Kreierung

Wissen, das nicht mehr benötigt wird, sollte aus dem Wissensbestand eines IPS entfernt werden können. Hierzu werden im weiteren Löschungs-BIPs eingeführt werden. Sie betreffen die drei Typen von SRL-Ausdrücken, die in RefNen auftreten: Attribute (beide Subtypen), Designationen und RefOs.

Bevor ich auf die entsprechenden BIPs eingehe, sind Vorbemerkungen zu den Gründen und der Funktion von Löschungen angebracht. Eine der wichtigsten Verwendungen von BIPs der Typen Löschung/Kreierung besteht darin, dass sie als atomare BIPs in komplexeren Manipulations-BIPs (s.u.) eingesetzt werden. Darüberhinaus werden sie auch eingesetzt um, im Fall der Löschung, den Wissensbestand bei Bedarf wieder zu reduzieren. Für die Reduktion können u.a. die folgenden Gründe sprechen:

(5.92) - die entsprechende Wissensentität ist nicht mehr relevant, d.h., sie kann vergessen werden.

- die entsprechende Wissensentität ist nicht mehr tragbar, weil sie sich bzgl. der projizierten Welt als unzutreffend erwiesen hat.

Für beide Fälle ist nicht sichergestellt, dass 'Löschung' die aus kognitiver Sichtweise adäquate Aktion ist. So sind viele Situationen, in denen aus psychologischer Betrachtungsweise von Vergessen gesprochen wird (vgl. Kintsch, 1977), sicherlich nicht durch das Fehlen des entsprechenden Wissens

---

77* Ebenso ist zielgerichtetes Handeln und Planen einem reinen TOTE-Verfahren (test-operate-test-exit; Miller/Galanter/Pribram, 1960) vorzuziehen; entsprechende Methoden werden erst durch Antizipationsvermögen, d.h. hier durch Vorausschau und Berücksichtigung von Zwecken, leistungsfähig.

charakterisierbar, sondern dadurch, dass die Wissensbestandteile zwar vorhanden sind, der Zugriff auf sie jedoch erschwert oder nicht durchführbar ist 78*. Analoges gilt für den Fall des Löschens fehlerhafter Einträge. Wird etwa erkannt, dass eine spezielle Designation eines RefOs unzutreffend ist, so ist eventuell gerade die Tatsache, dass ein gewisser Gesprächspartner eine fehlerhafte Deskription verwendet hat, interessant und daher erinnerungswürdig. In derartigen Fällen, wie ich sie z.B. am Beispiel (5.60) erläutert habe, ist eine Markierung (s.u.) der Löschung vorzuziehen. Zusammenfassend kann also festgestellt werden, dass die in (5.92) genannten Gründe für Löschungen jeweils bzgl. des aktuellen Systemzustandes auf ihre Zulässigkeit überprüft werden müssen, und dass die Entscheidung, ob im Einzelfall bzw. generell in derartigen Situationen Löschungen durchgeführt werden sollen, davon abhängt, inwieweit die kognitive oder die an einer konkreten Systemrealisierung orientierte Sichtweise vorherrscht.

Löschungen von Attributen beziehen sich entweder auf einzelne Werte oder auf komplette Dimensionen des betroffenen Attributs. Insofern ergeben sich zwei Subtypen, die jedoch hier, da offensichtlich ist, welcher Subtyp jeweils gemeint ist, zusammengefasst werden:

(5.93)　　　　att_LÖSCHUNG

　　　　　　　Eingabe　:　ein Attribut, att.1　(höherdim.)

　　　　　　　　　　　　　ein Attributwert, a　(eindim.)　oder

　　　　　　　　　　　　　eine Attributsdimension,　dim.

　　　　　　　Funktion　:　Aus att.1 wird der Wert　a, bzw. werden

　　　　　　　　　　　　　alle Werte bzgl. der Dimension　dim, entfernt.

　　　　　　　Ausgabe　:　att.2　(entspricht　att.1　bis auf die in

　　　　　　　　　　　　　'Funktion' erläuterten Veränderungen)

att_LÖSCHUNG kann auf R-Attribute und D-Attribute in gleicher Weise angewendet werden. Für beide Fälle soll als Konvention, zusätzlich zu (5.93), festgelegt werden, dass att.2, das Ausgabeattribut, für den Fall, dass es sich um die leere Liste handelt (man beachte, dass Attribute als Listen dargestellt werden, vgl. Kap. 5.2.1), explizit als solche gekennzeichnet wird 79*.
Der Prozess, der im weiteren als Designationslöschung, des_LÖSCHUNG, bezeichnet werden wird, betrifft — genauer formuliert — die Löschung einer Designationsbeziehung, z.B. in Fällen, in denen die Beziehung

----

78* Ein Indiz hierfür ist, dass Vergessenes später, in anderem Kontext, wieder erinnerbar sein kann. Vgl. hierzu auch Schank (1982).

79* Diese explizite Kennzeichnung ist notwendig und sinnvoll, weil das Nichtvorhandensein von Attributen eine Ausnahme ist, die zu besonderen Massnahmen führen muss, dies insbesondere deswegen, weil die in Kap. 5.3.3 beschriebenen Prozesse der Referenzanalyse und Designationsgenerierung über die Attribute gesteuert werden, d.h. attributfreie Designationen bzw. RefOs im Normalfall nicht berücksichtigt werden.

r.i ——— des.j

aus einem der in (5.92) aufgeführten Gründe nicht länger aufrechterhalten werden soll.

(5.94)   des_LÖSCHUNG

       Eingabe   :   ein RefO r.i

                  eine Designation des.j

                  mit < r.i, des.j >   REF-N 80*

       Funktion :   Löschung der Designationsbeziehung und der über 'd-att' funktional gegebenen Attributierung dieser Beziehung.

       Ausgabe   :   r.i , ohne des.j

                  Markierung, ob r.i noch Designationen aufweist.

Im Zusammenhang mit des_LÖSCHUNG sei auf einen Punkt hingewiesen, der nicht unerwähnt bleiben sollte: BIPs operieren stets über Weltmodellen, und dies bedeutet für die in diesem Kapitel beschriebenen referentiellen Prozesse spezieller, über RefNen. Insofern ist hier stets, wenn über BIPs gesprochen wird, implizit ein bestimmtes RefN betroffen, nämlich das des IPS, das gerade betrachtet wird. Aus diesem Grund verzichte ich darauf, das konkrete RefN, über dem die BIPs operieren, als Parameter (Eingabe- bzw. Ausgabeparameter) zu berücksichtigen. Wenn etwa in (5.94) ein RefO r.i als Eingabewert genommen wird, so bedeutet dies, dass das des_LÖSCHUNG-BIP genau dieses RefO (und eine Designation zu r.i) in REF-N zu bearbeiten hat. Wie der Verweis auf r.i erfolgt, ist an dieser Stelle nicht von Interesse.

In (5.94) wird für den Fall, dass r.i nach Ablauf des BIPs keine Designation mehr besitzt, eine Markierung gefordert; falls diese Situation eintritt, ist das betroffene RefO nur noch über seine R-ATTe spezifiziert. Dies bedeutet aber, dass keine spezielleren und über die wesentlichen Eigenschaften hinausgehenden Eigenschaften mehr bekannt sind, und dass keine Beziehungen zu Kommunikationssituationen und Partnern mehr vorliegen. In solchen Fällen soll das betroffene RefO nicht länger als relevant angesehen werden; es kann daher gelöscht werden. Löschungen von RefOs können natürlich auch dann vorgenommen werden, wenn diese noch über Designationen verfügen. Analog zur des_LÖSCHUNG sind auch hier alle abhängigen Teile des RefNes ebenfalls zu löschen 81*.

80* Durch diese Sichtweise soll die Projektion aus dem AA-REF-N auf die beiden Basiskomponenten, REF-N, dargestellt werden.

81* Wenn in (5.95) von leerer Ausgabe ausgegangen wird, so deswegen, weil das zugrundeliegende RefN (s.o.) nicht explizit als Ein- bzw. Ausgabeparameter verwendet wird.

(5.95)   refo_LÖSCHUNG

                Eingabe : ein RefO, r.i

                Funktion : Löschung aller Designationen zu r.i und

                            der entsprechenden D-ATTe

                            Löschung der R-ATTe zu r.i

                Ausgabe :   ---

Am Beispiel der refo_LÖSCHUNG will ich exemplarisch skizzieren, wie BIPs in
mengentheoretischer Schreibweise beschrieben werden können 82*.

(5.96) a.   Ausgangssituation : AA_REF-N.1, das RefN,

                                     z.0, der zugehörige aktuelle Zustand.

               Eingabe   : r.i $\in$ REFO

               Ausgabe   : AA_REF-N.2 = AA_REF-N.1 - SubN (r.i, z.0)

wobei

       b.   SubN (r.i, z.0) = { <r-att, r.i, des, d-att> $\in$ AA_REF-N.1 }

('SubN' bezeichnet das bzgl. r.i aus AA_REF-N.1 gebildete Teilnetz, d.h. die
Wissensstruktur, die r.i und dessen R-ATTe, Designationen und D-ATTe betrifft.)
Wenn aus einem RefN durch Löschung ein RefO r.i entfernt wird, so muss im
Normalfall davon auszugehen sein, dass r.i in Deskriptionen anderer RefOs als
Argument auftritt. Daher sind nach einer Löschung prinzipiell zwei unterschiedliche
Vorgehensweisen möglich,

(5.97)   - entweder, eine Nachbearbeitung des RefNes durchzuführen,

                d.h. durch Löschung oder Veränderung der Deskriptionen, in denen r.i

                auftritt, alle Vorkommnisse von r.i zu berücksichtigen;

              - oder, das RefN in der Ausprägung AA_REF-N.2 weiterzuverwenden.

Bei der zweiten Vorgehensweise kann es passieren, dass in einer aktivierten
Designation ein RefO r.i auftritt, das mittlerweile nicht mehr im RefN enthalten
ist. In solchen Fällen muss das IPS trotzdem angemessen reagieren; eine Möglichkeit
hierzu ist, die entsprechende Argumentstelle durch ein Dummy (vgl. Kap. 5.1.2) zu
ersetzen, eine andere, die entsprechende Deskription überhaupt nicht mehr zu
berücksichtigen und daher zu löschen. Insofern betreffen die beiden Alternativen aus
(5.97) im wesentlichen die Frage, wann die Nachbearbeitung durchzuführen ist:
entweder sofort nach der Löschung des betreffenden RefOs r.i oder dann, wenn eine
Deskription, die u.a. auf r.i basiert, verwendet wird. Ich möchte hier darauf
hinweisen, dass die Korrektur durch Einsetzen von Dummies, entsprechend der
Dummysierungstransformation (5.29), auch wieder rückgängig gemacht werden kann,

---

82* Weitere mengentheoretisch-basierte Beschreibungen von BIPs habe ich in Habel
    (1985 a) vorgenommen. Durch das folgende Beispiel wird deutlich werden, dass und
    wie die im vorliegenden Kapitel vorgestellten BIPs ebenfalls eine derartige
    Beschreibung erfahren können.

insofern nämlich, als ein RefO r.j, das genau die aus der Umgebung der Deskription relevanten Informationen enthält, via Sortenraster und geeignete ETA-Fokussierungen gebildet werden kann.

Ein Grund, die Fragestellung der Nachbearbeitung (5.97) hier ausführlicher zu diskutieren, ist, dass es sich um ein Beispiel für eine Klasse von Problemen handelt, und zwar solche, die Wohlgeformtheitsforderungen betreffen. Die in (5.97) angesprochene Forderung ist:

(5.98)   Forderung nach vollständiger und fundierter RefO-Basierung der RefNe:

      a.   Alle Deskriptionen des RefNes sollten R-basiert sein.

      b.   Falls r.i als Argument einer Deskription auftritt, sollte
          r.i auch als eigenständiger Knoten im RefN auftreten.

Wie oben erläutert, gefährden RefO-LÖSCHUNGen gerade die Fundiertheitsforderung (5.98.b). Die generellen Fragen, die sich nicht nur auf die Forderungen (5.98), sondern allgemein auf Wohlgeformtheitsforderungen beziehen, sind:

(5.99) Wohlgeformtheitsforderungen (WFFen)

      a.   Welchen Status besitzen Wohlgeformtheitsforderungen?

      b.   Welche Arten/Beispiele von Wohlgeformtheitsforderungen treten auf?

      c.   Wie ist auf Verletzungen bzw. Gefährdungen von
          Wohlgeformtheitsforderungen zu reagieren?

Der Status der WFFen kann sowohl aus der Wahl des Begriffs 'Forderung' anstatt 'Bedingung' als auch der Verwendung von 'sollte', in (5.98), abgeleitet werden: WFFen charakterisieren Ideale, die angestrebt werden sollten; es ist jedoch nicht davon auszugehen, dass sich das Wissenssystem immer in derartigen Idealzuständen befindet. So werde ich, und dies wird in Kap. 6 erläutert werden, auch nicht davon ausgehen, dass RefNe (und allgemeiner Weltmodelle) stets konsistent sind; d.h. Konsistenz wird als Forderung in Hinsicht auf ein anzustrebendes Ideal, nicht als Bedingung aufgefasst. Diese Antworten zu (5.99 a.-b.) legen auch die Antwort auf c. schon weitgehend fest: Falls eine Verletzung bemerkt wird, sollte eine Korrektur versucht werden, oder es sollte zumindest eine Markierung vorgenommen werden 83*. Werden wohlgeformtheitsgefährdende Aktionen durchgeführt, so werde ich im weiteren davon ausgehen, dass nur in Ausnahmefällen, dann nämlich, wenn die Gefahr einer Verletzung der WFFen hoch ist, nach eventuellen Verletzungen gesucht wird; im Normalfall wird auf eine Verletzung erst dann reagiert, wenn sie in einem späteren IPS-Zustand relevant wird. Diese Vorgehensweise, die ich sowohl für die Fundiertheits- als auch für die Konsistenzforderung (vgl. Kap. 6) vorschlage, hat mehrere Vorteile:

83* Diese Haltung liegt auch den Untersuchungen zu Inkonsistenzphänomenen zugrunde, die ich in Habel (1984 b) vorgenommen habe; vgl. auch Kap. 6.

- Verletzungen, die sich nicht als relevant erweisen, insofern nämlich, als sie nie bemerkt werden, müssen nicht bearbeitet werden. Somit wird durch die Vermeidung von unnötigen Nachbearbeitungen die Effizienz gesteigert.
- bei natürlichen IPSen ist davon auszugehen, dass auch nicht-wohlgeformte Wissenszustände existieren. Die vorsichtige Vorgehensweise der Prüfung aller Verletzungsmöglichkeiten und der anschliessenden Korrektur der Verletzungen ist sicherlich nicht kognitiv adäquat.

Ich gehe nun zu der Klasse der zu den LÖSCHUNGen dualen BIPs, den Einfügungs- bzw. Kreierungs-BIPs, über. Ebenso wie die Löschungen sind sie potentiell wohlgeformtheitsgefährdend, insbesondere in bezug auf Konsistenz; aufgrund der oben beschriebenen Überlegungen werde ich auf Konsistenzprüfungen hier verzichten.

Der einfachste dieser BIPs betrifft das Einfügen von Werten in ein vorgegebenes Attribut 84*:

(5.100)   att_EINFÜGUNG

       Eingabe :   ein Attribut, att.1 (höherdimensional)

                ein Attributwert, a (eindimensional)

                eine Dimension, dim

       Funktion: falls a zur Dimension dim gehört,

                wird a in att.1 bzgl. dim aufgenommen.

                Falls a nicht zu dim gehört, wird der Prozess abgebrochen.

       Ausgabe :   att.2 (entspricht att.1 bis auf die in 'Funktion'

                erläuterte Erweiterung.)

Durch att_EINFÜGUNG können sowohl R-ATTe als auch D-ATTe um neue Informationen ergänzt werden.

Invers zur Löschung können an einem existierenden RefO weitere Designationen und die zugehörigen D-ATTe festgemacht werden; dies geschieht über:

84* Falls davon ausgegangen wird, dass nur wohlgeformte Eingaben erfolgen, d.h. a zu dim passt, kann auf die entsprechende Prüfung im BIP (erster Schritt von 'Funktion') verzichtet werden.
An dieser Stelle sei daran erinnert, dass für jede Attributsdimension Verfahren existieren, z.B. Attributssyntaxen (vgl. den Beginn von Kap. 5.2.1), die den Bereich der Attribute einer Dimension 'dim' festlegen.

(5.101) a.   des_EINFÜGUNG

        Eingabe : ein RefO, r.i

                  eine Designation, des.j

                  ein D-ATT, att.j

        Funktion: zwischen r.i und des.j wird die

                  Designationsbeziehung hergestellt und diese durch att.j

                  attributiert.

        Ausgabe : r.i mit zusätzlicher Designation und Attribution

In mengentheoretischer Schreibweise, analog zu (5.96), ergibt sich:

(5.102)   AA_REF-N.2 = AA_REF-N.1 $\cup$

           {< r-att (r.i), r.i, des.j, att.j >},

        wobei 'r-att' die R-Attributierungsabbildung entsprechend (5.73.a)

        ist.

Der dritte BIP dieser Prozess-Klasse betrifft die Kreierung neuer RefOs, also die Fälle, in denen aufgrund von Eingaben oder Schlüssen (im IPS) ein neues Objekt des Denkens relevant wird oder in den Bereich der Aufmerksamkeit bzw. Wahrnehmung des IPS gerät:

(5.103)   refo_KREIERUNG

        Eingabe : ein (temporäres) RefO, r_t.i

                  eine Designation, des.j

                  zwei Attribute, att.1 aus R-ATT, att.2 aus D-ATT

        Funktion: Die Menge REFO wird um ein Objekt

                  r.i $\notin$ REFO (z.0) erweitert.

                  Das Quadrupel < att.1, r.i, des.j, att.2 >

                  wird in AA_REF-N (z.0) eingefügt.

        Ausgabe : REFO (z.1) = REFO (z.0) $\cup$ (r.i)

                  AA_REF-N (z.1) = AA_REF-N.(z.0) $\cup$

                            {< att.1, r.i, des.j, att.2 >}

Obwohl ich mit dieser Beschreibung der Ausgabe die bisherige Darstellungspraxis, die REFO und AA_REF-N nicht als Parameter der BIPs verwendet, verlasse, erscheint die hier verwendete mengentheoretische Darstellung des Ausgabenetzes vorteilhaft, da nur so die Wirkung der refo_KREIERUNG adäquat formuliert werden kann.

Die im vorliegenden Kapitel eingeführten sechs BIPs, je drei für Löschung und Ergänzung von Wissensentitäten, ermöglichen die wesentlichen Manipulationen über RefNen. Einige besonders wichtige werden im folgenden Abschnitt als komplexe BIPs dargestellt werden.

<u>Modifikationsprozesse</u>

Unter dem Begriff der Modifikationsprozesse will ich einige komplexere BIPs zusammenfassen, die im weiteren häufiger Verwendung finden werden: Als erstes ist hier die Veränderung von Attributen zu nennen; ein Beispiel hierfür ist etwa die Veränderung des Fokusgrades oder der Informationen über Wissensquellen.

(5.104)   att_ÄNDERUNG_ext

            Eingabe : ein Attribut, att.1 (höherdimensional)

                       ein Attributswert, a.1 (eindimensional)

                       eine Dimension, dim

                       ein weiterer Attributswert, a.2

            Funktion: Löschung von a.1 bzgl. 'dim' aus att.1,

                       anschliessend Einfügung von a.2.

            Ausgabe : att.2 (das entsprechend (5.104.b)

                             modifizierte Attribut)

        d.h.: att_ÄNDERUNG_ext = att_LÖSCHUNG + att_EINFÜGUNG.

(Die Operation '+' ist die nicht-kommutative Verknüpfung von Prozessen; die Verknüpfungsreihenfolge ist 'von links nach rechts'.) Neben dieser extensional bestimmten Änderung wird auch eine funktional bestimmte verwendet, z.B. für Fokusgrade; diese ist über eine dimensionsspezifische Berechnungsvorschrift formulierbar:

(5.105)   att_ÄNDERUNG_funk

            Eingabe : ein Attribut, att.1

                       eine Dimension, dim

                       ein Attributswert, a.0

                       eine 2-stellige Funktion, f, über dim-Attributen

            Funktion: alle dim-Attribute aus att.1 werden durch

                       f (a, a.0) ersetzt, gemäss att_ÄNDERUNG_ext.

            Ausgabe : att.2 (att.1, entsprechend dem oben erläuterten

                             Vorgehen modifiziert).

Beschreibt man z.B. Fokusgrade durch natürliche Zahlen, so wird eine Fokusveränderung über die Addition bzw. Subtraktion innerhalb des BIPs att_ÄNDERUNG_funk erzielt werden können.

Unter den funktionalen Attributsmodifikationen sind, und dies betrifft insbesondere R-Attribute, diejenigen von besonderem Interesse, die über Attributsverbänden operieren. Man denke hier etwa an den Fall, dass ein RefO r.i ein sortales R-ATT s.1 besitzt, und dieses bzgl. eines sortalen Attributs s.2 modifiziert werden soll.

Dies kann offensichtlicherweise dadurch geschehen, dass att_ÄNDERUNG_funk verwendet
wird, wobei als modifizierende Funktion die Infimumsbildung des entsprechenden
Attributsverbandes, hier des Sortenverbandes, Anwendung findet 85*.
In vielen Fälle werden die (funktionalen) Attributsmodifikationen, aber auch
Attributseinfügungen bzgl. R-ATTen, durch die Übertragung von D-ATTen zu R-ATTen,
ausgelöst; dies habe ich oben am Beispiel 'Genus -> Sexus' (für spezielle Fälle)
erläutert. Entsprechendes gilt auch für die Beziehungen

$$\text{'sg. -> card=1' ,}$$

$$\text{'pl. -> card>1' .}$$

Ich gehe daher davon aus, dass ein BIP 'att_TRANS' existiert, das unter Rückgriff
auf entsprechendes relational, extensional vorliegendes Wissen, die Übertragung in
geeigneter Form vornimmt.

Abschliessend für dieses Kapitel seien noch zwei Designationsänderungen erwähnt, die
ich, da sie weitgehend den oben erläuterten BIPs entsprechen, nur skizzieren möchte:
(5.106) a.   des_op_ÄNDERUNG

        Eingabe :   eine Deskription, des.1

                zwei Operatoren, op.1, op.2

        Funktion: der Operator op.1 aus des.1 wird

                durch den Operator op.2 ersetzt.

        Ausgabe :   eine Deskription, des.2

Hierdurch können z.B. Deskriptionen durch spezifischere ersetzt werden, etwa

(5.106) b. mit   op.1   kind_von ,   op.2   tochter_von

     wird   des.1   ETA x : kind_von (r.2, x)

     zu   des.2   ETA x : tochter_von (r.2, x)

Entsprechend können auch Veränderungen von Argumenten durchgeführt werden:

(5.107)   des_arg_ÄNDERUNG

        Eingabe :   eine Deskription, des.1

                zwei Argumente, arg.1, arg.2

        Funktion: Ersetzung von arg.1 durch arg.2 in des.1.

(Für beide Typen der 'des_ÄNDERUNG' wird auf den BIP 'des_VERGLEICH', (5.79),
zurückgegriffen.)

Mit der Erläuterung dieser Modifikationsprozesse liegt ein hinreichend umfassendes
Inventar an BIPs vor; Modifikationen von RefOs, analog zu denen von Designationen
oder Attributen, können nicht vorgenommen werden, da RefOs, als Objekte aus REFO
betrachtet, keine interne Struktur besitzen; und gerade interne Strukturen sind der

----

85* Im Zusammenhang mit Verträglichkeitsprüfungen (5.84) habe ich schon darauf
hingewiesen, dass die Bildung des Infimums, INF, als BIP des IPS aufzufassen
ist.

Gegenstand von Modifikationsprozessen. Eine andere Art der Modifikation von RefOs wird jedoch im folgenden Kapitel durch die FUSION und das SPLITTING von RefOs eingeführt werden.

5.3.2. Komplexe referentielle Prozesse

Im vorliegenden Kapitel werde ich, auf den BIPs aufbauend, zwei Typen komplexerer referentieller Prozesse exemplarisch vorstellen; diese Typen betreffen zwei Aufgabenklassen, die für die Referenzanalyse und die Designationsgenerierung (vgl. Kap. 5.3.3) von besonderer Bedeutung sind:

- Verweise zwischen RefOs
- Inferenzen über Deskriptionsbeziehungen

In den bisher dargestellten BIPs haben implizite Verweise bzw. Beziehungen zwischen RefOs schon an verschiedenen Stellen eine wesentliche Rolle gespielt, so etwa

- bei der refo_LÖSCHUNG, (5.95), (5.96)
- im Zusammenhang mit der d-Monotonie (5.39),
  die z.B. in VERTRÄGL-BIPs (5.90), (5.91) verwendet wird.

Hierbei war stets davon ausgegangen worden, dass im RefN zwischen den RefOs keine expliziten Verweise existieren, sondern nur implizit über die Deskriptionen vermittelte. Diese Vorgehensweise ist aus Ökonomiegründen nicht voll zufriedenstellend, wobei 'Ökonomie' sowohl kognitive Gesichtspunkte umfasst, d.h. sich auf den Problembereich kognitiver Effizienz bezieht, als auch auf Implementierungsgesichtspunkte verweist, die bei der Rechner–Realisierung eines IPS berücksichtigt werden sollten. So ist davon auszugehen, dass viele, wenigstens die relevantesten, Inklusionsbeziehungen 86*

$$r.i \subset r.j$$

zwischen RefOs explizit im Wissen vorhanden sind und nicht erst bei Bedarf über Inferenzen aufgedeckt werden. Da derartiges Wissen, wie aus den Darstellungen dieser Arbeit deutlich geworden sein sollte, insbesondere in den Bereich 'Wissen über Objekte' einzuordnen ist, ist die Repräsentation in Form von Fakten, etwa bzgl. der formelbildenden Operatoren ' $\subset$ ' bzw. ' $\in$ ', nicht angebracht; Verweise bzw. Beziehungen zwischen RefOs sollten, falls ihre explizite Darstellung notwendig scheint, im RefN abgespeichert werden. Hierzu wird ein beschränkter Satz von termbildenden Operatoren verwendet, die auch als Verweisoperatoren bezeichnet werden. Verweisoperatoren werden sowohl, wie sich im weiteren zeigen wird, als Operatoren zur Bildung üblicher, d.h. durch natürlich-sprachliche Eingabe verursachter Deskriptionen verwendet, als auch für die Darstellung inferentiell erschlossener Verweise. Wichtig ist hierbei, dass Verweisoperatoren einen

---

86* Die Mengenschreibweise für RefOs, und zwar sowohl für Klassen- als auch Individuen-RefOs habe ich zu Beginn des Kap. 5.1.3 ausführlich erläutert und gerechtfertigt.

Zwischenstatus besitzen, und zwar zwischen expliziten RefO–RefO–Kanten einerseits und impliziten Beziehungen über Deskriptionen andererseits. Dieser Zwischenstatus, der u.a. dazu führt, dass explizite Kanten weiterhin vermieden werden, wird dadurch erreicht, dass Verweisoperatoren von den Prozessen, die Beziehungen zwischen RefOs berücksichtigen, zuerst, d.h. mit Priorität, bearbeitet werden.

Einer der in Kap. 5.1.3 vorgestellten Deskriptionsoperatoren ist in die spezielle Subklasse der Verweisoperatoren einzuordnen: CLASS, der Operator der extensionalen Klassenbildung, vgl. (5.53). So wird etwa durch

(5.108) a.   r.5 — CLASS (r.2, r.3, r.4)

der Verweis auf gewisse Objekte der projizierten Welt gegeben, die nämlich, die durch r.2, r.3 und r.4 repräsentiert werden, diese können im weiteren durch r.5 als Gesamtheit angesprochen werden. Bisher fehlt jedoch noch die Möglichkeit, den hierzu dualen Verweis zu formulieren. Zu diesem Zweck führe ich den termbildenden Verweisoperator

(5.109)   SUB   TYP : ⟨ t. 0, 1, 0 ⟩
                "ist Teil(klasse) von_" , bzw. "ist Element von_"

ein, wodurch in das RefN dual zu (5.108.a) Einträge für die SUB–RefOs erfolgen können:

(5.108) b.   r.2 — SUB (r.5)
              r.3 — SUB (r.5)
              r.4 — SUB (r.5)

Die am Beispiel (5.108) vorgestellte Verweisexplizierung geht auf eine spezielle Fokussierung zurück, die ich im weiteren durch SUB–EINFÜHRUNG bezeichnen werde. SUB–EINFÜHRUNG ist ein komplexer referentieller Prozess, der aus den oben erläuterten BIPs aufgebaut werden kann:

(5.110) a. SUB–EINFÜHRUNG.1
                Eingabe :   r.i — CLASS (r.jl, ... r.jn)   att.1
                Funktion: — bilde die Designation, des : SUB (r.i)
                           — wähle aus att.1 die Kontextattribute (z.B. Fokus,
                              Wissensquelle, ...) aus, nenne diese att.2
                           — für alle k = 1,....,n :
                              wende des–EINFÜHRUNG bzgl. r.jk, des und att.2 an.

Bei dieser ersten Version der SUB–EINFÜHRUNG wird davon ausgegangen, dass die in der Eingabe–Designationsbeziehung auftretenden RefOs schon im RefN enthalten sind, falls dies nicht der Fall ist, d.h. falls eines der r.jk ein temporäres RefO ist, hat zusätzlich eine RefO–Kreierung zu erfolgen:

(5.110) b. SUB-EINFÜHRUNG.2

       Eingabe :   r.i - CLASS (r.jl, ... r.jn)   att.1

       Funktion: - wie in a.

             - für alle temporären RefOs r_t.j :

              wende RefO-KREIERUNG bzgl. r_t.j, des, att.2 an

             - berechne R-ATTe zu den neukreierten RefOs

             - ändere in der CLASS-Deskription von r.i die temporären RefOs in permanente, durch die Verwendung von des_arg_ÄNDERUNG.

In beiden Fällen der SUB-EINFÜHRUNG werden für die SUB-Deskriptionen die D-ATTe, die den Kontext betreffen, z.B. Fokusgrade und Wissensquellen, berücksichtigt.

Analog zur SUB-EINFÜHRUNG, die von extensional gegebenen Klassen-RefOs ausgeht, ist auch für intensional eingeführte RefOs die Verwendung von Verweisoperatoren, häufig induziert durch anaphorische Pronomen, ein wesentliches Beschreibungsmittel. Hierzu betrachte man eine Variation zum Beispiel (5.53) bzw. (5.35) :

(5.111) a.   Der Senator traf die Präsidenten der Berliner Hochschulen.

           Einer von ihnen erläuterte ihre Vorstellungen.

Wie in Kap. 5.1.3 erläutert wurde, ergibt sich aus dem ersten Satz das RefN

(5.111) b.   r.1 —— IOTA x : senator (x) & KONTEXTBED (x)

           r.2 —— ALL_t x : universitätspräsident (x, r.3)

           r.3 —— ALL_t x : universität (x, r.4)

           r.4 —— 'Berlin'

(Dieses Netz entspricht (5.35.b)). Für das aus dem zweiten Satz resultierende temporäre RefN gilt (in einer ersten Analyse) :

(5.111) c.   r_t.1 — ETA x :   erläutern (x, dum, r_t.3)

           r_t.3 — ETA x :   erläutern (r_t.1, dum, x)

                SOME_t x : vorstellungen (x, r_t.4)

           r_t.4 — SOME_t x : vorstellungen (r_t.3, x)

(Dieses temporäre Netz entspricht weitgehend dem Netz (5.57.c), dem jedoch ein Possessivpronomen im Singular zugrunde lag; dieser Unterschied wirkt sich im Operator 'SOME_t' für r_t.4 aus.)

Die vom System aufzudeckenden Identitäten zwischen temporären und permanenten RefOs sind :

(5.111) d.   r.2 = r_t.4

           r.1 = dum , falls die Entdummysierung in den Deskriptionen von r_t.1 und r_t.3 als relevant betrachtet wird.

Zur adäquaten Repräsentation des Satzpaares muss jedoch über die bisher beschriebene Einbettung des temporären Netzes in das permanente hinaus insbesondere die Beziehung von r.5 zu den anderen RefOs, genauer zu r.2, dargestellt werden, und zwar die, die in der natürlich-sprachlichen Formulierung 'einer von ihnen' 87* ausgedrückt wurde.

Eine adäquatere Analyse des zweiten Satzes wäre demnach (jetzt nur für r_t.1) :

(5.112) a.   r_t.1 ⎯⎯ ETA x : erläutern (x, dum, r_t.3)
                      ⎯ SUB (r_t.2)

wodurch sich die in (5.111.d) geforderte Identität um

(5.111) e.   r.2 = r_t.4 = r_t.2

erweitert; die anderen Identitätsannahmen aus (5.111.d.-e.) bleiben erhalten. Das nun erstellte RefN weist immer noch einige Inadäquatheiten auf, die durch weitere Anwendungen komplexer referentieller Prozesse beseitigt werden können und sollen. Dies betrifft

- SUB gibt einen Verweis von r.5 auf r.2. Der duale Verweis ist jedoch bisher nicht expliziert.

- Für r.5 liegt bisher nur eine Deskription bzgl. 'erläutern' vor und zusätzlich der SUB-Verweis auf r.2. Die Eigenschaft 'universitätspräsident' ist nur indirekt gegeben.

Der erste dieser Mängel kann durch einen zur SUB-EINFÜHRUNG analogen Prozess behoben werden. Hierzu wird der termbildende Verweisoperator

(5.113)   SUPER   TYP : < t, 0, 1, 0 >
                              " ist Oberklasse / Ober-RefO von_ "

eingeführt, für den ein Prozess SUPER-EINFÜHRUNG existiert:

(5.114)   SUPER-EINFÜHRUNG
               Eingabe :   r.i ⎯⎯ SUB (r.j)
               Ausgabe :   r.j ⎯⎯ SUPER (r.i)
                           mit Berücksichtigung der Kontextattribute.

An dieser Stelle sei darauf hingewiesen, dass der Deskriptionsoperator CLASS, als Verweisoperator aufgefasst, ein Bündel von SUPER-Verweisen darstellt.

Die aufgrund des SUB-Verweises

(5.115) a.   r.5 ⎯⎯ SUB (r.2)

indirekt gegebene Beschreibung von r.5 als 'universitätspräsident', kann inferentiell aufgedeckt und expliziert werden, indem geeignete Prozesse der Deskriptions-Transformation vorgenommen werden. Als Beispiel sei hier genannt:

87* In diesem Fall wird mit der SUB-EINFÜHRUNG gleichzeitig das temporäre RefO r_t.2 kreiert.

(5.116)   ALL-ETA-TRANSFORM / ALL-SOME_t-TRANSFORM

        Eingabe :   r.i - ALL_t x : p (x)

                 r.j - SUB (r.i)

        Funktion: Verändere des.1 : ALL_t x : p (x, arg.1)

                 zu des.2 : ETA x : p (x, arg.2) , falls card(r.j) = 1

                 zu des.2 : SOME_t x : p (x, arg.2) , falls card(r.j) > 1

                 (arg.1, arg.2 bezeichnen Argumentlisten),

                 wobei die Monotonie- und Univalenzeigenschaften

                 von p zu berücksichtigen sind.

        Ausgabe :   r.j - des.2

Da, wie in (5.43) erläutert wurde, 'universitätspräsident' 1.2-univalent ist und nicht d-monoton, ergibt sich für r.5 :

(5.115) b.   r.5 ── SUB (r.2)

                 ETA x : universitätspräsident (x, r.7)

        r.7 ── ETA x : universität (x, r.4)

(Anm.: Aufgrund der Univalenz kann in einem zusätzlichen Schritt auf IOTA-Deskription von r.5 geschlossen werden.)

Wann derartige SUB- bzw. SUPER-EINFÜHRUNGen oder ALL-ETA-TRANSFORMationen durchzuführen sind, hängt sicherlich von Relevanzkriterien ab, die nicht von diesen referentiellen Prozessen, sondern von den übergeordneten Prozessen, d.h. denen einer höheren Prozessebene, berücksichtigt werden müssen. (Diesen Punkt werde ich im folgenden Kapitel 5.3.3 noch einmal aufnehmen.)

Im oben verwendeten Beispiel (5.111 - 5.112), (5.115) wurde der SUB-Verweis im RefN durch eine entsprechende Formulierung, nämlich 'von ihnen', der natürlich-sprachlichen Eingabe direkt induziert. Etwas anders gelagert ist der Fall bei der Verarbeitung der Satzpaare

(5.117)   Der Senator traf die Präsidenten der Berliner Hochschulen.

        a.   Einer erläuterte ihre Vorstellungen.

        b.   Ein Präsident erläuterte ihre Vorstellungen.

In derartigen Fällen, muss ebenfalls ein zu (5.115.a) entsprechender SUB-Verweis aufgebaut werden.

Nach diesem exemplarischen Überblick über referentielle Prozesse bzgl. Verweisoperatoren - weitere Fälle, z.B. solche, die aufgrund von ALL-ETA-Paaren (entsprechend (5.117.b)) zu SUB-EINFÜHRUNGen führen, sind analog zu formalisieren - will ich auf zwei für die historische Entwicklung von RefNen wichtige Prozesse bzw. Verweise zwischen RefOs eingehen: FUSION und SPLITTING. Beide Prozesse betreffen die Reorganisation von RefNen, wobei zwei zueinander duale Gründe für die Reorganisation berücksichtigt werden müssen:

(5.118) a.   Das IPS erschliesst/bemerkt, dass zwei (oder mehrere) RefOs, z.B. r.i und r.j, dasselbe Objekt der projizierten Welt repräsentieren, bisher jedoch getrennt verarbeitet wurden.

      b.   Das IPS erschliesst/bemerkt, dass ein RefO, z.B. r.i, fälschlicherweise Designationen verschiedener Objekte der projizierten Welt auf sich vereinigt.

Beispielhafte Situationen mögen diese Fälle, in denen eine Reorganisation des Weltmodells, insbesondere des RefNes, notwendig wird, verdeutlichen.

(5.119) a.   Das IPS besitzt Wissen über einen Hochschullehrer r.i, eines Fachbereiches, seine Lehrveranstaltungen und Forschungsaktivitäten. Ausserdem enthält das Weltmodell Wissen über den Fachbereichsvorsitzenden r.j dieses Fachbereiches und seine hochschulpolitischen Tätigkeiten.

Später erfährt das IPS, dass r.i der Vorsitzende des Fachbereiches ist, also: r.i = r.j

      b.   Das IPS hält (fälschlicherweise) einen Hochschullehrer r.i für den Fachbereichsvorsitzenden und besitzt Wissen über seine Lehrveranstaltungen und Aktivitäten in der Forschung und Hochschulpolitik. Später erfährt es, dass in Wirklichkeit r.j Vorsitzender des Fachbereiches ist.

Beginnen will ich mit dem einfacheren der beiden Fälle, dem der Fusion, der in (5.118.a), (5.19.a) beschrieben ist. Der FUSIONs-Prozess hat gerade die Zusammenführung, bildhaft gesprochen, die Verschmelzung, der beiden betroffenen RefOs, r.i und r.j, zu leisten. Die einfachste Lösung hierfür – und dies ist diejenige, die ich für den Fall, dass eines der RefOs temporär ist, bisher schon verwendet habe – besteht darin, alle Designationen eines RefOs durch des_EINFÜHRUNG mit dem anderen RefO zu verbinden.

(5.120)   refo_FUSION.1

        Eingabe : zwei RefOs r.i, r.j und ihre Subnetze (entsprechend (5.96.b)).

        Funktion: – wähle ein RefO, z.B. r.i

            – verwende für alle Designationsbeziehungen aus SubN (r.j) : des_EINFÜGUNG bzgl. r.i

            – verwende für alle R-ATTe von r.j att_EINFÜGUNG

            – lösche r.j

        Ausgabe : r.i erweitert bzgl. r.j.

Probleme bei der Verwendung von refo_FUSION.1 treten insbesondere in folgender Hinsicht auf:

- Aufgrund welcher Kriterien ist zu entscheiden, welches der beiden ursprünglichen RefOs beibehalten, und welches nach erfolgter Integration gelöscht wird? Ein hier einschlägiger Gesichtspunkt ist – und dieser liegt der Verwendung von refo_FUSION.1 bei der Integration temporärer RefOs in das permanente RefN zugrunde – die Anzahl der Designationen der jeweiligen RefOs. So wird im Normalfall, d.h. bei einem IPS mit umfangreicherem Wissensbestand, das permanente RefOs meist mehr Designationen enthalten als das temporäre. Ob jedoch ein rein quantitativer Vergleich der Designationsbeziehungen adäquat ist, muss bezweifelt werden. Man beachte hierbei, dass die in (5.19.a) beschriebene Situation insbesondere dadurch gekennzeichnet ist, dass r.i und r.j unterschiedliche Aspekte 88* desselben Objekts betrafen.

- Wenn eines der RefOs, z.B. r.j, nach der FUSION aufgelöst wird, so ist dementsprechend auch eine Reorganisation des faktuellen Wissens notwendig. D.h. alle Fakten, die r.j–basiert sind, sind durch arg_ÄNDERUNG (entsprechend (5.107)) zu bearbeiten. Dies kann offensichtlicherweise mit einem erheblichen Reorganisationsaufwand verbunden sein. Im Fall eines temporären RefOs r.j ist hingegen erstens der Aufwand gering, und zweitens sind die Fakten, die betroffen sind, wohllokalisiert.

Beide oben genannten Problembereiche sprechen dafür, refo_FUSION.1 nur in speziellen, geeigneten Fällen anzuwenden und für die ungünstiger gelagerten Situationen ein anderes Verfahren auszuwählen. Der allgemeiner verwendbare Fusionsprozess refo_FUSION.2 basiert auf einem weiteren Verweisoperator

(5.121)   ID   :   TYP = $\langle$ t, 0, 1, 0 $\rangle$
                            " ist identisch mit_"

Hierdurch ist es möglich, die Fusion durch einen Verweis auf RefO–Identität durchzuführen:

88* Diese Unterschiedlichkeit der Aspekte wird zum Teil durch die D-ATTe repräsentiert werden können. Ähnliches wird – im Ansatz wenigstens – durch 'perspectives' in frame–artigen Wissensrepräsentationen geleistet; vgl. Bobrow/Winograd (1977).
Man denke hier an Situationen, bei denen den beiden beteiligten RefOs unterschiedliche 'Weltattribute' zugeordnet sind, etwa dem oben verwendeten Beispiel folgend einmal 'universitätswelt' und zum anderen 'musikwelt'.

(5.122)   refo_FUSION.2

                 Eingabe : zwei RefOs r.i, r.j

                 Funktion: - prüfe, ob r.i, r.j wohlunterscheidbare

                            Aspekte betreffen,

                            - falls ja, verwende

                                 des_EINFÜGUNG ID (r.i) bzgl. r.j

                                 des_EINFÜGUNG ID (r.j) bzgl. r.i

                            - falls nein,   kreiere   neues   RefO   r.k,   verwende

                                 des_EINFÜGUNG zwischen r.i, r.j und r.k; berechne R-

                                 ATTe zu r.k.

                 Ausgabe: RefN mit ID-Verweisen, bzw. neuem RefO r.k

Durch die Überprüfung der Aspekte von r.i und r.j wird erreicht, dass im Fall einer
systematischen Nichtidentität diese berücksichtigt bleibt, und im weiteren die neu
auftretenden Designationen jeweils an der entsprechenden Facettierung von r.i/r.j
festgemacht werden. Sind die Designationen von r.i/r.j nicht systematisch zugeordnet
gewesen, wird ein neues RefO r.k kreiert, das im weiteren als Gesamt-RefO fungiert
89*.

Für beide Fälle der refo_FUSION.2 ist eine Reorganisation des faktuellen Wissens F
nicht notwendig. Auswirkungen von F haben nur zu berücksichtigen, dass r.i und r.j
bzw. r.i, r.j und r.k gleich behandelt werden.

Der problematischere Fall des SPLITTINGs, der in (5.118.b), (5.119.b) angesprochen
wurde, kann hier nicht endgültig und auch nicht voll befriedigend behandelt werden.
Der Kern des Problems liegt gerade darin, dass zum Zeitpunkt t.i, in dem die
Fehleinschätzung, d.h. die fehlerhafte Identifizierung, bemerkt wird, nicht mehr
vollständig analysiert werden kann, welches RefO bei der Eingabe welcher Designation
vom Kommunikationspartner gemeint sein könnte. (Man beachte, dass dieses Problem
nicht spezifisch für formale IPSe ist, sondern in gleichem Masse natürliche IPSe
betrifft. Auch Menschen sind in entsprechenden Fällen nicht in der Lage, eindeutig
die von ihnen zugewiesenen Eigenschaften auf die beiden, nun unterschiedlichen
Objekte zu verteilen.)   Als einziger Ausweg aus diesem Dilemma bleibt eine Analyse
der Designationen, die versucht, die Designationen systematisch auf die beiden neuen
RefOs r.i1 und r.i2, die durch SPLITTING aus r.i entstehen, aufzuteilen.
'Systematisch' betrifft insbesondere

89* In Habel (1985 a) habe ich die ID-Verweise noch durch 'former_known_as' bzw.
    'now_named_by' subklassifiziert. Ich verzichte hier auf eine derartige
    Subklassifizierung, da ich diese durch empirische Untersuchungen bisher nicht
    bestätigen konnte. Als empirisches Vorgehen kommen hier sowohl psychologische
    Experimente ähnlich derer von Anderson/Hastie (1974) als auch
    Computerexperimente und damit verbunden Analysen des Verhaltens eines formalen
    IPS in Frage.

- Verwandtschaft zu Designationen, die eindeutig, d.h. aufgrund der Informationen, die zur Erkennung der fehlerhaften Annahme führten, den neuen RefOs r.il und r.i2 zugewiesen werden können.
- Analyse der Kontextattribute in bezug zu den Attributen von r.il und r.i2.

Beide Bereiche betreffen in erheblichem Mass situationsbedingtes Weltwissen, so dass hier keine generelle Lösung angeboten werden kann. Das Resultat des SPLITTING-Prozesses muss in der Zerlegung des Subnetzes zu r.i in drei (oder im günstigsten Fall: zwei) Subnetze bestehen:

(5.123)   Resultat von SPLITTING :

      SubN (r.il)   eindeutig bzw. wahrscheinlich zu r.il zuweisbare
      Designationen.

      SubN (r.i2)   eindeutig bzw. wahrscheinlich zu r.i2 zuweisbare
      Designationen.

      RestN (r.i)   nicht zu r.il, r.i2 "zuweisbare" Designationen

      zusätzlich die Verweise:
            r.il   -   FRÜHER (r.i)
            r.i2   -   FRÜHER (r.i)
            r.i   -   JETZT (r.il, r.i2)

Die hier skizzierte Vorgehensweise, die den Prinzipien der Betrachtung von Wohlgeformtheitsforderungen (5.99) folgt, führt u.a. dazu, dass das faktuelle Wissen im Laufe der Zeit, nämlich immer dann, wenn Fakten, die auf dem fehlerhaften RefO r.i basieren, bearbeitet werden, reorganisiert wird; in jedem aktuellen Fall wird, soweit möglich, eine Entscheidung

        r.i = r.il oder r.i = r.i2

getroffen. Die Korrektur kann als abgeschlossen angesehen werden, wenn RestN (aus (5.123)) aufgelöst ist und das faktuelle Wissen kein r.i mehr enthält. (Ob dies auch zu einem 'korrekten' neuen RefN geführt hat, ist dabei eine andere Frage. Wie bei Korrekturbemühungen üblich, ist die Korrektheit der Korrektur nicht selbstverständlich. Einige dieser Probleme werden in Kap. 6 noch einmal aufgenommen werden.)

Mit den im vorliegenden Kapitel erläuterten komplexen referentiellen Prozessen ist die Basis geschaffen, um die Struktur der Verfahren zur Referenzanalyse und zur Generierung von Designationen darzustellen.

5.3.3. Designationen auf der Suche nach einem RefO, und vice versa

Zu Beginn des Kapitels 5.3 habe ich die beiden wesentlichen Aufgabenstellungen, die
von referentiellen Prozessen zu bearbeiten sind, durch
     – die Veränderung des Weltmodells aufgrund eines Eingabetextes
     – die Generierung eines Textes ausgehend von einem Weltmodell und einer
      Äusserungsabsicht
charakterisiert. Die hierbei zugrundeliegenden Ausgangssituationen werde ich im
folgenden als Referenzsituationen (Ref-Sit) bezeichnen, wobei zwischen dem Analyse-
Fall (A) und dem Synthese-Fall (S) zu unterscheiden ist.
Innerhalb der Konzeption der RefNe lassen sich nun diese Fälle formal beschreiben
90*.

(5.124)   Gegeben ist ein WM (t.0), speziell REF-N (t.0), und ein Eingabetext T.
            Zu einer Zerlegung T = $\langle$T.1, ... T.n$\rangle$ des Textes T in Teiltexte T.i
            ergeben sich bzgl. T.i temporäre RefNe (Bestandteile des
            Diskursmodells)
               REF-N_temp (T.i)
            Die Referenzsituation (Analysefall) ist gegeben als ein Tripel von
            RefNen:
            Ref-Sit_A (t.0i) =
               $\langle$REF-N (t.0i), REF-N_D (t.0i), REF-N_temp (T.i)$\rangle$
            Hierbei bezeichnet 'REF-N_D (t.0i)' das aufgrund der Teiltexte $\langle$T.1,
            ... T.i-1$\rangle$ als Bestandteil des DM aufgebaute RefN.
Durch 't.0i' werden Zeitpunkte/ Zeittakte/ Zustände, die während der Verarbeitung
des Textes vorliegen, bezeichnet. Die Verarbeitungsschritte bzw. die entsprechenden
Zwischenzustände betreffen die Anordnung
      t.0 = t.01 $<$ t.02 $<$ .... $<$ t.0n = t.1
der Zeitpunkte.
Jede einzelne Ref-Sit umfasst drei RefNe, und zwar zwei permanente 91*, ein REF-N,
das den Zustand des Weltmodells betrifft, ein zweites REF-N_D, das das aufgrund der
vorhergehenden Textabschnitte aufgebaute Diskursmodell, genauer des objektorientierten Teils, repräsentiert, und ein temporäres, REF-N_temp, das die
temporären referentiellen Beziehungen des gerade bearbeiteten Teiltextes T.i

---

90* Das hier angenommene Verfahren der Textverarbeitung, das auf einer Zerlegung des
Textes in Teiltexte und sukzessiver Verarbeitung der Teiltexte basiert, habe ich
ohne die hier vorliegende Spezialisierung auf den Bereich des Objektwissens in
Habel (1984 a) skizziert.

91* In Abschnitt 5.1.4 habe ich darauf hingewiesen, dass auch Diskursmodelle als
'permanent' angesehen werden sollten, insbesondere im Gegensatz zu den
temporären Netzen, die nur während der Verarbeitung eines Textabschnittes
existieren und mit der Integration in permanente Netze aufgelöst werden.

darstellt. Die in der vorliegenden Ref-Sit zu bearbeitende Aufgabe besteht darin, das temporäre Netz in die permanenten Netze zu integrieren und insofern WM und DM zu verändern (5.77). Die Beispiele (5.56) - (5.58) bzw. (5.111) zeigen, dass der Integrationsprozess, d.h. die Identifizierung von temporären RefOs mit permanenten bzw. die Kreierung neuer permanenter RefOs im wesentlichen durch die entsprechenden Designationen gesteuert wird (unter Berücksichtigung der D-ATTe).

Warum dies der Fall ist, zeigt eine genauere Analyse des Verstehensprozesses (vgl. Abb. 5.6): Aus dem Teiltext T.i wird in einem ersten Schritt eine faktuelle Repräsentation ermittelt, und zwar eine, die nicht R-basiert ist (vgl. (5.6)), sondern deren Argumente Designationen sind; im zweiten Schritt wird dann eine R-basierte Repräsentation gebildet, und zwar eine, die auf temporären RefOs basiert. Die dem Übergang von der ersten zur zweiten Repräsentationsebene zugrundeliegenden referentiellen Beziehungen bilden gerade das temporäre RefN. Im dritten Schritt werden dann geeignete permanente RefOs gesucht.

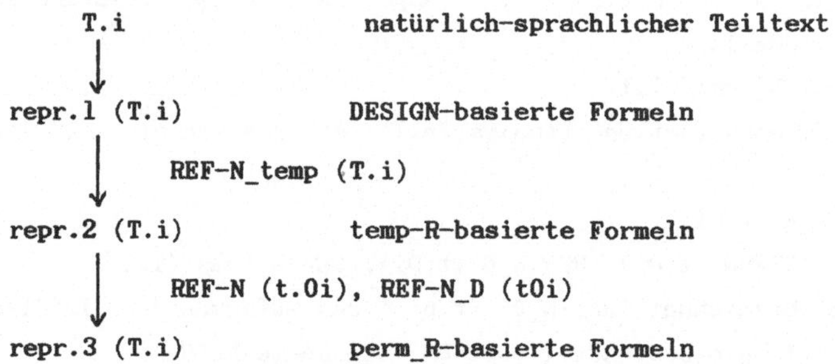

Abb. 5.6: Zur Repräsentation von Texten durch Formeln (Analyse)

Der hiermit (Abb. 5.6) beschriebene Ablauf des Verstehensprozesses rechtfertigt den Titel des vorliegenden Kapitels: die in der ersten Repräsentationsebene auftretenden Designationen suchen geeignete RefOs des permanenten Netzes. Und gerade diese Suchaufgabe macht den referentiellen Kern der Analyse von natürlich-sprachlichen Eingaben aus.

Bevor ich auf die hierbei verwendeten Such- und Auswahlprozesse näher eingehen werde, soll die zu (5.124) duale Referenzsituation im Synthesefall beschrieben werden:

(5.125)   Gegeben ist ein WM (t.0), speziell REF-N (t.0) und eine Äusserungsabsicht, repräsentiert durch eine Folge von R-basierten SRL-Formeln:

        Utt = ⟨p.1, ..., p.n⟩

Die Referenzsituation (im Synthesefall) ist gegeben durch

Ref-Sit_S (t.0i) = ⟨REF-N (t.0i), REF-N_D (t.0i), REFO (p.i)⟩,

wobei 'REF-N_D (t.0i)' das aufgrund der Folge ⟨p.1, ..., p.i-1⟩ aufgebaute DM-RefN ist und 'REFO (p.i)' die Menge der in p.i auftretenden RefOs bezeichnet.

Vgl. hierzu Abb. 5.7.

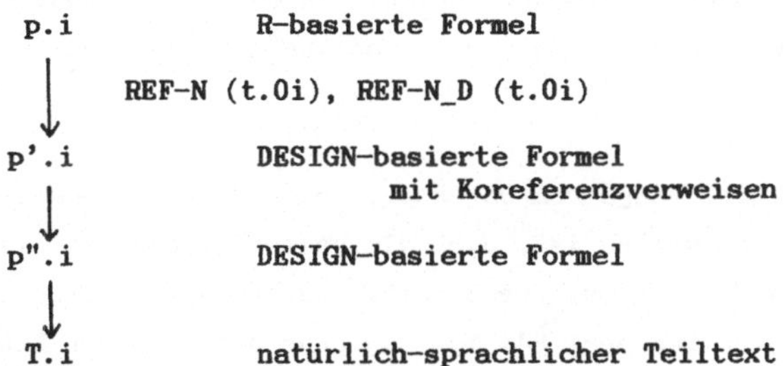

Abb. 5.7: Zur Generierung von Texten aus Formeln

Ausgehend von p.i werden für alle RefOs in p.i, d.h. aus REFO (p.i), geeignete Designationen ausgewählt, bzw. wenn es günstiger ist, Koreferenzverweise vorgenommen 92*, und hiermit die Formel p'.i gebildet. Im zweiten Schritt werden Koreferenzverweise durch entsprechende Operatoren, und zwar Referenzoperatoren (z.B. die in Kap. 5.2.1 vorgestellten Pronominaloperatoren) substituiert. Im letzten, dritten Schritt kann dann die natürlich-sprachliche Äusserung generiert werden.

Auch hier, wie im Fall der Analyse, besteht der Kern der zu bearbeitenden Aufgabenstellung darin, aus einer Menge von prinzipiell geeigneten Objekten, nämlich den Designationen eines RefOs, ein Objekt auszusuchen, d.h. das RefO befindet sich auf der Suche nach einer(!) Designation.

Diese Gemeinsamkeit zwischen Analyse- und Syntheseaufgabe, nämlich die 'Suche nach einem optimalen Objekt', werde ich jetzt, bevor auf die beiden entsprechenden Referenzprozesse näher eingegangen werden soll, unter generellerem Blickwinkel

---

92* Was hier mit 'geeignet' bzw. 'günstiger' gemeint ist, werde ich im weiteren Verlauf dieses Abschnittes noch ausführlich erläutern.

behandeln. Hierbei wird auch deutlich werden, dass ich oben bei der formalen Definition der Ref-Sit, in (5.124), (5.125), eine wesentliche Einschränkung des Situationsbegriffes vorgenommen habe: Ref-Sit bezeichnet stets eine 'interne Situation'. 'Intern' insofern, als die situative Umgebung des IPS, die z.B. Ort und Zeit und insbesondere den bzw. die Kommunikationspartner betrifft, nicht als Parameter der Ref-Sit aufgefasst werden. Derartige externen Parameter sind jedoch mit entscheidend dafür, welches Objekt als optimal anzusehen ist.

Zu klären ist somit, wie Optimalität eines Objektes bzgl. der oben genannten Suchaufgaben präzise beschrieben und behandelt werden kann. Dies wird im weiteren in mehreren Schritten erfolgen 93*. Ausgangspunkt für jegliche Such- bzw. Auswahlaufgaben ist die Existenz eines Suchraumes, in dem das auszuwählende Objekt, in den vorliegenden Fällen ein RefO bzw. eine Designation, zu suchen ist. Diesen werde ich im folgenden als

ALT — Alternativenraum

bezeichnen; ALT ist also eine Menge von Objekten, unter denen — bestimmt durch die Suchaufgabe — das beste auszuwählen ist, d.h. die beste Alternative ist zu finden. In erster Näherung erfordert dies, dass eine Bewertungsfunktion b über ALT existiert, deren Wertebereich geordnet 94* ist, so dass aufgrund der Bewertungen der Alternativen ein Optimum gefunden werden kann, etwa durch eine Definition der Art:

(5.126) a. $A \in ALT$ ist optimal gdw.

$b(A) \geqslant b(A')$ für alle $A' \in ALT$.

Mit einer derartigen Optimalitätsdefinition verbunden sind u.a. die folgenden Problembereiche:

(5.126) b. — Wie wird die Bewertungsfunktion b definiert und berechnet?

— Gibt es genau ein optimales Element aus ALT, oder mehrere?

— Für welche Teile von ALT muss die Berechnung der Bewertungsfunktion durchgeführt werden, um eine optimale Alternative aufzudecken?

Dieser dritte Bereich ist für die Problemklasse der Entscheidung referentieller Alternativen der am meisten kritische. Er ist eng — und geradezu untrennbar — verbunden mit der Frage, wie überhaupt der Alternativenraum in einem aktuellen Auswahlproblem zu bestimmen ist. Diesen Fragenkomplex will ich exemplarisch am Fall der Referenzanalyse, also der Ref-Sit_A, (5.124), untersuchen.

93* Vorüberlegungen hierzu finden sich in Habel (1985 a). Diese, und auch die folgenden Darstellungen sind durch Simon (1981) beeinflusst; ein Teil der Terminologie schliesst eng an die Simons an. Wichtige Anregungen haben auch zahlreiche Diskussionen zum Thema 'Alternativen' gegeben, die ich mit S. Kanngiesser geführt habe.

94* Welcher Wertebereich vorliegt und welche formalen Eigenschaften die entsprechende Ordnungsrelation besitzt (d.h. Fragen der Art: Halbordnung vs. totale Ordnung), werde ich hier nicht näher behandeln, da die folgenden Erläuterungen alle in dieser Hinsicht relevanten Aspekte betreffen werden.

(5.127)   Gegeben sie ein temporäres RefO r_t.i und das entsprechende Subnetz
              SubN (r_t.i).

              Gesucht ist ein permanentes RefO r.j, mit dem r_t.i identifiziert
              werden kann, d.h. die Designationen von r_t.i suchen das RefO r.j.

Bzgl. welchen Alternativenraums soll nun gesucht werden? Die erste, umfassendste
Möglichkeit ist:

(5.128) a.   ALT.1 =   REFO

d.h. sämtliche RefOs des IPS werden prinzipiell als geeignet angesehen.   Diese
Vorgehensweise ist sicherlich, man betrachte hierzu die Beispiele der Kap. 4 und 5,
nicht vollständig adäquat. Aus verschiedensten Gründen, die im wesentlichen als
Unverträglichkeitsgründe (vgl. die VERTRÄGL_BIPs aus Kap. 5.3.1) bezeichnet werden
können, sind die meisten RefOs als Antezedenten 95* für r_t.i ungeeignet. Die
Ungeeignetheit kann hierbei z.B. auf Unverträglichkeit der Sorten beruhen, aber auch
darauf, dass unterschiedliche Weltausschnitte betroffen sind, wobei hiermit nur zwei
Aspekte der mangelnden Eignung aufgeführt sind. Andererseits sind RefOs, die
sortenverträglich sind und erst vor kurzem, z.B. im vorhergehenden Satz, erwähnt
wurden, besonders geeignet, überprüft zu werden. Mit anderen Worten, innerhalb der
Menge REFO gibt es geeignete Kandidaten und ungeeignete; die Menge der geeigneten
werde ich im weiteren mit

              Ant_Anw   –   Antezedens-Anwärter

bezeichnen. Diese gerade erläuterte Sichtweise beruht auf der Annahme, dass
innerhalb des IPS ein Entscheidungsverfahren existiert, das für beliebige RefOs r.k
und ein vorgegebenes temporäres RefO r_t.i in einer Ref-Sit (bei zusätzlichen
externen Situationsparametern Ext-Sit) entscheidet, ob r.k mögliches Antezedens ist:

              mögl._Ant (r.k, r_t.i, Ref Sit_A, Ext-Sit).

Somit könnte als Alternativenraum angesetzt werden:

(5.128) b.   ALT.2 = {r.k E REFO |

                         mögl._Ant (r.k, r_t.i, Ref-Sit_A, Ext-Sit)}.

Hiermit ist zwar eine erste quantitative Einschränkung des Alternativenraumes
erreicht; offen bleibt jedoch, wie ALT.2 aus REFO gebildet wird. Würde man hier eine
Überprüfung der gesamten Menge REFO bzgl. 'mögl._Ant' vorsehen, so wäre
offensichtlicherweise nichts gewonnen.

Diese Einsicht zeigt, wie ein geeigneteres Verfahren beschaffen sein muss. Nicht die
Existenz eines Entscheidungsprädikates, wie es mit 'mögl._Ant' vorliegen würde, ist
zu fordern, sondern die Existenz eines Generierungsverfahrens, das aus dem RefN
Antezedens-Anwärter heraussucht bzw. bereitstellt. Bevor ich auf einige für die

----

95* Ich werde hier, und im weiteren, 'Antezedens' abweichend vom Sprachgebrauch der
    Linguistik, für RefOs verwenden. Die Antezedensbeziehung wird von mir als
    Beziehung angesehen, die zwischen permanenten und temporären RefOs zu etablieren
    ist.

Referenzprozesse relevanten Parameter des Generierungsverfahrens für die Antezedens-Anwärter eingehen werde, will ich die generelle Struktur des Verfahrens zur Alternativenauswahl weiter untersuchen. Setzt man also ein Generierungsverfahren 'Alt-Gen' voraus, das im üblichen Sinne generierender Systeme (z.B. Grammatiken, Produktionssysteme), den Alternativenraum aufspannt

$$ALT = ALT (Alt-Gen),$$

so bleibt immer noch die Frage offen, wie über diesem Alternativenraum die Suche nach einem Optimum durchzuführen ist. Das klassische Verfahren hierfür besteht aus zwei Schritten

(5.129)   - 1. Generierung des Alternativenraumes

$$ALT = ALT (Alt-Gen)$$

- 2. Suche nach optimalen Elementen A entsprechend (5.126.a), d.h. nach Elementen mit maximalem b(A).

Die wesentlichen Probleme bzgl. der Suche nach optimalen Elementen, die in (5.126.b) aufgeführt wurden, betreffen auch das in (5.129) skizzierte Verfahren; der einzige bedeutende Fortschritt ist in der effizienteren und somit adäquateren Bereitstellung des Alternativenraumes zu sehen. An dieser Stelle möchte ich aber ein weiteres Problem ins Spiel bringen, das für die Klasse der Auswahl von Referenzalternativen von besonderer Bedeutung ist. Kann eigentlich davon ausgegangen werden, dass das optimale (bzw. die optimalen) Element(e) aus ALT auch gut geeignet ist (sind)? Man betrachte hierzu den Problemkreis 'Designation auf der Suche nach einem RefO', also die Aufgabenstellung (5.127), z.B. in bezug auf die Satzpaare

(5.130) a.   Der Senator traf die Präsidenten der TU, FU und der HdK.

Einer erläuterte ihm ihre Vorstellungen.

b.   Der Senator traf die Präsidenten der Berliner Universitäten.

Einer erläuterte ihm ihre Vorstellungen.

Der hier relevante Unterschied zwischen beiden Satzpaaren besteht offenbar darin, dass im a.-Fall das Antezedens zu 'einer' eingeführt ist, d.h. als RefO existiert (womit nicht ausgesagt werden soll, dass bekannt ist, wer mit 'einer' angesprochen wird), , im b.-Fall hiervon jedoch nicht ausgegangen werden kann 96*. Dies bedeutet aber, dass im b.-Fall die entsprechende Designation 'einer' kein geeignetes RefO finden dürfte. Und gerade aufgrund der nicht gelungenen Suche nach einer hinreichend guten Alternative A aus ALT müsste nun ein entsprechendes, geeignetes RefO kreiert werden. (Ausführlicher werde ich auf diesen Punkt der 'inferentiellen Kreierung von RefOs' im weiteren Verlauf dieses Kapitels eingehen.)

96* Es ist nicht adäquat, davon auszugehen, dass für Klassen-RefOs – und um ein solches handelt es sich bzgl. 'die Präsidenten ...' – vorsorglich ein Bestand an individuellen Teil-RefOs angelegt wird. Vielmehr ist die Möglichkeit Teil-RefOs zu kreieren, sobald es notwendig wird, die Fähigkeit, die hier benötigt wird.

Dieses Beispiel zeigt, dass es in vielen Fällen der Alternativenauswahl, und gerade bei denjenigen, die für Referenzalternativen wichtig sind, weniger die Suche nach einer optimalen Alternative erfolgen sollte, als vielmehr die Suche nach einer hinreichend guten 97*. D.h., dass die Bewertungsfunktion b nicht primär verwendet wird, um Vergleiche zwischen Elementen aus ALT durchzuführen, sondern um Entscheidungen der Art 'A ist ein hinreichend guter Kandidat' vorzunehmen. In der Einschätzung 'hinreichend gut' fliessen zwei Aspekte zusammen: zum einen die generelle Bewertung von A unabhängig von den übrigen Alternativen und ausschliesslich bestimmt durch Ref-Sit und Ext-Sit, zum anderen eine Abschätzung darüber, ob damit gerechnet werden kann, dass eine bessere Alternative (mit angemessenem Aufwand) gefunden werden kann. Dieser Doppelaspekt sei an einigen, informellen Beispielen der Referenzanalyse erläutert:

- Falls etwa aus dem vorhergehenden Textteil ein RefO vorliegt, das sämtliche (oder fast alle) Vergleichskriterien bzgl. des temporären RefOs erfüllt, d.h. die Bewertung geeignet zu sein, sehr hoch bzw. (fast) optimal ist, ist es unwahrscheinlich, dass ein besseres RefO gefunden wird. Weitere Suche und insbesondere weiteres Generieren von Referenzalternativen ist dann unnötig.

- Falls in den vorangehenden Textteilen nur weniger befriedigende RefOs gefunden werden, lohnt sich, in gewissem Umfang wenigstens, die Suche in (zeitlich) weiter zurückliegenden Teilen von REF-N_D. In diesem Fall werden die Güte des RefOs (als Antezedens) und der Aufwand einer besseren Alternative gegeneinander abgewogen. Mit anderen Worten: Bei steigendem Aufwand sinken die Ansprüche.

- Falls weiterer Suchaufwand nicht mehr gerechtfertigt werden kann, wird die Suche abgebrochen und ein neues RefO kreiert (s.u.). Die Suche schnell abzubrechen kann insbesondere durch Markierungen auf der Oberfläche, z.B. 'von ihnen' in (5.130.b), veranlasst werden.

Das Verfahren zur Alternativen-Generierung und Prüfung, zusammenfassend als Alternativen-Entscheidung bezeichnet, ist in Abb. 5.8 dargestellt 98*.

97* Ich will hier nicht behaupten, dass alle Fälle der Alternativenauswahl in die im folgenden näher beschriebene Klasse einzuordnen sind; die Fälle, in denen Optimalität ausreicht, werde ich jedoch in der vorliegenden Arbeit nicht weiter betrachten, da sie m.E. für referentielle Prozesse bestenfalls periphere Bedeutung besitzen.
'Optimal' ist hier als schlechter als 'hinreichend gut' anzusehen, da Optimalität und Güte bzgl. einer vorgegebenen und in vielen Fällen eingeschränkten Grundmenge der Antezedens-Anwärter überprüft werden.

98* Eine speziell auf die Aufgabenstellung der Referenzanalyse bezogene Version des Verfahrens habe ich in Habel (1985 a) vorgestellt.

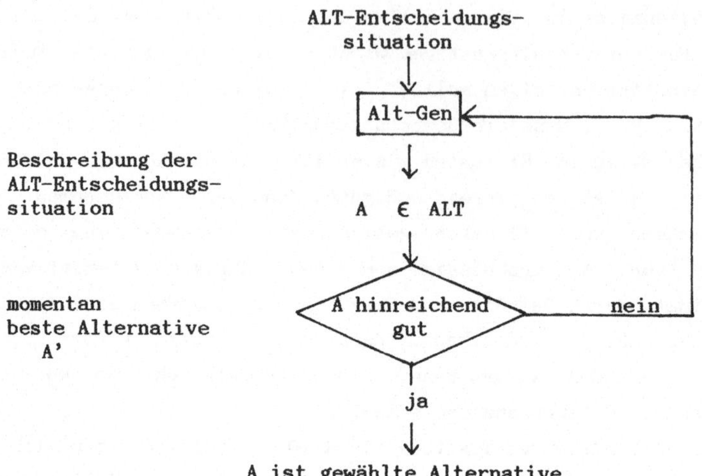

Abb. 5.8: Alternativen-Entscheidung

Die beiden wesentlichen Komponenten der Alternativen-Entscheidung, die Generierung und Bewertung, sollen nun für den Fall der referentiellen Prozesse genauer betrachtet werden. In beiden Fällen, sowohl bei der Analyse als auch bei der Produktion von Designationen, stellen die Attribute (beider Typen) die wesentlichen Informationen für die Alternativen-Entscheidung bereit. Dies sei am Beispiel der Referenzanalyse erläutert: Die Fokusattribute, Sortenattribute, aber auch die Attribute, die Teilwelten kennzeichnen 99*, stellen nicht nur Eigenschaften der RefOs dar, sondern ich gehe davon aus, dass, wie schon in Kap. 5.3.1 erläutert wurde, die Retrievalprozesse über derartige Attribute gesteuert werden können. Diese Sichtweise ist innerhalb der Konzeption referentieller Netze leicht dadurch zu realisieren, dass derartige Attribute mit den zugehörigen RefOs verzeigert werden. Oder anders ausgedrückt, derartige RefOs können als eigenständige RefOs einer besonderen Art angesehen werden. Ein Beispiel möge dies erläutern: Falls 'fok.i' der gegenwärtig höchste Fokusgrad ist, d.h. den am stärksten aktivierten RefOs als Fokusattribut zugeordnet ist, so kann durch

(5.131) a.   r-fok.i ———— SUPER (r.j)

        falls fok.i R-Att von r.j

99* Hier ist etwa an das zu Beginn des Kap. 5.2 skizzierte Beispiel (5.60) zu denken, in dem ein Überlappen von 'Musikwelt' und 'Universitätswelt' auftritt.

100* Dass hier der schon an anderer Stelle eingeführte Verweisoperator 'SUPER' verwendet wird, ist darauf zurückzuführen, dass ich den Satz an Basisoperatoren so gering wie möglich halten möchte. Ob hier eventuell ein weiterer, die spezielle Verweissituation deutlicher anzeigender Operator angebracht wäre, kann

ein Klassen-RefO besonderer Art gebildet werden 100*, das gerade die Objekte der projizierten Welt, die im Mittelpunkt des Interesses stehen, beinhaltet. Entsprechend zu der in (5.131.a) durchgeführten Definition können auch für Sortenattribute 'sor.i' oder Teilweltattribute 'tw.i' eigene RefOs eingeführt werden; dieses Vorgehen führt dazu, dass innerhalb des RefNes durch derartige RefOs, die ich im weiteren als Fokus-RefOs, Sorten-RefOs etc. bezeichnen werde, direktere Verweise repräsentiert sind, wie es (5.131.b) veranschaulicht:

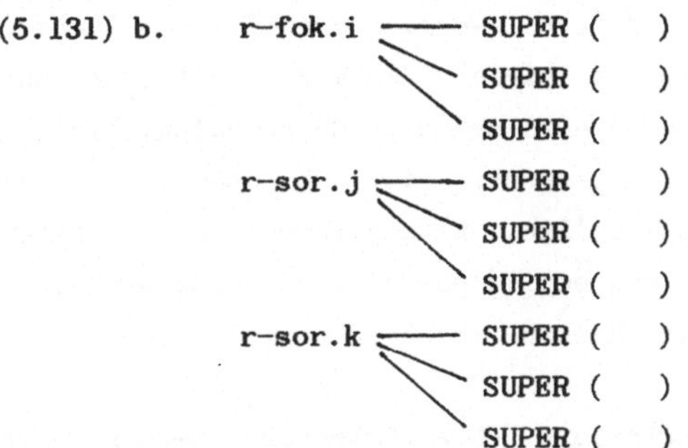

Die Existenz derartiger Verweis-REfOs lässt sich nicht nur aufgrund der Nützlichkeit in der Alternativen-Generierung rechtfertigen. Eine kognitive Interpretation der Fokus-RefOs habe ich oben schon, im Zusammenhang mit (5.131.a) gegeben. Zur Rechtfertigung der Sorten-RefOs möchte ich auf einige Überlegungen, die in Kap. 3.7 vorgenommen wurden, zurückgreifen. Dort wurde, als die Bestandteile von SRL-Operatoren beschrieben wurden, darauf hinweisen, dass zum Wissen um ein Konzept – man bedenke, dass Operatoren Konzepte repräsentieren – u.a. gehört, Instantiierungen des Operators zu kennen. Zum Wissen über das Konzept 'universitätspräsident' gehört u.a., den einen oder anderen Fall eines UPs als solchen mit dem Konzept in Verbindung bringen zu können, auch wenn dies unter Umständen nur indirekt erfolgen kann. Überträgt man diese Sichtweise auf Sortenkonzepte und Sorten-RefOs, so ergibt sich, dass zum Wissen über Sorten auch gehört, einige Exemplare von Objekten der Welt, die der jeweiligen Sorte zugeordnet werden sollen, mit den entsprechenden Sorten-RefOs in Beziehung gesetzt zu haben; und gerade dies ist durch den Verweisoperator 'SUPER' im RefN (5.131.b) geschehen.

Geht man von der Existenz von Verweis-RefOs aus, so ist offensichtlich, wie die Alternativengenerierung zu erfolgen hat. Aus der Ref-Sit werden die Verweis-Attribute, wie Fokus, Sorten, Teilwelt (dies ist nur eine Liste von Vorschlägen) ausgewählt, die korrespondierenden Verweis-RefOs werden im RefN aufgesucht und anschliessend werden über die SUPER-Deskriptionen Kandidaten ermittelt. Durch dieses Vorgehen ergeben sich, je nach Auslegung des Verfahrens Alt-Gen, ein oder mehrere

---

nur empirisch entschieden werden. Diese Frage muss auf zukünftige Untersuchungen verschoben werden.

Alternativen-Anwärter. Im zweiten Schritt werden unter Verwendung der Verträglichkeitsprüfung der Deskriptionen und Attribute Bewertungen für die Güte der Verträglichkeit zwischen r_t, dem temporären RefO, und den Alternativen-Anwärtern errechnet. Hiermit wird die momentan beste Alternative ermittelt und es wird geprüft, ob diese hinreichend gut ist, d.h. ob die Gesamtbewertung über einer zeitabhängigen (s.o.) Schranke liegt 101*.

Ist keine der Alternativen befriedigend, so können über weitere Verweis-RefOs, z.B. solche, die geringeren Fokus oder entferntere, z.B. weniger spezifische Sorten, betreffen, weitere Alternativen generiert werden. Dieser Zweig der Alternativen-Generierung und der anschliessenden Prüfung wird also solange durchlaufen, bis ein Erfolg (d.h. eine Verbesserung) nicht mehr zu erwarten ist. Ob noch mit einer erfolgreicheren Alternative gerechnet werden sollte, kann aufgrund der Distanz zwischen den Attributen des temporären RefOs, und den in der Alternativengenerierung berücksichtigten Parametern errechnet werden. Hierzu erscheinen zwei Bemerkungen angebracht:

- Wenn in Alt-Gen gewisse Parameter/Attribute berücksichtigt werden, um Alternativen zu generieren, etwa Sorten, Fokusgrade etc., wie oben beschrieben wurde, so können diese Parameter zu einem Vektor von Attributen zusammengefasst werden. Führt die Alt-Gen im entsprechenden Schritt zum Erfolg, so ist dieser Attributsvektor das Beste, das bzgl. der in der Alt-Gen berücksichtigten Attributsdimensionen von der gefundenen Alternative erwartet werden kann. Insofern ist der Abstand zwischen dem Attributsvektor von r_t und dem Parametervektor von Alt-Gen ein Mass für die Erwartung, eine geeignete Alternative zu finden.

- Oben habe ich mit Absicht 'sollte' und nicht 'kann' verwendet; es dreht sich bei der hier beschriebenen Aufgabenstellung darum zu entscheiden, ob es effizient (und damit sinnvoll) ist, weiteren Aufwand auf die Alternativensuche zu verwenden, oder lieber abzubrechen und ein neues RefO zu kreieren. Diese Entscheidung kann sich, wie im Grunde genommen bei allen Entscheidungen des IPS, die in der vorliegenden Arbeit beschrieben werden, im nachhinein als falsch herausstellen.

In der oben durchgeführten Beschreibung des Referenzanalyseverfahrens, bestehend aus Zyklen von Alternativengenerierung und anschliessender Prüfung, habe ich schon mehrmals auf den Fall des Abbruchs und hierdurch verursachter RefO-Kreierung hingewiesen. Bevor ich auf diesen Situationstyp näher eingehen werde, sollen einführend, stellvertretend für wichtige Subtypen der Kreierungssituation, Beispiele betrachtet werden. Weitgehend analog zu (5.130) sind

---

101* Wie sich diese Schranke während der Referenzanalyse verändert, muss beim gegenwärtigen Stand der Untersuchungen offen bleiben. Dieser Punkt kann erst aufgrund weiterführender, zum Teil empirischer Untersuchungen geklärt werden; Ansätze, die ein ähnliches Vorgehen betreffen, finden sich z.B. bei Hajicova/Vrbova (1982).

(5.132)   Das Ehepaar Müller flog nach Sizilien.

  a.   Er war schon einmal in Palermo.

  b.   Die Kinder blieben zuhause bei den Grosseltern.

Was als korrektes bzw. gewünschtes Ergebnis der Referenzanalyse gelten kann, liegt auf der Hand, nämlich ein RefN, das u.a. die folgenden Einträge enthält:

(5.133)

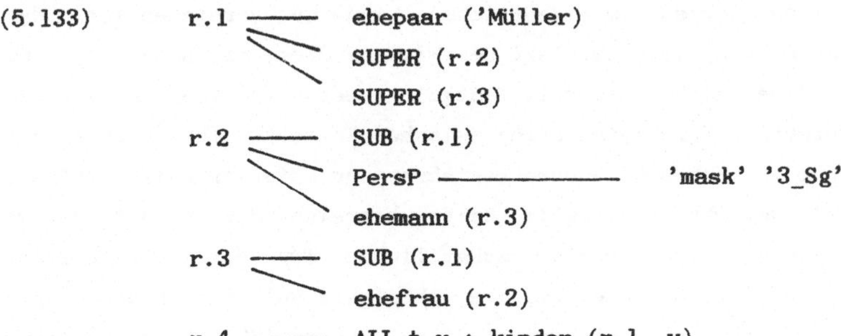

r.1 ———— ehepaar ('Müller)
         SUPER (r.2)
         SUPER (r.3)
r.2 ———— SUB (r.1)
         PersP ———————— 'mask' '3_Sg'
         ehemann (r.3)
r.3 ———— SUB (r.1)
         ehefrau (r.2)
r.4 ———— ALL_t x : kinder (r.1, x)

Wie gelangt man zu dieser Analyse ? An dieser Stelle sei kurz auf eine in der Linguistik und Psychologie weitverbreitete, aber auch häufig kritisierte Hypothese in bezug auf die Funktion von definiten und indefiniten Nominalphrasen hingewiesen, die 'familiarity'-Annahme 102*:

(5.134) Die wesentliche Funktion von definiten NPs besteht darin, auf einen Antezedenten zu verweisen, von dem der Hörer annehmen kann, dass er ihm bekannt sein sollte.

Indefinite Nominalphrasen signalisieren, dass kein Antezedens vorhanden ist, also ein neues RefO kreiert werden muss.

Ein kritischer Punkt an dieser Annahme wird deutlich, wenn man die Beispiele (5.132) und (5.133) betrachtet. Durch 'er' bzw. 'die Kinder' wird dem Hörer bzw. dem IPS signalisiert, dass entsprechende RefOs vertraut sein sollten; andererseits muss nicht davon ausgegangen werden, dass diese im Diskurs schon aufgetreten sind. Die hier vorliegende Situation zeigt, dass 'familiarity' – 'novelty' nicht als eine strikte Dichotomie aufgefasst werden kann, sondern dass eher davon ausgegangen werden sollte, dass hier ein Spektrum von gänzlich vertrauten zu vollkommen neuen RefOs vorliegt, wobei r.2 bzw. r.4 als einigermassen vertraute Objekte anzusehen sind. 'Einigermassen vertraut', weil sie inferentiell leicht aus den gerade aktivierten RefOs erschlossen werden können.

Wie und welche RefOs aufgrund vorhandener RefOs erschlossen, d.h. leicht kreiert werden können, gehört zum Wissensbestand eines IPS. Die Verfahren, die hierbei

---

102* Diese Annahme geht auf Christopherson (1939) zurück. Ausführliche Diskussionen, die sowohl auf die kritischen Punkte hinweisen, als auch den korrekten Kern darstellen, und hieraus zu modifizierten 'familiarity conditions' gelangen, finden sich bei Hawkins (1978; insb. Sect. 3.2, 3.4) und Heim (1982; insb. Chap. III.2, III.5). Meiner Darstellung lege ich diese Arbeiten zugrunde.

angewendet werden können, werde ich hier nur beispielhaft vorstellen: die wichtigste und generellste Klasse betrifft Schlüsse vom Ganzen auf Teile (und umgekehrt). Im vorliegenden Fall: vom 'Ehepaar Müller' auf 'Herrn Müller' bzw. in (5.130) von 'den Universitätspräsidenten' auf einen von ihnen. Eine weitere wesentliche Klasse von derartigen Kreierungsschlüssen betrifft benachbarte bzw. verwandte Konzepte, wobei im Fall (5.132.b) 'verwandt' sogar im eigentlichen Sinne zu verstehen ist. Was jeweils als benachbart anzusehen ist, ist Teil des Wissens über die Konzepte, also über die Welt, und kann daher nicht generell festgelegt werden. Eine Analyse des Diskursbereiches muss derartige Verwandtschaften zwischen Konzepten festlegen 103*.

Im Fall (5.132.a) wird dem oben beschriebenen Verfahren zur Referenzanalyse folgend ein Antezedent für 'er' gesucht; und falls keine hinreichend gute Alternative gefunden werden kann, werden durch einen zusätzlichen Typ der Alternativen-Generierung inferentiell neue RefOs kreiert, die ebenfalls auf ihre Eignung hin geprüft werden. Falls also in der Äusserungssituation von (5.132) keine besseren Kandidaten explizit vorliegen, wird r.2 kreiert. Dass hier durchaus problematische, d.h. schwer zu entscheidende Situationen auftreten können, veranschauliche man sich durch den Fall, in dem der Äusserung der beiden Sätze aus (5.132.a) der Satz

(5.135) a.   Paul traf Müllers auf dem Flughafen.

vorangeht. Wer hier mit 'er' gemeint ist, ist zumindest fraglich. Diese komplexe Situation befriedigend zu bearbeiten, stellt jedoch nicht nur das hier beschriebene Referenzanalyseverfahren, sondern auch menschliche Hörer vor Probleme 104*. Betrachten wir nun den zweiten Teil der Familiaritätsannahme (5.134), den, der die indefiniten Nominalphrasen betrifft. Wieder gibt es neben den eindeutigen Fällen, die die Annahme bestätigen, wie

(5.136)   Paul kaufte sich ein Buch.

          Er wollte es während der Reise lesen.

auch die Fälle, die eher zwischen die Pole der Vertrautheit und der Neueinführung fallen:

(5.135) b.   Paul traf auf dem Flughafen mehrere Bekannte.

'mehrere Bekannte' ist sicherlich indefinit. Dies spricht jedoch nicht dagegen, dass entsprechende RefOs vorher oder nachher im Text auftreten. Der Kern der Familiaritätsannahme trifft hierauf insofern zu, als der Hörer in der durch (5.135.b) verursachten Situation nicht versuchen sollte, Antezedenten zu suchen,

---

103* An dieser Stelle sei noch einmal darauf hingewiesen, dass zwischen der Annahme genereller Verfahren, hier der Annahme von 'Nachbarschaftsbeziehungen' zwischen Konzepten und der Verwendung dieser Beziehung in der inferentiellen Generierung von RefOs einerseits, und der Festlegung dieser Beziehung zwischen Konzepten, d.h. der konzeptuellen Analyse einer Welt andererseits, zu entscheiden ist. Das Thema der vorliegenden Arbeit betrifft gerade die generellen Verfahren und stellt die detaillierte Analyse von Diskurswelten in den Hintergrund.

104* Hierauf werde ich zum Abschluss des vorliegenden Kap. 5.3.3 noch einmal, unter dem Blickwinkel der Produktion geeigneter Designationen, zurückkommen.

sondern hier ein neues RefO kreieren sollte 105*. Zusammenfassend zur Familiaritätsannahme (5.134) sei gesagt, dass diese, falls sie nicht als strikte Regel, sondern als Tendenzregel verstanden wird, eine sinnvolle Annahme als Basis für Strategien der Referenzanalyse darstellt. Wie oben am Beispiel gezeigt wurde, kann durch die Oberflächenausdrücke (z.B. 'einer von ihnen') und durch die Berücksichtigung der Definitheits-Indefinitheits-Unterscheidung bestimmt werden, ob die Suche nach einem Referenzobjekt erfolgen sollte, und welcher Aufwand hierbei in Kauf genommen werden sollte oder ob eher davon auszugehen ist, dass ein neues RefO kreiert werden sollte.

An dieser Stelle ist es angebracht, den Problembereich von Strategien zur Referenzanalyse und hierbei die oben schon mehrfach angesprochenen Tendenzregeln etwas ausführlicher zu behandeln. Bevor ich dies jedoch tue, möchte ich noch einmal auf den Blickwinkel und die primäre Aufgabenstellung, unter denen die vorliegenden Untersuchungen stehen, aufmerksam machen: Ziel dieser Arbeit ist es, ein für Referenzanalyse und Designationsgenerierung, allgemeiner für Referentialitätsphänomene, geeignetes Repräsentationssystem zu entwickeln. Daher stehen die Prozesse, die über entsprechenden Repräsentationen arbeiten, hier im wesentlichen unter dem Gesichtspunkt der Untermauerung der Adäquatheit zur Diskussion. Insbesondere in Fragen, die Strategien beim Einsatz referentieller Prozesse betreffen, eröffnen ein weiteres über den Rahmen einer Arbeit über die Repräsentation von Objektwissen hinausgehendes Problemfeld. Diesen Themenbereich auf der Grundlage der Theorie bzgl. RefNe zu bearbeiten, muss daher auf zukünftige, stark linguistisch und psychologisch ausgerichtete Untersuchungen verlagert werden.

Die den oben, insbesondere in (5.134), aufgeführten Überlegungen zugrundeliegende Annahme eines kommunikationsleitenden bzw. Kommunikation erst ermöglichenden Prinzips, ist von Clark / Haviland (1977) als 'given-new-contract' bezeichnet worden 106*. Als Grundannahme der Given-New-Theorie kann
(5.137) a.   In jedem Kommunikationsakt werden sowohl schon bekannte

          als auch neue Informationen, bzw. Wissensentitäten, übertragen.
aufgefasst werden. Für den hier behandelten Bereich des Objektwissens ergibt sich darum:

105* Dies kann schon im nächsten Satz oder Teilsatz, etwa dann, wenn (5.132) folgen würde, eingebunden werden. Dieser Fall kataphorischer Referenz kann sogar, falls Müllers schon im Diskurs auftraten, 'indirekt anaphorisch' sein.

106* Clark / Haviland (1977) stehen mit ihrer Arbeit in einer umfassenden linguistisch-psychologischen Tradition, die ich hier jedoch nicht darstellen kann. Die folgende Skizze bezieht sich auf Clark / Havilands Aufarbeitung des Themenbereichs; zu einem ausführlichen Überblick sei auf die von ihnen behandelte Literatur bzw. auf Prince (1979, 1981) verwiesen.

(5.137) b.   In jedem Kommunikationsakt werden sowohl schon bekannte als auch neue
              RefOs angesprochen, bzw. falls nur bekannte RefOs erwähnt werden,
              werden für diese neue, relevante Deskriptionen vermittelt.

Die in (5.137) formulierten Regularitäten des Sprachgebrauchs sind jedoch nicht nur
als Feststellungen über Sprachverhalten wichtig; ihre fundamentale Stellung besteht
gerade darin, dass es sich hierbei um sprachliche Konventionen – im Sinne von Lewis
(1969) – handelt, denen die Sprecher-Hörer folgen und von denen sie annehmen können,
dass die Kommunikationspartner ihnen folgen. D.h. ein Hörer kann davon ausgehen,
dass in normalen Kommunikationssituationen bekannte und neue Wissensentitäten
vorliegen, und er wird hierauf sein Dekodierungsverhalten, insbesondere die
Referenzanalyse, ausrichten.   Eine hilfreiche und sinnvolle Annahme, die über den
'given-new-contract' hinausgeht, ist, davon auszugehen, dass – ebenfalls im
Normalfall – die Kommunikationspartner sich kooperativ verhalten, d.h. dem
Kooperativitäts-Prinzip (Grice, 1975) folgen. Für den Fall der Referentialität
bedeutet dies, dass eine spezielle Maxime der Antezedenz berücksichtigt werden
sollte, die etwa wie folgt formuliert werden kann 107*:

(5.138)   Maxime der Antezedenz:
          Mache Deinen Redebeitrag so, dass der Hörer zwischen gegebener und neuer
          Information unterscheiden kann und durch die Designationen möglichst
          eindeutig zu den intendierten RefOs geleitet bzw. zur Kreierung neuer
          RefOs veranlasst wird.

Der Maxime der Antezedenz wirkungsvoll folgen zu können setzt voraus, die Tendenzen
und Regularitäten zu kennen, die innerhalb einer Sprachgemeinschaft existieren, um
auf alte RefOs zu verweisen und die Kreierung neuer RefOs zu veranlassen. Beispiele
hierfür habe ich schon in Kap. 4 gegeben, etwa die Tendenzregeln (4.8) und das
Prinzip der Verschiedenheit indefiniter NPs (4.13).

Nach diesen Vorbemerkungen über kooperatives Kommunikationsverhalten kann ich auf
den Synthese-Fall, d.h. die Produktion von Designationen, ausgehend von einer Ref-
Sit_S, vgl. (5.125) bzw. Abb. 5.7, eingehen. Ausgangspunkt ist eine
Äusserungsabsicht, in der über gewisse Objekte der projizierten Welt, repräsentiert
durch RefOs r.il, ..., r.in, gesprochen werden soll. Für jedes dieser r.i muss
zuerst festgestellt werden, ob davon ausgegangen werden kann, dass es dem Hörer
bekannt ist, sei es, dass es durch den bisherigen Diskurs schon eingeführt wurde,
sei es, dass es zum Weltwissen des Hörers gehört. Diese Entscheidung wird auf der
Grundlage eines Modells über den Kommunikationspartner, eines sogenannten

----

107* Eine erste, vagere Formulierung der Antezedenz-Maxime findet sich bei Clark /
     Haviland (1977; p. 4). Diese liegt auch meiner ersten Version in Habel (1981; p.
     68) zugrunde.

108* Zur Partnermodellierung aus der Sicht der KI siehe: Morik (1982) und

'Partnermodells' gefällt 108*. Für die Annahme, dass ein RefO r.i dem Hörer bekannt sein dürfte, und darüber hinaus, dass eine spezielle Designation dieses RefOs dem Hörer vertraut bzw. für den Hörer geeignet sein könnte, kann der Sprecher bzw. das einen Text produzierende IPS, unterschiedliche Gründe besitzen. Diese Gründe sind im wesentlichen in drei Typen einzuteilen:

(5.139) a. Das RefO bzw. die Designation wurden im bisherigen Verlauf des Diskurses schon erwähnt oder sind in der Kommunikationssituation unmittelbar vorhanden.

b. RefO bzw. Designation gehören aufgrund der persönlichen Erfahrungen des Hörers zu seinem Wissen, d.h. seiner projizierten Welt, und dies ist dem Sprecher bekannt.

c. Das RefO bzw. die Designation ist einem gewissen Personenkreis üblicherweise bekannt, und der Sprecher geht davon aus, dass der Hörer zu diesem Personenkreis gehört.

Alle drei Typen von Gründen betreffen also die Beziehung zwischen einer Person, dem Hörer und einem RefO bzw. einer Designation. Derartige Beziehungen, oder diejenigen, die etwa beim Typ c. vermittelnd ins Spiel kommen, können als Attribute der RefOs bzw. der Designationen, also in R–ATT oder D–ATT dargestellt werden. Beispiel (5.60), mit dem die Grundidee der Attributierungen einleitend erläutert wurde, illustrierte z.B. die Verwendung von Teilwelt–Parametern, wie 'Hochschulwelt' oder 'Musikwelt'. Entsprechend gehe ich davon aus, dass Attributierungen vorhanden sind, die auf den Äusserungskontext, in dem ein RefO bzw. eine Designation verwendet wurden, hinweisen.

Bevor ich den Ablauf des Generierungsprozesses expliziter beschreiben werde, soll auf zwei, gegenüber dem Analyseprozess besonders wichtige Punkte hingewiesen werden: zum einen ist davon auszugehen, dass auch die Designation selbst dazu herangezogen werden kann, um über die Vertrautheits–/Bekanntheitsbeziehung zwischen RefO und Hörer Einschätzungen abzugeben. D.h. diese Aufgabe ist nicht allein auf eine Analyse der Attribute zu beschränken. Einige klare Beispiele hierfür liegen in (5.140) vor:

Morik/Rollinger (1983).
Die philosophischen und psychologischen Grundlagen für dieses KI–Konzept wurden insbesondere durch Arbeiten, die durch die Beziehungen 'shared knowledge' bzw. 'mutual knowledge' charakterisiert werden können, gelegt; hier sind insbesondere Lewis (1969), Schiffer (1972) und Clark/Marshall (1981) zu nennen. Die im folgenden dargestellten 'mutual knowledge'–Aspekte der RefNe habe ich in ähnlicher Weise in Habel (1983 a) vorgestellt.

(5.140)   Äusserungsabsicht: "Kommt r.17 morgen?"

  a. Hörer: r.17

    Äusserung: r.17 ——— "Du"

                bzw. "Sie"

           je nach sozialer Beziehung zwischen Sprecher und

           Hörer.

           also: "Kommst Du morgen?"

            bzw. "Kommen Sie morgen?"

  b. r.17 ——— IOTA x : universitätspräsident (x, r.5)

          IOTA x : verheiratet (x, r.18)

    Hörer :   r.18

    Äusserung : "Kommt Ihr Mann morgen?"

          "Kommt Dein Mann morgen?"

Der andere für den Generierungsprozess besonders wichtige Gesichtspunkt, der in einer analogen, aber leichter zu behandelnden, Weise auch für die Analyse zu bearbeiten ist, betrifft die Produktion einer Gesamtdesignation auf der sprachlichen Oberfläche aus mehreren Designationen im RefN. Dieser Vorgang ist immer dann erforderlich, wenn die Einzeldeskriptionen nicht hinreichend eindeutig sind. Aus (5.60) etwa liesse sich die vermutlich eindeutige Designation "der Informatikprofessor, der die Bratsche spielt" generieren, wenn vom Gesprächsthema 'Hochschulorchester' ausgegangen wird.

Nach diesen einführenden Vorbemerkungen ist der Ablauf des Generierungsprozesses, den ich in seinen wesentlichen Punkten schon in (5.125) bzw. Abb. 5.7 dargestellt habe, (fast) vollständig beschreibbar.

(5.141)   Gegeben sei eine Ref-Sit_S, eine Äusserungsabsicht Utt und die externe Situation Ext-Sit (vgl. oben; Erläuterungen zu (5.28)).

       Aus der Ext-Sit wird ein Attributvektor ermittelt, bzgl. dessen für die RefOs aus Utt die jeweils besten Designationen aus dem RefN errechnet werden.

Die Berechnung der besten Designation erfolgt nach dem oben allgemein für die Suche nach dem der besten Alternative (vgl. Abb. 5.8) beschriebenen Verfahren 109*.

Ein besonders interessanter Problembereich bei der Generierung von Designationen betrifft Pronominalisierung und Elliptifizierung, oder anders ausgedrückt die Frage, welche RefOs an der Oberfläche durch Pronomen designiert werden sollen bzw. bei

---

109* Welche Parameter in welcher Wichtung hierbei berücksichtigt werden sollen, soll hier nicht behandelt werden. Neben generellen Gesichtspunkten, die jeweils eine Einzelsprache betreffen, müssen für einzelne Diskursbereiche und Kommunikationssituationen bzw. Situationstypen Regeln und Auswahlstrategien festgelegt werden.

welchen auf ein Auftreten in der Äusserung verzichtet werden kann. Für den Bereich der Pronominalisierung soll hier durch einige knappe Hinweise die Richtung, die innerhalb der RefN-Konzeption eingeschlagen wird, skizziert werden 110*. RefOs, die innerhalb der Äusserungsabsicht mehrmals auftreten, insbesondere dann, wenn die Vorkommnisse dicht aufeinanderfolgen, werden zuerst durch Koreferenzverweise mit dem ersten Auftreten verzeigert (vgl. Schritt 1 in Abb. 5.7), und anschliessend werden die Koreferenzverweise durch Pronomen textualisiert.

Als geeigneter Rahmen für die Generierung von Ellipsen ist von Jameson/Wahlster (1982) ein Antizipations-Feedback-Schleifen-Verfahren vorgeschlagen worden. Die Grundidee (vgl. Abb. 5.9) besteht darin, eine elliptifizierte Äusserung aus der Sichtweise des Hörers, d.h. unter Verwendung des Partnermodells über den Hörer, zu analysieren, und hierdurch zu überprüfen, ob die erzielte Interpretation, d.h. Repräsentation, mit der intendierten übereinstimmt. Dieses Vorgehen ist auf der Basis der Wissensstruktur RefNe ebenfalls verwendbar; Abb. 5.9 stellt eine Übertragung in den Formalismus und die Terminologie der vorliegenden Arbeit dar. (In der RefN-Konzeption wird das Partnermodell über die Attribute im RefN berücksichtigt.)

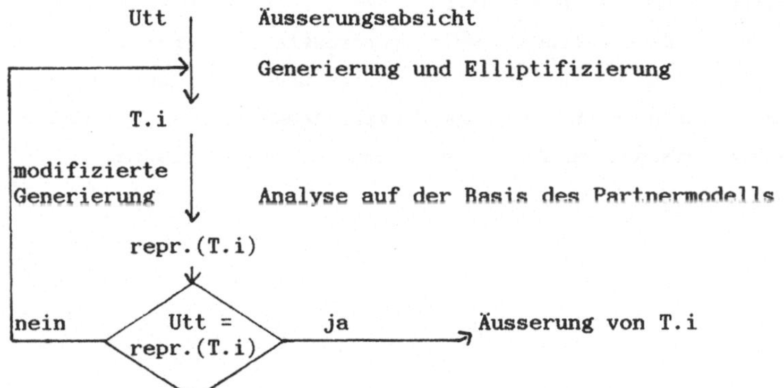

Abb. 5.9 : Antizipations-Feedback-Generierung.

110* Wie häufig in der vorliegenden Arbeit, muss ich darauf hinweisen, dass hier ein Problembereich vorliegt, der noch viele Fragen offen lässt. Die Phänomene der Pronominalisierung, deren Untersuchung in der modernen Linguistik kontroverse Lösungsvorschläge hervorbrachte, können generell noch nicht als gelöst angesehen werden.

Jameson/Wahlster (1982) schlagen ein entsprechendes Vorgehen über die Ellipsengenerierung hinaus allgemein für die Produktion von (definiten) Deskriptionen vor. Betrachtet man Abb. 5.9, so stellt man fest, dass der Kern des Verfahrens eine TOTE-Einheit 111* ist; insofern sind auch hier die Einwände, die generell gegen TOTE-Verfahren angeführt werden können, einschlägig. Für den speziellen Fall der Designationsgenerierung bedeutet dies: in welchen Situationen muss ein (Analyse-) Test vorgenommen werden, und wann kann ohne Test davon ausgegangen werden, dass die generierte Designation hinreichend gut ist, d.h. beim Hörer die intendierte Interpretation hervorruft. Bei Elliptifizierungen ist sicherlich häufig der Durchlauf durch die Feedback-Schleife notwendig; bei den meisten anderen Fällen sollte jedoch die Generierung so zielgerichtet verlaufen, dass auf den Analyse-Test verzichtet werden kann. D.h. es sollte eine echte Antizipation vorliegen. Und gerade dies kann durch die oben beschriebene Verwendung von Attributen erreicht werden. Der Abgleich zwischen RefN-Attributierungen und den Parametern der Ext-Sit sorgt für eine Einschränkung der Generierungsmöglichkeiten, so dass ein Test in den meisten Fällen überflüssig wird. In diesem Sinne können die Attribute als Grundlage einer 'Antizipationsberechnung' aufgefasst werden: Antizipationen werden z.T. durch Attribute im RefN abgespeichert.

Wie die Darstellung von Referenzanalyse und Designationsgenerierung im vorliegenden Kapitel gezeigt hat, liegen diesen beiden dualen referentiellen Prozessen die gleichen grundlegenden Prinzipien der Alternativengenerierung und -entscheidung zugrunde. Basis für die Generierungs- und Entscheidungsprozesse sind das RefN und hierbei insbesondere, als zielweisende Parameter der Prozesse, die Attribute.

111* TOTE = Test-Operate-Test-Exit. Vgl. die Anmerkungen hierzu in Kap. 5.3.1 im Zusammenhang mit den Speicherungs- und Retrievalprozessen.

5.3.4. Zur Geschichte von referentiellen Netzen

Wissensbestände sind, und dies ist im bisherigen Verlauf der vorliegenden Arbeit schon an verschiedenen Stellen sowohl explizit als auch implizit erwähnt worden, dynamisch. Aus diesem Grund kann für Wissensbestände eines IPS davon gesprochen werden, dass sie eine historische Entwicklung durchlaufen. Im folgenden werde ich mich in daher mit der Geschichte von RefNen und ihrer Bestandteile, der RefOs, befassen 112*.

Wie häufig bei "historischen Untersuchungen" werden auch hier die Anfänge, d.h. wird die Früh- und Entstehungsgeschichte, weitgehend im Dunkeln bleiben. D.h.: ich werde bei einem willkürlich gewählten Zeitpunkt, und damit verbunden: Wissenszustand, REF-N(t.0) beginnen. Dieses Vorgehen ist aus zweierlei Gründen angebracht:

- Betrachtet man ein formales IPS bzw. konstruiert und realisiert man ein IPS als Computersystem, so wird man stets das IPS mit einem Grundbestand an Wissen, d.h. auch, einem nicht-leeren RefN, ausstatten. Ausgehend von diesem Ausgangswissen wird durch Kommunikation und Interaktion mit der Umwelt eine Veränderung und somit historische Entwicklung des RefNes erfolgen.

- Betrachtet man natürliche IPSe, z.B. Menschen, so ist der Erkenntnisstand gerade über die frühere Entwicklung, in diesem Fall über den frühkindlichen Erwerb von Fähigkeiten und Kenntnissen, besonders gering. Würde man den zeitlichen Nullpunkt der Wissensbestände mit dem Geburtszeitpunkt festlegen, so träten hier in beiden Richtungen (bzgl. der Zeit) grosse Probleme auf: zum einen, weil man wenig über den frühkindlichen Wissenserwerb weiss, zum anderen, weil unklar ist, welche Wissensbestände angeboren, pränatal erworben oder evolutionär festgelegt sind. (Und in dieser Hinsicht ist auch die Festlegung t.0 = Geburtszeit wiederum willkürlich.)

Beide Probleme umgehe ich dadurch, dass ich nur die historische Entwicklung nach einem vorgegebenen Nullzeitpunkt t.0 betrachte. Diese Vorgehensweise ist in mancher Hinsicht unbefriedigend; durch weitere Arbeiten sollte versucht werden, hier Verbesserungen zu erreichen. Andererseits ist dies m.E. der einzige Weg, auf dem gegenwärtig überhaupt adäquate und umfassende Aussagen gefunden werden können.

Die historische Entwicklung von RefNen ist durch Informationszuwachs aufgrund von Kommunikation und Interaktion mit der Umwelt gekennzeichnet und verursacht. In der

---

112* Das vorliegende Kapitel lehnt sich an Habel (1981) an. In dieser Arbeit habe ich ausgehend von RefOs Überlegungen über die Geschichte von RefNen angestellt, die überwiegend den Aspekt der RefNe als Diskursmodelle betraf.
Hier werde ich jetzt nur diejenigen historischen Fragen ansprechen, die noch nicht an anderen Stellen der vorliegenden Arbeit behandelt wurden, dabei aber, über Habel (1981) hinausgehend, einige wichtige Gesichtspunkte der historischen bzw. kausalen Namens- bzw. Designationstheorien ansprechen; vgl. Kap. 4.1.

in Kap. 5.1.4 erläuterten Sichtweise bedeutet dies, dass eine Folge von Eingaben
(z.B. Texten) eine Folge von Weltmodellen und insbesondere RefNen induziert:

(5.142) Ausgehend von t.0 werden jeweils zwischen t.i und t.i+1 Texte T.i an
          das IPS zur Verarbeitung gegeben.

          Diese verursachen Veränderungen des Weltmodells bzw. RefNes zu:

               WM (t.i+1) bzw. REF-N (t.i+1)

          entsprechend der in Kap. 5 beschriebenen Prozesse.

Für die in diesem Kap. 5 dargestellten Prozesse bin ich stets von den, überwiegend
aus technischen Gründen gerechtfertigten, Unterscheidungen, vgl. (5.54), in

(5.143)   Weltmodelle   WM (t.0)

               Diskursmodelle   DM (t.0)

               aktivierte Teile der Weltmodelle   WM_akt (t.i)

ausgegangen. Für die Geschichte von RefNen ist diese Unterscheidung jedoch
unwesentlich. Nach der Verarbeitung eines Diskurses und damit nach dem Verlassen der
Diskurssituation ist das Diskursmodell ein nicht mehr separierter Bestandteil des
Weltmodells, wie es in Abb. 5.10 veranschaulicht ist.

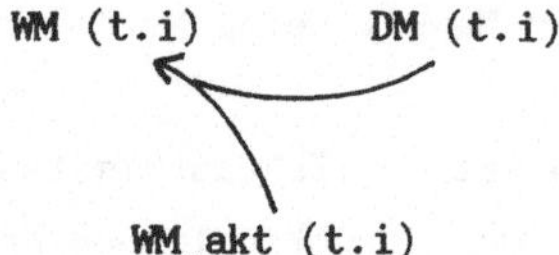

Abb. 5.10: Die Integration des DM in das WM

Ebenso ist es nicht notwendig, den aktivierten Teil des WM als solchen explizit,
gesondert aufzuführen. Aktivierungsgrade sind als Attribute Bestandteil des WM und
können über Verweis-RefOs, vgl. (5.131), zusätzlich expliziert werden.

Nach diesem Exkurs über die Geschichte der Weltmodelle und RefNe komme ich zur
Geschichte einzelner RefOs. Ihr "Leben" beginnt zu einem Zeitpunkt t.i mit der
Kreierung aufgrund eines äusseren Ereignisses, das im Zusammenhang der
Aufgabenstellung der vorliegenden Arbeit stets eine textuelle Eingabe ist. Der
zugrundeliegende Text enthält also eine oder mehrere Propositionen über ein
temporäres RefO r_t.j, das, wie die Suchprozesse ergeben, nicht mit einem RefO aus
REF-N (t.i) identifiziert werden kann. Daher ist ein neues RefO r.j zu kreieren, das
von nun an, d.h. für t' > t.i, Bestandteil der REF-N (t') sein wird. Mit dem ersten
Auftreten von r.j ist stets die Designation durch eine oder mehrere Designationen
'des.ji' verbunden, wobei zusätzlich Attributierungen der Designationsbeziehungen
und des RefOs, als aus D-ATT bzw. R-ATT, existieren.

Die weitere Lebensgeschichte von r.j ist dadurch gekennzeichnet, dass in späteren
Zeitpunkten, wie insbesondere in Kap. 5.3 beschrieben wurde, normalerweise weitere

Designationen zu r.j auftreten werden. Insofern ergeben sich, von der Kreierung eines RefOs ausgehend, Ketten von Designationen, die die Rechtfertigung dafür darstellen, zu einem späteren Zeitpunkt, t' > t.i, das RefO r.j zu verwenden.

Diese Designationsketten sind das RefN-Analogon zu Devitts (1981) 'd-chains' ('designating-chains'), die die Basierung von referentiellen Beziehungen in der 'causal theory of designation' liefern. An dieser Stelle sei darauf hingewiesen, dass die Erstverwendung von Namen, der oben verwendeten Lebenslauf-Metapher folgend, als Taufe (baptism) bezeichnet werden kann.

Abschliessend, für dieses Kapitel, möchte noch auf einen Problembereich der Namenstheorien eingehen, der gerade im Zusammenahng der d-chains interessant ist und innerhalb der RefN-Konzeption elegant und befriedigend erklärt werden kann: das Problem des unterschiedlichen Erkenntniswertes für 'a = a' und 'a = b'. Dieses Problem illustrierte Frege (1892) am Beispiel "Abendstern = Morgenstern". Die Antwort, innerhalb der RefN-Konzeption, liegt auf der Hand. Der Erkenntniswert liegt darin, dass die Identität von zwei RefOs (mit unterschiedlichen Designationen) konstatiert wird, und hierdurch eine Fusion, vgl. Kap. 5.3.1, veranlasst wird.

Da ich, wie ich oben (Kap. 5.3.1) schon erläutert habe, wenigstens unter kognitiven Gesichtspunkten 'vergessen' und 'deaktivieren' gleichsetze, d.h. davon ausgehe, dass, bis auf wenige Ausnahmen im Zusammenhang von RefN-Korrekturen, RefOs nicht gelöscht werden, ist das Lebensende eines RefOs durch die Lebensdauer des IPS bestimmt 113*.

113* Und hiermit endet die "Geschichte von RefNen und RefOs".

5.4. Vergleichende Überlegungen zu Theorien der Referentialität

In den Kapiteln 5.1 – 5.3 habe ich den Entwurf einer Theorie der Referentialität vorgelegt, an die ich Anforderungen aus verschiedenen Richtungen stelle:

(5.144) – kognitive / psychologische Adäquatheit

RefNe und referentielle Prozesse sollten empirischen Untersuchungen zur Kognition entsprechende Beschreibungen, Erklärungen und Voraussagen gestatten.

– linguistische Adäquatheit

Die Theorie der RefNe sollte die aufgrund linguistischer Untersuchungen, insbesondere einzelsprachlicher Phänomene, gewonnenen Erkenntnisse über die Struktur menschlicher Sprache berücksichtigen.

– philosophische / logische Adäquatheit

Die RefN-Theorie sollte mit philosophisch-logischen Theorien der Referentialität verträglich sein und an Problemfällen, die in dieser Wissenschaftstradition stehen, erfolgreich überprüft werden können.

– Explizitheit und Realisierbarkeit

Über die schon durch die drei bisher aufgeführten Richtungen geforderte Explizitheit hinaus sollte eine erfolgreiche Computerrealisierung der Theorie der RefNe und referentiellen Prozesse möglich sein, so dass ein entsprechendes System sowohl als Simulationssystem testbar, als auch als Anwendungssystem einsetzbar wird.

Betrachtet man diesen Anforderungskatalog, so stellt man fest, dass sich in ihm die Struktur der Disziplinenlandschaft (Abb. 1.1) widerspiegelt, insofern nämlich, als mit jedem Kriterium primär ein oder zwei Disziplinen angesprochen sind:

(5.145) – Psychologie, Kognitionswissenschaft

– Linguistik

– Philiosophie und Logik

– Künstliche Intelligenz, Informatik

Dass die Konzeption referentieller Netze unter den in (5.144) aufgelisteten Anforderungen entwickelt wurde, dürfte durch die im bisherigen Verlauf der Darstellungen erläuterten Beispiele, die insbesondere der Motivation und Rechtfertigung einzelner Teilkonzepte dienten, deutlich geworden sein.

Im vorliegenden Kap. 5.4 werde ich – in gewisser Weise wenigstens – die Argumentationsrichtung umkehren. Die hier in (5.145) noch einmal aufgeführten Disziplinen, die am Problembereich des menschlichen Geistes arbeiten, haben wichtige, eigenständige Theorien der Referentialität hervorgebracht, die jedoch überwiegend nur auf einen, nämlich den korrespondierenden, Anforderungsaspekt aus (5.144) eingehen. Ich werde im weiteren Verlauf dieses Kapitels exemplarisch einige dieser Theorien skizzenhaft vorstellen und ihre Beziehungen zur Konzeption der referentiellen Netze erläutern. Durch diese Vergleiche hoffe ich nachweisen zu können, dass das in Kap. 1 formulierte Ziel, eine die Ansätze der Einzeldisziplinen integrierende Theorie der Referentialität zu entwickeln, und hierdurch eine leistungsstärkere, adäquatere und über den bisherigen Stand der Wissenschaft hinausführende Konzeption zu erreichen, (wenigstens partiell) gelungen ist.

5.4.1. Philosophisch-logische Theorien

Die in der gegenwärtigen philosophisch-logischen Tradition wichtigste Theorie der Referentialität ist die, im wesentlichen durch Kripke und Donnellan geprägte 'kausale' bzw. 'historische Theorie' der Namen bzw. der Designation 114*. Die Diskussion über diese Theorie bzw. Theorienfamilie ist, man vgl. z.B. Evans (1973, 1982) noch in vollem Gange, wobei jedoch die Detailfragen im Vordergrund stehen, z.B. ob es sich eher um eine kausale oder historische Theorie handelt; die Hauptargumentationsrichtung jedoch ist, zumindestens in weiten Kreisen, akzeptiert worden. (Dies soll nicht bedeuten, dass innerhalb derartiger Theorien alle Probleme der Referentialität gelöst seien, sondern nur, dass wichtige Fragestellungen adäquat behandelt werden können.)
Da ich an verschiedenen Stellen in der vorliegenden Arbeit den Kern der 'historischen Theorie', wie ich sie im weiteren nennen werde, schon erläutert habe, insbesondere in Kap. 4.1.1 und zu Beginn des Kap. 5.1.1, und da im vorangegangenen Kap. 5.3.4 die Beziehung zwischen der historischen Theorie und der Theorie referentieller Netze hergestellt wurde, möchte ich hier nur auf die m.E. wichtigsten Unterschiede und Erweiterungen eingehen.

Der wesentliche Unterschied ist darin zu sehen, dass in der Konzeption der RefNe Objekte der projizierten Welt, RefOs, den Kern der Untersuchungen darstellen, und Probleme der Realität, d.h. der Welt wie sie ist, in den Hintergrund gestellt werden. Durch diese Schwerpunktsetzung, die ergänzt wird durch Vorschläge zu

---

114* Siehe hierzu als Originalarbeiten: Kripke (1980, 1977) und Donnellan (1966, 1974). Umfassende Monographien, die hierauf aufbauend zahlreiche Detailprobleme diskutieren, sind: Devitt (1981), Salmon (1982) und Schwarz (1979).

referentiellen Prozessen, wird eine Psychologisierung des Ansatzes erreicht. Im Gegensatz zu den (fast) ausschliesslich philosophisch-logischen Fragestellungen, die von Kripke, Donnellan und anderen Vertretern der historischen Theorie behandelt werden, stelle ich kognitive Fragestellungen gleichberechtigt in den Mittelpunkt.

Fundamental für alle Arbeiten, die in der Tradition der historischen Theorie stehen, ist die Unterscheidung in 'singular terms' (oder 'individuals') einerseits und 'general terms', z.B. 'natural kinds', andererseits, wie er sich etwa im Gegensatz zwischen 'der erste Mensch auf dem Mond', 'Neill Armstrong' einerseits und 'Mensch', 'Trabant' oder 'Wasser' andererseits manifestiert. Diese Dichotomie hat m.E. dazu geführt, zwar beide Typen von Ausdrücken zu untersuchen, innerhalb der Individuenausdrücke jedoch die singularen Fälle zu sehr in den Vordergrund zu stellen. Dies zeigt sich u.a. darin, dass Probleme mit pluralen Referenten kaum behandelt werden 115*. Fast alle behandelten Beispiele betreffen singulare Referenz bzw. Designation.

Im Gegensatz hierzu ergeben sich durch die von mir eingeführten Klassen-RefOs, pluralen Deskriptions-Operatoren und die Verweisoperatoren 'SUPER' und 'SUB', ergänzt durch das Konzept der Kardinalitätsattribute, vielfältige Möglichkeiten, auch solche sprachlichen Ausdrücke zu bearbeiten, die auf Gruppen und Kollektiva verweisen. Derartige Fähigkeiten eines IPS sind sowohl unter dem Gesichtspunkt kognitiver und linguistischer Adäquatheit, als auch unter dem der Leistungsfähigkeit einer Computerrealisierung unerlässlich.

Eine den Ideen der vorliegenden Arbeit verwandte neuere Richtung der logisch-philosophischen Semantik ist die 'situation semantics' von Barwise und Perry 116*. Auch für diesen Ansatz werde ich nur die m.E. wichtigsten Übereinstimmungen und Unterschiede aufzeigen. Wie oben für den Fall der historischen Theorie stehen auch bei Barwise/Perry innerhalb des Problemkreises der Referentialität definite Deskriptionen und indexikalische Ausdrücke im Vordergrund der Untersuchungen. Ich werde mich, um den Kern der Situationssemantik darzustellen, hier auf definite Deskriptionen konzentrieren:

115* Devitt (1981) etwa erwähnt zwar kurz (p. 185-6) das Phänomen der Gruppennamen, verlässt diesen Problembereich jedoch schnell wieder: "Once again we have struck a problem we must set aside.".

116* Eine ausführliche Darstellung geben Barwise/Perry (1983). Kürzere Überblicke, die insbesondere die Hauptrichtung darlegen, finden sich bei Israel (1983) und Barwise (1984). Die folgende Skizze wird sich sowohl auf die umfassende Arbeit von Barwise/Perry als auch auf die Überblicke beziehen.
An dieser Stelle sei darauf hingewiesen, dass die erste Version der Theorie referentieller Netze unabhängig von der Situationssemantik entwickelt wurde; die im weiteren erläuterten Parallelitäten entspringen dem logisch-philosophischen Zeitgeist.

(5.146) "...the meaning of a definite deskription THE PI is a relation between
discourse situations, connenctions, situations and objects."
(Barwise/Perry, 1983,; p. 149).

'situations' und 'objects' treten in der Situationssemantik in zwei Spielarten auf,
als 'real' einerseits, in der realen Welt existent, und als 'abstract' andererseits,
d.h. als mathematische Entitäten, die reale Entitäten repräsentieren. 'discourse
situations', die wiederum in beiden Typen vorliegen können, betreffen, wie der Name
aussagt, die Äusserungssituation, d.h. Sprecher, Hörer, Umgebung, Ort und Zeit.
'connections' betreffen die Beziehungen zwischen den Diskursteilnehmern einerseits
(insbesondere dem Sprecher: 'speaker's connections' werden ausführlich auf den
Seiten 34ff von Barwise/Perry (1983) erläutert), und andererseits den Objekten bzw.
der Situation, über die die Äusserung handelt.

Diese Skizze zeigt schon die wesentlichen Beziehungen zwischen Situationssemantik
und RefN-Theorie auf: Bedeutungen von Designationen, hier definiten Deskriptionen,
werden stets durch die Beziehungen zwischen Sprecher und Hörer zur realen Welt, und
dies bedeutet, wenn man die in Kap. 2.2 erläuterte Sichtweise berücksichtigt, zu den
jeweiligen projizierten Welten, bestimmt. Der wesentliche Unterschied der von mir
vorgeschlagenen Konzeption zur Barwise/Perry-Theorie liegt dann, wie im Fall der
historischen Theorie, wieder darin, dass die Gegebenheiten der realen Welt bei mir
nur über die projizierten Welten zugänglich sind 117*. D.h. RefNe und
situationssemantische Repräsentationen stimmen dann (partiell) überein, wenn
'situation' und 'object' in (5.146) auf SRL-Entitäten bezogen werden, die
Bestandteile von Weltmodellen sind. Diese Sichtweise, die von Barwise/Perry
sicherlich nicht akzeptiert wird, ist jedoch teilweise mit der Situationssemantik
vereinbar 118*: In anderem Zusammenhang, Barwise/Perry (1983; p. 268ff) bzw.
Barwise (1984; p. 14, 16), wird auf die systematischen Beziehungen zwischen externen
Situationen, S.ext, und internen Situationen, S.int, hingewiesen, was z.B. der
Darstellung in diesen Arbeiten folgend durch Abb. 5.11 veranschaulicht werden kann
119*.

117* Barwise/Perry sind als "Realisten" der semantischen Fundierung in der realen
Welt verpflichtet. Eine Kritik an ihrem Vorgehen, die meiner Sichtweise
entspricht, findet sich bei Jackendoff (1985).

118* Eine ausführliche Rechtfertigung, innerhalb des situationssemantischen
Ansatzes, ist mir – gegenwärtig – nicht möglich. Dies hat u.a. die folgenden
Gründe: Hierzu müssten sowohl für die Situationssemantik als auch die RefN-
Theorie weiter ausgearbeitete und insbesondere die Beziehung 'Realität –
projizierte Welt' betreffende Untersuchungen vorliegen. Ich werde daher meiner
Verträglichkeitsannahme nur skizzenhaft rechtfertigen.

119* Genau genommen handelt es sich hier um Situationstypen und nicht um
Situationen. Diese für die Situationssemantik wichtige Unterscheidung kann für
die folgenden Betrachtungen vernachlässigt werden.

$$S.ext \longrightarrow S.ext'$$
$$\uparrow \qquad\qquad \uparrow$$
$$S.int \longrightarrow S.int'$$

Abb. 5.11: Externe und interne Situationen

Offensichtlicherweise gibt es zwischen Situationen in der realen Welt 'constraints',
die das Zusammentreffen oder Nicht-Zusammentreffen von S und S' (jeweils extern,
d.h. in der Welt) bestimmen, etwa derart, dass falls

(5.147) a.   S   -   Peter ist zum Zeitpunkt t.0 am Ort 1.0

              S'   -   Peter ist zum Zeitpunkt t.1 am Ort 1.1

              und   t.0 = t.1   und 1.0 ≠ 1.1

zugrundegelegt wird,

(5.147) b.   S => S'

gilt.

Diese Regularität, die in der realen Welt gilt, und die sich auf externe
Situationstypen bezieht, überträgt sich systematisch auf die internen Situationen
von IPSen, d.h. im Sinne der RefN-Theorie auf die Repräsentationen, die das
Weltmodell ausmachen. Insofern spiegeln die Inferenzprozesse innerhalb des IPS
'constraints' der Realität wider, wie es auch von Barwise/Perry (1983; p. 270ff)
angenommen wird.

Geht man von derartigen, noch ausführlicher zu untersuchenden, Beziehungen zwischen
internen und externen Situationen aus, deren Systematik gerade innerhalb der
Situationssemantik postuliert wird, scheint die von mir oben aufgestellte RefN-
Interpretation der Bedeutungs-Definition für definite Deskriptionen in der
Situationssemantik nicht mehr fern zu liegen.

Zurückkommend auf diese - als Beispiel für das Vorgehen von Barwise/Perry
ausgewählte - Definition (5.146) sei noch einmal darauf hingewiesen, dass innerhalb
von RefNen gerade die wichtigen Komponenten der 'discourse situation' und
'connections' explizit repräsentiert werden.

Über den Designationstyp der definiten Deskriptionen hinaus zeigen auch die anderen
Designationstypen,   z.B. indexikalische Ausdrücke betreffend, die von
Situationssemantiken behandelt wurden, die gleichen Parallelitäten und Abweichungen,
die ich oben erläutert habe. Wieder, wie im Fall der historischen Theorie und m.E.
aus den gleichen Gründen, fehlen bisher in der Situationssemantik brauchbare
Vorschläge für den Problembereich der pluralen Referenz. Eine Erweiterung der

Situationssemantik in dieser Richtung dürfte jedoch, wenn man den in der vorliegenden Arbeit dargestellten Vorschlägen folgt, wenig (oder nichts) im Wege stehen.

5.4.2. Theorien der linguistischen Semantik

Unabhängig voneinander, und auch unabhängig von der hier vorgestellten RefN-Theorie, entstanden gleichzeitig (Ende der 70er, Anfang der 80er Jahre) zwei Theorien semantischer Repräsentationen, die u.a. die Behandlung von Nominalphrasen in Texten / Diskursen (d.h. über Sätze hinausgehend) zum Thema haben:

- 'discourse representation theory' von Kamp (1981)
- 'file change semantics' von Heim (1982)

Beide Autoren, Kamp und Heim, gehen davon aus, dass für eine adäquate Behandlung referentieller Probleme, wie ich sie in Kap. 4 erläutert habe, eine radikale Abkehr von den existierenden Ansätzen, die auf rein quantifikationellen Analysen basieren, notwendig ist. So wird z.B. auch von Kamp (1981; p. 281) betont, dass für indefinite Deskriptionen der referentielle Aspekt primär zu behandeln ist, und dass die 'existential force' nur als sekundärer Effekt, in manchen Fällen, relevant werden wird.

Das Ergebnis des Repräsentationsprozesses innerhalb der Kampschen (1981) Theorie ist eine 'discourse repräsentation structure' (DRS) 120*. Ich werde diese nun an einer Folge von Beispielen erläutern:

(5.148) a.   Paul trifft einen Senator. Er spricht mit ihm.

      b.   m.1(a)   u   v

              Paul trifft einen Senator

              u = Paul

              u   trifft einen Senator

              senator (v)

              u   trifft   v

120* Die folgende Darstellung der DR-Theorie basiert sowohl auf der Originalarbeit Kamps (1981) als auch auf Frey/Reyle/Rohrer (1983) und Guenthner/Lehmann (1984), die die DR-Theorie innerhalb von Ansätzen zu natürlichsprachlichen Systemen einsetzen. Die Beispiele wurden von mir in die in der vorliegenden Arbeit verwendete 'Universitätswelt' übertragen, um damit einen besseren Vergleich herstellen zu können.

        c.   m(a)   u   v

                          Paul trifft einen Senator

                          u = Paul

                          u   trifft einen Senator

                          senator (v)

                          u   trifft v

                          Er spricht mit ihm

                          u spricht mit ihm

                          u spricht mit v

Das Beispiel (5.148), das Kamps Beispiel (8) (1981; p. 286-7) entspricht, zeigt den
stufen- bzw. satzweisen Aufbau der Diskursrepräsentation über eine Zwischenstruktur
'm.1(a)' zur endgültigen Struktur 'm(a)', die in einer expliziteren und verkürzten
Schreibweise durch

(5.148) d.   m(a)   u   v

                          u = Paul

                          senator (v)

                          treffen (u, v)

                          sprechen_mit (u, v)

darstellbar ist. ('u' und 'v' sind, falls man eine prädikatenlogische Interpretation
der DRS wünscht, als implizit existentiell quantifiziert anzusehen.) Betrachtet man
die DRS m(a) und vergleicht sie mit den entsprechenden Repräsentationen und
Prozessen der RefN-Theorie, so sieht man, dass in m(a) sowohl faktuelles als auch
objektorientiertes Wissen repräsentiert sind. Ausserdem   fehlen in m(a) die
wesentlichen Informationen, die bei der Analyse der anaphorischen Pronomen im
zweiten Satz verwendet wurden. Wo derartiges Wissen, das in RefNen in Form der
Attribute expliziert ist, in der DRS zu finden ist, ist den Arbeiten nicht zu
entnehmen. Genauer gesagt, derartige Informationen werden, und dies geht aus Kamp
(1982), aber auch Frey/Reyle/Rohrer (1983) hervor, nicht als relevante Teile der
Bedeutungsrepräsentation angesehen. Dies ist darauf zurückzuführen, dass als Ziel
der DRS-Theorie eine modelltheoretische Interpretation der DRSen angestrebt ist, und
dass die kognitiven Prozesse des Textverstehens nicht der Forschungsgegenstand
dieser Arbeiten sind.

Einen ersten Problemfall für die DRS-Theorie machen m.E. definite Deskriptionen aus
121*. Eine leichte Abänderung des obigen Beispiels (5.148) wird dies verdeutlichen:

(5.149) a1.   Paul trifft den Senator.

        a2.   Paul trifft den Regierenden Bürgermeister von Berlin.

Die hieraus resultierenden DRSen müssten dann

121* Interessanterweise treten in sämtlichen Beispielen in Kamp (1981) als
     eindeutige Designationen nur Namen und Pronomen auf; definite Deskriptionen
     werden nicht behandelt.

(5.149) b1.   u   v

          u = Paul

          senator (v)

          KONTEXT_BED (v)

          treffen (u, v)

  bzw.

     b2.   u   v   w

          u = Paul

          regierender_bürgermeister (v, w)

          w = Berlin

          treffen (u, v)

sein. Das hier von mir vorgeschlagene Prädikat 'KONTEXTBED', das ich schon in Kap. 4 verwendet habe, ist nicht Bestandteil der DRS-Theorie. Das Problem ist nun offensichtlich: während in RefNen die Definitheit von Deskriptionen explizit durch den IOTA-Operator dargestellt ist, fehlt eine entsprechende Möglichkeit in der DRS-Darstellung 122*.

Als Beispiel für eine weitere Klasse von Problemfällen, die durch plurale Referenten gegeben ist, will ich

(5.150) a.   Paul trifft einige Senatoren.

anführen. Um hier nicht die gleiche DRS wie für den Singular-Satz in (5.148) zu erhalten, müssen Klassen bzw. Mengen von Objekten eingeführt werden. Man beachte, dass eine Repräsentation unter Verwendung mehrerer v.i unkorrekt sein muss, da die explizite Angabe der v.i die Existenz genau einer derartigen Anzahl von Senatoren bedeuten würde. Unter Rückgriff auf das in der letzten Fussnote erwähnte Einbettungskonzept könnte, wobei ich betonen muss, dass diese Darstellung schon sehr stark an die Sichtweise der Klassen-RefOs angelehnt ist, die DRS zu (5.150.a) die folgende Gestalt besitzen:

(5.150) b.   m.1 (150.a)   m.2 (150.a)

          u   v   v   w

          u = Paul   ←— KLASSE (v)

          KLASSE (v)   senator (w)

          treffen (u,v)   ELEMENT_VON (w, v)

Anzunehmen ist hier, dass die Variablen (Objekte) eingebetteter DRS in bezug auf die einbettenden als allquantifiziert interpretiert werden. Eine Paraphrasierung der DRS (5.150.b) ist:

122* Eine Reparaturmöglichkeit bestände darin, eine den Unitätsbedingungen entsprechende Eindeutigkeitsaussage in Form von DRS-Einbettungen vorzunehmen. Dieser Vorschlag, dessen ausführliche Erläuterung nur nach einer umfassenden Darstellung der DRS-Theorie verständlich wäre, und die daher hier unterbleiben muss, könnte von mir nicht akzeptiert werden, da dieses Vorgehen meiner Meinung nach nicht als linguistisch bzw. kognitiv adäquat angesehen werden kann.

(5.150) c.   Paul trifft eine Klasse, für die gilt,

                  dass alle ihre Mitglieder Senatoren sind.

Innerhalb der DRS-Theorie werden keine derartigen Repräsentationsvorschläge gemacht; als Kritik bleibt bestehen, dass zahlreiche relevante Referenztypen, z.B. die oben an den Beispielen erläuterten der durch definite Deskriptionen oder plurale Deskriptionen ausgelösten, in der DRS-Theorie bisher nicht adäquat dargestellt werden 123*.

Eine Erweiterung der DRS-Theorie, die die oben genannten Problemfälle ebenfalls erfolgreich bearbeiten könnte, müsste m.E. die von mir in Kap. 5.1 und 5.2 vorgestellte Richtung einschlagen, es müssten nämlich explizite Deskriptionsoperatoren verwendet werden. Dies ist bei Kamp (1981) vermutlich nur deswegen unterblieben, weil der von mir vermittels des ETA-Operators repräsentierte Fall, durch

(5.151)   DRS   v

                          p (v)

mit der Interpretation: "ein v, für das p (v) gilt" implizit aber eindeutig in der DRS dargestellt werden kann. Erst die Notwendigkeit, verschiedene Deskriptionstypen gemeinsam, d.h. in einer DRS, zu repräsentiern, erzwingt die Einführung zusätzlicher, und jetzt expliziter Operatoren.

Auf einen weiteren wesentlichen Unterschied zwischen DRSen und RefNen habe ich oben schon hingewiesen: da Kamps Interesse auf semantische Repräsentationen in einem eingeschränkten, logischen Sinne gerichtet ist, werden – aus seiner Sichtweise – überflüssige Wissensbestandteile, wie etwa Genus und Sexus, die entweder in den sprachlichen Bereich oder den einer generellen Wissensrepräsentation fallen, in DRSen nicht dargestellt. Die Zielsetzung einer globaleren Wissensrepräsentation, die der RefN-Theorie zugrundeliegt, und damit verbunden der Untersuchung sprachlicher und kognitiver Prozesse, erfordert die reichhaltigere Repräsentation in RefNen.

Aufgrund der starken Parallelität zwischen DRS-Theorie und Heims (1982, 1983) 'file change semantics' (FCS) werde ich auf eine ausführliche Darstellung von Heims Ansatz hier verzichten und mich auf zwei Aspekte beschränken, die m.E. die FCS gegenüber der DRS-Theorie auszeichnen.

Innerhalb der FCS wird den einzelnen Objekten grösseres Eigengewicht zugestanden, und zwar dadurch, dass ein File, dieser entspricht weitgehend einer DRS, in mehrere 'cards' aufgeteilt wird, die einzelnen Objekten zugeordnet sind. Für das Beispiel (5.148) ergibt sich die folgende FCS-Analyse:

123* Diese Kritik bezieht sich auf die mir zugänglichen Arbeiten. Ob inzwischen Erweiterungen in der von mir geforderten Hinsicht erfolgt sind, entzieht sich meiner Kenntnis. Da jedoch für den Problembereich pluraler Referenz gegenwärtig generell in der logisch-orientierten Semantik nur geringe Anstrengungen unternommen werden, glaube ich, dass zumindestens in diesem Bereich die Probleme noch immer existieren.

(5.152)   Paul trifft einen Senator. Er spricht mit ihm.

F.1   1   2
          – heisst Paul   – ist ein Senator
          – trifft 2   – trifft 1

F.2   1   2
          – heisst Paul   – ist ein Senator
          – trifft 2   – trifft 1
          – spricht mit 2   – 1 spricht mit ihm/ihr

Die hier aufgeführten Files und Cards zeigen, insbesondere wenn man die Beschreibungen innerhalb der Cards durch SRL-Designationen ersetzen würde, alle Merkmale der Basiskonzeption der RefNe, d.h. der Version ohne Attribute, insbesondere die Objektorientierung einerseits und hiermit verbunden die Redundanz bzgl. faktueller Wissensentitäten andererseits. Aus diesem Grunde kann davon ausgegangen werden, dass die FCS bei Verwendung des von mir in Kap. 5.1.3 eingeführten Inventars an Deskriptionsoperatoren auch für plurale Referenz geeignet sein würde 124*.

Der Kern eines FCS-basierten Systems betrifft gerade den Übergang von einem File zu einem Folgefile F', verursacht durch eine logische Form p, in Heims Schreibweise (1983; p. 173):

(5.153)   F + p = F'

Dieser Übergang wird bestimmt durch das 'file change potential' (1982; p. 294) der logischen Form p. An dieser Stelle kommen die gleichen sprachlichen Regularitäten ins Spiel, wie etwa "indefinite Deskriptionen eröffnen (meistens) neue Cards", die in der RefN-spezifischen Form in Kap. 5.3 erläutert wurden. Der wesentliche Unterschied zwischen Files und RefNen ist auch hier wieder darin zu sehen, dass, z.B. die für die Anbindung an existierende RefOs (= Cards) benötigten Informationen, in attributierten RefNen explizit repräsentiert sind. Oder anders ausgedrückt: den Files fehlen die Attribute. Welche Konsequenzen dieser Mangel hat, bzw. welche Vorteile in der Erweiterung durch Attribute liegen, habe ich in Kap. 5.2 erläutert, so dass der Vergleich zwischen FCS und RefNen hiermit beendet werden kann.

Abschliessend für den Vergleich zwischen der RefN-Theorie und linguistischen Ansätzen zur Referentialität möchte ich noch zwei Gruppen von Arbeiten

---

124* Die in Heim (1982, 1983) vorgestellte Version der FCS behandelt keine pluralen indefiniten Deskriptionen. Heims Ausführungen während ihres Kurses '(Diskurs)semantik', gehalten auf der Sommerschule 'Sprache und Kognition' der Deutschen Gesellschaft für Sprachwissenschaft (Konstanz, 1983) zeigen, dass und wie eine Erweiterung auf diesen Problembereich möglich ist, nämlich in einer zu RefNen ähnlichen Weise.

(linguistischen Schulen) erwähnen, die zwar äusserst wichtig und ergiebig sind, hier jedoch nicht einer vergleichenden Untersuchung unterzogen werden (können):

- (Extended) Montague Grammars,

    z.B. Bach/Partee (1980), Cooper (1983)

- (Revised) Extended Standard Theory,

    z.B. Chomsky (1981, 1982), May (1977),

    Higginbotham (1980, 1983 b), Reinhart (1983)

Beide Richtungen (einen Überblick zu Anaphoratheorien der generativen Grammatik gibt Fanselow, 1983) haben gemeinsam, dass andere Schwerpunkte als in der vorliegenden Arbeit gelegt werden, und zwar:

- stärkere Orientierung an der Syntax
- Satzorientierung statt Text-/ Diskursorientierung
- Schwerpunkt innerhalb der Semantik bei Satzbedeutungen

    ohne Berücksichtigung von generellen Wissensrepräsentationen.

Aufgrund dieser anders gelagerten Schwerpunkte würde eine Einbeziehung der Arbeiten und Ergebnisse eine zusätzliche Schwerpunktsetzung für die vorliegende Arbeit bedeuten, die jedoch zum gegenwärtigen Zeitpunkt nicht angebracht erscheint 125*.

5.4.3. Referentialität in der kognitiven Psychologie

Die für den folgenden Vergleich herangezogenen Arbeiten aus der kognitiven Psychologie, die nur einen Bruchteil der relevanten theoretischen Ansätze und empirischen Untersuchungen betreffen, möchte ich in drei Gruppen einteilen:

- Untersuchungen zur Verarbeitung referentieller Ausdrücke
- Arbeiten zu Weltmodellen (im allgemeinen)
- Ansätze zur Repräsentation von Objektwissen

In der ersten Gruppe sind insbesondere die von H. Clark und Mitarbeitern, Clark/Haviland (1977), Clark/Marshall (1981) und Clark/Sengul (1979), und die von

---

125* Man beachte, dass ich im bisherigen Verlauf der vorliegenden Arbeit zwar an verschiedenen Stellen von syntaktischen Konzepten Gebrauch gemacht habe, den Bereich der Syntaxanalyse selbst aber nicht behandelt habe.

Kintsch und Mitarbeitern, vgl. Bates et.al. (1980) und van Dijk/Kintsch (1983), durchgeführten Experimente zum Textverstehen und zur Textproduktion zu nennen. Da ich diese Resultate als empirische Grundlage meiner theoretischen Untersuchungen verwendet habe, wie sich aus der Erwähnung an verschiedenen Stellen der vorliegenden Arbeit zeigt, spiegeln meine Vorschläge zur Organisation der Wissenstrukturen und der referentiellen Prozesse die Ergebnisse dieser Experimente wider.

Aufschlussreicher ist hier der Vergleich zu van Dijk/Kintsch (1983) in Hinblick auf die Struktur von 'situation models'. Bei van Dijk/Kintsch wird zwar auch, wie von mir, die Notwendigkeit expliziter Modelle des momentanen Wissens eines IPS vorausgesetzt, und diese Modelle werden auch propositional dargestellt, jedoch fehlt bei ihnen die von mir vorgeschlagene zusätzliche Wissenskomponente des Objektwissens und somit die hiermit gewonnene direkte Zugriffsmöglichkeit über Objektrepräsentationen. Ob dieser Unterschied zwischen implizitem Objektwissen bei van Dijk/Kintsch und explizitem Objektwissen in der RefN-Theorie zu unterschiedlichen Resultaten führt, kann nur durch empirische Untersuchungen festgestellt werden. Voraussetzung für derartige Experimente wäre jedoch auch, dass das Repräsentationsmodell von van Dijk/Kintsch vollständig explizit vorläge, insbesondere in Hinsicht auf komplexe Zugriffspfade zu Referenten. Da dies gegenwärtig nicht der Fall ist, muss ich hier die vergleichende Betrachtung beenden.

Auch den von Clark/Marshall (1981) durchgeführten Überlegungen zur Basierung von gelungenen Kommunikationsakten auf Beständen von 'mutual knowledge' liegt kein expliziter Repräsentationsformalismus zugrunde; diese Arbeit liefert eher einen Anforderungskatalog für die Entitäten, die innerhalb einer adäquaten Repräsentationssprache vorhanden sein müssen, um definite Referenz 126* zu ermöglichen.

Der Kern des Clark/Marshall-Ansatzes besteht in der Annahme von Kopräsenz-Tripeln; dies sind Parametertripel für Situationen, in denen Sprecher, Hörer und das Objekt, auf das verwiesen wird, kopräsent sind. Diese noch sehr allgemeine Forderung nach Kopräsenz ist nun auszufüllen durch Bedingungen, die Situationstripel als kopräsent ausweisen. Typen von Kopräsenz betreffen u.a. (vgl. Clark/Marshall, 1981; p. 35-45, insbesondere: Table 1, p. 43):

(5.154)   – community membership

              – physical copresence

              – linguistic copresence

126* 'Definite Referenz' im Sinne von Clark/Marshall (1981) betrifft definite Deskriptionen, Namen und definiten Gebrauch von Pronomen. Die Vorschläge zu Kopräsenztupeln können jedoch, wie ich durch die entsprechenden Attribute gezeigt habe, analog auf Indefinitheitsfälle übertragen werden.

Dies bedeutet, dass Objekte, die im Diskurs vorerwähnt wurden, über diesen Diskurs als kopräsent mit dem Sprecher und Hörer angesehen werden, ebenso solche, die physikalisch, d.h. in der unmittelbaren räumlichen Umgebung der Sprechsituation erkennbar existieren. Community membership betrifft z.B. die Fälle, in denen aufgrund der gemeinsamen Zugehörigkeit zu einer Gruppe, etwa die in dieser Arbeit häufig verwendeten UP–Sätze aufnehmend, einer Universität, über gemeinsames Wissen zu einer eindeutigen Referenz auf ein Objekt gelangt wird. In den Fällen, in denen Kopräsenz im oben genannten Sinne vorliegt, darf eine definite Deskription vom Sprecher verwendet werden; und umgekehrt sollte der Hörer aus dem Auftreten einer definiten Deskription schliessen, dass Kopräsenz vorliegt und insofern ein entsprechendes Objekt als das intendierte Referenzobjekt auswählen.

Derartige, hier nur skizzierte Kopräsenzheuristiken benötigen geeignete Wissensrepräsentationen als Grundlage. Die von mir in Kap. 5.2 vorgestellten Attribute sind m.E. das geeignete Instrument, um Kopräsenzheuristiken zu steuern. Ich verweise hier nur auf die Möglichkeit, durch entsprechende Attribute, und dies betrifft, wie ich in Kap. 5.2 erläutert habe, beide Typen, also D–ATT und R–ATT, die Diskursteilnehmer, Diskurssituationen und die betroffenen Weltausschnitte (z.B. Universitätswelt, Musikwelt) im RefN an geeigneter Stelle zu kodieren 127*. Insofern stellen RefNe eine Formalisierung der Kopräsenz–Konzeption von Clark/Marshall (1981) dar; hierbei muss noch darauf hingewiesen werden, dass Kopräsenzphänomene nicht nur auf Objektebene, sondern ebenso in den Bereichen des faktuellen und regelhaften Wissens existieren.

Im Gegensatz zu den bisher in diesem Abschnitt 5.4.3 behandelten Ansätzen aus der Kognitiven Psychologie besitzen die 'mental models' (MM) von Johnson-Laird 128* eine in mancher Hinsicht (s.u.) den RefNen verwandte Objektorientierung. Auch im MM–Ansatz ist eine meist implizite Unterscheidung in Diskursmodelle und Weltmodelle bei Johnson-Laird (1983), z.B. durch 'discourse model' vs. 'background knowledge' bezeichnet, vorgenommen. Bestandteile von MMs werden, für beide Ausprägungen, von Johnson-Laird rein formal als 'token' ausgewiesen.

Eine Einführung in die MM–Konzeption sei an der von Johnson-Laird meist verwendeten Beispielklasse, dem prädikativen Gebrauch indefiniter Deskriptionen, gegeben:

127* 'kodieren' ist hier nicht nur im technischen Sinne eines implementierten IPS zu verstehen, sondern betrifft insbesondere die mentale Kodierung bei natürlichen IPSen.

128* Siehe hierzu: Johnson-Laird/Garnham (1980), Johnson-Laird (1980, 1982, 1983). Die verschiedenen Arbeiten betreffen unterschiedliche Aspekte, so dass nicht eine von ihnen stellvertretend für alle herangezogen werden sollte.

(5.155) a.   Paul ist (ein) Hochschullehrer

         b.   hochschullehrer
             Paul   =   hochschullehrer

                             .

                             .

                             .

                         hochschullehrer

     discourse model   background knowledge

Die in b. dargestellte Beziehung (Identität) ist als Verweisstruktur zu
interpretieren, die ein Objekt des Diskursmodells, dasjenige das Paul repräsentiert,
in eine Gleichheitsbeziehung zu einem Objekt (welches nicht genauer bestimmt werden
kann) der Klasse der Hochschullehrer setzt, die als Teil des Weltmodells anzusehen
ist.

Setzt man jetzt (5.155) durch

(5.156) a.   Und zwar an der TU Berlin

fort, so ergibt sich auf der Ebene der mental models eine Partitionierung:

(5.156) b.   hochschullehrer   –   an der TU

                      .

                      .

         Paul = hochschullehrer   –   an der TU

                      .

                      .

                      .
         ____

             hochschullehrer   –   nicht an der TU

                      .

                      .

                      .

             hochschullehrer   –   nicht an der TU

Dieses Beispiel zeigt, welcher grundlegende Gedanke hinter der MM-Konzeption steht:
Objekte bzw. Deskriptionen werden – in erster Näherung – durch die Extensionen der
entsprechenden Prädikate (Namen sind hier als null-stellige Prädikate aufzufassen)
dargestellt und Deskriptionsbeziehungen über die entsprechenden Beziehungen zwischen
Mengen. Da aber, und hierauf werde ich noch einmal zurückkommen, Extensionen für
"umfangreiche" Prädikate bzw. Konzepte sinnvollerweise nicht explizit angebbar sind,

dies insbesondere kognitiv nicht adäquat sein dürfte, geht Johnson-Laird zu einer quasi-intensionalen Formalisierung über: die nicht näher spezifizierte Liste

'hochschullehrer, hochschullehrer, ..., hochschullehrer'

in (5.155), (5.156) ist eben nichts anderes als eine nicht-extensionale Darstellung, und insofern korrespondiert diese zu

ALL_t x : hochschullehrer (x)

in der SRL-Schreibweise. Folgt man dieser SRL- bzw. RefO-Sichtweise der MMs, so sieht man, dass die Relationen zwischen Token der MMs in der RefN-Formalisierung durch Deskriptionsbeziehungen dargestellt werden. Die unterschiedlichen Deskriptionsoperatoren in SRL korrespondieren somit zu unterschiedlichen Relationen zwischen MM-token.

Bevor ich auf weitere Analogien und Nichtanalogien eingehen werde, erscheint es wichtig, auf die ursprüngliche Motivation des MM-Ansatzes hinzuweisen: Ein Ausgangspunkt der Arbeiten von Johnson-Laird waren Untersuchungen zur 'Psychologie der Syllogismen' (Johnson-Laird/Steedman, 1978). In Experimenten konnte nachgewiesen werden, dass Testpersonen nur zum Teil den Syllogismen der traditionellen Logik folgend Schlüsse durchführen. Dies wäre unverständlich, wenn die internen Repräsentationen entsprechend zu quantifizierten Ausdrücken der Prädikatenlogik aufgebaut wären. Johnson-Laird/Steedmans Folgerung aus den Experimenten war die Annahme von 'mental models', und die Erklärung der Resultate durch Vergleichsoperatoren zwischen Token, die man sich in mancher Hinsicht als – nicht immer sorgfältige – Interpretationen von Venn-Diagrammen vorstellen kann. Eine analoge Erklärung der Phänomene ergibt sich auch dann, wenn man RefNe zugrundelegt 129*.
Abschliessend möchte ich noch einmal auf die Problematik umfangreicher Klassen zurückkommen. Johnson-Laird (1983; p. 442-3) führt hier das Beispiel
(5.157)   Das Fussballspiel sahen 50 492 Zuschauer.
an und fährt (im Zusammenhang eines weiteren Beispiels) fort mit:

(5.158)   "... this information can be grasped without having to construct a
               mental model containing the complete mapping. (zwischen der Klasse und
               den natürlichen Zahlen bis 50 492; C.H.) One way of thinking of the
               representation of the sentence is therefore as a propositional
               representation that is set up but never actually used in a procedure

---

129* Für diesen Problembereich muss ich zugestehen, dass die entsprechende RefN-
     Erklärung noch einige unbefriedigende Lücken aufweist, die ich gegenwärtig nicht
     vollständig zu schliessen vermag.

> to construct a mental model .... . Another possibility is to use the procedure to construct a fragment of the model ... , with the part of the procedure representing the number ... functioning as a propositional-like label attached to the model" (p. 443).

Da, insbesondere aufgrund der in dieser Arbeit durchgehend verwendeten Argumentationen davon ausgegangen werden sollte, dass für alle Objekte der projizierten Welt, soweit sie relevant sind, Repräsentationen im RefN vorhanden sind, ist eine rein propositionale Darstellung (der erste Vorschlag bei Johnson-Laird) abzulehnen. Die Markierung des Modells mit einem entsprechenden 'propositional-like label' ist in der RefN-Konzeption verwirklicht, und zwar durch das Konzept der Kardinalitätsattribute für RefOs; vgl. auch: Kap. 6. Hierdurch wird ein einheitliches Vorgehen, unabhängig vom Umfang der Klassen-RefOs, möglich. Abschliessend muss auch am MM-Ansatz wie bei den bisherigen Vergleichen kritisiert werden, dass die für die referentiellen Prozesse notwendigen Informationen nicht hinreichend in den vorgeschlagenen Wissensrepräsentationen expliziert sind. Aus welchen Wissensquellen etwa Informationen, die Clark/Marshalls Kopräsenzheuristiken steuern könnten, zur Verfügung gestellt werden, ist in der MM-Theorie nicht ausgesagt: das Resultat der Prozesse ist einsichtig, der Weg dorthin jedoch nur partiell geklärt.

5.4.4. Diskurs-Anaphern in der KI

Die Schwerpunkte der KI-Forschung im Bereich der Referentialität betreffen das Verstehen anaphorischer Konstruktionen in Diskursen, d.h. den Aufbau adäquater Wissensrepräsentationen aus Texten (mit anaphorischen Elementen). Schon diese Kurzbeschreibung zeigt, dass die Zielsetzung und generelle Sichtweise dem entspricht, was ich in den einleitenden Kapiteln für die Konzeption der RefNe erläutert habe. Charakteristisch für die KI-Forschung über Anaphern ist insbesondere, dass die Theorien ein hohes Mass an Explizitheit aufweisen; dies ist jedoch nicht verwunderlich, da stets eine Implementierung als Überprüfung der Konzeption angestrebt ist. Die im weiteren Verlauf dieses Kap. 5.4.4 behandelten Ansätze sind alle, zumindestens partiell, durch Systemrealisierungen in der Praxis überprüft. Die Schwerpunkte der KI lassen m.E. zwei unterschiedliche Richtungen erkennen:

- Untersuchungen zu referentiellen Prozessen, wobei von Standardrepräsentationssystemen ausgegangen wird,

- Untersuchungen zu Repräsentation von Objektwissen, wobei die adäquate Verwendung der Repräsentation in sprachlichen Prozessen angestrebt ist 130*.

Ich werde die vergleichenden Betrachtungen mit der exemplarischen Behandlung der Konzeption von Sidner beginnen: 131* Als Wissensrepräsentationsformalismus wird von Sidner eine (beliebige) frame-artige Sprache zugelassen, z.B. KRL oder KL-ONE (vgl. Kap. 2.3), aber auch die Verwendung eines spezieller ausgerichteten Formalismus, wie des von Webber (s.u.), erwogen. Da die Heuristiken und Algorithmen zur Referenzanalyse und speziell zum Fokussieren im Vordergrund der Untersuchungen stehen, wird der Auswahl der Repräsentationssprache nur eine sekundäre Rolle zugewiesen.

Der wesentliche Teil der Referenzanalyse wird bei Sidner (1983) durch einen Fokus-Algorithmus (p. 299ff) geleistet, der, in der Terminologie der RefNe, die Aufgabe hat, Aktivierungen / Fokussierungen von RefOs derart zu verwalten, dass in der Analysesituation das Antezedens einer Anapher aufgrund der Fokusierungen gefunden wird. Ohne hier den Algorithmus beschreiben zu wollen, seien nur die wichtigsten, von Sidner postulierten Datenstrukturen erwähnt, über denen der Fokusierungs-Analyse-Prozess abläuft:

(5.159)   - current focus, bezeichnet den (!) Fokus
            - alternate focus list, beinhaltet weitere aufgrund
                        des Diskurses mögliche Foki
        - focus stack, wodurch Einbettungen von Textstrukturen
                        (in Hinblick auf auf Teilstrukturen bezogene
                        Foki) bearbeitet werden können.

Zwischen den Anaphern und dem aufgrund des Fokus-Algorithmus aufgefundenen Kandidaten ist, ebenso wie in der RefN-Theorie, eine Verträglichkeitsprüfung vorzunehmen, von Sidner als Prüfung der 'co-specification'-Eigenschaft bezeichnet.

Durch diese Skizze des Sidner-Ansatzes ergibt sich, dass ihre Arbeiten bzgl. der RefN-Sichtweise in den Bereich der referentiellen Prozesse einzuordnen sind: Fokus-Algorithmen leisten die Verwaltung von Fokus-Attributen; die Sidnerschen Datenstrukturen (5.159) werden durch die in Kap. 5.3.3 erläuterten Verweis-RefOs,

---

130* Dieser Sekundärgesichtspunkt der linguistischen bzw. kognitiven Adäquatheit objektorientierter Wissensstrukturen wird in dem Bereich der KI / Informatik, der neuerdings unter der Bezeichnung 'objekt-orientierte Programmierung' behandelt wird, nicht berücksichtigt. Aus diesem Grund werde ich auf diesen Repräsentations- bzw. Programmierstil nicht eingehen; vgl. hierzu z.B.: Hewitt/Attardi/Simi (1980), Steels (1981), di Primio/Christaller (1983).

131* Hierbei lege ich Sidner (1979, 1983) zugrunde. Da ihre Arbeiten den gleichen Problembereich, nämlich den des 'Fokus' berühren, wie diejenigen von Grosz (1978, 1981), und insbesondere deren Ergebnisse berücksichtigen, werde ich hier nur den Sidner-Ansatz erläutern.

(5.131), widergespiegelt. Da jedoch im RefN-Ansatz nicht nur Fokus-Verweise, sondern weitere, wie Diskurswelten (vgl. hierzu die Bemerkungen zu Kopräsenzheuristiken in Kap. 5.4.3), berücksichtigt werden, können über RefNen stärkere Einschränkungen in bezug auf die Kandidatenauswahl vorgenommen werden als es der Sidner-Algorithmus ausschliesslich über Fokus-Verweise ausführt. An dieser Stelle sei erwähnt, dass diese zusätzliche Fähigkeit insbesondere für die Fälle relevant ist, in denen auf bekanntes Wissen ausserhalb des Diskurses zurückgegriffen wird, also die Bereiche, die von Clark/Marshall (1981) durch 'community membership' bzw. 'physical copresence', vgl. (5.154), bezeichnet werden.

Im Gegensatz zu Sidner stehen bei Webber (1979, 1983) nicht die referentiellen Prozesse, sondern die zur Verarbeitung benötigten Repräsentationen im Vordergrund der Untersuchungen. Durch die Schaffung eines adäquaten Repräsentationsformalismus soll die Grundlage für adäquate referentielle Prozesse gelegt werden 132*.

Basis für die Repräsentationen sind für Webber logische Sprachen, die eingeschränkte Quantifikationen ('restricted quantification') zulassen 133* und zusätzlich über den Abstraktionsoperator (LAMBDA) verfügen. Singulare Nominalphrasen werden durch eingeschränkte Quantifikationen dargestellt:

(5.160)   EX x : hochschullehrer   ein Hochschullehrer

               EX! u : LAMBDA (u: senator)   Der Senator,

                       treffen (Paul, u)   den Paul trifft

Hierbei werden durch Ausdrücke der Art

               x : p   wobei p offen bzgl. x ist,

Einschränkungen des Variablen-, d.h. Quantoren-, bereichs gekennzeichnet. Die Unterscheidung in definite bzw. indefinite Kennzeichnung ist durch die unterschiedlichen Quantoren 'EX!' bzw. 'EX' repräsentiert. Formale Deskriptionen, wie in (5.160) dargestellt, werden 'discourse entities' (DE) zugeordnet, so dass etwa mit

(5.161)   DE.1   EX x : hochschullehrer

               DE.2   EX! x : (LAMBDA u: senator) treffen (Paul, u)

eine den RefNen analoge Wissensstruktur vorliegt. (Bis hierhin können die beiden Ansätze durchaus als blosse notationelle Varianten angesehen werden.) Dieses Bild ändert sich, wenn die Behandlung pluraler Kennzeichnungen ins Spiel kommt. Webber (1983; p. 350ff) führt zusätzlich eine SET-Funktion ein und kommt dann unter

---

132* Schon in dieser Grundausrichtung der Arbeiten zeigt sich eine starke Verwandtschaft zwischen Webbers Vorgehen und dem meinen in der vorliegenden Arbeit. Wie sich im weiteren zeigen wird, sind ihre Ergebnisse, d.h. Repräsentationsvorschläge, in vielen Punkten parallel zu denen der RefNe. Meine Kritik an ihrem Vorgehen betrifft daher auch meist Detailfragen, insbesondere den "Ort der Repräsentation" (s.u.).

133* 'restricted quantification', vgl. Belnap (1973), ist ein über die Sorten (Kap. 3.3) auch in SRL und somit den RefNen verwendetes Konzept.

Verwendung der gleichen Operatoren EX, EX! - wie im singularen Fall - zu Repräsentationen der folgenden Art:

(5.162) a.   EX x : LAMBDA (u: SET (senator))

treffen (Paul, u)

einige Senatoren, die Paul gemeinsam trifft,

b.   EX x : SET (LAMBDA (u: senator) treffen (Paul, u))

einige Senatoren, die Paul (jeweils einzeln) trifft.

c.   EX!   LAMBDA (u: SET (senator)) treffen (Paul, u)

die Senatoren, die Paul (gemeinsam) trifft.

Während bei Webber Kombinationen von Merkmalen, etwa 'plural' + 'indefinit' in der Repräsentation auch durch Operator-Kombinationen, hier 'SET' und 'EX', dargestellt werden, wird in SRL ein kombinierender Operator, 'SOME_t', verwendet, ebenso wie es in vielen natürlichen Sprachen, z.B. dem Deutschen und Englischen, der Fall ist.

Die Unterscheidung in eine kollektive und eine individuelle Lesart wird bei Webber durch die Anordnung (Reihenfolge) von SET und LAMBDA ermöglicht; in SRL ist hierzu ein spezieller Operator 'JEWEIL', den ich in (5.42) erläutert habe, notwendig.

Kardinalitätsinformationen werden von Webber in den Deskriptionen repräsentiert:

(5.163) a.   EX x : LAMBDA (u: SET (senator))

treffen (Paul, u) & card (u) = 3

drei Senatoren, die Paul trifft

b.   EX! x : LAMBDA (u: SET (senator))

treffen (Paul, u) & card (u) = 3

die drei Senatoren, die Paul trifft.

Im Gegensatz hierzu habe ich für RefNe die Repräsentation durch Kardinalitätsattribute vorgeschlagen, und zwar mit der Begründung, dass Kardinalität eine essentielle Eigenschaft des RefOs darstellt. Um sich dies noch einmal zu verdeutlichen, stelle man sich vor, dass die mit (5.163) deskribierten RefOs (discourse entities) im Laufe der Zeit über weitere Designationen verfügen. Der RefN-Ansatz macht deutlich, dass stets, trotz eines Designationsbündels, der Zugriff auf 'card = 3' direkt möglich ist, während im Webber-Ansatz sämtliche Designationen nach dieser Information durchsucht werden müssten 134*. Ausserdem, und dies betrifft den gleichen Argumentationsstrang, ist durch Verwendung eines expliziten Kardinalitätsattributes die Verarbeitung 'numerischer Quantoren' wie 'die drei' m.E. direkter und adäquater darstellbar als beim Webberschen Vorgehen, bei dem eine komplexe Kombination von Operatoren ausgewertet werden muss. Anders ausgedrückt:

134* Dieser Unterschied illustriert, was ich oben mit 'Ort der Repräsentation' gemeint habe.

'die drei' bilden in der natürlichen Sprache eine eng zusammenhängende Kombination,
und daher sollte es auf der Repräsentationsebene so ähnlich wie möglich sein.

Abschliessend will ich ein weiteres wichtiges Konzept der Webberschen Theorie
erwähnen: Wie aus den Darstellungen der letzten Kapitel deutlich geworden sein
dürfte, ist für die Identifizierung von RefOs, d.h. discourse entities, häufig der
situative Kontext, und das heisst insbesondere, der einführende Diskurs, relevant.
Dieser Tatsache trägt Webber (1979; p. 337), ausführlicher dargestellt in Webber
(1979; chap. 2), dadurch Rechnung, dass den einführenden Deskriptionen (invoking /
initial descriptions, ID) qua Auszeichnung eine Sonderrolle zugewiesen wird, und
dass durch die Verwendung eines speziellen 'evoke'-Prädikats interne Objekte (RefOs,
DEs) und externe Stimuli, die verarbeiteten Äusserungen, in Beziehung gesetzt
werden. So wird z.B. von Webber (1983; p. 355) folgende Repräsentation
vorgeschlagen:

(5.164)   S : I saw a cat

            (EX x : cat) saw (I, x) ,

       und für das zu cat gehörige DE die Deskription

            IOTA x : cat (x) & saw (I, x) & evoke (S, x)

       mit der Paraphrase:

       "the cat I saw that was evoked by sentence S"

Obwohl das 'evoke'-Prädikat Ähnlichkeiten zu dem von mir verwendeten KONTEXT_BED-
Prädikat zeigt, will ich doch an Webbers Vorschlag Kritik üben: 'evoke' hat einen
systematisch anderen Status als die anderen Prädikate innerhalb der Deskription.
Insbesondere wird es einerseits bei der Verbalisierung nur äusserst selten
verwendet, und dann nicht in der oben angedeuteten Form. Zum anderen sollte der
durch 'evoke (S, x)' repräsentierte Zusammenhang, der für die Referenzanalyse
wesentlich sein kann, direkter zugreifbar vorliegen. Aus diesen Gründen des
Sonderstatus von 'evoke' wird entsprechende Information im RefN-Ansatz in Form von
Designationsattributen repräsentiert.
Ein Unterschied zwischen 'evoke' und 'KONTEXT_BED' ist darin zu sehen, dass
'KONTEXT_BED' nicht auswertbar ist und ausschliesslich als Markierung dafür dient,
dass Gründe für die Definitheit der Deskription vorliegen, ohne jedoch diese Gründe
zu bezeichnen, d.h. dass für 'KONTEXT_BED' die Explikation stets offen gelassen
wird.

Der wesentliche und wichtigste Unterschied zwischen dem Webber-Ansatz und den RefNen
betrifft, wie oben, aber auch in Habel (1982 a), erläutert, Fragen des Typs "Wo ist
welches Wissen zu repräsentieren ?" Webbers Objektrepräsentationen entsprechen
unattribuierten RefNen. Durch die zusätzlichen Konzepte der D-Atte und R-Atte wird
eine adäquatere Strukturierung der Wissensbestände möglich.

Diese Kritik bezieht sich, wie die Vergleiche dieses Abschnitts gezeigt haben, auf alle traditionellen Ansätze zur Behandlung von Referentialitätsphänomenen. Referentialität über eine nur 2-stellige Relation zwischen Stellvertretern oder Objekten einerseits und Designationen andererseits zu untersuchen, verengt den Blick und beschränkt die Aussage- und Erklärungskraft der Theorie. Der Übergang zu höherdimensionalen Beziehungen, wie sie z.B. in doppelt-attributierten RefNen vorliegen, führt zu adäquateren Ergebnissen.

6.   Unter- und Überbestimmtheit: Ein Exkurs

Nachdem ich im vorangegangenen Kap. 5 den Entwurf einer Theorie der Referentialität
vorgelegt habe, dessen Kern RefNe, und zwar doppelt-attributierte, darstellen, werde
ich in diesem Kapitel ein zentrales Problem der Referentialität, das der
Bestimmtheit, eingehender und zum Teil aus einer neuen Perspektive untersuchen.

An dieser Stelle möchte ich darauf hinweisen, dass in den bisherigen Darstellungen
dieser Arbeit die Eigenschaftspaare

(6.1)   bestimmt   -   unbestimmt

              definit   -   indefinit

schon häufig auftraten, z.B. als Attribute für 'Deskription', 'Artikel' oder
'Nominalphrase', dass diese grundlegenden Begriffspaare aber - fast ausschliesslich
- undefiniert und auf einem informellen, intuitiven Vorverständnis beruhend
verwendet wurden. Dieser Mangel ist jedoch nicht auf die ersten Kapitel der
vorliegenden Arbeit beschränkt, vielmehr wird in der traditionellen Grammatik-
Theorie und auch in der neueren Linguistik überwiegend darauf verzichtet, die in
(6.1) aufgeführten Begriffspaare zu klären: sie werden meist als undefinierte
Grundbegriffe für weitergehende Untersuchungen vorausgesetzt 1*. Als Beispiel
hierfür seien die Erläuterungen der Akademiegrammatik (Heidolph et.al., 1981; p.
592) angeführt:

(6.2)   "Der bestimmte Artikel (...) zeigt determinierte, d.h. bestimmte und
         begrenzte Individuen, Gegenstände aus einer Gesamtheit an, bestimmte
         Vertreter einer Klasse: ...
         oder bestimmte Verallgemeinerungen, Verkörperungen der Klasse, Exemplare
         des Typs: ...
         Der unbestimmte Artikel zeigt indeterminierte, d.h. unbestimmte, noch nicht
         näher charakterisierte Individuen, Gegenstände an, wobei im Singular ein
         Moment der Vereinzelung vorauszusetzen ist: ...".

Der Grundgedanke dieser Sichtweise findet sich schon in der traditionellen Deutschen
Grammatik des 18. Jahrhunderts, so z.B. bei Adelung (1781; zitiert nach Vater
(1984)):

(6.3) a. "... Artikel ..., welcher aus der ganzen Menge aller einerley Nahmen
         führenden Dinge dasjenige heraus hebt, auf welches sich das Prädicat
         beziehen soll" (p. 86).

1* So wird etwa bei Hawkins (1978), einem Buch, das sogar den Titel "Definiteness
and Indefiniteness" dem Begriffspaar widmet, erst im vierten Kapitel (ab Seite
172) begonnen, eine genaue Grundlage für den Kontrast 'Definitheit vs.
Indefinitheit' zu schaffen.

und zur Charakterisierung der Bestimmtheit (Adelung, 1781; p. 402), in der Formulierung von Vater (1984; p. 21):

(6.3) b. "... dass der bestimmte Artikel "am genauesten", der unbestimmte Artikel aber "nicht so genau bestimmet"."

Der Kern dieser Charakterisierungen (6.2), (6.3) lässt sich nun folgendermassen, und schon an der in der vorliegenden Arbeit verwendeten Terminologie orientiert, beschreiben: Nominalphrasen bezeichnen eine Klasse von Objekten; durch Determinantien 2*, insbesondere durch Artikel, wird aus der gesamten Klasse ein einzelnes Objekt (im Singularfall) oder eine Teil-Klasse (im Plural) ausgezeichnet; die Frage 'bestimmt oder unbestimmt' betrifft dabei den Aspekt, ob bekannt oder festgelegt ist, welches Objekt (bzw. welche Klasse) das (die) hervorgehobene ist.

Diese Formulierung führt nahe heran an die Festlegungen der klassischen Logik für die Begriffe der bestimmten und unbestimmten Kennzeichnungen ('definite' und 'indefinite descriptions') 3*. Das, was den definiten Deskriptionsoperator IOTA gegenüber dem indefiniten ETA auszeichnet, ist die Erfüllung der zweiten Unitätsbedingung (4.4.b)

(6.4)   ALL x ALL y (p (x) & p (y)) -> x = y

Betrachtet man diesen Teil der Unitätsbedingung unter dem Blickwinkel von Kardinalitäten, wie ich es schon in (5.33) getan habe, so ist die Bedingung für den Gebrauch einer IOTA-Deskription

(6.5) a.   IOTA x : p (x)

durch

(6.5) b.   card ({ x ¦ p (x)}) = 1

gegeben, im Gegensatz zu

(6.6) a.   card ({ x ¦ q (x)}) > 1

für die ETA-Deskription

(6.6) b.   ETA x : q (x)

Was die ETA-Deskription unbestimmt / indefinit und die IOTA-Deskription bestimmt / definit macht, ist gerade die Tatsache, dass beide auf Individuen-RefOs verweisen, also solche der Kardinalität 1, vgl. (5.32); die Möglichkeiten aber, "wie

---

2* Zu Determinantien als genereller Klasse siehe Vater (1984). Dieser Aufsatz erschien erst nach Fertigstellung der Hauptteile der vorliegenden Arbeit, so dass ich auf Vaters Resultate nicht weiter eingehen werde.

3* Bei Hilbert/Bernays (1968, 1970) wird nur 'IOTA' als Kennzeichnungsoperator (ohne das Attribut 'bestimmt') bezeichnet. EPSILON und ETA werden nur als solche bezeichnet und keiner Operatorenklasse zugeordnet. Folgt man Hilbert/Bernays (1970; p. 12) in ihrer Charakterisierung der Funktion, wäre vermutlich die Benennung 'Auswahloperator' am ehesten angebracht.
Aufgrund der in Kap. 4 und 5 erläuterten Verwendung der Deskriptionsoperatoren werde ich jedoch weiterhin die Attribute 'bestimmt', 'unbestimmt' bzw. 'definit', 'indefinit' vergeben. Eine Klärung der Begrifflichkeit wird im vorliegenden Kap. 6 erfolgen.

ein Individuen-RefO in der Grundmenge { x ¦ p (x) } liegt", ist im einen Fall unbestimmt, im anderen eindeutig festgelegt.

Dies sieht man entsprechend bei pluralen Deskriptionen durch die Operatoren 'ALL_t" bzw. 'SOME_t' (vgl. Abb. 6.1). Überträgt man die in (5.50), (5.51) dargestellten Überlegungen über 'quantifier' 4* auf Deskriptionsoperatoren, d.h. geht man von der Struktur

(6.7)   r --- DESCR_OP x : p (x)

für Deskriptionsbeziehungen (durch DESCR_OP) aus, und bezeichnet B = { x ¦ p (x) } als Basisklasse der Deskription, so ergeben sich die in Abb. 6.1 aufgeführten Kardinalitätsbeziehungen.

DESCR_OP	card (r)	card (B)	Beziehung
IOTA	$n = 1$	$m = 1$	$n = m$
ETA	$n = 1$	$m > 1$	$n < m$
ALL_t	$n > 1$	$m > 1$	$n = m$
SOME_t	$n > 1$	$m > 1$	$n < m$

Abb. 6.1 : Kardinalitätsbeziehungen der Deskriptionen

Anzumerken zu Abb. 6.1 bleibt, dass die in der vierten Spalte für SOME_t aufgeführte Beziehung 'n < m' im formal strengen Sinne nur für endliche Kardinalitäten berechtigt ist, d.h. für nicht-endliche eine andere Bedingung anzusetzen ist. Bevor ich dieses nun detaillierter behandeln werde, möchte ich daran erinnern, dass 'SOME_t' nur als ein Exemplar aus der Klasse der pluralen, indefiniten Deskriptionsoperatoren anzusehen ist. Sei etwa 'MANY_t' ein weiterer, als SRL-Gegenstück zu 'viele'. Betrachten wir nun die (etwas unnatürliche) Deskription

(6.8)   viele natürliche Zahlen

       MANY_t x : nat_Zahl (x)

so würde diese intuitiv berechtigterweise auch auf die Menge der Primzahlen angewendet werden können. Die meisten Sprecher des Deutschen, insbesondere diejenigen, denen nicht-endliche Kardinalitäten (in einem formalen Sinne) nicht vertraut sind, werden jedoch 'MANY_t' nur auf endliche Zahlmengen beziehen und insofern der in Abb. 6.1 aufgestellten Beziehung folgen.

Da ich den Bereich endlicher Kardinalitäten für den bei der Verwendung normaler natürlicher Sprache als den überwiegend relevanten ansehe, werde ich die in Abb. 6.1 dargestellten Kardinalitätsbeziehung auch nur für den endlichen Bereich ansetzen und

---

4* Basierend auf Barwise/Cooper (1981) und van Benthem (1983).

eine Erweiterung auf nicht-endliche Fälle hier nicht vornehmen. Dies ist auch deswegen unnötig, da genereller, d.h. ohne die Endlichkeitseinschränkung, die gleichen Beziehungen durch Klassenbeziehungen dargestellt werden können, wie sich in Abb. 6.2 zeigt.

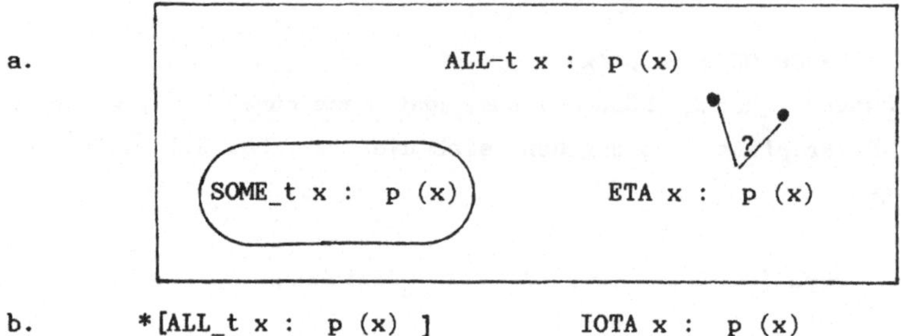

Abb. 6.2 : Beziehung zwischen Klassen- und Individuen-RefOs

(Anm.: Die für 'ETA x : p (x)' in Abb. 6.2.a gewählten Positionsmöglichkeiten sollen andeuten, dass nicht bestimmt ist, welches Objekt aus der Basisklasse bezeichnet wird. In 6.2.b ist die plurale Kennzeichnung aufgrund der Kardinalitätseigenschaft von 'p' nicht zulässig.)

Die in den Abb. 6.1 und 6.2 aufgeführten Beziehungen zwischen Deskriptionen bzw. den durch sie designierten RefOs lassen nun eine Charakterisierung von Definitheit und Indefinitheit zu, die analog zu (5.47) ist:

(6.9)   r ——— DESCR_OP x : p (x)

      ist definit, falls $r = \{ x \mid p (x) \} = B$

                  bzw.   card (r) = card (B)

      ist indefinit, falls $r \subsetneq \{ x \mid p (x) \} = B$

                  bzw.   card (r) < card (B)

D.h.: Indefinitheit liegt vor, wenn r auf verschiedene Weisen in die Basisklasse B eingebettet werden kann, Definitheit dann, wenn hierfür kein Spielraum existiert.

Definitheitsaspekte betreffen also die Beziehung zwischen zwei Klassen bzw. den Umfang (formal: der Kardinalität) dieser Klassen; Definitheit erlaubt jedoch im allgemeinen nur im Singularfall eine Aussage über die Kardinalität. Wenn ein Hörer die Nominalphrase

(6.10)   die Hochschullehrer des FB 'Informatik'

              ALL_t x : hochschullehrer (x, FB Informatik)

versteht, so wird er, bei adäquater Verarbeitung, auf ein RefO Bezug nehmen, das eine Gruppe von Personen repräsentiert. Dennoch wird er, im Normalfall, nicht wissen, wie gross diese Gruppe ist. Insofern ist zwar, entsprechend (6.9), die Deskription definit, das RefO aber nicht voll bestimmt. Die wesentliche Eigenschaft der Kardinalität bleibt, bei ausschliesslicher Information durch (6.10), unbekannt. Aus diesem Grund möchte ich derartige RefOs nicht als voll bestimmt, sondern als 'unterbestimmt' bezeichnen.

In den weiteren Abschnitten dieses Kapitels werde ich primär den Problemkreis 'Bestimmtheit von RefOs' und sekundär 'Bestimmtheit von Deskriptionen' behandeln. Die bisher durchgeführten Überlegungen dienten insbesondere dazu, zu zeigen, dass Definitheit und Bestimmtheit unterschiedliche Konzepte darstellen 5*.

Mit den folgenden Untersuchungen, die ich am Fallbeispiel 'Kardinalität' beginnen werde, werde ich nachweisen, dass 'Bestimmtheit' nicht absolut gesehen werden darf, sondern nur bezüglich von 'Bestimmtheitsaspekten' bzw. 'Dimensionen'. Ausgehend von Einzelfällen (bzgl. einzelner Aspekte), wird eine generelle Betrachtungsweise für 'Bestimmtheitsphänomene' entwickelt werden, die dann vom Objektfall, d.h. dem der RefOs, partiell auf den Faktenfall übertragen werden kann.

5* Diese Unterscheidung wird (implizit) auch von Vater (1984), wenn auch unter anderer Sichtweise, hervorgehoben. Ich möchte hier darauf hinweisen, dass die, m.E. inadäquate, Gleich- bzw. Parallelsetzung der beiden Konzepte keine Ausnahmeerscheinung darstellt.

6.1. Kardinalität: Eine Fallstudie

Zur Motivation und Einführung in den Problembereich der Bestimmtheitsphänomene 6*
will ich auf das Beispiel (5.71) aus Kap. 5.2.2 zurückgreifen:

(6.11) Peter hat zwei Kinder. Das Mädchen geht in die Vorschule.

Als RefN-Repräsentation der im vorliegenden Satzpaar erwähnten Personen ergibt sich
7*:

(6.12)   card = 1 —— r.1 ——— 'Peter'
          'männl.'

          card = 2 —— r.2 —— ALL-t x : kind_von (r.1, x)
                              SUPER (r.3)

          card = 1 —— r.3 —— ETA x : mädchen (x)
          'weibl.'   ETA x : kind_von (r.1, x)
                             SUB (r.2)

Bevor ich auf den Bereich der Bestimmtheitsphänomene eingehen werde, sei eine kurze
Skizze über die beim Aufbau des RefN ablaufenden Prozesse durchgeführt 8*: Die NP
'das Mädchen', die den zweiten Satz einleitet, verweist, vgl. (5.134), auf ein
'gegebenes RefO', d.h. für die indefinite Deskription des temporären RefOs r_t.1,

              r_t.1   ——— ETA x : mädchen (x),

sollte vom Hörer ein (ziemlich) bekanntes RefO gefunden werden können. Da nach dem
ersten Satz das RefN nur r.1 und r.2 enthält und beide RefOs nicht als Antezedenten
in Frage kommen, ist die Generierung eines neuen RefOs erforderlich 9*, aber, und
hierauf bezieht sich 'ziemlich bekannt', eines RefOs, das implizit schon vorhanden
war: es ist inferentiell ein RefO aufzudecken. Im vorliegenden Fall liegt auf der
Hand, dass r_t.1 ein Teil von r_t.2 ist, und insofern die zusätzliche Deskription,
analog zu den SUB_EINFÜHRUNGen (5.110),

6* Die in den Kap. 6.1 und 6.2 dargestellten Überlegungen zu Bestimmtheitsstrukturen
   und hierbei insbesondere zu Kardinalitätsattributen habe ich in einer ersten
   Fassung in Habel (1984 b) beschrieben. Den Themenkomplex habe ich in Vorträgen
   beim DFG-Kolloquium 'Sprache und Logik' (Kiel, Sept. 1983) und an den
   Universitäten Braunschweig, Hamburg und Trier (1984) behandelt; ich danke den
   Diskussionsteilnehmern für die zahlreichen wertvollen Anregungen.

7* Da ich mich im vorliegenden Kapitel auf Bestimmtheitsphänomene, und hier speziell
   auf solche bzgl. der Kardinalitätsdimension, konzentriere, werde ich in den RefN-
   Darstellungen überwiegend auch nur diese Aspekte berücksichtigen. Dies führt
   dazu, dass ich D-Atte weitgehend vernachlässigen werde, und auch bei den
   Deskriptionen sowie den für die Argumentation nicht relevanten RefOs und R-Atte
   weitgehend auf die Aufnahme ins RefN verzichte.

8* In dieser Wiederaufnahme werde ich insbesondere auf einige seit der ersten
   Analyse des Beispiels zusätzlich eingeführte Konzepte verwenden.

9* Ich verkürze hier den Prozess ein wenig; entsprechend der Kopräsenzheuristik
   (vgl. Kap. 5.4.3) würde auch bzgl. der Sprechsituation (physical copresence) und
   des gemeinsamen Weltwissens (community membership) noch nach einem geeigneten
   Kandidaten gesucht werden.

ETA x :   kind_von (r.1, x)

für r_t.1 verwendet werden kann. Anschliessend wird unter Einführung der 'SUB' bzw. 'SUPER'-Verweise das temporäre RefO r_t.1 als permanentes RefO r.3 in das RefN eingeführt.

Inwieweit sind nun die RefOs aus dem RefN (6.12) als bestimmt anzusehen? Sieht man – vorerst noch – vom Kardinalitätsaspekt ab, so stellt sich heraus, dass für r.2 und r.3 nicht behauptet werden kann, dass im Netz vollständig festgelegt wäre, welche Objekte der projizierten Welt durch r.2 bzw. r.3 repräsentiert werden. So wird beim in (6.12) dargestellten Zustand des RefNes nicht festgelegt, welches der Kinder, die r.2 bilden, das durch r.3 repräsentierte 'Mädchen, das in die Vorschule geht', ist. Ebensowenig wird darüber ausgesagt, wer die Mutter von r.2 bzw. r.3 ist; dass ein weiterer Elternteil existieren muss, sollte zum Weltwissen des IPS gehören. Dies kann etwa durch die Formulierung

> r.2 und r.3 sind nur bzgl. eines Elternteils bestimmt, bzgl. des anderen unbestimmt.

beschrieben werden. D.h. Bestimmtheit – Unbestimmtheit kann sich über die Attribute hinaus auch auf Deskriptionsaspekte beziehen.

Im weiteren werde ich mich mit der Bestimmtheit bzgl. der Kardinalitätsattribute befassen. Sowohl für r.2 als auch für r.3 ist die Kardinalität bekannt und exakt bestimmt. Dass dieses eine besonders günstige Situation ist, sieht man, wenn der Satz

(6.13) a.   Müllers Kinder verbringen ihre Ferien bei den Grosseltern.

betrachtet wird. Hier kann, ohne weiteres Vorwissen, aufgrund des Plurals nur der Aufbau eines bzgl. der Kardinalität nicht voll bestimmten RefOs, r.7,

(6.13) b.   r.6 —— 'Müllers'

       card > 1 — r.7 —— ALL_t x : kind_von (r.6, x)

vorgenommen werden.

Eine genauere Analyse zeigt, dass, unter Verwendung von Inferenzen, das RefN (6.12) weniger RefOs beinhaltet als die Ausgangssätze (6.11) erschliessen lassen. In der oben durchgeführten Erläuterung des Aufbaus von (6.12) habe ich auf die inferentielle Kreierung von r.3 hingewiesen. Die definite Deskription 'das Mädchen', formal beschrieben durch die komplexe, aus dem Kontext ermittelbare, Designation

(6.14) a.   IOTA x : mädchen (x) & kind_von (r.1, x)

macht deutlich, dass

(6.14) b.   card({x : mädchen (x) & kind_von (r.1, x)})= 1,

dass also r.2 als weiteres RefO (ausser r.3) ein Objekt enthalten muss, das nicht durch (6.14.a) designierbar ist. Welches? Hier kann nun auf Regelwissen des IPS zurückgegriffen werden, das ich, um den Formulierungsaufwand zu reduzieren, über den hier sonst nicht weiter erklärten Operatoren 'tochter' und 'sohn' formuliere 10*:

(6.15) a.   tochter (x, y)   v   sohn (x, y)

                    <- C -> kind_von (x, y)

    b.   tochter (x, y) <- C ->   kind_von (x, y) & weibl.(y)

          sohn   (x, y) <- C ->   kind_von (x, y) & männl.(y)

    c.   weibl. (x)   C->   ¬ männl. (x)

          männl. (x)   C->   ¬ weibl. (x)

Aufgrund der Ausschliesslichkeit von 'weibl.' und 'männl.', die in (6.15.c) kodiert ist, und die sich auch im Sortenteilverband 'Sexus', vgl. Abb. 3.6, der dem Sexus-Attribut zugrundeliegt, niederschlägt, kann erschlossen werden, dass das in (6.12) dargestellte RefN durch

(6.16)   card = 1 —— r.4 ——— ETA x : junge (x)

                                  ETA x : kind_von (r.1, x)

                                  SUB (r.2)

    + zusätzl. Verweis: r.2 ——— SUPER (r.4)

ergänzt werden kann. Dass hier die Kardinalitäten eine entscheidende Rolle spielen, kann man ersehen, wenn man entsprechende Schlüsse für das Beispiel (6.13) untersucht. Sei etwa eine Fortsetzung von von (6.13.a) durch

(6.17) a.   Die Töchter besuchen seine Eltern, die Söhne ihre.

so müsste folgendes RefN (oder ein weitgehend entsprechendes) aufgebaut werden, wobei ich weniger relevante Deskriptionen und Attribute vernachlässige:

10* Dieser Regelsatz, der die Beziehungen zu 'mädchen' bzw. 'junge' nicht umfasst, ist über die in Kap. 3.4 erläuterten Inferenzoperatoren 'C->' aufgebaut.

(6.17) b.   r.6 ——— 'Müllers'
                    CLASS (r.8, r.9)
  card > 1 — r.7 ——— ALL_t x : kind_von (r.6, x)
                    SUPER (r.10)
                    SUPER (r.11)
         r.8 ——— 'Herr Müller'
                    ETA x : kind_von (r.12, x)
         r.9 ——— 'Frau Müller'
                    ETA x : kind_von (r.13, x)
  card > 1 — r.10 ——— ALL_t x : tochter (r.6, x)
                    SOME_t x : besuchen (x, r.12)
                    SUB (r.7)
  card > 1 — r.11 ——— ALL_t x : sohn (r.6, x)
                    SOME_t x : besuchen (x, r.13)
                    SUB (r.7)
         r.12 ——— ALL_t x : kind_von (x, r.8)
         r.13 ——— ALL_t x : kind_von (x, r.9)

Die Kardinalitätsattribute für r.10 und r.11 können wieder über die pluralen Deskriptionen 'Töchter' bzw. 'Söhne' erschlossen werden. Ausserdem kann jetzt, nachdem für r.10 und r.11 (zwar unbestimmte) Kardinalitätsangaben vorliegen, eine nähere Bestimmung der Kardinalität von r.7 erfolgen, nämlich

(6.17) c.   card > 3 ——— r.7

Diese Berechnung erfolgt aufgrund genereller Vorschriften der Kardinalitätsberechnung, von denen ich einige, wobei ich RefOs als Klassen ansehe, aufführen möchte:

(6.18) Kardinalitätsberechnung für RefOs:

 Falls   r.i = r.j $\cup$ r.k , so gilt:

a.   card (r.i) $\leqslant$ card (r.j) + card (r.k)
    Gleichheit gilt, falls r.j und r.k disjunkt sind.

b. Falls card (r.j) $\geqslant$ c.j
          card (r.k) $\geqslant$ c.k,

   so gilt:

          card (r.i) $\geqslant$ c.j + c.k
              im disjunkten Fall
          card (r.i) $\geqslant$ max(c.j, c.k)
              im nicht-disjunkten Fall

An dieser Stelle möchte ich einige Aspekte der Kardinalitätsbestimmtheit, die aus den bisherigen Beispielen ersichtlich geworden sind, noch einmal explizit formulieren:

- Im RefN-Ansatz wird davon ausgegangen, dass die Fähigkeit, RefOs Kardinalitäten zuzuweisen und über diesen Kardinalitäten Berechnungen und Folgerungen durchführen zu können, zu den notwendigen Fähigkeiten eines IPS gehört. Diese Annahme bezieht sich auf natürliche und künstliche IPSe gleichermassen.

- Wenn im RefN-Ansatz von Kardinalitäten bzw. Kardinalitätsattributen gesprochen wird, ist hiermit stets eine Menge möglicher Kardinalitäten (im Sinne der Mengentheorie) gemeint 11*. So ist etwa 'card > 1' als "Die Kardinalität ist 2 oder 3 oder 4 oder..." zu lesen. Entsprechend sind auch Angaben wie '1 < card < 5' zu interpretieren 12*.

- Da z.B. mit 'card > 1', Möglichkeiten von Kardinalitäten angesprochen werden, kann dieser Fall nicht als bestimmt (bzgl. der Kardinalität) angesehen werden. Derartige Situationen werden (s.o.) als 'unterbestimmt' bezeichnet. Da beim Übergang von 'card > 1' auf 'card > 3', z.B. für r.7 in (6.17), gewisse vorher vorhandene Möglichkeiten ausgeschlossen werden, kann 'card > 3' als bestimmter als 'card > 1' angesehen werden. In diesem Sinne ist das durch (6.17.c) veränderte Netz in bezug auf die Kardinalität von r.7 bestimmter, d.h. präziser, geworden.

- Ziel derartiger Präzisierungsprozesse, auf die ich im folgenden noch näher eingehen werde, ist es, 'Bestimmtheit' zu erlangen, d.h. alle Möglichkeiten bis auf eine einzige auszuschliessen. Im Fall der Kardinalität bedeutet dies, von einem System von Ungleichungen zu einer Gleichung für die Kardinalität (card) von r.i zu gelangen.

Nachdem Unterbestimmtheit und Bestimmtheit von Kardinalitäten an Beispielen hinreichend erläutert wurde, gehe ich zu einem weiteren Beispiel über 13*, an dem ich das zusätzliche Phänomen der 'Überbestimmtheit' einführen werde. Durch den Text

---

11* Dieses Konzept 'Menge möglicher Kardinalitäten' wird in (6.27) formalisiert.

12* Ein derartiges Card-Att würde durch "Müllers haben vier Kinder. Ein Sohn und eine Tochter fahren dieses Jahr nach Spanien" für die Söhne bzw. Töchter Anwendung finden.

13* Da ich davon ausgehe, dass RefNe und Kardinalitätszuweisungen mittlerweile ausreichend erläutert wurden, werde ich im folgenden mehrere Schritte auf einmal ohne Erläuterung der ablaufenden Prozesse durchführen. Ausserdem verzichte ich auf eine Erläuterung der verwendeten SRL-Operatoren, da die Operatornamen selbsterklärend sind.

(6.19)   Robin lehrt am Fachbereich 'Linguistik'.
               Im Sommersemester 1985 hält sie zwei
                  Hauptstudiumslehrveranstaltungen.
               Eine davon ist die Vorlesung "Repräsentation
                  von Wissen".
               Im Grundstudium liest sie u.a. "Einführung
                  in die Computerlinguistik".
               Die andere Grundstudiumslehrveranstaltung ist
                  "Formale Grammatiken".

wird das in (6.20) dargestellte RefN aufgebaut.

(6.20)   'weibl.'– r.1 ——— 'Robin'
                               ETA x : lehren_an (x, r.2)
                 r.2 ——— 'FB Linguistik'
          'lehrv.'– r.3 ——— ALL_t x : veranst. (r.1, x, r.4, r.5)
          card = 2   SUPER (r.6)
                 r.4 ——— 'Hauptstudium'
                 r.5 ——— 'Sommersemester 1985'
                 r.6 ——— 'Repr. von Wissen'
                               SUB (r.3)
          card = 2 – r.7 ——— ALL_t x : veranst. (r.1, x, r.8, r.5)
          'lehrv.'   SUPER (r.9)
                             SUPER (r.10)
                 r.8 ——— 'Grundstudium'
                 r.9 ——— 'Einf. in die Computerling.'
                               SUB (r.7)
                 r.10 ——— 'Formale Grammatiken'
                               SUB (r.7)

(Anm.: 'card = 2" für r.7 wird durch 'die andere' im fünften Satz von (6.19)
ausgelöst; vorher, d.h. nach dem vierten, lag das Attribut 'card > 1' vor.)

Führt man zu diesem Zeitpunkt eine Kardinalitätsberechnung für die von Robin
insgesamt durchgeführten Lehrveranstaltungen durch, so ergibt sich entsprechend der
Berechnungsvorschriften (6.18):

$$(6.21) \quad \text{card} = 4 - \text{r.11} \begin{cases} \text{ALL\_t } x : \text{veranst. (r.1, } x, \text{ r.12, r.5)} \\ \text{SUPER (r.3)} \\ \text{SUPER (r.7)} \end{cases}$$

$$\text{r.12} \begin{cases} \text{'Gesamtstudium'} \\ \text{SUPER (r.4)} \\ \text{SUPER (r.8)} \end{cases}$$

Die Annahme, die hier zugrundegelegt wurde, ist, informell ausgedrückt:

> Eine Lehrveranstaltung ist dem Grundstudium oder
>
> dem Hauptstudium zugeordnet.

Diese Annahme ist, wie sich gleich zeigen wird, sicherlich nicht generell gültig, sie wird jedoch (von den meisten Hörern) zustimmend akzeptiert und auch in Schlussfolgerungen eingesetzt 14*. Folgt nun als sechster Satz

(6.22) Robin hält im Sommersemester 1985 drei Lehrveranstaltungen.

so führt dies zu einer Überbestimmtheit der Kardinalität von r.11

$$(6.23) \quad \begin{matrix} \text{card} = 4 \quad\text{---}\quad \text{r.11} \\ \text{card} = 3 \quad\nearrow \end{matrix}$$

Welche Konsequenzen sind aus derartigen Situationen zu ziehen? Zuerst einmal ist festzuhalten, dass in (6.23) zwei sich in der Realität ausschliessende Kardinalitäten zugewiesen werden, so dass für das IPS feststehen sollte, dass hier "etwas nicht stimmt". Und gerade dies ist durch die Überbestimmtheit markiert. Genauer sogar: es sind zwei Alternativen angegeben und nicht nur eine Fehlermarkierung durchgeführt worden. Wenn möglich, sollte in einer derartigen Situation eine Korrektur vorgenommen werden. Hierzu sind zuerst einmal die möglichen / wahrscheinlichen Ursachen der Überbestimmtheit, d.h. Inkonsistenz (vgl. Kap. 6.2, 6.3), zu ermitteln; im vorliegenden Fall kommt hierbei insbesondere in Frage

- die Eingabe (6.22) als fehlerhaft anzunehmen,
  oder
- den Schluss, der zu (6.21) führte, zurückzunehmen,
  oder
- eine der bei der Schlussfolgerung verwendeten
  Kardinalitätsangaben anzuzweifeln.

Obwohl die Zurücknahme der Kardinalitätsberechnung im vorliegenden Fall vermutlich die naheliegende Lösung ist, soll darauf hingewiesen werden, dass eine derartige offensichtliche Fehleranalyse in vielen Fällen nicht vorgenommen werden kann.

14* Sie ist eine Standardannahme im Sinne der in Kap. 2.3 erläuterten 'default-Schlüsse'.

Hierfür können mehrere Gründe verantwortlich sein:

- Falls Kardinalitätsangaben auf unterschiedliche Quellen zurückverfolgbar sind, ist nicht gesagt, dass alle Quellen gleich gut, d.h. vertrauenswürdig bzw. korrekt sind.

- Es kann nicht davon ausgegangen werden, dass die neueste, letzte Eingabe korrekt ist. Kriterien zur Überprüfung der Güte von Eingaben liegen häufig nicht vor.

- Häufig ist eine Zurückverfolgung, d.h. Analyse, der für die Überbestimmtheit verantwortlichen Eingaben und Schlüsse nicht mehr möglich. Wenn man davon ausgeht, dass ein IPS nicht buchhalterisch seine eigene Wissensgeschichte verfolgt, und dies kann für natürliche IPSe ausgeschlossen werden, so muss man akzeptieren, dass eine Überbestimmtheit auftritt, die nicht analysierbar ist.

Wie man hieraus ersieht, wird man nicht davon ausgehen können, dass in jedem Fall von Überbestimmtheit eine Fehleranalyse, und hierauf eine aufbauende Fehlerkorrektur möglich ist. Wenn aber die Situation derart "hoffnungslos" ist, so muss das IPS in der Lage sein, mit überbestimmten RefOs weiter arbeiten zu können 15*.

Wie ein derartiger Umgang mit überbestimmten RefOs aussehen sollte, sei durch einen Vorschlag in Hinblick auf adäquates Antwortverhalten erläutert. Auf die Frage

(6.24) a.   Wieviele Veranstaltungen hält Robin im Sommersmester 1985 ?

sollte, falls keine Korrektur möglich ist, mit

(6.24) b.   Vermutlich 3 oder 4, aber mir liegt dafür widersprüchliches Wissen vor.

geantwortet werden. Diese Antwort ist sicherlich ähnlich zu einer auf eine Frage, die sich auf ein RefO r.i mit

(6.25) a. $2 < card < 5$ ——— r.i

bezieht, und die

(6.25) b.   3 oder 4

lauten sollte. Im überbestimmten Fall ist es jedoch notwendig bzw. kooperativ (im Sinne von Grice, 1975), den Fragenden darauf aufmerksam zu machen, dass eine kritische Situation vorliegt. Diese bisher am Beispiel angedeutete Dualität von Unter- und Überbestimmtheit wird unter formalen Gesichtspunkten das zentrale Thema der beiden folgenden Abschnitte 6.2 und 6.3 sein.

15* Diese Forderung, dass IPSe in der Lage sein müssen, inkonsistente Wissensbestände zu handhaben, werde ich in Kap. 6.3 genereller, d.h. nicht nur auf R-Atte bezogen, behandeln.

6.2. Bestimmtheitsstrukturen

Nachdem im vorangegangenen Kapitel von Kardinalitätsattributen umfassend Gebrauch gemacht wurde, soll nun der Attributsbereich formal definiert werden. Kardinalitätsangaben wurden bisher durch

$$\text{Gleichungen der Art} \qquad card = n$$
$$\text{oder Ungleichungen} \qquad n < card < m$$

formuliert. Geht man davon aus, dass nur endliche Kardinalitäten behandelt werden, so bedeutet dies, dass jedem RefO, als Klasse aufgefasst, eine natürliche Zahl (einschliesslich Null) als Kardinalität (Kardinalität im strengen, mengentheoretischen Sinne) zugewiesen werden kann 16*:

(6.26) $\qquad card : REFO \longrightarrow N$

Da aber Kardinalitätsattribute, im Sinne der hier verwendeten Terminologie und der in Kap. 6.1 erläuterten Sichtweise, Möglichkeiten von Kardinalitäten betreffen, liegt es nahe, den Bereich der Möglichkeiten durch eine Menge von möglichen Kardinalitäten zu bezeichnen.

(6.27) $\qquad$ Mit $CARD\ (r) \subseteq N$ wird die Menge

$\qquad\qquad$ (für ein RefO r) möglicher Kardinalitäten bezeichnet.

$\qquad\qquad$ Als Abbildung formuliert

$$CARD : REFO \longrightarrow POT\ (N)$$

Setzt man den Attributenbereich für Kardinalitäten mit POT (N) 17* fest, so können u.a. die in (6.28) aufgeführten Kardinalitätszuweisungen auftreten.

(6.28) $\qquad$ CARD $\qquad\qquad$ card

$\qquad\qquad$ N $\qquad\qquad\qquad$ ist irgendeine nat. Zahl

$\qquad\qquad \{n.1 < x < n.2\} \qquad$ liegt zwischen n.1 und n.2

$\qquad\qquad \{\ n.1,\ n.2\ \} \qquad\quad$ ist n.1 oder n.2

$\qquad\qquad\qquad \{n\} \qquad\qquad\quad$ ist genau n

$\qquad\qquad\qquad \emptyset \qquad\qquad\qquad$ keine Kardinalität zuweisbar

Das Attribut 'CARD = N' ist für jedes RefO, ohne dass weitere Information vorhanden sein muss, ansetzbar, und zwar mit der Rechtfertigung "Jedes RefO besitzt irgendeine Kardinalität". Die Zuordnungen der Art 'CARD = {n}' sind gerade die oben erwähnten, bestimmten card-Zuweisungen, die den Idealfall ausmachen. Ein besonderer unter ihnen ist, und hierauf sei extra hingewiesen, 'CARD = {0}', für die Fälle, in denen das RefO kein Objekt enthält. Derartige Fälle sind für die Repräsentation natürlicher Sprache interessant, wenn man etwa Sätze der Art

$\qquad$ Die Universität besitzt gegenwärtig keinen Präsidenten.

16* Falls auch nicht-endliche RefOs berücksichtigt werden sollen, müssen die folgenden Überlegungen auf infinite Kardinalzahlen erweitert werden.

17* POT (N) bezeichnet die Potenzmenge der Menge N der natürlichen Zahlen.

249

> Im Korb sind keine Äpfel mehr.

betrachtet 18*. Für jede Attributsdimension liegt, als Teil des Regelwissens, fest, was als 'Bestimmtheit' anzusehen ist. Im Fall der Kardinalitätsattribute ist dies durch die Abbildungseigenschaft von card, (6.26), gegeben, was auch durch

(6.29)   Bestimmtheitsbedingung für Kardinalitäten

> Jedes RefO r besitzt eine eindeutig bestimmte Kardinalität card (r).

formuliert werden kann.

Der letzte der in (6.28) aufgeführten Fälle, 'CARD = $\emptyset$', auch durch 'CARD = NIL' beschreibbar, verletzt somit die Bestimmtheitsbedingung (6.29); er betrifft genau die Fälle, in denen es nicht gelingen kann, (s.u.), dem RefO eine Kardinalität zuzuordnen, d.h. den widersprüchlichen, überbestimmten Fällen, wie sie z.B. in (6.23) erläutert wurden.

Diese Sichtweise wird deutlicher, wenn man die durch die Inklusionsbeziehung auf POT (N) gegebene Ordnung als Ordnungsrelation auf der Menge der Kardinalitätsattribute, CARD-ATT = POT (N), auffasst. CARD-ATT wird somit zu einem Verband (siehe Abb. 6.3) mit den extremen Kardinalitäten 'bottom = N' (irgendeine Kardinalität) und 'top = NIL' (widersprüchliche, keine Kardinalität).

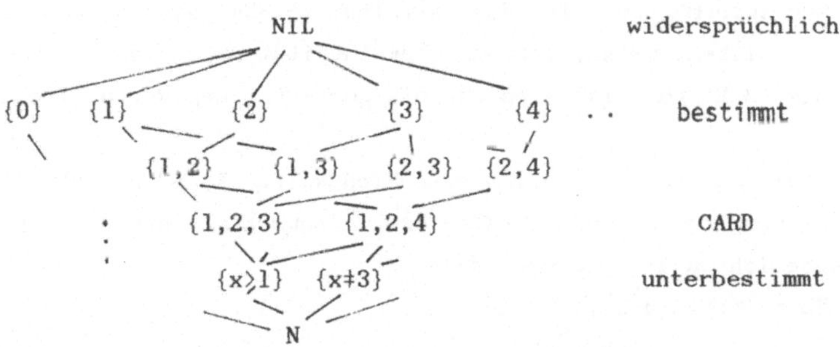

Abb. 6.3: Kardinalitätsverband

Mit dieser Ordnung stellt CARD-ATT einen Approximationsverband im Sinne Scotts (1970) dar. Die Approximationsrichtung, von unten nach oben, kann hier als Richtung des Informationszuwachses interpretiert werden. 'bottom' bezeichnet das Fehlen von Information, 'top' betrifft widersprüchliche Information (vgl. hierzu auch Stoy,

---

18* Mit gebotener Vorsicht können derartige 'leere RefOs' als verschiedene Sichtweisen der (einzigen) leeren Menge angesehen werden.

1977; p. 80ff). Die einelementigen Atome stellen dabei die Ebene der vollbestimmten, idealen Informationen dar 19*.

Das top-Element 'NIL' sammelt, in anschaulicher Weise beschrieben, die Fehler auf; anders ausgedrückt: NIL fungiert, wie in der Informatik üblich, als eine global verwendete Fehlermarkierung bei Überbestimmtheit. Wie die Analyse in Kap. 6.1 zeigt, sind Überbestimmtheitssituationen jedoch häufig genauer charakterisierbar. So liegt in (6.23) der Fall

(6.30)   card = 3   &   card = 4

vor. Würde man dieses überbestimmte Attribut durch NIL repräsentieren, wie es der klassische Scottsche Ansatz vorschlägt, so würde die Information über die Art der Inkonsistenz wegfallen. Dass hierdurch wirklich ein Leistungsverlust des Systems entstehen würde, sieht man, wenn man exemplarisch die oben beschriebene Fehlersituation betrachtet. Ein IPS mit Wissen (6.30) über ein RefO r.i weiss über dieses immerhin einiges: card = 3 bzw. card = 4 wurde einmal mitgeteilt bzw. erschlossen und ist daher besser, wahrscheinlicher (in einem intuitiven Sinne), d.h. eher zu erwarten oder zu rechtfertigen, als etwa card = 0 oder card = 937. Diese Möglichkeiten zu nivellieren, und dies geschieht durch die Annahme eines einzigen Fehlerelements, scheint mir, zumindest aus Gründen der kognitiven Adäquatheit, unangemessen. Diese Unangemessenheit wirkt sich auch bzw. gerade bei der Fehlerkorrektur aus: Man nehme etwa an: das IPS ist zum Zeitpunkt t.0 nicht in der Lage, die Überbestimmtheit zu korrigieren, wird jedoch später, in t.1, informiert, dass 'card = 3' nicht gilt, vielleicht explizit durch Rücknahme der Information durch den gleichen Informanten. Ist das Attribut (6.30) noch vorhanden, ist der Übergang zu einer vollbestimmten, idealen Kardinalität unproblematisch; liegt nur noch die Markierung 'NIL' vor, ist dies für die Korrektur weniger hilfreich.

Die gerade informell am Beispiel erläuterte Sichtweise kann in natürlicher Weise durch eine Erweiterung der Kardinalitäts- bzw. Approximationsverbände realisiert werden. Dazu möchte ich daran erinnern, dass

(6.31)   CARD = { n.1, n.2 }
                card = n.1   v   card = n.2

entspricht.

19* Man beachte, dass der Verband CARD-ATT nicht mit dem bei Stoy (1977; Fig. 6.3) dargestellten 'integer-lattice' identisch ist. Stoys Verband ist flach, was für CARD-ATT nicht gilt. Die Nicht-Flachheit von CARD-ATT ist durch die intendierte Verwendung als detailreicher Informationsverband verursacht. Die einelementigen CARDs als Atome zu bezeichnen, ist obwohl sie formal gesehen Anti-Atome (Coatome) sind, durch ihre Stellung im POT(N)-Verband begründet, der gerade die inverse Ordnung aufweist.

20* Die entsprechend der folgenden Vorschrift konstruierte Ordnungsstruktur als Verband zu interpretieren, ist, wie sich im weiteren zeigen wird, problematisch und wäre mit einigen "Unschönheiten" verbunden. In der früheren Darstellung in Habel (1984 b) habe ich die hiermit verbundenen Probleme nicht ausreichend deutlich gemacht. Ich hoffe, dass die folgenden Erläuterungen die früheren

In der erweiterten Approximationsstruktur 20* wird für alle CARD-Knoten, ausser für NIL und die einelementigen, d.h. idealen, vollbestimmten CARDs, ein 'widersprüchliches Duales' eingeführt: W-CARD, im weiteren z.B. durch

W-{ 3, 4 }

bezeichnet. Die Dualität zwischen CARD und W-CARD wird gerade über die Dualität von Disjunktion und Konjunktion in (6.30), (6.31) vermittelt. Die Ordnungsrelation zwischen W-CARDs ist invers zu der bzgl. der CARDs anzusetzen. Die erweiterte Ordnungsstruktur der Kardinalitäten entsteht durch Verkleben der CARD- und W-CARD-Strukturen an der Ebene der eindeutigen Kardinalitäten. Man erhält hierdurch die in Abb. 6.4 dargestellte Bestimmtheitsstruktur, die bzgl. Unter- / Überbestimmtheit vollständig symmetrisch ist.

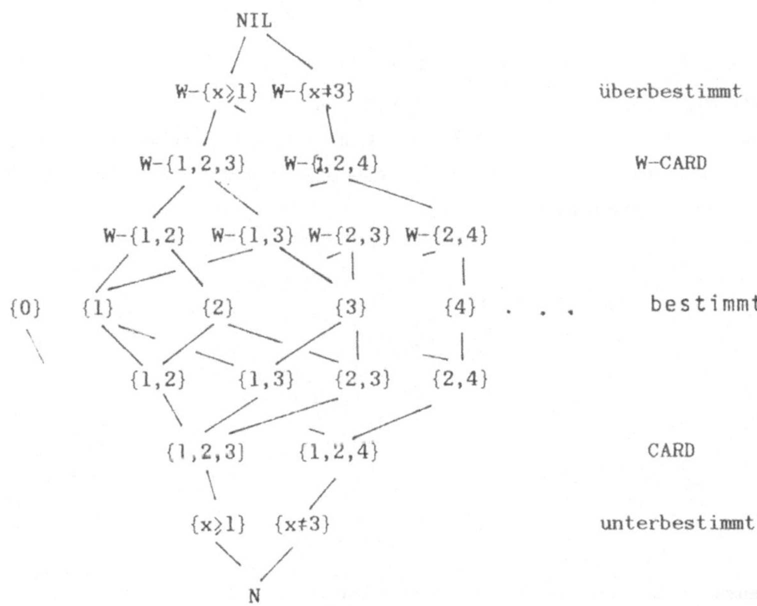

Abb. 6.4: Ordnungsstruktur der Kardinalitäten: Unter- und Überbestimmtheit

Durch die Verwendung der W-CARDs bleiben die Überbestimmtheit verursachenden Kardinalitätsannahmen explizit; hiermit wird die Basis für spätere Korrekturen bereitgestellt. Dies bedeutet, dass das den Scottschen Verbänden implizit zugrundeliegende Motto "Falsch bleibt falsch." in Bestimmtheitsstrukturen nicht aufrechterhalten werden muss.

Unzulänglichkeiten beheben.

Ich werde nun auf die Probleme der Verbandseigenschaft für die erweiterte Ordnungsstruktur der Kardinalitäten eingehen 21*: CARD-ATT = POT (N) hat mit der verwendeten, durch die Inklusion induzierten Ordnung, Verbandseigenschaften. Die Frage ist nun, inwieweit diese, durch die oben skizzierte Erweiterung um W-CARDs konstruierte Ordnungsstruktur, W-CARD-ATT 22*, entsprechenden oder verwandten Bedingungen genügt. Hierzu betrachte man die folgende, problematische Situation:

Obwohl entsprechende Kanten in Abb. 6.4 nicht aufgeführt werden, sollte natürlich auch ein direkter Übergang von einer tieferen CARD-Ebene in eine W-CARD-Ebene möglich sein. Seien etwa die beiden Attribute (eines RefOs)

(6.32) a.   { 1 }   und   { 2, 3 }

gegeben, was den sich widersprechenden Informationen

(6.32) b.   card = 1   &   (card = 2   v   card = 3)

entspricht. Über die in Abb. 6.5 dargestellten Ordnungsbeziehungen ergibt sich, dass sowohl

(6.32) c.   W-{ 1, 2 }   als auch   W-{ 1, 3 }

obere Schranken zu { 1 } und { 2, 3 } sind, diese jedoch bzgl. der Ordnung nicht vergleichbar sind, d.h. es existiert keine (bzgl. der vorgegebenen Ordnung) kleinste obere Schranke, und insofern wird über die wie oben konstruierte Ordnungsstruktur W-CARD-ATT kein Verband induziert.

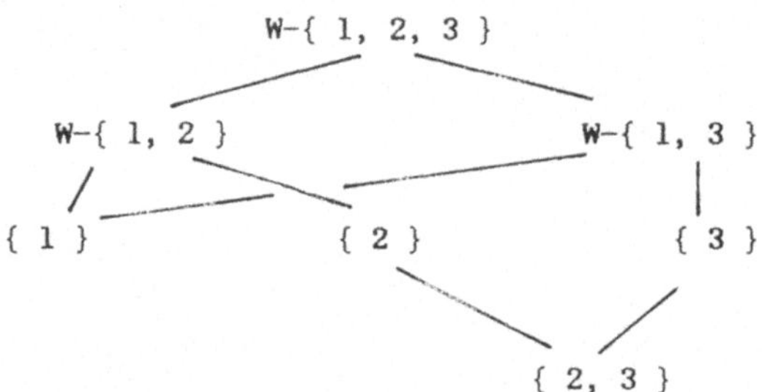

Abb. 6.5 : Ausschnitt aus der Ordnungsstruktur

21* Die Terminologie der Ordnungen und Verbände, die ich im weiteren ohne detaillierte Erläuterungen verwenden werde, entspricht den Standardbezeichnungen; vgl. z.B. Gericke (1967).

22* Ich werde im weiteren, um den Formalisierungs- und Schreibaufwand zu reduzieren, W-CARD bzw. W-CARD-ATT systematisch mehrdeutig verwenden, und zwar einmal im engeren Sinne für die widersprüchlichen, d.h. überbestimmten W-CARDinalitäten, und zum anderen in Bezug auf die Gesamtstruktur bzw. Gesamtmenge von CARDinalitäten und W-CARDinalitäten. Welche der beiden Lesarten gerade verwendet wird, ist aus dem Kontext stets leicht ersichtlich.

An dieser Stelle bleiben nun drei bzw. vier mögliche Auswege offen:

(6.33)   a.   In W-CARD-ATT auf Verbandseigenschaften zu verzichten.

          b.   In W-CARD-ATT eine von der Ordnungsstruktur (partiell) unabhängige, "verbandsähnliche" Verknüpfungsstruktur zu definieren.

          c.   Auf W-CARD-ATT als Wissensstruktur zu verzichten, und zwar

             c.1   CARD-ATT zu verwenden, oder

             c.2   einen anders gearteten Verband, der auch Überbestimmtheit berücksichtigt, W-CARD-ATT*, einzuführen.

Diese Möglichkeiten werde ich nun, in unterschiedlicher Ausführlichkeit, behandeln. Die erste Lösung, a, ist für die intendierten Anwendungen der Verarbeitung überbestimmter RefOs und der eventuellen späteren Korrektur nicht geeignet. Wichtig ist es, einem RefO eine in den späteren Wissenszuständen verwendbare Kardinalität zuzuordnen; und die eindeutige Zuordnung eines, wenn auch inkonsistenten, Kardinalitätsattributes ist ausschliesslich aufgrund der Ordnungsstruktur nicht möglich, wie (6.32) gezeigt hat. Die blosse Anordnung ist für die weiteren Schritte nicht relevant. Die dritte Lösung, c.1, die gerade den klassischen Ansatz von Scott betrifft, habe ich oben schon wegen der Nivellierung der verschiedenen Ausprägungen von Überbestimmtheit ausgeschieden. Es bleiben also die Möglichkeiten b und c.2. Auch den Fall c.2 werde ich hier nicht verfolgen 23*. Wie die beiden im weiteren erläuterten Vorschläge für Bestimmtheitsstrukturen zeigen werden, ergeben sich beim Übergang vom Bestimmtheitsbereich in den Überbestimmtheitsbereich Probleme die Verbandseigenschaften für die Ordnungsstruktur zu erreichen. Wie ich zeigen werde, können jedoch, entsprechend (6.33.b) verbandsähnliche Verknüpfungen definiert werden, die der Interpretation der Bestimmtheitsstruktur als Informations- und Korrekturstruktur genügen.

Ich werde hier mit einer Alternative zu W-CARD-ATT beginnen: Betrachtet man noch einmal das Beispiel (6.32) im Vergleich zum verwandten Fall

(6.34)   { 1, 2 }   und   { 3 }

         (card = 1 v card = 2)   &   card =3

und hierbei insbesondere die Stellen, die die Inkonsistenz ausmachen, so liegt die Gemeinsamkeit der Fälle gerade darin, dass eine Alternative von zwei Kardinalitätsangaben im Konflikt steht zu einer dritten, was sich in der logischen Struktur durch

(6.35)   (card = n v card = m)   &   card = p

niederschlägt. Wenn man dieser Sichtweise folgend Kardinalitätsangaben als card-Formeln in konjunktiver Normalform, also Klausel-Form, ansieht, dann sind CARD-ATTe

---

23* Eine Möglichkeit eines W-CARD-ATT*-Verbandes ist durch eine spezielle Äquivalenzklassenbildung über der unten erläuterten 'Klauselstruktur' W*-CARD-ATT gegeben. Da dieser Verband m.E. nicht adäquat ist, verzichte ich auf eine Erläuterung.

solche, die aus einer Klausel bestehen, und W-CARDs solche, in denen mehrere Klauseln auftreten. Die der Klauselform zugrundeliegende Betrachtungsweise kann für W-CARDs dadurch ausgedrückt werden, dass die Mengennotation zu einer mengenähnlichen Notation unter zusätzlicher Verwendung eines weiteren Trennsymbols ';'(Semikolon) erweitert wird. Entsprechende W-CARDinalitäten werden im weiteren durch W*-CARD bezeichnet werden. Hiermit ergibt sich für die oben aufgeführten Situationen:

(6.36) $\quad\quad$ { 1, 2 } und { 3 } $\rightarrow$ { 1, 2 ; 3}

$\quad\quad\quad\quad$ { 1 } und { 2, 3 } $\rightarrow$ { 1 ; 2, 3 }

$\quad\quad$ und zusätzlich: { 1 } und { 2 } und { 3 } $\rightarrow$ { 1; 2; 3}

Ohne die explizite Formalisierung der entsprechenden Struktur W*-CARD-ATT 24* hier anzugeben, will ich auf einige wesentliche Gesichtspunkte kurz eingehen:

- Die W*-CARD-ATT-Struktur ist nicht mehr symmetrisch bzgl. der Bestimmtheitsachse; die Struktur ist im überbestimmten Bereich detaillierter, d.h. kopflastig, wie (6.36) zeigt.

- W*-CARD-ATT ist kein Verband. Die oben skizzierte Ordnung auf W*-CARD weist zwar im reinen W*-CARD-Bereich, d.h. ohne die Einerklauseln, die als CARD interpretiert werden, Verbandseigenschaft auf, ist jedoch beim Übergang vom unterbestimmten zum überbestimmten Bereich nicht 'assoziativ', im folgenden Sinne: aus der Ordnungsstruktur ist keine assoziative Verbandsoperation ableitbar. Dies resultiert insbesondere aus dem Fehlen einer kleinsten oberen Schranke; die in Abb. 6.5 für die W-CARD-Struktur behandelten Beispiele liefern auch in W*-CARD nicht vergleichbare obere Schranken.

- Durch die Verwendung der modifizierten card-Klauseln ist eine sorgfältige Buchhaltung der die Überbestimmtheit bedingenden Kardinalitäten möglich. Daher sind Korrekturen, z.B. aufgrund der Zurücknahme von Information, auch in komplexen Fällen durchführbar (s.u.).

- Es erscheint jedoch fraglich, ob in natürlichen IPSen derartig komplexe Fehlermarkierungen gespeichert und verarbeitet werden.

Aus diesen Gründen werde ich einen Mittelweg zwischen dem Scott-Ansatz eines einzigen Fehlerelements und der buchhalterischen Lösung W*-CARD-ATT einschlagen, ein Weg, der der in (5.33.b) skizzierten Richtung folgt. Ausgangspunkt ist der Verband CARD-ATT, auf dem Supremum (sup) und Infimum (inf) durch

(6.37) a. $\quad\quad$ sup (C.1, C.2) = C.1 $\cap$ C.2

$\quad\quad\quad\quad$ inf (C.1, C.2) = C.1 $\cup$ C.2

24* W*-CARD-ATT ist von der in (6.33.c.2) angestrebten Verbandsstruktur W-CARD-ATT*, wie im weiteren noch erläutert werden wird, zu unterscheiden.

25* Da CARD-ATT die zu POT(N) duale Ordnung aufweist, sind auch 'sup' und 'inf' dual zu den Operationen in POT(N) definiert.

definiert sind 25*.   Entsprechend der oben erläuterten Vorgehensweise existiert zwischen den nicht-eindeutigen CARDs und den W-CARDs eine Dualitätsbeziehung, die ich im weiteren durch

(6.37) b.   W :   CARD $\longmapsto$ W-CARD

        ' :   W-CARD $\longmapsto$ CARD

bezeichnen werde. D.h. " W " und " ' " sind zueinander duale Operatoren, die CARDinalitäten in W-CARDinalitäten transformieren, und umgekehrt. Hiermit lassen sich nun "Erweiterungen" von 'sup' und 'inf' auf der Ordnungsstruktur W-CARD-ATT definieren 26*.   Zur Vereinfachung der Definition sei zuerst eine Erweiterung von (6.37.b) vorgenommen:

(6.37) c.   " W " wird für W-CARDinalitäten,

        " ' " für CARDinalitäten als Identität festgelegt.

Die Festlegungen (6.37.b-c) führen dazu, dass für beliebige W-CARDs, C, dies betrifft hier widersprüchliche oder nicht-widersprüchliche, W(C) stets im widersprüchlichen Teil liegt, und '(C) = C' stets im "echten" CARD-Bereich. Folglich liegen C.1', C.2' (aus 6.38) stets im Bereich CARD-ATT in dem 'sup' und 'inf' entsprechend (6.37.a) erklärt ist. Dann gelte:

(6.38) a.   W-sup (C.1, C.2) =

        sup (C.1, C.2) falls C.1, C.2 aus CARD-ATT

                  und sup (C.1, C.2) $\neq$ NIL

      W (inf (C.1', C.2'))   sonst

    b.   W-inf (C.1, C.2) =

        inf (C.1, C.2)   falls C.1, C.2 aus CARD-ATT

        W-sup (C.1', C.2')   sonst

'W-sup' und 'W-inf' sind auf dem gesamten Bereich W-CARD-ATT der widersprüchlichen und nicht-widersprüchlichen Kardinalitätsattribute definiert; mit Ausnahme der Fälle, in denen beide Argumente zu CARD-ATT gehören, also nicht überbestimmt sind, weist W-sup eine W-CARDinalität zu. Die "duale" Operation W-inf kann, unter günstigen Umständen (s.u.) auch aus W-CARD-ATT wieder in den CARD-Bereich zurückführen.

An einigen Beispielen möchte ich nun die Wirkungsweise des Operators 'W-sup' erläutern.

26* Diese   Erweiterungen   führen   nicht   (!)   zu   Operatoren,   die Verbandsoperatoreneigenschaften aufweisen.

(6.39)   Sei   C.1 = { 1, 2 },   C.2 = { 3 }   C.3 = { 2, 3 },
         so gilt:

   a.   W–sup (C.1, C.2) = W–{1, 2, 3} = C.4

         W–sup (C.4, C.3) = W (inf (C.4', C.3))

$$= W \ (\inf \ (\ \{1, 2, 3\}, \{2, 3\} \ ))$$

$$= W\text{–}\{1, 2, 3\}$$

   b.   W–sup (C.1, C.3) = sup ({1, 2}, {2, 3})

$$= \{ \ 2 \ \}$$

         W–sup ({2}, C.2) = W–sup ({2}, {3})

$$= W\text{–}\{ \ 2, 3 \ \}$$

   c.   W–sup (C.3, C.2)   =   sup ({2, 3}, {3})

$$= \{ \ 3 \ \}$$

         W–sup (C.1, {3})   =   W–sup ({1, 2}, {3})

$$= W\text{–}\{1, 2, 3\}$$

Diese Beispiele, insbesondere das Paar b–c, zeigen, dass W–sup nicht assoziativ ist, oder anders ausgedrückt, dass bei einer sukzessiven Verarbeitung von Kardinalitäten die Verarbeitungsreihenfolge relevant ist. Die Nicht–Assoziativität von W–sup, führt dazu, dass die W–CARD–Struktur mit W–sup nicht über Verbandseigenschaften verfügt; die Kommutativität hingegen folgt aus der Definition (6.38.a).

Bevor jedoch die W–CARD–Struktur aufgrund der mangelnden Verbandseigenschaft eventuell als ungeeignet zurückgewiesen wird, muss die Funktion der Operation 'sup' bzw. 'W–sup' innerhalb der RefN–Konzeption berücksichtigt werden: Ausgangspunkt (und Motivation) für den Einsatz der Approximationsstrukturen ist die Verarbeitung von Folgen von Eingabeinformationen, die aufgrund von Textfolgen T = T.1, ...,T.n dem IPS zugänglich gemacht werden. Im speziellen Fall, der hier betrachtet wird, also von Folgen

        C.1, ..., C.k

von CARDinalitäten, die aufgrund der Designation und der Designationsattribute für das betreffende RefO vorgeschlagen werden. Es ist sicherlich sinnvoll, davon auszugehen, dass jedes C.i, für sich gesehen, nicht zu W–CARD gehört, sondern eine eindeutige oder unterbestimmte Kardinalität beschreibt. D.h.: Kardinalitätsangaben, die aus einem Textabschnitt bzw. einer Designation stammen, sollten nicht widersprüchlich sein, andernfalls sollte schon an dieser Stelle, d.h. bei der Eingabe, auf die Notwendigkeit einer Korrektur reagiert werden. Für jeden Verarbeitungsabschnitt liegen somit eine aufgrund der bisherigen Eingaben C.1, ..., C.i ermittelte Kardinalitätsannahme C.i* und eine neue Kardinalität C.i+1 vor, aus denen aufgrund der Operation 'W–sup' die neue Kardinalitätsannahme

(6.40)   C.i+1* = W-sup (C.i*, C.i+1)

berechnet wird. Solange man sich im CARD-Bereich der Kardinalitäts(gesamt)struktur befindet, entspricht 'W-sup' der Verbandsoperation 'sup'; insofern findet eine Informationsapproximation im Sinne Scotts statt (Informieren wird bei Scott mit Bilden des Supremums im Informationsverband gleichgesetzt). Diese Sichtweise setze ich hier konsequent auf die W-CARD-Struktur fort, d.h. durch die Verwendung von W-sup wird ein Übergang zu überbestimmten Kardinalitäten möglich. Da 'W-sup', wie oben erläutert, in den Fällen, in denen eine W-CARDinalität beteiligt ist, eine W-CARDinalität als Ausgabe liefert, ist die Bestimmtheitsebene ein "level of no return" 27*.

Nachdem die Anwendung und Interpretation von 'W-sup' in   Hinblick auf den Informationsgewinn bzw. Wissenszuwachs des IPS erläutert ist, komme ich auf die Frage

(6.41)   Sollte der Prozess des Informationszuwachses

          reihenfolgeabhängig sein ?

zurück, da eine positive Beantwortung dieser Frage der Nicht-Assoziativität die Eigenschaft, ein Mangel zu sein, nimmt. Hierzu gehe ich noch einmal auf das Beispiel (6.39; a,b) ein und betrachte es unter dem Gesichtspunkt von Eingabereihenfolgen (vgl. Abb. 6.6):

	a.	b.
erste Eingabe	C.1 = {1, 2}	C.1 = {1, 2}
zweite Eingabe	C.2 = { 3 }	C.3 = {2, 3}
Kardinalitäts- annahme nach 2. Eingabe	W-{1, 2, 3}	{ 2 }
dritte Eingabe	C.3 = {2, 3}	C.2 = { 3 }
Kardinalitäts- annahme nach 3. Eingabe	W-{1, 2, 3}	W-{2, 3}

Abb. 6.6 : Reihenfolgeabhängigkeit der Kardinalitätsberechnung

---

27* Ein entsprechendes Verhalten weist natürlich auch der ursprüngliche Approximationsverband nach Scott auf; hier ist NIL der "point of no return". Die Möglichkeit der Rückkehr durch explizite Korrekturen werde ich am Ende des vorliegenden Kapitels 6.2 darstellen.

Der wesentliche Unterschied zwischen den beiden Eingabefolgen liegt offenbar darin, dass die b-Folge im ersten Schritt keine Überbestimmtheit erzeugt, oder anders ausgedrückt, dass die beiden beteiligten CARDinalitäten C.1 und C.3 zu einer konsistenten, sogar bestimmten Kardinalität führen. Im a-Fall führt schon der erste Schritt in den W-CARD-Bereich. Dass die beiden Kardinalitätsmöglichkeiten '1' aus C.1 und '3' aus C.3 im b-Fall im ersten Schritt verloren gehen, entspricht der Verarbeitungsstrategie, möglichst informationsreiche Attribute zu verwenden, solange dies durch deren Konsistenz, d.h. Nicht-Überbestimmtheit, gerechtfertigt ist. Dass die Strategie vernünftig und natürlich ist, ergibt sich insbesondere, wenn man die Möglichkeit eines grösseren zeitlichen Abstandes zwischen der zweiten und dritten Eingabe in Betracht zieht: im b-Fall hat sich eine konsistente Vorstellung des RefOs gebildet, die durch die dritte Eingabe überbestimmt wird. Im a-Fall liegt nach der zweiten Eingabe schon die überbestimmte Kardinalität vor.

Die am Beispiel erläuterten Abläufe veranlassen mich dazu, Assoziativität der Operation 'W-sup', die Informationszuwachs verarbeitet, für den überbestimmten Bereich nicht als wünschenswert oder sogar notwendig anzusehen. Für den nicht-überbestimmten Bereich liegt, aufgrund der Übereinstimmung mit 'sup', weiterhin Assoziativität vor, und dies ist, wie oben ebenfalls erläutert wurde, wünschenswert. Die streng buchhalterische Lösung W*-CARD-ATT , die Klauselstruktur, ist, dies sei ohne Beweis angemerkt, bei geeigneter Wahl von 'W*-sup, auch im reinen W*-CARD-Bereich assoziativ; es zeigt jedoch, dass beim Übergang vom unterbestimmten in den überbestimmten Bereich, man betrachte auch hier die in Abb. 6.6 verwendeten Beispiele, ebenfalls, und aus den gleichen Gründen, keine Assoziativität und keine Reihenfolgeunabhängigkeit vorliegt.

Bevor ich auf die W-CARD-ATT-Approximationsstruktur, die ich im weiteren als die am besten geeignete Bestimmtheitsstruktur verwenden werde, zurückkomme und dann insbesondere Korrekturmechanismen beschreiben werde, gestatte ich mir hier einen skizzenhaften, "philosophischen Exkurs", der die tieferliegenden Gründe für die Schwierigkeiten beim Übergang von der Unterbestimmtheit / Bestimmtheit zur Überbestimmtheit beleuchten soll. Hierbei werde ich im wesentlichen die ausführliche, W*-CARD-orientierte Sichtweise verwenden, da sie m.E. das fundamentale Problem deutlicher hervortreten lässt.

Ausgangspunkt sei die Situation
(6.42) a.   C.1 = {1, 3}   C.2 = {2, 3}
aus der durch 'sup' des CARD-Verbandes
(6.42) b.   C.12 = sup (C.1, C.2) = { 3 }
gebildet werden kann. Legt man hier die logische Klauselschreibweise
(6.42) c.   (card = 1 v card = 3) & (card = 2 v card = 3)

zugrunde, so führt diese zur disjunktiven Normalform

(6.42) d.   (card = 1 & card = 2)

     v (card = 1 & card = 3)

     v (card = 3 & card = 2)

     v   card = 3

Diese rechtfertigt, unter der Annahme der Konsistenz der Kardinalitätsattribute, die Reduktion auf 'card = 3', d.h. den Schritt zu (6.42.b).

D.h. die Auswertung durch 'sup' basiert auf der Annahme, dass die Welt so ist, wie sie in (6.42) beschrieben wurde. Die Konjunktion '&' in (6.42.c), die über die Durchschnittsbildung dem Operator 'sup' zugrundeliegt, ist ontologisch fundiert. Im Gegensatz hierzu sind die in der oben eingeführten Klauselschreibweise für W*–CARD-ATT verwendeten Konjunktionen im überbestimmten Bereich epistemisch fundiert, und zwar insofern, als z.B.

(6.43)   card = 1   &   card = 2

durch

    "der eine hat dies, der andere jenes gesagt"

bzw. durch

    "einmal wurde dies, ein anderes mal jenes gesagt"

interpretiert werden kann.

Würde man diese epistemische Sichtweise auch für den CARD–Bereich aufrechterhalten, so würde die 'sup'–Anwendung in "informationsgewinnender Weise" entfallen. D.h. auch CARD–ATT müsste durch Klauselmengen dargestellt werden, wobei der sup-entsprechende Prozess als getrennter Interpretationsprozess angesehen werden müsste.

Die Schwierigkeiten beim Übergang zum Überbestimmtheitsbereich sind, und dies stellt das Fazit meines "philosophischen Exkurses" dar, darin begründet, dass im nicht-überbestimmten Bereich, von einer impliziten Konsistenzannahme ausgehend, eine ontologische Interpretation der Klauseln vorgenommen wird, während im Überbestimmtheitsbereich die Interpretation epistemisch begründet ist. Zusammengefasst: Beim Übergang wird die Interpretationsbasis gewechselt. Und diese 'Unstetigkeit' verursacht die oben erläuterten Probleme 28*.

28* Interessanterweise wird die von Belnap (1976, 1977) vorgeschlagene und in Kap. 6.3 behandelte vier–wertige Logik ebenfalls epistemisch fundiert. Einige der dort auftretenden Interpretationsprobleme, die sich in extremen Fällen durch Unnatürlichkeit des Systemverhaltens zeigen, dürften auf dem Wechsel 'ontologische' – 'epistemische' Sichtweise basieren. (Beschreibungen derartiger Problemfälle finden sich bei Belnap und in detaillierter Analyse bei Pribbenow (1984).)
Dass die oben skizzierte Erklärung der Problematik vollständig adäquat und hinreichend begründet ist, kann ich beim gegenwärtigen Stand meiner Überlegungen sicherlich nicht annehmen; ich glaube jedoch, dass der Kern der vorgestellten Argumentation mit dem Kern der Probleme in einer engen, systematischen Beziehung steht. Und mehr vermag ich augenblicklich nicht zu leisten.

In den bisherigen Erläuterungen der Approximationsstrukturen war stets der Vorgang des 'Informierens' eines IPS behandelt worden. Der Vorgang des 'Korrigierens' ist bisher nur motivierend, ohne genauere Beschreibung des Prozesses, erwähnt worden. Ich werde nun eine Skizze für den Bereich 'Korrekturen über Bestimmtheitsstrukturen' geben 29*. Hierzu möchte ich noch einmal auf 'Informieren' zurückkommen. Diese Bezeichnung, die auf der Scottschen Theorie der Approximationsverbände beruht (vgl. insbesondere Stoy, 1977; p. 80–82), bezieht sich auf den Zuwachs an Information. Insbesondere zeigt sich, dass die Position im Approximationsverband, während einer Folge von Eingaben, monoton, nicht unbedingt streng, wächst (bzgl. der Ordnung). Diese Eigenschaft will ich in einer an Belnap (1977; p. 25) angelehnten Notation, die ich im weiteren an mehreren Stellen verwenden werde, exakter formulieren:

(6.44)   Sei C.1 die im Zeitpunkt t.1 angenommene CARDinalität und c die durch die aktuelle Eingabe zugewiesene CARDinalität.

Die Informationsänderung (bzgl. CARD) wird berechnet durch:

C.2 = INFORM (C.1, c) = sup (C.1, c)

" c verändert C.1 zu C.2 "

Für diesen Operator gilt aufgrund der Eigenschaften von 'sup' (als Verbandsoperation), $\leqslant$ bezeichnet die Ordnung auf CARD:

(6.45)   C.1 $\leqslant$ INFORM (C.1, c)

d.h. INFORM. ist ampliativ

(6.46)   Falls INFORM (C.1, c) $\leqslant$ C.2 ,

so gilt:

INFORM (C.2, c) = C.2

d.h. INFORM. ist permanent.

Ampliativität bedeutet, dass Informationserweiterung bzw. Anreicherung stattfindet; der Ausschluss von Möglichkeiten, und hierum handelt es sich im Approximationsverband, ist als Anreicherung an Information zu verstehen. Permanenz von INFORM besagt, dass eine nochmalige Information mit der gleichen Eingabe, c, keinen weiteren Informationszuwachs erbringt.

Entsprechend der in Kap. 6.1 und im vorliegenden Kap. 6.2 erläuterten Vorstellungen setze ich die Operation INFORM auf den W-CARD-Bereich dadurch fort, dass 'W-sup' statt 'sup' verwendet wird, also (6.44) durch

(6.47)   C.2 = INFORM (C.1, c) = W-sup (C.1, c)

also   INFORM: W-CARD-ATT x CARD-ATT --> W-CARD-ATT

29* Wie diese Skizze und das anschliessende Kap. 6.3 zeigen wird, sind zahlreiche Fragen in diesem Bereich noch offen, insbesondere solche, die die Ausgestaltung der Bestimmtheitsstrukturen (in Hinblick auf kognitive Realität) und unterschiedliche Korrekturstrategien betreffen. Der hier vorgestellte Rahmen weist jedoch in eine Richtung, die ich für weitere Arbeiten für vielversprechend halte.

ersctzt wird. Da 'W-sup' zwar nicht die Verbandsoperatoreigenschaften besitzt, die auf W-CARD-ATT definierte Ordnung jedoch respektiert, ist auch der durch (6.47) auf W-CARD-ATT definierte Operator INFORM ampliativ und permanent 30*.

An dieser Stelle mag es einem zuerst befremdlich erscheinen, dass jenseits der Bestimmtheitsebene, hier liegt gerade maximale Information vor, ein Informationszuwachs möglich sein soll. Das Befremdem löst sich auf, sobald man

maximale und beste Information

bzw. Informationszuwachs und Informationsgewinn

als jeweils getrennte Konzepte ansieht, das eine Konzeptpaar ('maximal' und '-zuwachs') eher quantitative, das andere ('beste' und '-gewinn') eher qualitative Aspekte betreffend. Die Situation kann m.E. dadurch charakterisiert werden, dass zuviel bzw. ungünstige Kombination von Informations- bzw. Wissenseinheiten zur Desinformation führen können. Diese, im täglichen Leben häufig bestätigte Analyse ist in Abb. 6.7 veranschaulicht.

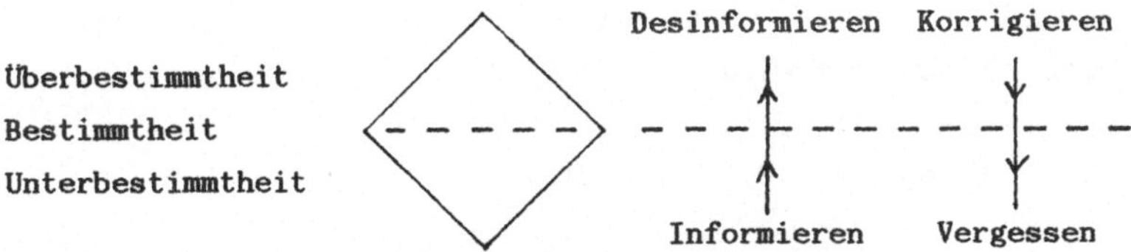

Abb."6.7: Zur Interpretation der Bestimmtheitsstrukturen

Ein anderer Punkt, der ebenfalls (aber auch nur) auf den ersten Blick uneinsichtig ist, betrifft die Korrekturmöglichkeiten. Wenn INFORM ampliativ und permanent ist, wie ist dann Korrektur überhaupt noch möglich?

Der Ausweg aus diesem Dilemma ist – wie ich meine – ebenso einfach wie, bei genauerer Betrachtung, einleuchtend: Korrigieren ist eine Wissensveränderung besonderer Art. Dies bedeutet, dass man zwischen einem Operator zur Wissensvergrösserung, der in ungünstigen Fällen auch Desinformation verursachen kann, und einem Operator dessen Anwendung eine Wissensrevision bezweckt, unterscheiden muss. Ein und dieselbe Eingabe kann, je nachdem, in welchem Modus sie verwendet wird, unterschiedliche Wirkungen ausüben.

Zur Erläuterung betrachte ich noch einmal die in Abb. 6.6.b verwendete Eingabefolge

---

30* Dies lässt sich durch Nachrechnen aus der Definition (6.38.a) überprüfen. Als nicht-beweisende Begründung sei auf die Dualität von 'sup' und 'inf' hingewiesen. 'inf' ist ampliativ und permanent bzgl. der inversen Ordnung; diese Eigenschaft überträgt sich – via W-Operator – auf W-sup bzgl. der zur dualen dualen Ordnung.

(6.48) a.   C.1 = {1, 2}   dann C.2 = {2, 3}   dann C.3 = { 3 }.

      Das IPS weist die W-Kardinalität

        W-{2, 3} zu.

Würde nun noch einmal mit '2' informiert, würde (6.47) folgend, das System keine Veränderung vornehmen können. Dies entspräche etwa der Haltung eines Menschen "Was hilft das jetzt noch? Welcher Wert vorliegt, weiss ich sowieso nicht." Anders gelagert ist die Situation, wenn das IPS aufgrund der Information '2' die Entscheidung trifft, diese zur Korrektur zu verwenden. Das intendierte Ergebnis sollte, im vorliegenden Fall, gerade '2' sein. Anschaulich gesprochen: man sollte in der Bestimmtheitsordnung in geeigneter Weise absteigen, d.h. die Desinformation verringern. Dies geschieht gerade, vgl. (6.38.b) durch:

(6.48) b.   W-inf (W-{2, 3} , {2})

        = W-sup ({2, 3} , {2})

        = sup ({2, 3} , {2})

        = { 2 }

Entsprechendes geschieht auch, wenn die Korrektur durch die Eingabe 'Drei sicherlich nicht' veranlasst wird:

(6.48) c.   W-inf = (W-{2, 3} , {n = 3})

        = W-sup ({2, 3} , {n = 3})

        = { 2 }

Analog zur Informationsänderung schlage ich daher einen speziellen Operator der Korrektur vor, der durch

(6.49)   C.2 := KORR (C.1, c) := W-inf (C.1, c)

      KORR: W-CARD-ATT x CARD-ATT --> W-CARD-ATT

definiert ist 31*. Voraussetzung für die Verwendung des Korrekturoperators ist dabei stets, dass von einer 'übergeordneten Instanz', d.h. einer speziellen Komponente, die Entscheidung, eine Korrektur durch die betreffende Wissensentität, hier 'c', vorzunehmen, explizit getroffen wird. D.h. es ist zu unterscheiden zwischen dem Korrekturvorgang selbst, der durch einen gesonderten Verarbeitungsmodus, 'KORR', ausgezeichnet ist, und dem Entschluss zur Korrektur. Wie derartige Entscheidungen getroffen werden, ist ein weiterer Problemkreis, der in dieser Arbeit nicht behandelt wird. Charakteristisch, und dies wird an den folgenden Beispielen deutlich werden, ist, dass die zugrundeliegende Entscheidung stets eine Bewertung der Wissensentitäten beinhaltet. Während beim Informieren eine

----

31* Diese Definition betrifft primär den Fall, in dem widersprüchliche Kardinalitäten, d.h. solche aus W-CARD, korrigiert werden. Sie ist auf die Korrektur von CARDinalitäten erweiterbar; ich werde hierauf jedoch im weiteren nicht eingehen. Hier sei nur angemerkt, dass in derartigen Fällen Situationen auftreten, die denen in (6.50.d-e) ähnlich sind. Diese können aber, obwohl sie eine gewisse Unnatürlichkeit aufweisen, entsprechend wie bei (6.50) erklärt werden.

32* Hier ist eine Bewertungssymmetrie bzw. -asymmetrie angesprochen. Im formalen

Symmetrie 32* vorliegt, sind bei der Korrektur der Ausgangswert C.1 und der für
die Korrektur verwendete Wert c unterschiedlich bewertet: c ist der dominante
Wert, er ist besser als C.1 33*.
Diese unterschiedliche Bewertung von C.1 und c erklärt auch das in den folgenden
Beispielen auftretende Verhalten:

(6.50) a.   C.1 = W-{1, 2, 3}   c = { 2 }
            KORR (C.1, c) = W-inf (W-{1, 2, 3} , {2})
                          = W-sup ({1, 2, 3} , {2})
                          = { 2 }

       b.   C.1 = W-{1, 2, 3}   c = {n ≠ 3}
            KORR (C.1, c) = W-inf (W-{1, 2, 3} , {n ≠ 3})
                          = W-sup ({1, 2, 3} , {n ≠ 3})
                          = {1, 2}

       c.   C.1 = W-{1, 2, 3}   c = {1, 2}
            KORR (C.1, c) = W-inf (W-{1, 2, 3} , {1, 2})
                          = W-sup ({1, 2, 3} , {1, 2})
                          = {1, 2}

       d.   C.1 = W-{1, 2, 3}   c = {1, 4}
            KORR (C.1, c) = W-inf (W-{1, 2, 3} , {1, 4})
                          = W-sup ({1, 2, 3} , {1, 4})
                          = { 1 }

       e.   C.1 = W-{1, 2, 3}   c = { 4 }
            KORR (C.1, c) = W-inf (W-{1, 2, 3} , {4})
                          = W-sup ({1, 2, 3} , {4})
                          = W-{1, 2, 3, 4}

Erläuterungen zu (6.50):

Zu a: Durch die explizite Bestätigung '2' werden die beiden anderen in C.1
        gesammelten Informationen überdeckt.

Sinne sind sowohl 'INFORM' als auch 'KORR' symmetrisch, da sie über die
symmetrischen Operatoren 'W-sup' und 'W-inf' definiert wurden.

33* Diese Asymmetrie ist dadurch gerechtfertigt, dass C.1 als eine nicht bewährte
Wissensentität angesehen werden kann; sie hat sich durch Überbestimmtheit in
Misskredit gebracht. Der aktuellen, korrigierenden Eingabe, c, wird jedoch
Vertrauen entgegengebracht, sonst würde das IPS sich ja nicht zur Korrektur
(durch c) entschliessen.

264

Zu b: 'n ≠ 3' schliesst eine der Kardinalitäten aus C.1 aus. Die beiden anderen werden als gleich gut angesehen.

Die Markierung W für Überbestimmtheit verschwindet (leider !?). Die komplexere Vorgehensweise der Klauselnotation würde hier eine sicherere Lösung erbringen, abhängig davon, welche der Klauselstrukturen aus (6.36) W-{1, 2, 3} zugrunde liegt 34*.

Zu c: entspricht a.

Zu d: Obwohl nur eine Alternative aus {1, 4} zur Korrektur verwendet wird, schlägt der Teil der Korrektur, der mit C.1 in Beziehung steht, nämlich '1', durch.

Zu e: Da die Korrektureingabe '4' nicht in C.1 auftritt, es sich also um neue Information handelt, wird sie als solche behandelt und verschlechtert die Situation (zuerst einmal, s.u.) statt sie zu verbessern.

(Dieses Beispiel zeigt ausserdem, dass W-inf die Ordnung der Bestimmtheitsstruktur nicht respektiert, im Gegensatz zu W-sup. Man beachte auch, dass W-inf und W-sup, obwohl die Bezeichnungen es nahe legen, nicht dual zueinander sind.)

Besonders das in b. bzw. e. an den Tag gelegte Verhalten des Korrekturoperators bedarf noch einiger Rechtfertigungen. Zuerst sollte man sich noch einmal die vor der Korrekturentscheidung vorliegende Situation vor Augen halten: Das IPS befindet sich mit C.1 bzgl. eines RefOs r.i in einem überbestimmten Wissenszustand. Das Verharren in diesem Zustand ist risikoarm; er ist als solcher markiert, und dementsprechend darf r.i (vgl. dazu Kap. 6.3) nur eingeschränkt – insbesondere dann nicht, wenn Kardinalitätsaspekte betroffen sind – verwendet werden. Der von mir vorgeschlagene Weg ist ein risikobehafteter: im Fall b. wird auf {1, 2} verbessert, obwohl, und dies könnte in der Klauselnotationslösung W*-CARD-ATT erreicht werden, die vorsichtige Verbesserung W-{1, 2} risiko-frei wäre.

Das in e. auftretende Verhalten kann mit einer kleinen Modifikation, doch noch zum gewünschten Ergebnis geführt werden. Wie sich gezeigt hat, ist die Korrektur deswegen wie eine Informationsveränderung behandelt worden, weil die korrigierende Information 'c' keinen hinreichenden Bezug zur zu korrigierenden Wissensentität 'C.1' aufwies.

Wird dies bemerkt, d.h. auf der Korrektur bestanden, und diese insofern ein zweites Mal durchgeführt, ergibt sich das intendierte Resultat C.3 = { 4 }.

34* Der Kern dieses Problems liegt darin, dass in C.1 = W-{1, 2, 3} die Geschichte des Attributs nur unzureichend repräsentiert ist. C.1 kann z.B. durch {1}, {2}, {3} oder {1}, {2, 3} entstanden sein. Die Klauselnotation
Fälle. Die Korrektur unterstellt den – für die Korrektur – günstigsten Fall:
{1, 2},{3} .

Diese Situation ist ein Beispiel dafür, dass die durch Korrekturen erstellten Wissensbestände selbst, unter Umständen direkt anschliessend, wieder Korrekturen zu unterziehen sind. Ebenso, wie die Entscheidung, eine Korrektur durchzuführen, von einer separaten Komponente des IPS getroffen wird, sollte für die Analyse der Korrekturergebnisse und damit für die Entscheidung, ob die Korrektur korrigiert werden muss, eine übergeordnete Komponente amgenommen werden. An dieser Stelle möchte ich auf einen Gesichtspunkt zurückkommen, der im Laufe dieser längeren, ausschliesslich auf Kardinalitätsattribute ausgerichteten, Ausführungen in den Hintergrund geraten sein könnte. Falls ein RefO r.i mit überbestimmtem Kardinalitätsattribut W-CARD existiert, hat dies stets Gründe in der Designationsgeschichte dieses RefOs. D.h., dass nach einer Korrektur des W-CARD-Atts eine - hier sei der Begriff intuitiv verwendet - Inkonsistenz zwischen dem W-CARD-Att und zumindest einer Designation vorliegen wird 35*. Eine derartige Situation läge z.B. dann vor, wenn einerseits Hans von seinen Kindern häufiger (bei wechselnden Anlässen) als 'Karl', 'Heinz' und 'Peter' sprechen würde, andererseits durch Korrektur die CARDinalität (mühsam) wieder auf den Wert '2' gebracht worden wäre:

(6.51)   card = 2   -- r.17 -- CLASS ('Karl','Peter','Heinz')

....

Im vorliegenden Fall ist, wie bei der Korrekturentscheidung, eine Bewertung der Wissensentitäten notwendig: Entweder wird der Designation eine höhere Bewertung zugewiesen, dann entsteht wieder die Überbestimmtheit C = W-{2, 3} , oder die Attributierung ist höher bewertet, dann ist die CLASS-Designation entsprechend als 'problematisch' zu markieren.

Hiermit tut sich ein neuer und den Rahmen der vorliegenden Untersuchungen sprengender Fragenbereich auf:
Wie sind Wissensentitäten zu bewerten? Wie wird (partielle) Konsistenz von Wissenssystemen gesichert? Die hier bisher erläuterten Vorschläge stellen sicherlich nur einen Ansatz zur Lösung des generellen Problemkreises dar. So sind etwa in den W-CARD-ATTen nur die aufgetretenen CARDinalitäten repräsentiert, ohne dass die einzelnen, zur Überbestimmtheit führenden Faktoren gewichtet bzw. bewertet werden; weder die Informationsquelle noch die Häufigkeit wurde in den oben beschriebenen Verfahren berücksichtigt. In dieser Hinsicht den hier vorgestellten Ansatz weiterzuentwickeln, dürfte interessant, vielversprechend, aber auch äusserst kompliziert sein.

35* Eine Ausnahme läge dann vor, wenn gerade die die Überbestimmtheit verursachenden Designationen in der Zwischenzeit gelöscht worden wären.

Eine weitere relevante Frage, die im Zusammenhang der Kardinalitätsstrukturen offen ist, betrifft deren kognitive Realität. Da ich zum gegenwärtigen Zeitpunkt wenig darüber aussagen kann, ob und wie Kardinalitätsstrukturen der hier erläuterten Art beim Menschen vorliegen, ich diesen Fragenkomplex jedoch für die Tauglichkeit des Ansatzes für wesentlich, wenn nicht für ausschlaggebend halte, will ich hier einige Bemerkungen darüber, wie man sich Kardinalitätsstrukturen nicht vorstellen sollte, anschliessen. Es ist sicherlich nicht davon auszugehen, dass W-CARD-ATT extensional in IPS realisiert ist, dies schon allein aufgrund der Mächtigkeit von POT (N). Was jedoch bekannt sein dürfte, könnte bzw. sollte, ist das Prinzip, nach dem die W-CARD-ATT-Struktur aufgebaut ist, oder anders ausgedrückt, die W-CARD-ATT-Struktur ist 'in intensio' bekannt. Eng mit dieser Fragestellung, der intensionalen Repräsentation der Bestimmtheitsstruktur, verbunden ist die Frage, welche CARDinalitäten und W-CARDinalitäten tatsächlich auftreten oder auftreten können. Dies betrifft zum einen die im Zusammenhang der 'mental models' (Kap. 5.4.3) aufgeworfene Problematik grosser Zahlen, zum anderen die von komplexen Kardinalitäten. Vermutlich ist davon auszugehen, dass die aktual verwendeten Kardinalitäten eine recht einfache Struktur aufweisen; d.h. nur wenige Beschreibungen der Typen 'x > n' oder 'x ≠ m' werden verwendet, was sich in der Klauselnotation in einer geringen Anzahl von Klauseln und Disjunktionsgliedern niederschlagen wird. Zusätzlich, und dies betrifft insbesondere auch das "Problem grosser Zahlen", dürfte mit 'vagen Kardinalitäten', etwa den natürlichsprachlichen Formulierungen "ungefähr n" entsprechend, operiert werden. Eine Erweiterung des Konzeptes der Kardinalitätsstruktur sollte diesen Gesichtspunkten Rechnung tragen. Diese zuletzt beschriebene Annahme 'vager Kardinalitäten' wird insbesondere durch die schon in Kap. 5.5.2 erwähnten Untersuchungen von Hörmann (1983) gestützt. In diesen konnte nachgewiesen werden, dass Sprecher / Hörer des Deutschen für durch 'einige p' beschriebene RefOs, abhängig vom Konzept 'p' , ziemlich übereinstimmende Vorstellungen über die Kardinalität der bezeichneten Klassen-RefOs besitzen.
Über die bisher ausschliesslich behandelte Bestimmtheitsstruktur der Kardinalität hinaus, gehe ich davon aus, dass in IPSen Wissen über weitere Bestimmtheitsstrukturen verwendet wird. Bevor ich auf Beispiele eingehen bzw. Vorschläge für solche machen werde, seien einige Vorbemerkungen über deren generelle Struktur gemacht.

Die ausführlich am Beispiel der Kardinalitätsstruktur durchgeführten Überlegungen lassen sich auf jeden Approximationsverband übertragen. Die Vorgehensweise ist stets die gleiche, da, wie ich zeigen werde, keine kardinalitätsspezifischen Voraussetzungen gemacht werden.

(6.52)   Konstruktionen von Bestimmtheitsstrukturen

    a. Ausgangspunkt ist ein Approximationsverband (im klassischen Scott'schen Sinne) mit NIL als top-Element und ALL als bottom-Element.

    b. Die (Co-) Atomebene (direkte Nachfolger von NIL) wird als Bestimmtheitsebene ausgezeichnet.

    c. Für die Struktur unterhalb der Atome wird die duale W-Struktur gebildet, d.h. es werden W-Elemente angenommen und zwischen diesen die duale Ordnung definiert.

    d. Unter Fortfall von NIL wird die Ausgangsstruktur mit der W-Struktur längs der Bestimmtheitsebene verklebt.

    e. Es werden zwei Operationen

        W-sup   und   W-inf

    entsprechend (6.38) definiert.

Da keiner dieser Schritte von Eigenschaften der CARD-ATT- bzw. W-CARD-ATT-Strukturen Gebrauch macht – man beachte, dass (6.38) nur generell auf der Verbandsoperation 'sup' basiert, ist das Verfahren (6.52) für beliebige Approximationsverbände anwendbar. Einzige Voraussetzung für eine sinnvolle Bestimmtheitsstruktur ist, dass der Ausgangsverband sinnvoll als Informationsverband interpretiert werden kann.

Dies ist z.B. für Sortenverbände der Fall, wobei nur, im Gegensatz zur Darstellungsweise in Kap. 3.3, von einer Umkehrung der Ordnung ausgegangen werden muss, d.h. NIL ist, wie in (6.52.a) gefordert, als top-Element anzusetzen. Dies bedeutet, dass Sortenverträglichkeit, als Ordnung betrachtet, und 'Sorteninformativität' invers zueinander sind. Ebenso wie im Fall der Kardinalitäten stellt sich die Frage nach der kognitiven Realität entsprechender Sortenbestimmtheitsstrukturen. Hierbei gehe ich nicht davon aus, dass der gesamte Sortenverband in der Bestimmtheitsstruktur verwendet wird. Adäquater erscheint mir, einzelne relevante Teilverbände von Sorten als Ausgangsstrukturen für Bestimmtheitsstrukturen entsprechender R-Atte anzusetzen. Kandidaten hierfür sind u.a. der Sexusverband (entweder in der in Abb. 3.6 oder in der in (5.72.a) aufgeführten Form), Verbände, die eine Grobtaxonomie der Lebewesen betreffen, und sicherlich einige diskursweltabhängige Klassifikationen. Für derartige Bestimmtheitsstrukturen sind dann die oben erläuterten 'INFORM'- und 'KORR'-Prozesse ohne Einschränkungen anwendbar.

Welche Verbände als Grundlage derartiger Bestimmtheitsstrukturen verwendet werden, ist durch empirische Untersuchungen zu bestimmen. Diese können, wie in den meisten

Fällen, die in der vorliegenden Arbeit angesprochen werden, unter den Gesichtspunkten der kognitiven Adäquatheit, also in Bezug auf natürliche IPSe, einerseits, oder unter denen der Nützlichkeit für die Realisierung künstlicher IPSe andererseits, durchgeführt werden.

6.3. Unvollständigkeit, Inkonsistenz und verwandte Probleme

In den bisherigen Darlegungen des Kap. 6 habe ich Unterbestimmtheits- und Überbestimmtheitsphänomene in bezug auf spezielle Wissensentitäten, nämlich Attribute von RefOs, behandelt. Diese Fälle sind offenbar als Spezialfälle der generellen Problematik der Unvollständigkeit bzw. Inkonsistenz von Wissenssystemen anzusehen, worauf auch schon die in den Arbeiten von Scott (1970) und Belnap (1976, 1977) verwendete Terminologie hinweist 36*. Der vorliegende Abschnitt 6.3 wird im wesentlichen die Beziehungen

(6.53)   Unterbestimmtheit   Unvollständigkeit
            Überbestimmtheit   Inkonsistenz

betreffen und insbesondere auf einige Konsequenzen hinweisen, die sich aus einer Übertragung der für Bestimmtheitsstrukturen durchgeführten Überlegungen auf den generellen Fall von Wissenssystemen ergeben. Hierbei werden sowohl Betrachtungsweisen der Logik als auch der Informatik / KI eine Rolle spielen.

Ausgangspunkt für die folgenden Überlegungen ist die dieser Arbeit stets zugrundeliegende Sichtweise der IPSe, die sowohl natürlich als auch formal oder künstlich sein können, und deren zentraler Bestandteil Wissenssysteme sind. Ein idealer Fall (wenigstens aus theoretischer Sicht) liegt sicherlich dann vor, wenn Fakten, Regeln und Objektwissen (in einem intuitiven Sinne) sowohl vollständig als auch konsistent sind./"/ Offenbar liegt dieser Idealfall (fast) nie vor. Die offensichtlichsten Hintergründe, und diese sind in gewisser Weise die uninteressantesten, sind darin zu sehen, dass (Un)vollständigkeit stets auf einen irgendwie vorgegebenen Rahmen zu beziehen ist, grob gesprochen, auf den Bereich, über den Wissen vorhanden sein sollte. Und dieser Rahmen, der im Extremfall das Gesamtwissen, das die Menschheit erwerben / besitzen kann, umfassen müsste, ist prinzipiell nicht erreichbar 37*. An dieser Stelle spielen insbesondere die Ergebnisse der logisch-mathematischen Grundlagenforschung eine Rolle, die gezeigt haben, dass es unentscheidbare Fragestellungen und somit im Prinzip unbeantwortbare Fragen gibt. Man beachte, dass die Einsicht in die 'Existenz der Unentscheidbarkeit' eines der, wenn nicht die, wesentliche(n) Erkenntnis(se) der Logik und Mathematik dieses Jahrhunderts darstellt.

36* Diese Beziehung, auf der Basis der unten erläuterten vierwertigen Logik Scotts, auf die ich mich in der Belnapschen Version beziehen werde, wurde auch von Konrad (1976; Kap. 5) untersucht.

37* Man beachte, dass hier über potentielles Wissen – es wurde die Modalität 'kann' verwendet – gesprochen wird. Und gerade hierin besteht, s.u., der Kern dieses Problems.

Abgesehen von diesen prinzipiellen Schwierigkeiten, auf die ich hier nicht näher eingehen will, ergeben sich einfachere Probleme, die in gewisser Weise als 'praktische' bezeichnet werden können: Das IPS ist nicht hinreichend informiert, d.h. besitzt zu wenig bzw. die falschen Wissensentitäten, um ein Problem bearbeiten bzw. eine Frage beantworten zu können, wäre hierzu jedoch in der Lage, wenn das Wissenssystem in geeigneter Weise erweitert würde. Dieses Vorgehen, Unvollständigkeit einer Daten- oder Wissensbasis über das Antwortverhalten zu definieren, ist sowohl in der Datenbanktheorie (Lipski, 1979; Reiter, 1980 b) als auch in der KI (z.B. Levesque; 1981, 1982) üblich. Begründet ist diese Sichtweise insbesondere dadurch, dass die Fakten und Regeln des formalen Wissenssystems als nicht-logische Axiome einer formalisierten Theorie angesehen werden. Vor diesem Hintergrund wird dann die Terminologie, in Hinsicht auf Vollständigkeit formalisierter Theorien, vgl. z.B. Boolos/Jeffrey (1980), Rogers (1971), auf Wissenssysteme übertragen.

Worin ist nun die praktische Unvollständigkeit von Wissenssystemen begründet und wie kann sie, wenigstens partiell, überwunden werden? Grob eingeteilt liegen drei Typen von Ursachen vor, wobei ich hier eine propositionale Sichtweise der Wissenssysteme für die Beschreibung verwende 38*:

- Die Operatoren, die Konzepten des IPS entsprechen, sind in bezug auf die Beschreibung der Realität, d.h. die Konzepte, die üblicherweise für deren Beschreibung verwendet werden, nicht vollständig. Dies kann sowohl das Fehlen von Konzepten betreffen als auch die mangelnde Detaillierung einzelner Konzepte. Beispiel: Das Konzept 'Onkel' fehlt in einer Wissensbasis für Verwandtschaftsbeziehungen.

- Die Beziehungen zwischen den Konzepten sind nicht vollständig, d.h. es fehlen Regeln, die die inferentiellen Bezüge verwenden und somit implizites Wissen aufdecken könnten. Beispiel: Es fehlt eine Regel, die das Konzept 'Onkel' zu 'Kindern' von 'Geschwistern' in Beziehung setzt.

- Für gewisse Individuen, für die entsprechende Beziehungen in der Realität vorliegen, fehlt die diese Beziehung darstellende Proposition in der Faktenbasis, d.h. die Faktenmenge ist unvollständig. Beispiel: Zwar ist (in der Realität) Peter das Kind von Maria, aber 'kind_von (Maria, Peter)' ist dem IPS nicht bekannt.

Alle drei Typen der Unvollständigkeit sind, bei grosser Sorgfalt, dann vermeidbar, wenn eine starke Einschränkung des Diskursbereiches vorgenommen wird, wie es bei

---

38* In der folgenden Typisierung verwende ich, und dies muss nicht als ein Mangel der Beschreibung angesehen werden, einen natürlichen Begriff von 'Vollständigkeit'.

Datenbankanwendungen häufig der Fall ist. Insbesondere kann in eingeschränkten Bereichen durch default-Annahmen, etwa Reiters (1980 a,b) 'closed world assumption', z.T. befriedigendes Verhalten erreicht werden.

Wenn man hingegen keine hinreichend starke Einschränkung der Diskurswelt vornehmen kann oder will, und dies ist im Bereich der Sprachverarbeitung stets der Fall, so wird man vor der Problematik unvollständiger Wissensbasen stehen, d.h. mit unvollständigem Wissen Probleme lösen und Fragen beantworten müssen. An dieser Stelle sind drei unterschiedliche Aufgabenbereiche festzustellen:
(6.54)   a.   Unvollständigkeit zu erkennen.

       b.   Unvollständigkeit weiter zu verarbeiten.

       c.   Unvollständigkeit zu beheben.

Dass schon die erste dieser Aufaben nicht unbedingt leicht zu bearbeiten ist, mag ein einfaches Beispiel erläutern. Man stelle etwa an eine Datenbank die Frage
(6.55) a.   Wieviele Kinder hat Hans ?
wobei in der Datenbank nur 'kind_von'-Beziehungen explizit abgespeichert sind und entsprechende Kardinalitätsfragen über einen Auswertungsoperator 'card' beantwortet werden. Falls nicht von einer 'closed world assumption' ausgegangen wird, d.h. falls nicht sichergestellt ist, dass alle Kinder von Hans der Datenbank 'explizit bekannt gemacht wurden', kann über 'card' stets nur eine Antwort der Art 'mindestens n' erfolgen. Dieses Beispiel zeigt, wobei an die Kardinalitätsstrukturen erinnert sei, dass auch im Datenbankbereich graduelle Abstufungen der Unvollständigkeit des Wissens bzgl. einer Anfrage, d.h. eines Faktums, existieren. Selbst dann, wenn die Kardinalität explizit abgespeichert wäre, könnte unter gewissen Umständen die Frage
(6.55) b.   Wieviele Töchter hat Hans ?
nur partiell, d.h. durch Angabe von Kardinalitätsmöglichkeiten beantwortbar sein.

Die gängigste Methode der Markierung von Unvollständigkeit, d.h. der Kenntlichmachung des Fehlens von Wissen bzgl. einer Proposition, ist die Zuweisung eines dritten Wahrheitswertes, meist mit 'u' oder 'i' für 'unbekannt', 'unbestimmt', 'indefinite', 'intermediate' bezeichnet.
Hiermit ist das Problem jedoch bekanntlich nicht gelöst, im Gegenteil, jetzt beginnen erst die wirklichen Probleme, die Bearbeitung der Unvollständigkeit (6.54.b), hier: das Operieren mit einem dritten Wahrheitswert. Diese sind darin zu sehen, dass unter den verschiedenen drei-wertigen Logiken (vgl. z.B. Rescher, 1969) eine auszuwählen ist, und diese konsequent, d.h. sowohl in Hinblick auf Wahrheitswertfunktionen als auch gültige Schlussverfahren, in das IPS zu übertragen 39*.

39* Ich werde diesen Punkt hier nicht weiter behandeln, möchte jedoch darauf

Auch die Behebung von Unvollständigkeiten (6.54.c) ist wieder eine komplexe Problemstellung. Zwar kann stets nach der Erkennung / Markierung durch Informationsanforderung, z.B. beim Gesprächspartner, versucht werden, die bemerkte Wissenslücke zu schliessen - dies ist jedoch bekanntermassen nicht immer erfolgreich. Über diesen direkten Weg hinaus existieren jedoch häufig indirekte, wie ich an einem, sehr einfachen, Beispiel erläutern möchte. Sei das IPS mit

(6.56) a.   p v q

informiert, aber ohne Wissen über p und q, d.h. es liegt, in einer wie auch immer gearteten Ausprägung, die folgende dreiwertige Wissensbasis vor:

(6.56) b.   p v q   t

              p   u

              q   u

Weder die Frage 'p ?' noch die Frage 'q ?' wäre hiermit beantwortbar. In dieser Situation würde offenbar jede der vier Mitteilungen 40* 'p', 'q', '¬p', '¬q' einen Informationsgewinn bringen; die beiden letzteren werden sogar über Schlussmechanismen auch die jeweils andere Aussage mit "Information versorgen". Eine für die Behebung des Wissensdefizites angebrachte Reaktion besteht also gerade darin, 'p' und/oder 'q' zu erfragen, d.h. die für den Verifikationsprozess von p v q relevanten Wissensentitäten zu ermitteln. (Man beachte, dass der Verifikationsprozess eine Rolle spielt, obwohl er, da explizite Information vorliegt, für 'p v q' selbst nicht angewendet werden muss.) Die Struktur für diesen einfachen Verifikationsvorgang ist der or-graph:

(6.56) c.   p _____   _____/ q
                      p v q

Die hier von der gängigen Schreibweise dadurch abweichende Notation, dass 'p v q' unter 'p' und 'q' angeordnet ist, soll die Beziehung zu Bestimmtheitsstrukturen deutlich machen.

Will man Unvollständikeit beheben, muss man zuerst einmal wissen, welche Wissensentitäten hierbei behilflich sein können. Und dies sind alle Wissensentitäten, die in der Bestimmtheitsebene zwischen dem Ausgangspunkt der Vervollständigung und der Bestimmtheitsebene der Struktur liegen. In diesem Sinne lassen sich zu komplexeren Propositionen - 'p v q' ist hierfür sicherlich noch ein

---

hinweisen, dass es gerade Schwierigkeiten dieses Typs sind, die Date (1983) veranlassen, vor der Verwendung von 'null values', die in gewisser Weise meinen unbestimmten bzw. unterbestimmten RefOs entsprechen, zu warnen.

40* Ich gehe hier natürlich davon aus, dass nur jeweils eine der Mitteilungen gemacht wird; die Problematik inkonsistenter Eingaben behandle ich am Schluss des vorliegenden Abschnittes.

41* Ich unterscheide zwischen Bestimmtheitsstrukturen und den hier skizzierten Bestimmungsstrukturen, die sich aus dem Wissen über geeignete Verifikationsverfahren ergeben.

sehr einfaches Beispiel - Bestimmungsstrukturen 41* ermitteln ,die den Weg weisen, welche Informationen einen Wissenszuwachs in bezug auf ein Wissensdefizit verursachen können.

Zusammenfassend zum Problembereich 'Behebung von Unvollständigkeit' sei gesagt, dass ich davon ausgehe, dass jedes adäquate, und dies bedeutet auch leistungsfähige, IPS über Verfahren zur (wenigstens partiellen) Behebung von Unvollständigkeiten, d.h. hier: Wissensdefiziten, verfügen muss. Ein wesentlicher Bestandteil derartiger Verfahren sind Wissensstrukturen, seien sie extensional oder intensional gegeben, die den "Weg zur Vervollständigung weisen". Beispiele für solche Strukturen sind die in Kap. 6.2 vorgestellten Bestimmtheitsstrukturen von R-Atten bzw. die aus Verifikationsverfahren abgeleiteten Bestimmungsstrukturen. Interessanterweise können Vagheits- und Ambiguitätsphänomene, die in mancher Hinsicht als Unterbestimmtheitsphänomene angesehen werden können, in analoger Weise beschrieben, erklärt und bearbeitet werden 42*.
Ebensowenig wie damit gerechnet werden kann, dass ein IPS vollständiges Wissen besitzt, kann m.E. davon ausgegangen werden, dass der Wissensbestand eines IPS stets konsistent ist; dies betrifft in gleicher Weise natürliche und künstliche IPSe. Bevor ich auf die Konsequenzen dieser Annahme eingehen werde, will ich einige Vorbemerkungen zur Herkunft von Inkonsistenzen durchführen, die insbesondere die Frage der Vermeidbarkeit des 'Umgangs mit Inkonsistenz' betreffen.
Wie entstehen Inkonsistenzen? Ausgangspunkt ist ein IPS zum Zeitpunkt t.0 mit dem Wissenssystem WM (t.0), von dem angenommen sei, dass es noch (!) konsistent ist 43*.
Angenommen, das System wird nun mit einer neuen Information, etwa einer Proposition 'q', konfrontiert. Welche Vorsichtsmassnahmen gegen Inkonsistenz sind hier durchführbar ? Ein naheliegender Vorschlag ist sicherlich, eine (In)konsistenzprüfung durchzuführen, also die Widersprüchlichkeit von 'F (t.0) & q' zu prüfen 44*. Diese ist (für PC1, die Prädikatenlogik 1. Stufe) semi-entscheidbar. Betrachtet man jetzt jedoch reale Gegebenheiten, und dies

---

42* Dies wurde von M. Pinkal nachgewiesen, dessen Präzisierungssemantik, vgl. Pinkal (1985), ich zahlreiche Anregungen verdanke. Pinkals Arbeiten, deren Terminologie von der hier verwendeten abweicht, führen insbesondere Präzisierungsrelationen ein, die 'Präzisierungsstrukturen' (im Sinne der von mir erläuterten Bestimmtheitsstruktur) induzieren. (Pinkal verwendet den Begriff 'Präzisierungsstruktur' im modelltheoretischen Sinne für die semantische Fundierung seiner Vagheitstheorie.)

43* 'konsistent' wird hier und im weiteren mit 'widerspruchsfrei' im Sinne der klassischen Logik gleichgesetzt. Diese Vorgehensweise, die auf der oben im Zusammenhang der Unvollständigkeit erwähnten Beziehung zwischen Wissenssystemen und formalisierten Theorien beruht und somit auf dem Konsistenzbegriff für Theorien, vgl. Boolos/Jeffrey (1980), wird allgemein im Datenbankbereich (implizit oder explizit) und in der KI zugrundegelegt.

44* Ich behandle hier nur den Faktenfall, d.h. die erste Komponente F (t.0) von WM (t.0).

betrifft insbesondere die Zeit, so muss festgelegt werden, wie Nichtentscheidung der Widersprüchlichkeit bis zu einer vorgegebenen Zeit-/ Aufwandsschranke zu interpretieren ist 45*. Ohne auf diesen Punkt hier näher einzugehen, sei gleich die duale Fragestellung nach der Erfüllbarkeit von 'F (t.0) & q' angesprochen. Diese ist, in PC1, nicht semi-entscheidbar. Hieraus folgt, dass durch Konsistenzprüfung im allgemeinen nicht verhindert werden kann, dass durch Erweiterung das Wissenssystem in einen inkonsistenten Zustand übergeht. Die einzige Möglichkeit, an dieser Stelle einen Riegel vorzuschieben, besteht darin, nur explizit als konsistent nachgewiesene Eingaben zuzulassen. Diese regide Massnahme würde aber den möglichen Wissenszuwachs eines IPS in nicht vertretbarer Weise einschränken und somit zu uninteressanten IPSen führen.

Abgesehen von den hier genannten, eher theoretisch-logischen Vorüberlegungen sei auf die reale Situation natürlicher IPSe verwiesen. Diese sind häufig sich widersprechenden Informationen ausgesetzt, wie ich ausführlich an den Beispielen des vorliegenden Kap. 6 demonstriert habe, und sie sind im Normalfall nicht stets und sofort in der Lage, diese Widersprüche aufzulösen: Menschen sind in der Lage, mit (epistemischen) Inkonsistenzen zu leben.

Widersprüche werden in der Logik, Mathematik und Philosophie üblicherweise als etwas angesehen, das es gilt mit allen Mitteln zu vermeiden. Diese Sichtweise, die sich bis ins Altertum zurückverfolgen lässt (vgl. Rescher/Brandom, 1980), und die im 'Satz vom ausgeschlossenen Dritten' ihren Niederschlag findet, hat zu einer Haltung geführt, die von Rescher/Brandom (1980; p. 1) treffenderweise als 'phobia of inconcistency' bezeichnet wird. Wie viele Phobien hat auch diese ihre Gründe. Der Kern des Problems 46* liegt in der für klassisch-logische Systeme gültigen 'Inferenz',

$$(6.57) \qquad p \ \& \ \neg p \ \rightarrow \ q \ ,$$

die häufig als "Paradox der materiellen Implikation" bezeichnet wird. Diese Beziehung zwischen einer speziellen, Inkonsistenz verursachenden Aussage 'p' und einem beliebigem 'q', die sich im deduktiven Verhalten klassisch-logischer Systeme niederschlägt, führt dazu, dass in einem auf entsprechenden Deduktionsmechanismen basierenden IPS jede Aussage 'q' erschlossen werden kann, sobald eine Inkonsistenz vorliegt.

45* Ähnliche Überlegungen finden sich u.a. in Hinblick auf die Fragebeantwortung bei Konrad (1976; Kap. 5.2).

46* Ich werde hier nur auf den Kern eingehen, und auch dies nur in einer gerafften Form. Ausführlicher wird die Gesamtproblematik von Rescher/Brandom (1980) und Belnap (1976, 1977) dargestellt. Diese Arbeiten haben in vielerlei Hinsicht meine Vorstellungen über Inkonsistenz beeinflusst.

Diese negative Auswirkung muss nicht, wie auch bei Konrad (1976; Kap. 5.2) gezeigt wird, in jedem Fall eintreten; bei gewissen Beweis- bzw. Verifikationsverfahren, wie etwa der 'set of support-strategy' (vgl. Loveland, 1978), wird dies sogar sehr selten eintreten. Das System wird sich jedoch, in einem intuitiven Sinne, "nicht berechenbar", d.h. nicht aus theoretischen Gründen vorhersehbar, verhalten.

Von Belnap (1976, 1977) wird diese Situation metaphorisch dadurch charakterisiert, dass er von einer Infektion der gesamten Wissensbasis durch Inkonsistenz spricht. Der Kern des Belnapschen Lösungsvorschlages (s.u.) zielt auf eine Markierung und Isolation von Inkonsistenzen und (weitgehend) normale Verarbeitung der konsistenten Teile des Wissensbestandes. Der Infektionsmetapher folgend kann dies als Quarantäne 47* für Inkonsistenz angesehen werden (vgl. Abb. 6.8).

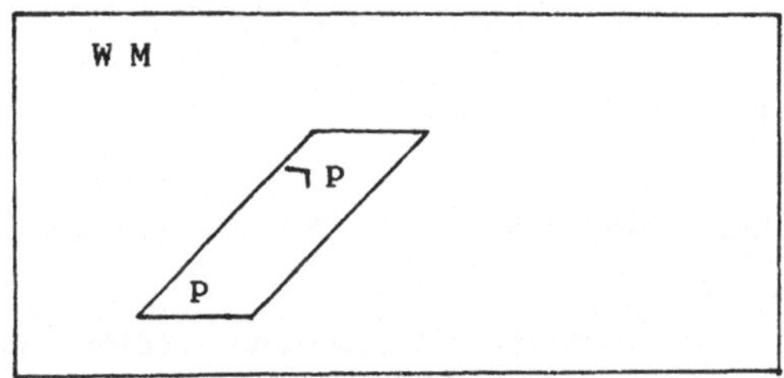

Abb. 6.8 : Inkonsistenzquarantäne

Entsprechend zum Unvollständigkeitsfall (6.54) sind auch für die Inkonsistenz drei Aufgabenbereiche zu erkennen:

(6.58) a.   Inkonsistenz zu erkennen, zu markieren und zu isolieren.

     b.   Inkonsistenz weiter zu verarbeiten.

     c.   Inkonsistenz zu beheben.

Diese Aufgabentypen lagen auch, und das sollte deutlich geworden sein, der Konzeption der Bestimmtheitsstrukturen für R-Atte zugrunde. Ich werde daher mit einer Beschreibungsskizze 48* des Belnapschen Lösungsvorschlages fortfahren.

Belnaps Ausgangspunkt ist eine auf der Scottschen (1970) Theorie der Approximationsverbände beruhende vierwertige Logik mit epistemischen Wahrheitswerten:

47* Im Gegensatz zur Quarantäne, die der ursprünglichen Wortbedeutung folgend, zeitlich begrenzt ist, z.B. 40 Tage ('quarant...'), ist die Isolation von inkonsistenten Teilen nicht unter zeitlichen Gesichtspunkten aufzuheben. Hier muss explizit etwas für die Heilung unternommen, z.B. eine Korrektur vorgenommen, werden.

48* Zu einer ausführlichen Darstellung verweise ich auf die beiden Originalarbeiten von Belnap (1976, 1977). Pribbenow (1984) enthält eine Untersuchung über die Anwendung der Belnapschen Logik auf die Aufgabenstellung 'Fragebeantwortung'. Hierin zeigt sich, dass im semantischen Bereich befriedigende Ergebnisse erzielt werden können, die pragmatischen Aspekte der Fragebeantwortung jedoch nicht ausschliesslich über die Belnap-Logik berücksichtigt werden können.

(6.59) a.   T   just told TRUE

             F   just told FALSE

             N   told neither TRUE nor FALSE

             B   told both TRUE and FALSE

für die eine approximative Ordnung ('informationsreicher') und eine logische Ordnung, die jeweils zu entsprechenden Verbänden führen, definiert sind:

(6.59) b.   c.

         A.4   L.4

(Auf dem logischen Verband L.4 stimmen Disjunktion und Konjunktion mit 'sup' und 'inf' überein.)

Dem üblichen Vorgehen innerhalb von Logiken entsprechend (hier jedoch der Terminologie Belnaps folgend) werden Wahrheitswertzuweisungen, 'set-ups', als Abbildungen

(6.60)   s :   FOR -->   { T, F, N, B }

definiert. Hiermit ergibt sich ein, der Vierwertigkeit angepasster, Folgerbarkeitsbegriff:

(6.61)   q ist aus p folgerbar , falls

              s (p) $\leqslant$ s (q) , für alle set-ups s ,

              wobei ' $\leqslant$ ' die Ordnung des logischen Verbandes L.4 ist.

Wie sich leicht ersehen lässt, ist die in der klassischen Logik gültige Beziehung

(6.62)   Aus p & $\neg$ p lässt sich q folgern

in der Belnapschen Logik nicht zu rechtfertigen; es gibt set-ups, durch die die in (6.61) geforderte Ordnung nicht respektiert wird. Dies bedeutet, dass die 'Paradoxie der materiellen Implikation' in der Belnap-Logik nicht vorliegt.

Das faktuelle Wissen eines IPS wird, wenn man die Belnap'sche Sichtweise in die der IPSe überträgt, durch 'epistemische Zustände' repräsentiert, die als Tabellen möglicher Belegungen dargestellt werden. Ein einfaches Beispiel möge dies veranschaulichen:

(6.63)   p v q   told TRUE

        führt zu:

              s (p) = T   s' (p) = N

              s (q) = N   s' (q) = T

(Formal betrachtet sind epistemische Zustände Mengen von set-ups.) Nachdem hiermit
die   Grundkonzeption   des   Belnapschen   Vorgehens   dargestellt   ist,   kann   die
Gesamtkonzeption durch einen Vergleich zu meiner Theorie der Bestimmtheitsstrukturen
skizziert werden: Es sind Operatoren zur Informationsveränderung zu definieren, die
'Aufwärtsbewegungen'   im Verband der   epistemischen Zustände verursachen, d.h.
'INFORM' entsprechen. Eine interessante und nicht überraschende Gemeinsamkeit der
Ansätze besteht darin, dass die induzierte Ordnung auf der Menge epistemischer
Zustände auch, wie im Fall der Bestimmtheitsstrukturen, nicht mehr zu einem Verband
führt (Belnap, 1977; p. 21). Abschliessend will ich zu Belnaps Ansatz nur noch
erwähnen,   dass   in   diesem   nur   Operationen   einer   Richtung   existieren:
Korrekturmöglichkeiten werden explizit ausgeschlossen,   da, und hierin dürfte
zumindest der Hauptgrund liegen, die Unstetigkeiten (in einem durchaus formalen
Sinne), die beim Absteigen in der Bestimmtheitsstruktur auftreten, vgl. das Beispiel
(6.50), der ausgeprägten Stetigkeitsphilosophie Belnaps widersprechen 49*.   Ein
weiterer Grund ist darin zu sehen, dass Korrekturen extern gerechtfertigt werden
müssen, d.h. in der in Kap. 6.2 erläuterten Sichtweise, es ist eine separate
Komponente für Korrekturentscheidungen anzusetzen. Da Belnap jedoch nur eine einzige
Systemebene anspricht, müssen Korrekturen entfallen.

Aus den bisherigen Untersuchungen dieses Kapitels 6 ist insbesondere ein Fazit zu
ziehen:

(6.64)   Unvollständigkeit und Inkonsistenz, bzw.

             Unterbestimmtheit und Überbestimmtheit,

             sind als Problemzwillinge aufzufassen.

Dies betrifft sowohl die zu bearbeitenden Aufgabentypen, wie die Parallelität
(6.54), (6.58) zeigt, als auch die verwendeten Methoden. Die Symmetrie der
Bestimmtheitsstrukturen (bzgl. der Bestimmtheitsebene) ist ein weiteres, eher
theoretisches Indiz.

Mit einigen Bemerkungen, die gerade diese Symmetrie betreffen, will ich die
Untersuchungen zur Über- und Unterbestimmtheit abschliessen. Weitgehend unabhängig
von Überlegungen zur Darstellung von Wissen und zur Semantik von Datentypen, die die
Grundlage der Scottschen (1970) Theorie der Approximationsverbände bilden, wurden,
parallele bzw. verwandte Ansätze entwickelt, um einer adäquaten Lösung eines der

---

49* Die meisten der vorgenommenen Definitionen werden von Belnap (1976, 1977) unter
    dem Gesichtspunkt der Stetigkeit gerechtfertigt; man könnte ihm das Motto "nur
    ein stetiger Operator ist ein guter Operator" unterstellen. ·

50* Einen fast vollständigen Überblick über die neuere Forschung auf diesem Gebiet
    bieten die Aufsätze in Martin (1984) und Heft 2 des 'Journal of Philosophical
    Logic', Vol. 13, May 1984.

klassischen Probleme der Logik, der 'Paradoxie des Lügners', näher zu kommen 50*.
Eine Hauptrichtung des Vorgehens ist durch die Verwendung vierwertiger Logiken des
Belnap-Typs gekennzeichnet. Dies ist eine Abwendung von der 'Liar-Paradox-
Tradition', die bisher meist auf dreiwertigen Logiken basierte, und hierbei jeweils
eine der Interpretationen

(6.65)

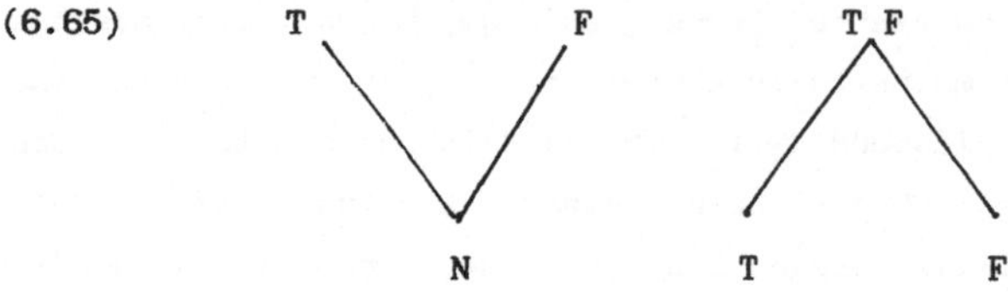

partielle Logik   überdefiniert-wertige Logik
nach Visser (1984; p. 184)

verwendete. Von Priest (1984) und Woodruff (1984) wird dafür argumentiert, dass

- die Verwendung von Wahrheitswertlücken, 'truth value gaps', (partielle Logik)
  und Wahrheitswertübersättigungen, 'truth value gluts', in Hinsicht auf
  zahlreiche formale Eigenschaften äquvalent ist (Woodruff, 1984),
- dass ein kombinierter Ansatz, d.h. ein vierwertiger Verband statt dreiweriger
  Halbverbände, formale Vorteile bringt (Woodruff, 1984),
- dass aus philosophischen Gründen 'gaps' und 'gluts' unterschieden werden müssen
  (Priest, 1984).

Die Begründungen, die von Woodruff und Priest verwendet werden, betreffen, obwohl
die Motivation eine weitgehend anders gelagerte ist, die gleichen Punkte, die ich
für die Bestimmtheitsstrukturen explizit und implizit in dieser Arbeit vorgebracht
habe:

> "gaps and gluts are conceptually very different,
> the former corresponding to incomplete theories and
> the latter to inconsistent ones." (Priest, 1984; p. 157).

> "having gluts only, and no gaps, is no better
> than having gaps only; in fact, the two
> approaches are isomorphic." (Woodruff, 1984; p. 213).

Ersetzt man 'gaps' durch 'unterbestimmte R-Atte' und 'gluts' durch 'überbestimmte R-
Atte', so erhält man Aussagen über die von mir vorgestellte Bestimmtheitskonzeption.

In den Kap. 5 und 6 habe ich die RefN-Theorie von der grundlegenden
Designationsbeziehung zwischen SRL-Ausdrücken und IPS-internen Stellvertretern für
Objekte der projizierten Welt, den RefOs, ausgehend, aufgebaut und anschliessend in
Kap. 6, den Schwerpunkt der Untersuchungen auf den Problembereich der
Bestimmtheitsphänomene, der eng mit dem der Definitheit von referentiellen
Beziehungen verbunden ist, gelegt. Hierbei sind natürlich nicht alle
Fragestellungen, die für die Beschreibung eines natürlichen IPS oder die Entwicklung
eines künstlichen IPS wesentlich sind - nicht einmal dann, wenn man sich, wie in der
vorliegenden Untersuchung, auf den Problembereich 'Referentialität' konzentriert -
in hinreichender Genauigkeit abgehandelt worden.

Die hier entwickelte Konzeption stellt den Kern für eine, insbesondere in Hinsicht
auf zahlreiche Detailfragen, noch weiter auszuarbeitende Gesamtkonzeption zur
menschlichen und maschinellen Verarbeitung (von durch natürlich-sprachliche
Äusserungen induzierten) referentiellen Bezügen dar. Im vorliegenden Kap. 7 werde
ich einige der wichtigsten Problembereiche, die für eine derartige Konzeption
wesentlich sein werden, ansprechen. Es handelt sich dabei sowohl um solche, deren
Bearbeitung im Rahmen der RefN-Konzeption schon im Ansatz vorliegen, als auch um
solche, die in Zukunft angegangen werden sollen.

7.1. Einige Erweiterungen der RefN-Konzeption

Der Gegenstandsbereich der bisher vorgestellten Untersuchungen wurde von mir, schon
in den ersten Kapiteln, dadurch eingeschränkt, dass ausschliesslich Objektreferenz
behandelt wurde. Was hierunter zu verstehen ist, hängt offenbar davon ab, welche
Entitäten als 'Objekte menschlichen Denkens' in der betreffenden Theorie zugelassen
werden. Die von mir hier bisher vorgenommene Einschränkung auf interne
Stellvertreter konkreter Objekte (in einem intuitiven Sinne) darf nicht so
interpretiert werden, als ob ich andere Objekte bzw. deren interne Stellvertreter
für uninteressant oder ausserhalb des Denkens liegend ansehen würde; es handelte
sich vielmehr um eine einschränkende Idealisierung, wie sie für die Entwicklung
wissenschaftlicher Konzeptionen eine wesentliche methodische Voraussetzung
darstellt. Dass gerade diese Einschränkung vorgenommen wurde, ist insbesondere

darin begründet, dass anschauliche Beispiele den Blick für die wesentlichen Probleme schärfen und dass trotz der Einschränkung interessante Phänomene und relevante Diskursbereiche bearbeitet werden können.

Über konkrete Objekte hinaus treten in normalen Diskursen insbesondere Ereignisse, Zustände und Situationen auf, auf die mit den gleichen Mitteln wie im Objektfall Bezug genommen, d.h. referiert, werden kann. Man betrachte hierzu die folgenden Satzpaare:

(7.1)   a.   Gestern traf Paul den Universitätspräsidenten.

              Dabei wurden die Probleme des Fachbereichs besprochen.

          b.   Morgen trifft Maria den Universitätspräsidenten.

              Deswegen findet heute eine Hochschullehrerbesprechung statt.

          c.   Am Fachbereich herrscht Raum- und Personalknappheit.

              Deswegen wendet sich der Fachbereichsrat mit

                     einem Brief an den Senator.

          d.   Am Fachbereich herrscht Raum- und Personalknappheit.

          d.1 Dies / Sie   ist unerträglich.

          d.2 Es / Sie   wird immer schlimmer.

An diesen Beispielen lassen sich die wesentlichen Aspekte 1* des Problemkreises 'Situationsreferenz' deutlich machen:

- Durch Partikel wie 'dabei', 'deswegen', aber auch durch die für die Objektreferenz verwendeten Pronomen 'dies', 'sie', 'es' wird auf Entitäten Bezug genommen, die natürlich-sprachlich durch komplette Sätze (oder Teilsätze) ausgedrückt und in SRL durch Propositionen, d.h. Formeln, repräsentiert werden.
- Diese Formeln können teils als Ereignisse, z.B. a. und b., teils als Zustände, c. und d., bezeichnet werden. Eine der zu bearbeitenden Aufgaben besteht offenbar darin, sowohl die Klassifikationsgesichtspunkte, die etwa 'Ereignisse' gegen 'Zustände' abgrenzen, zu untersuchen, als auch die Gemeinsamkeiten dieser Konzepte, die eine Abgrenzung gegen 'Objekte' ermöglichen, zu analysieren. Im weiteren werde ich, quasi als übergeordneten Begriff, Barwise/Perry (1983) folgend, 'Situation' verwenden und folglich von 'Situationsreferenz' sprechen 2*.

1* Wie in der Einleitung dieses Kapitels dargelegt wurde, wird hier nur eine Beschreibung der Phänomene und eine Skizze der RefN-orientierten Lösungsvorschläge erfolgen; detaillierte und insbesondere vollständige Untersuchungen würden die Grössenordnung umfangreicher Forschungsvorhaben (Projekte) erfordern.

2* Diese Sprechweise vereinfacht das Problem erheblich, ohne es jedoch einer Lösung wesentlich näher zu bringen. Die dahinterstehende Problematik ist bei Barwise/Perry (1983) mit grosser Sorgfalt bearbeitet worden, so dass die hier von mir vorgenommene simplifizierende Zusammenfassung zu 'Situation' deren Untersuchungen nicht gerecht wird.

- Da 'Situationen' durch Formeln repräsentiert werden, ist der hier angesprochene Typ von Referentialität als 'Formelreferenz' von der bisher behandelten 'Termreferenz' abgrenzbar. Dementsprechend ergibt sich als Erweiterung der RefN-Konzeption die Annahme eines Netzes von Sit-RefOs, die durch Formeln designiert werden, und in dem ebenfalls R-Atte und D-Atte (entsprechend geeigneter Attributsaspekte bzw. -dimensionen) anzunehmen sind.

- Die Verweisstrukturen zwischen Sit-RefOs können sowohl als explizite Verweise im Sit-RefN als auch als implizite Verweise in Form von Fakten, etwa der Art 'WEGEN (sit.1, sit.2)' dargestellt werden. Diese zweite Vorgehensweise ist von Rollinger (1984 a, b) ausführlich beschrieben worden.

- Neben den oben schon erwähnten Verweisstrukturen, die u.a. Kausalitätsaspekte betreffen, ist insbesondere der Fragenkomplex der Gleichheit und Inklusion von Situationen zu behandeln. (Vgl. hierzu Davidson (1980) in Hinblick auf Ereignisse.) Eng verbunden mit diesen Fragen ist zusätzlich das Problem der Nominalisierung. So ist davon auszugehen, dass
  "Bei Pauls gestrigem Treffen mit dem Universitätspräsidenten wurden die Probleme des Fachbereiches besprochen."
  eine zum Satzpaar (7.1.a) äquivalente Wissensstruktur ergeben sollte. Ebenso sollte mit "Pauls gestriges Gespräch mit dem UP" auf die gleiche Situation bezuggenommen werden können.

- Betrachtet man die Fälle (7.1.c-d), so stellt sich die Frage, wie z.B. 'Personalknappheit' zu repräsentieren ist. Handelt es sich um ein 'abstraktes Objekt', dessen RefO als Argument von 'herrschen' einzusetzen ist, oder ist 'herrschen von Personalknappheit' als Zustand, d.h. Situation darzustellen? Mir erscheint der zweite Lösungsansatz (in mancher Hinsicht wenigstens) einleuchtender; daher habe ich diese Beispiele auch unter 'Situationsreferenz' behandelt.

Ein weiterer wichtiger Typ von Objekten, auf die in natürlich-sprachlichen Texten sowohl explizit als auch implizit bezuggenommen wird, sind 'Zeiten'. In Ergänzung zu den Beispielen (7.1) sei noch eine weitere, speziell komplexe zeitliche Referenzen betreffende Satzfolge angeführt:

(7.2)   Nächste Woche besucht der Senator den Fachbereich.

         Vorher muss eine Kommission eingesetzt werden.

         Sie soll ein Thesenpapier als Diskussionsgrundlage erarbeiten.

         Dieses muss die schlechte Personalsituation des

             Fachbereichs deutlich machen.

In früheren Arbeiten haben Habel/Rollinger (1982) den künstlichen Begriff 'EZH' (Ereignis, Zustand, Handlung) verwendet; auch dieser Kunst(be)griff wurde ausschliesslich aus Idealisierungs-, d.h. Vereinfachungsgründen, gewählt.

Für eine adäquate Repräsentation von Zeit- und Tempusphänomenen werden u.a. die folgenden Punkte wesentlich sein:

- Ebenso wie im Fall der Situationen stellt sich zuerst einmal das Problem einer 'Ontologie der Zeit'. Was sind Zeiten bzw. wie sind sie zu repräsentieren ? Hierbei wird die intuitiv offensichtliche Unterscheidung in 'Zeitpunkte' und 'Zeitspannen' ebenso eine Rolle spielen wie die Notwendigkeit, über Zeiten eine Ordnung zu definieren 3*. Die am geeignetsten erscheinende Vorgehensweise liegt darin, Zeitstrukturen als isomorph zu R (Menge der reellen Zahlen) oder Q (Menge der rationalen Zahlen), unter Berücksichtigung der natürlichen Ordnung '<', anzusehen.

  Eines der hierbei auftretenden Probleme ist, dass eine Zeitentität sowohl punktartigen als auch intervallartigen Charakter besitzen kann; man betrachte z.B. den '1. Januar 1900' einmal aus der Sicht des '31. Dezember 1899', einmal aus der Sicht des Jahres 1984.

- Zeiten werden in besonderer Weise implizit und indexikalisch bestimmt. So wird in den Sätzen der Beispiele (7.a-b) und (7.2) der Bezugszeitpunkt des Textes über den Äusserungszeitpunkt eingeführt. Vom Bezugszeitpunkt ausgehend werden implizit — durch Oberflächenpartikel wie 'vorher', durch die Tempuswahl oder aufgrund von Weltwissen — weitere Zeitobjekte aufgebaut und zueinander in Beziehung gesetzt.

  Hiermit ergeben sich, vgl. Günther (1984 a, b) oder Kamp/Rohrer (1983), Anordnungsstrukturen zwischen den zeitlichen Entitäten. Für (7.2) könnten diese etwa durch

  (7.3)   t.2 <   t.3 <   t.1
  $$\underbrace{\phantom{t.2 < t.3 < t.1}}_{t.4}$$

  angedeutet werden. (t.i betrifft für i = 1, 2, 3 die Lebenszeit der im Satz i bezeichneten Situation, hier handelt es sich um Ereignisse, t.4 die Zeit der 'schlechten Personalsituation'.)

- Diesen Überlegungen folgend wird für die SRL-Konzeption die separate Wissensstruktur der Zeitnetze angenommen, vgl. Günther/Habel/Rollinger (1983), Günther (1984 a, b).

  Basis der Zeitnetze ist die Annahme von Zeit-RefOs, die in (7.3) durch t.i bezeichnet wurden. Die Einordnung von Zeit-RefOs in den 'Lauf der realen Zeit' einerseits, und die Beziehungen untereinander andererseits — hier sind sowohl die 'vorher-nachher-Beziehungen' als auch Inklusion, Gleichheit und

---

3* Umfassende Untersuchungen zu diesen Fragenkomplexen sind in Rescher/Urquhart (1971) und van Benthem (1983 b) beschrieben. Auf diesen und auf der KI-orientierten Arbeit von McDermott (1982 b) orientieren sich die SRL-Lösungen, vgl. Günther/Habel/Rollinger (1983), zur Repräsentation von Zeiten.

Überlappungen zu berücksichtigen (siehe: van Bentham, 1983; Günther, 1984 a,b) – sind in hohem Masse unbestimmt. An dieser Stelle sei erwähnt, dass für die zeitlichen Anordnungen Bestimmtheitsstrukturen, analog zu denen in Kap. 6, verwendet werden können; vgl. Günther (1984 a,b).

– Die Einordnung von Zeit-RefOs in das Zeitnetz ist unter dieser Sichtweise als spezielles Referenzproblem anzusehen. Diese Parallelität zwischen Nominalphrasen-Referenz und Zeitreferenz findet sich ausser in der SRL-Konzeption auch bei Kamp/Rohrer (1983). Von diesen werden 'reference points' (für Zeiten) als eigenständiger Bestandteil der 'discourse representation structures' (vgl. Kamp (1981), bzw. meine Darstellung in Kap. 5.4.2) eingeführt. In SRL wird die 'Lebenszeit' einer Situation als eigenständiger Parameter der Situationsdesignation dargestellt.
Auch Partee (1973) verweist auf Analogien zwischen Pronomen und Tempus im Englischen. Ihre Analyse folgt zwar der quantifikationellen Tradition, vgl. Kap. 4, kann jedoch auch auf die von mir vorgezogene RefO-Sichtweise übertragen werden.

Wissenssysteme sind, wie an vielen Stellen der vorliegenden Untersuchung erläutert wurde, dynamische Systeme. Gegenstand der vorangegangenen Kapitel 5 und 6 waren RefNe, und diese sind, in gewisser Weise, ein in besonderem Masse Änderungen unterworfener Typ von Wissensstrukturen. Die Verarbeitung referentieller Beziehungen und somit die Veränderung der RefNe wird von anderen Wissenskomponenten bestimmt, wobei dem regelhaften Wissen, sei es in der Form von Regeln, von Sortenverbänden, von Eigenschaften von Operatoren oder von Bestimmtheitsstrukturen besondere Bedeutung zukommt. Durch diese Sichtweise, die in Abb. 7.1 dargestellt ist,

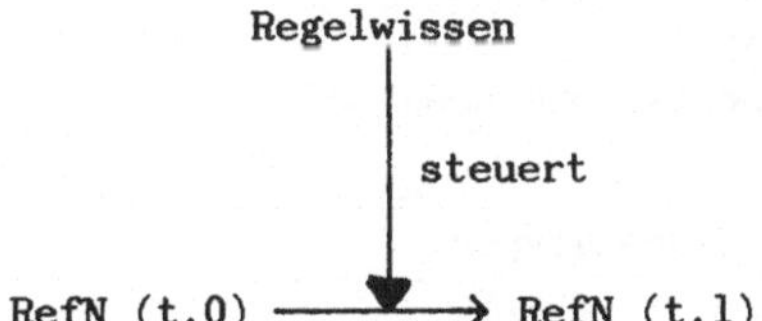

Abb. 7.1 : Veränderung des referentiellen Wissens

könnte der Eindruck entstanden sein, dass innerhalb der SRL-Konzeption eine Hierarchie von Wissensbeständen existiert, die u.a. dadurch charakterisierbar ist, dass statische Wissenskomponenten die Veränderung der dynamischen steuern. Dies ist nur insofern der Fall, als einige Wissenskomponenten statischer (soweit 'statisch' überhaupt steigerbar ist) sind als andere, anders formuliert: einige Wissenstypen sind seltener Veränderungen unterworfen als andere.

Diese Unterscheidung ist für ein IPS von genereller Bedeutung. Berücksichtigt man den Veränderungsaufwand, der bei RefNen, wie ich gezeigt habe, nicht unerheblich ist, und der, wie aus den in Kap. 5.3.3 durchgeführten Überlegungen deutlich geworden ist, insbesondere die Gesichtspunkte

  - Alternativengenerierung
  - Alternativenbewertung
  - Alternativenentscheidung

betrifft, so ist es (kognitiv) ökonomisch, diese Schritte so selten wie möglich durchzuführen. Hieraus folgt: die Wissenstypen, die selten Veränderungen unterworfen sind, sollten explizit als solche gekennzeichnet sein und nur aus schwerwiegenden Gründen heraus einer Revision, d.h. Veränderung oder Erweiterung, unterzogen werden. Dieser Sichtweise folgend gehe ich davon aus, dass bewährte Konzepte, genauer: bewährte Generalisierungen, als solche 'eingefroren' werden und in eine höhere, weniger dynamische Wissensebene aufrücken. Eine entsprechende Anordnung, die aufgrund der in Kap. 3.6 erläuterten Überlegungen zu höheren Konzepten als Folge von immer statischer werdenden Wissenstypen angesehen werden kann, ist in Abb. 7.2 dargestellt.

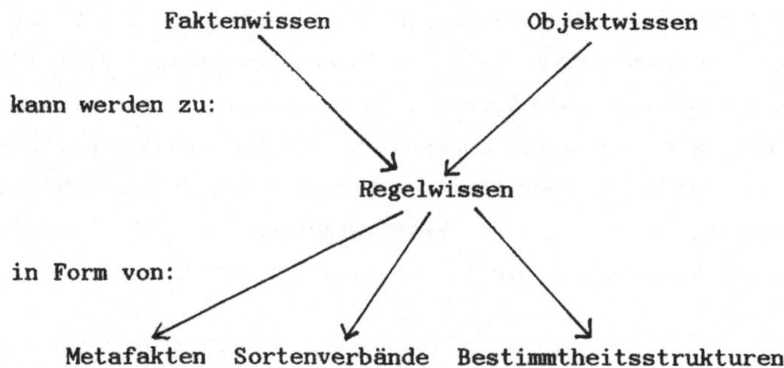

Abb. 7.2 : Statische und weniger statische Wissenstypen.

Wie Untersuchungen zum natürlichen und maschinellen Lernen (vgl. z.B. Habel/Rollinger, 1985) zeigen, ist durch diese Ebenenabfolge keine Einbahnstrasse der Beeinflussung zwingend vorgegeben. So können z.B. Widersprüche im RefN, die einerseits aufgrund von statischen Wissensstrukturen aufgehoben werden können, was gerade durch die in Kap. 6 eingeführten Korrekturoperationen erreicht wird, andererseits auch dazu führen, dass Regelwissen revidiert wird. Sortenverbände und etwa die hieraus resultierenden Bestimmtheitsstrukturen sind in diesem Sinne nur als besonders stabile und gegen Revisionen (weitgehend) immune Wissensstrukturen anzusehen.

Da Objektwissen innerhalb der RefN-Konzeption sich nicht nur auf Individuen bezieht, sondern dort auch Klassen-RefOs verarbeitet werden, sind hierdurch auch im RefN Regularitäten repräsentiert. In diesem Zusammenhang möchte ich noch einmal an den Problemkreis 'generische Kennzeichnungen' (vgl. Kap. 4.1.6) erinnern, und hier mit einigen Bemerkungen über entsprechende und verwandte Phänomene und deren Lösung innerhalb der RefN-Konzeption anschliessen:

- Generische Kennzeichnungen betreffen 'Arten', die als spezielle Typen von Objekten anzusehen sind; in gewisser Weise handelt es sich um Abstraktionen / Generalisierungen über Individuen oder Gruppen. Dementsprechend ist ein besonderer Typ von RefO, 'Gen-RefO', anzunehmen. (Eine vergleichbare Ansicht vertritt Carlson (1980, 1982), an dessen Arbeit diese Überlegungen anknüpfen.)

- Auf Gen-RefOs wird durch Deskriptionen, die über spezielle generische Deskriptionsoperatoren gebildet werden, verwiesen. Diese generischen Deskriptionen können im Deutschen z.B. durch plurale NPs ohne Artikel, singulare mit definitem Artikel (ohne dass eine Unität durch den Kontext bedingt ist), oder spezielle, explizite Markierungen wie 'typisch', 'meist' oder 'alle' induziert werden.

- Gen-RefOs betreffen typische, artspezifische bzw. art-charakteristische Eigenschaften. Insofern ist, man vgl. die Überlegungen zu 'meist' und 'alle' im Zusammenhang der default-Schlüsse (2.24) - (2.30), nicht davon auszugehen, dass diese Eigenschaften notwendig oder hinreichend für die entsprechenden Arten sind. Anders ausgedrückt, von Eigenschaften wie

(7.4) a.　　　gen_r.i　--　GEN x : p (x) 4*

darf nicht in jedem Fall auf die gleichen Eigenschaften für

(7.4) b.　　　r.j　--　ETA x : p (x)

geschlossen werden.

- Was repräsentieren nun Gen-RefOs? Ich gehe davon aus, dass das in (7.4.a) skizzierte Objekt in wesentlichen Teilen durch das Konzept 'p', d.h. durch die Eigenschaften des Operators 'p', bestimmt ist. Dies bedeutet insbesondere, dass die Beziehungen zwischen gen_r.i und Instanzen r.j über das an 'p' geknüpfte Regelwissen vermittelt werden, und dass daher eine Korrespondenz zwischen dem durch Gen-RefN repräsentierten Wissen und Teilen des Regelwissens sowie der Metafakten besteht.

- An dieser Stelle haben offenbar Fragen, die die Konzeptformation betreffen, einen wesentlichen Stellenwert. Da der entsprechende Problemkreis gegenwärtig generell nur unbefriedigend untersucht und unvollständig erklärt ist, will ich

---

4* Diese Schreibweise unter Verwendung eines generischen Deskriptionsoperators 'GEN' kann nur eine Andeutung dafür sein, wie derartige Gen-RefOs behandelt werden könnten. Hier sind weitere Untersuchungen notwendig.

hier lediglich versuchen, anhand eines Beispiels den Kern des Problems zu erläutern. So wird vermutlich für

> "der typische TU-Student"

oder

> "der typische Informatik-Student"

bei vielen mit Individuen dieses Typs vertrauten Menschen ein Konzept vorliegen, es wird aber nur indirekt über die Basiskonzepte 'TU', 'student' bzw. 'informatik' und 'student' vermittelt worden sein. Wie derartige komplexe Konzepte entstehen, und wie sie zu den Basiskonzepten in Beziehung stehen, ist zu klären.

Der oben im Kontext generischer Kennzeichnungen angesprochene natürlich-sprachliche Operator 'meist' erweist sich in Hinsicht auf seine Logik als äusserst problematisch. Der naheliegende Lösungsweg ist sicherlich die Annahme eines 'M-Quantors', der zwischen 'ALL' und 'EX' liegt und von Kardinalitätsvergleichen Gebrauch macht. Dieser Weg ist z.B. von Rescher (1962) und Kaplan (1966) untersucht worden, vgl. Habel (1983, b). Hierbei konnte gezeigt werden, dass die Hauptprobleme im Bereich nicht-endlicher Bezugsklassen entstehen, und dass der M-Quantor nicht in der Prädikatenlogik erster Stufe definierbar ist. Ausserdem wird bei detaillierter Analyse deutlich, dass 'meist', wenn überhaupt als Quantor, dann als zweistelliger zu repräsentieren ist, d.h. für

(7.5) a.   Die meisten Informatik-Studenten sind männlich.

nicht

(7.5) b.   M.1 x : (inf_stud (x) -> männl.(x))

sondern

(7.5) c.   M.2 x : (inf_stud (x) , männl.(x))

angesetzt werden sollte, vgl. Rescher (1962), Wiggins (1980). Im RefN-Ansatz, vgl. (5.52), wird davon ausgegangen, dass 'meist' überwiegend referentiell und nicht quantifikationell verwendet wird, und dass insofern statt M-Quantoren MEIST-Deskriptionsoperatoren zu untersuchen sind, die indefinit deskribieren, aber Kardinalitätshypothesen vermitteln. Ob hierdurch die z.B. von Wiggins für den Vorschlag der Zweistelligkeit des M-Quantors aufgeführten Gründe hinreichend berücksichtigt werden, ist noch nicht endgültig geklärt worden.

7.2. Abschliessende Bemerkungen

Nachdem ich im vorangegangenen Kapitel 7 einige, durch Problembereiche charakterisierte, offene Fragen bzgl. der RefN-Konzeption aufgeführt habe, will ich hier mit einer zusammenfassenden Betrachtung über die RefN-Konzeption und den Stand der Entwicklung die Untersuchungen abschliessen. Neben den oben erläuterten Bereichen, für die ein Weg der Erweiterung der Konzeption in Ansätzen schon vorliegt, sind insbesondere die folgenden Aufgabenkomplexe mehr oder minder offen, d.h. für weiterführende Untersuchungen vorgesehen:

- einzelsprachliche Detailuntersuchungen:
  Da der Schwerpunkt der bisherigen Arbeiten auf die Entwicklung eines geeigneten Repräsentationsformalismus ausgerichtet war, fehlen Ergebnisse über die systematischen Beziehungen zwischen den Mitteln der Einzelsprachen, um referentielle Bezüge herzustellen, und den repräsentationssprachlichen Konzepten. Hierunter fallen z.B. Fragen der systematischen Verwendung von 'meist' und 'typisch', um auf einen gerade angesprochenen Themenkomplex zu verwiesen. Ausserdem sind die syntaktischen und semantischen Regularitäten der Einzelsprachen detailliert auf der Basis der RefN-Repräsentation zu untersuchen.

- Empirische Grundlegung:
  Neben die empirisch fundierenden – oben genannten – einzelsprachlichen Detailuntersuchungen sollten solche gestellt werden, die die kognitive Realität der in der RefN-Theorie postulierten Wissensstrukturen und Prozessabläufe betreffen. D.h. hier ist eine empirische Rechtfertigung aufgrund experimenteller psychologischer Untersuchungen angebracht.

- Implementierung / Systemrealisierung:
  Eine empirische Fundierung anderer Art stellt, wie in den ersten Kapiteln erläutert wurde, eine Systemrealisierung dar, die im Simulations- und Anwendungsmodus zum Einsatz kommen sollte. Hierzu muss neben dem Abschluss (s.u.) der Systemimplementierung ein relevanter und geeigneter Diskursbereich ausgewählt und sowohl bzgl. seines sprachlichen als auch seines kognitiven Umfangs analysiert und repräsentiert werden.

Nach dieser Aufzeichnung der wichtigsten gegenwärtigen Defizite des RefN-Ansatzes will ich mit der Zusammenfassung der positiven Ergebnisse, die natürlich subjektiv meine eigene Sichtweise in den Vordergrund stellen, diese Untersuchung beenden:

- Eine Basisimplementierung und damit verbunden eine Erprobung der RefN-Konzepte liegt durch die Systeme der Projekte "Automatische Erstellung semantischer Netze" und KIT vor; vgl. Schneider et.al. (1981) und die Arbeiten in Rollinger (Hrsg., 1984).

- Die RefN-Theorie liefert interessante und adäquate Beschreibungen und Erklärungen für zahlreiche Phänomene der Referenz. Insbesondere werden einige, in der traditionellen Forschung vernachlässigten Problembereiche erfolgreich bearbeitet. Hier sind u.a. zu nennen:
  - plurale Referenz
  - Unter- und Überbestimmtheitsphänomene.
- Trotz oder gerade wegen der diesen Untersuchungen zugrundeliegenden interdisziplinären Sichtweise ist eine Integration der wichtigsten aus den Einzeldisziplinen stammenden traditionellen Ansätze gelungen. Diese Integration hat zu einer Theorie geführt, die mehr als die Summe ihrer Teile ist.

Gerade dieser letzte Punkt, der in gewisser Weise den Bogen zum Beginn der vorliegenden Arbeit schliesst, ist m.E. von besonderer Wichtigkeit: Ich hoffe durch die hier vorgestellten Überlegungen nachgewiesen zu haben, dass interdisziplinäre Forschung nicht nur ein Schlagwort ist und eine schwer zu realisierende Vorgehensweise betrifft, in der "alte Resultate gut durchgerührt und dann als neuer Brei angeboten werden", sondern dass Interdisziplinarität einen möglichen und notwendigen Weg darstellt, die Wissenschaft vorwärts zu bringen, und dabei mit Erkenntnisgewinn in die Ausgangsdisziplinen zurückwirkt.

<u>Literatur</u>:

Abelson, R. (1981): "Psychological status of the script concept". American Psychologist 36. 715-29.

Adelung, J.Ch. (1781): Deutsche Sprachlehre. Voss: Berlin.

Anderson, J. (1983): The Architecture of Cognition. Harvard UP: Cambridge, Mass.

Anderson, J./Bower, G. (1974): Human Associative Memory. Hemisphere Publ.: Washington D.C. (2nd. ed.)

Anderson, J./Hastie, R. (1974): "Individuation and reference in memory: proper names and definite descriptions." Cognitive Psychology 6. 495-514.

Bach, E./Partee, B. (1980): "Anaphora and semantic structure". Chicago Ling. Soc., Parasession on Pronouns and Anaphora. 1-28.

Barr, A./Feigenbaum, E.A. (eds) (1981): The Handbook of Artificial Intelligence, vol 1, Kaufman: Los Altos.

Bartlett, F.C. (1932): Remembering. Cambridge UP: Cambridge.

Barwise, J. (1981): "Scenes and other situations". Journal of Philosophy 78. 369-97.

Barwise, J. (1984): "The situation in logic - I". CSLI (Stanford), Report 84-2.

Barwise, J./Cooper, R. (1981): "Generalized quantifiers and natural language". Linguistics and Philosophy 4. 159-219.

Barwise, J./Perry, J. (1983): Situations and Attitudes. MIT-Press: Cambridge, Mass.

Bates, E./Kintsch, W./Fletcher, Ch./Guiliani, V. (1980): "Recognition memory for surface forms in dialogue: explicit vs. anaphoric reference". in Chicago Linguistic Society - Papers from the Parasession on Pronouns and Anaphora. 41-8.

Belnap, N. D. (1973): "Restricted quantification and conditional assertion". in: H. Leblanc (ed.): Truth, Syntax and Modality. North Holland: Amsterdam. 48-75.

Belnap, N.D. (1976): "How a computer should think" in: G. Ryle (ed.): Contemporary Aspects of Philosophy. Oriel Press: Stocksfield. 30-56.

Belnap, N.D. (1977): "A useful four-valued logic" in: J.M. Dunn/G. Epstein (eds): Modern Uses of Multiple-Valued Logic. D.Reidel: Dordrecht. 8-37.

Belnap, N.D./Steel, T.B. (1976): The logic of questions and answers. Yale Univ. Press: New Haven.

van Benthem, J. (1983a): "Determiners and logic". Linguistics and Philosophy 6. 447-78.

van Benthem, J. (1983b): The Logic of Time. Reidel: Dordrecht.

van Benthem, J. (1984): "Questions about quantifiers". Journ. of Symbolic Logic 49. 443-66.

Bibel, W. (1983): "Knowledge representation from a deductive point of view". TU München, Bericht ATP-19-V-83.

Blackburn, S. (1984): Spreading the Word. Clarendon Press: Oxford.

Block, N. (ed.) (1981): Imagery. MIT Press: Cambridge, Mass.

Block, N. (1981): "Introduction – what is the issue?" in: N. Block (ed.): Imagery.
    MIT Press: Cambridge, Mass. 1–18.

Bobrow, D.G. (1980): "Editor's Preface. Artificial Intelligence. Special Issue on
    Non-Monotonic Logic". Artificial Intelligence 13. 1–4.

Bobrow, D./Winograd, T. (1977): "An overview of KRL, a knowledge representation
    language". Cognitive Science 1. 3–46.

Boden, M. (1977): Artificial Intelligence and Natural Man. Harvester Press:
    Brighton.

Boolos, G./Jeffrey, R. (1980, 2nd.ed.): Computability and Logic. Cambridge Univ.
    Press: Cambridge.

Brachman, R. (1979): "On the epistemological status of semantic networks". in: N.
    Findler (ed.): Associative Networks, Academic Press: New York. 3–50.

Brachman, R. (1983): "What ISA is and isn't". Fairchild Lab AI Research. FLAIR TR
    15.

Brachman, R./Fikes, R./Levesque, H. 1983): "KRYPTON: A functional Appraoch to
    Knowledge representation". Fairchild Lab AI Research. FLAIR TR 16.

Brown, R./Gilman, A. (1960): "The pronouns of power and solidarity" in: T.A. Sebeok
    (ed.): Style in Language. MIT-Press: Cambridge, Mass. 253–76.

Carlson, G. (1980): Reference to Kinds in English. Garland: New York.

Carlson, G. (1982): "Generic terms and generic sentences" Journ. of Philosophical
    Logic 11. 145–81.

Carnap, R. (1956): "Meaning Postulates" in: R. Carnap: Meaning and Necessity.
    Chicago UP: Chicago. 222–9.

Carnap, R. (1958): Introduction to symbolic logic and its applications. Dover: New
    York.

Carroll, L. (1965): Alice in Wonderland & Through the Looking Glass, edited and
    commented by Martin Gardner: "The Annotated Alice." Penguin: Harmondworth,
    Middlesex.

Castaneda, H. (1977): "On the philosophical foundations of the theory of
    communication: Reference" in: P.A. French/T.E. Uehling/H. Wettstein (eds)
    (1979): Contemporary Perspectives in the Philosophy of Language. University
    of Minnesota Press: Minneapolis. 125–46.

Chisholm, R. (1979): Erkenntnistheorie. dtv: München.

Chomsky, N. (1956): "Three Models for the descriptione of language". I.R.E.
    Transactions on Information Theory. Vol IT-2/3. 113–24.

Chomsky, N. (1957): Syntactic Structures. Mouton: The Hague.

Chomsky, N. (1965): Aspects of the Theory of Syntax. MIT Press: Cambridge, Mass.

Chomsky, N. (1980): Rules and Representations. Basil Blackwell: Oxford.

Chomsky, N. (1981): Lectures on Government and Binding. Foris: Dordrecht.

Chomsky, N. (1982): Some Concepts and Consequences of the Theory of Government and Binding. MIT-Press: Cambridge, Mass.

Chomsky, N./Lasnik, H. (1977): "Filters and control". Linguistic Inquiry 8. 425-504.

Christopherson, P. (1939): The Articles - a Study of their Theory and Use in English. Munksgaard: Kopenhagen.

Clark, H.H./Clark, E.V. (1977): Psychology and language. Harcourt Brace Jovanovich: New York.

Clark, H.H./Haviland, S.E. (1977): "Comprehension and the Given-New Contract". in: R. Freedle (ed.): Discourse Production and Comprehension. Lawrence Erlbaum: Hillsdale, N.J. 1-40.

Clark, H.H./Marshall, C.R. (1981): "Definite reference and mutual knowledge". in: A.K. Joshi/I. Sag/B. Webber (eds): Elements of Discourse Understanding. Cambridge Univ. Press: Cambridge. 10-63.

Clark, H.H./Sengul, C.J. (1979): "In search of referents for nouns and pronouns". Memory and Cognition 7. 35-41.

Clocksin, W./Mellish, C. (1981): Programming in PROLOG. Springer: Berlin.

Cohen, P./Feigenbaum, E. (eds) (1982): The Handbook of Artificial Intelligence, Vol. 3. Kaufman: Los Altos, Cal.

Collins, A./Loftus, E. (1975): "A spreading-activation theory of semantic processing". Psychological Review 82. 407-28.

Cooper, R. (1983): Quantification and Syntactic Theory. Reidel: Dordrecht.

Date, C.J. (1983): An Introduction to Database Systems. Vol II. Addison-Wesley: Reading, Mass.

Davidson, D. (1980): Essays on actions and events. Oxford UP: Oxford.

Devitt, M. (1981): Designation. Columbia UP: New York.

van Dijk, T./Kintsch, W. (1983): Strategies of Discourse Comprehension. Academic Press: New York.

Donnellan, K. (1966): "Reference and definite descriptions". Philosophical Review 75. 281-304.

Donnellan, K. (1974): "Speaking of nothing". Philosophical Review 83. 3-22.

Doyle, J. (1979): "A truth maintenance system". Artificial Intelligence 12. 231-72.

Dretske, F.I. (1981): Knowledge and the Flow of Information. Basil Blackwell: Oxford.

Drever, J. (1964; rev.ed.): The Penguin Dictionary of Psychology. Penguin: Harmondsworth.

Dreyfus, H. (1979): What computers can't do. Revised edition, Harper & Row: New York.

Emde, W. (1984): Das Konzept der Stützmenge als Basis des maschinellen Lernens. Diplomarbeit, Fachbereich Informatik, TU Berlin.

Emde, W./Habel, Ch./Rollinger, C.-R. (1983): "The discovery of the equator or concept driven learning" in: Proc. 8th IJCAI. 455-8.

Evans, G. (1973): "The causal theory of names". Aristotelian Society Supplementary Volume 47. 187-208.

Evans, G. (1980a): "Pronouns, quantifiers and relative clauses (I)" in: M. Platts (ed.) Reference, Truth and Reality. Routledge & Kegan Paul: London. 255-317.

Evans, G. (1980b): "Pronouns". Linguistic Inquiry 11. 337-62.

Evans, G. (1982): The Varieties of Reference. ed. by: J. McDowell. Clarendon Press: Oxford.

Falkenberg, E. (1975): Structuring and Representation of Information at the Interface between Data Base User and Data Base Management System. Diss. Univ. Stuttgart.

Fanselow, G. (1983): "Zur Behandlung der Anaphora in der generativen Grammatik – Ein Überblick". Arbeitsberichte des SFB 99, Univ. Konstanz.

Fleck, J. (1982): "Development and Establishment in Artificial Intelligence". in: N. Elias/H. Martins/ R. Whitley (eds): Scientific Establishments and Hierarchies, Sociology of the Sciences VI. D.Reidel: Dordrecht. 169-217.

Fodor, J.A. (1983): The Modularity of Mind. MIT Press: Cambridge, Mass.

Fodor, J.A./Pylyshyn, Z.W. (1981): "How direct is visual perception? Some reflections on Gibson's 'Ecological Approach'". Cognition 9. 139-196.

Frege, G. (1892): "Über Sinn und Bedeutung". Zeits. f. Phil. & phil. Kritik NF 100. 25-80.

Frey, W./Reyle, U./Rohrer, Ch. (1983): "Automatic construction of a knowledge base by analysing texts in natural language". Proc. 8th IJCAI. 727-9.

Fürnsinn, M./Khenkhar, M./Ruschkowski, B. (1984): "GEOSYS – ein Frage-Antwort-System mit räumlichem Vorstellungsvermögen". in: C.-R. Rollinger (Hrsg.): Probleme des (Text-)Verstehens. Ansätze der Künstlichen Intelligenz. Niemeyer: Tübingen. 172-84.

Geach, P. (1968, 2nd. emend. ed.): Reference and Generality. Cornell Univ. Press: Ithaca, N.Y.

Gericke, H. (1967; 2.Aufl.): Theorie der Verbände. BI: Mannheim.

Gibson, J. (1979): The Ecological Approach to Visual Perception. Houghton Mifflin: Boston.

Glubrecht, M. / Oberschelp, A. / Todt, G. (1983): Klassenlogik. BI: Mannheim.

Grice, H.P. (1975): "Logic and Conversation". in: P. Cole/J.C. Morgan (eds) (1975): Speech Acts. Academic Press: New York. 41-58.

Grosz, B. (1978): "Discourse knowledge" in: D. Walker (ed.): Understanding Spoken Language. North-Holland: New York. 229-344.

Grosz, B. (1981): "Focusing and description in natural language dialogues". in: Joshi, A./Webber, B./Sag, I. (eds): Elements of Discourse Understanding. Cambridge UP: Cambridge. 84-105.

Günther, S. (1984 a): "Zur Repräsentation temporaler Beziehungen in SRL". TU-Berlin, FB Informatik: KIT-Report 21.

Günther, S. (1984 b): "Zur Repräsentation und Verarbeitung zeitlichen Wissens" in: C.-R. Rollinger (Hrsg.): Probleme des (Text-) Verstehens. Niemeyer: Tübingen. 143-55.

Günther, S./Habel, Ch./Rollinger, C.-R. (1983): "Ereignissnetze: Zeitnetze und referentielle Netze". in: Linguistische Berichte 88. 37-55.

Guenthner, F./Lehmann, H. (1984): "Automatic construction of discourse representation structures". Proc. COLING-84 (Stanford). 398-401.

Gust, H./Habel, Ch./Rollinger, C.-R. (1981): "Language-World Systems: A communication model". TU Berlin, FB-Informatik Bericht 81-12.

Haack, S. (1978): Philosophy of Logics. Cambridge University Press: Cambridge.

Habel, Ch. (1979): Aspekte bewertender Grammatiken. Einhorn: Berlin

Habel, Ch. (1981): "Zur Geschichte von Referenzobjekten - Teil I: Diskursmodelle". ms. , Berlin.

Habel, Ch. (1982a): "Referential nets with attributes". in: J. Horecky (ed.): Proc. COLING-82. North-Holland: Amsterdam. 101-6.

Habel, Ch. (1982b) "Textverstehende Systeme: Ein Beispiel für die Beziehung Informatik - Kognitionswissenschaft". in: GI - 12.Jahrestagung, J. Nehmer (Hrsg.). Springer: Berlin. 372-91.

Habel, Ch. (1983a): "Inferences - the base of semantics?" in: R. Bäuerle/Ch. Schwarze/A. v. Stechow (eds): Meaning, Use, and Interpretation of Language. de Gruyter: Berlin. 147-63.

Habel, Ch. (1983b): "Logische Systeme und Repräsentationsprobleme" in: B. Neumann (Hrsg.): GWAI-83. Springer: Berlin. 118-42.

Habel, Ch. (1984a): "SRL und Textverstehen". in: C.-R. Rollinger (Hrsg.): Probleme des (Text-) Verstehens. Ansätze der Künstlichen Intelligenz. Niemeyer: Tübingen. 3-23.

Habel, Ch. (1984b): "Zur Repräsentation der referentiellen Struktur". in: C.-R. Rollinger (Hrsg.): Probleme des (Text-) Verstehens. Ansätze der Künstlichen Intelligenz. Niemeyer: Tübingen. 125-42.

Habel, Ch. (1984c): "Stories - An Artificial Intelligence Perspective (?)". erscheint in: Poetics, 1986.

Habel, Ch. (1985a): "Referential Nets as Knowledge Structures - some structural and dynamical properties". in: T. Ballmer (ed.): Linguistic Dynamics. de Gruyter: Berlin. 62-84.

Habel , Ch. (1985b): "Das Lexikon in der Forschung der Künstlichen Intelligenz". in: Ch. Schwarze / D. Wunderlich (Hrsg.): Handbuch der Lexikologie. Athenäum: Königstein/Ts. 441-74.

Habel, Ch./Reddig, C./Rollinger, C.-R. (1981): "Term-Sortierung in MSRL". SNP Report 1/80. (in : Schneider et al. 1981. 25-45, 66-131)

Habel, Ch./Rollinger, C.-R. (1982): "EZH-Strukturen als Textrepräsentation - Ein Beispiel". in I. Batori/H.D. Lutz/J. Krause (Hrsg.): Linguistische Datenverarbeitung, Versuch einer Standortbestimmung im Umfeld von Informationslinguistik und Künstlicher Intelligenz. Niemeyer: Tübingen. 137-53.

Habel, Ch./Rollinger, C.-R. (1985): "Lernen und Wissensaquisition". in: Ch. Habel (Hrsg.): Künstliche Intelligenz - Repräsentation von Wissen und natürlichsprachliche Systeme. KIFS-84. Springer: Berlin. 249-320.

Habel, Ch./Schmidt, A. (1979): "Eine modallogische Repräsentationssprache zur Darstellung von Wissen". in: Vandeweghe, W./Van de Velde, M. (Hrsg.): Bedeutung, Sprechakte und Texte. Niemeyer: Tübingen. 31-40.

Hajicova, E./Vrbova, J. (1982): "On the role of the hierarchy of activation in the process of natural language understanding". in: J. Horecky (ed.): COLING82. North Holland: Amsterdam. 107-13.

Hankamer, J./Sag, I. (1976): "Deep and surface anaphora". Linguistic Inquiry 7. 391-428.

Haugeland, John (1978): "The Nature and Plausibilities of Cognitivism". in: J. Haugeland (ed.)(1981): Mind Design. Bradford: Montgomery VT. 243-81.

Haugeland, J. (1985): Artificial Intelligence - The Very Idea. MIT Press: Cambridge, Mass..

Hausser, R. (1979): "How do pronouns denote ?" in: F. Heny/H. Schnelle (eds): Selections from the Third Groningen Round Table. Syntax and Semantics 10. Academic Press: New York. 93-139.

Hawkins, J. (1978): Definiteness and Indefiniteness. Croom Helm: London.

Hayes, P. (1977): "In defence of logic". 5th IJCAI, Cambridge, Mass. 559-65.

Hayes, P. (1979): "The Naive Physics Manifesto". D. Michie (ed.): Expert Systems in the Microelectronic Age. Edinburgh University Press. Edinburgh. 242-70.

Hayes, P. (1980): "The logic of frames". in D. Metzing (ed.): Frame Conceptions and Text Understanding. de Gruyter: Berlin. 46-61.

Heidolph, K./Flämig, W./Motsch, W. (Hrsg.) (1981): Grundzüge einer deutschen Grammatik. Akademie-Verlag: Berlin (DDR).

Heim, I. (1982): The Semantics of Definite and Indefinite Noun Phrases. Ph.D. dissertation Univ. at Amherst. (distributed by SFB 99, Univ. of Konstanz)

Heim, I. (1983): "File change semantics and the familiarity theory of definiteness". in: R. Bäuerle/Ch. Schwarze/A.v. Stechow (eds): Meaning, Use, and Interpretation of Language. de Gruyter: Berlin. 164-89.

Herrmann, Th./Laucht, M. (1976): "On multiple codability of objects". Psychological Research 38. 355-68.

Hewitt, C./Attardi, G./Simi, M. (1980): "Knowledge embedding in the description system OMEGA". 1st AAAI Conference. 157-64.

Higginbotham, J. (1980): "Pronouns and bound variables". Linguistic Inquiry 11.
    679-708.

Higginbotham, J. (1983a): "The Logic of Perceptual Reports: An Extensional
    Alternative to Situation Semantics". in: Journal of Philosophy 80. 100-27.

Higginbotham, J. (1983b): "Logical form, binding, and nominals". Linguistic Inquiry
    14. 395-420.

Hilbert, D/Bernays, P. (1968): Grundlagen der Mathematik I (2.Aufl.). Springer:
    Berlin.

Hilbert, D./Bernays, P. (1970): Grundlagen der Mathematik II (2.Aufl.). Springer:
    Berlin.

Hirst, G. (1981): Anaphora in Natural Language Understanding: A Survey. Springer:
    Berlin.

Hoeppner, W. et al. (1983): "Beyond domain independance. Experience with the
    development of a German language access system to highly diverse background
    systems". Proc. of 8th IJCAI. 588-94.

Hörmann, H. (1983): "The calculating listener or how many are 'einige', 'mehrere'
    and 'ein paar' ". in: R. Bäuerle/Ch. Schwarze/A. v. Stechow (eds): Meaning,
    Use, and Interpretation of Language. de Gruyter: Berlin. 221-34

Hornstein, N. (1984): Logic as Grammar. MIT-Press: Cambridge, Mass.

Israel, D. (1983): "A prolegomenon to situation semantics". 21st Ann. Meeting of
    the ACL. 28-37.

Jackendoff, R. (1983): Semantics and Cognition. MIT Press: Cambridge, Mass.

Jackendoff, Ray (1985): "Information is in the mind of the beholder". Linguistics &
    Philosophy 8. 23-33.

Jameson, A./Wahlster, W. (1982): "User Modelling in Anaphora Generation: Ellipsis
    and Definite Description" ECAI-82 (Orcay, France), Conference Proceedings.
    222-7.

Johnson-Laird, P.N. (1980): "Mental models in cognitive science", Cognitive Science
    4. 71-115.

Johnson-Laird, P.N. (1982): "Formal semantics and the psychology of meaning". in S.
    Peters/E. Saarinen (eds): Processes, Beliefs, and Questions. Reidel: Dordrecht.
    1-68.

Johnson-Laird, P.N. (1983): Mental models. Cambridge UP: Cambridge.

Johnson-Laird, P.N./Garnham, A. (1980): "Descriptions and discourse models".
    Linguistics and Philosophy 3. 371-93.

Johnson-Laird, P.N./Steedman, M. (1978): "The psychology of syllogisms". Cognitive
    Psychology 10. 64-99.

Kalish, D./Montague, R. (1964): Logic - Techniques of formal reasoning. Harcourt,
    Brace &World: New York.

Kamp, H. (1981): "A theory of truth and semantic representation". in: Groenendijk,
    J./Janssen, T./Stokhof, M. (eds): Formal Methods in the Study of Language. pt
    1. Mathematisch Centrum: Amsterdam. 277-322.

Kamp, H./Rohrer, Ch. (1983): "Tense in Texts" in: R. Bäuerle/Chr. Schwarze/A. von Stechow (Hrsg.): Meaning, Use and Interpretation of Language. de Gruyter: Berlin. 250-69.

Kanngiesser, S. (1983a): "Millers Prinzip und Turings Test". Arbeitsbericht: 'Simulation grammatischer Kreativität', 83/3. Univ. Osnabrück.

Kanngiesser, S. (1983b): "Linguistische Erklärungen und linguistische Simulationen". Arbeitsbericht: 'Simulation grammatischer Kreativität', 83/8. Univ. Osnabrück.

Kanngiesser, S. (1983c): "Chomsky's Sprecher-Hörer-Modell oder Maschinelle Selbstreproduktion, maschinelle Selbstorganisation, maschinelle Sprachbeherrschung. Arbeitsbericht: 'Simulation grammatischer Kreativität', 83/11. Univ. Osnabrück.

Kanngiesser, S. (1984): "Simulationskonzepte des Wissens und der Grammatik" in: C.-R. Rollinger (Hrsg.): Probleme des (Text-) Verstehens. Ansätze der Künstlichen Intelligenz. Niemeyer: Tübingen. 24-44.

Kaplan, D. (1966): "Rescher's plurality quantification". Journal of Symbolic Logic 31. 153-4.

Keil, F. (1979): Semantic and conceptual development. Harvard University Press: Cambridge Mass.

Kintsch, W. (1977): Memory and Cognition. Wiley: New York.

Konrad, E. (1976): Formale Semantik von Datenbanksprachen. Dissertation, Fachbereich Informatik, TU Berlin.

Kosslyn, S.M. (1978): "Imagery and Internal Representation". in: Rosch, E./Lloyd, B. (eds): Cognition and Categorization. Lawrence Erlbaum: Hillsdale, N.J. 217-57.

Kosslyn, S.M. (1981): "The Medium and the Message in Mental Imagery. A Theory". Psychological Review 88. 46-66, auch in: N. Block (ed.)(1981): Imagery. MIT Press, Cambridge, Mass. 207-44.

Kripke, S. (1977): "Speaker's reference and semantic reference" in: P. A. French/T. E. Uehling/H. Wettstein (eds) (1979): Contemporary Perspectives in the Philosophy of Language. University of Minnesota Press: Minneapolis. 6-27.

Kripke, S. (1980): Naming and Necessity. Rev. ed. Basil Blackwell: Oxford.

v. Kutschera, F.(1967): Elementare Logik. Springer Verlag: Wien.

Lehrer, K. (1974): Knowledge. Clarendon Press: Oxford.

Lehrer, K. (1981): "A self profile". Bogdan, R. (ed.): K. Lehrer. D. Reidel: Dordrecht. 3-104.

Levesque, H. (1981): "The interaction with incomplete knowledge bases: a formal treatment". 7th IJCAI. 240-5.

Levesque, H. (1982): A Formal Treatment of Incomplete Knowledge Bases. Fairchild Lab. Artif. Intelligence: FLAIR TR 3.

Levesque, H./Mylopoulos, J. (1979): "A procedural semantics for semantic networks". in: N. Findler (ed.): Associative Networks. Academic Press: New York. 93-120.

Levi, I. (1980): The Enterprise of Knowledge. MIT Press: Cambridge, Mass.

Lewis, D. (1969): Convention: A philosophical study. Harvard University Press: Cambridge, Mass.

Linsky, L. (1977): Names and Description. University of Chicago Press: Chicago.

Lipski, W. (1979): "On semantic issues connected with incomplete information databases". Transactions on Database Systems 4. 262-96.

Loveland, D. (1978): Automated Theorem Proving: A Logical Basis. North-Holland: Amsterdam.

Macnamara, J. (1982): Names for Things. MIT Press, Cambridge, Mass.

Martin, R.L. (ed.) (1984): Recent Essays on Truth and the Liar Paradox. Oxford UP: Oxford.

May, R. (1977): The Grammar of Quantification. Ph. Dissertation MIT (publ. by: IULC 1982).

May, R. (1983): Logical Form as a Level for Linguistic Representation. IULC.

McCarthy, J. (1979): "Individual Concepts and Propositions". in: D. Michie (ed.): Expert Systems in the Microelectronic Age. Edinburgh UP. 271-87.

McCorduck, P. (1979): Machines who think. W. Freeman: New York.

McDermott, D. (1982a): "Nonmonotonic logic II: nonmonotonic modal theories". Journal of the ACM 29. 33-57.

McDermott, D. (1982b): "A Temporal Logic for Reasoning about Processes and Plans". Cognitive Science 6. 101-55.

McDermott, D./Doyle, J. (1980): "Non-Monotonic Logic I". Artificial Intelligence 13. 41-72.

Michalski, R./Carbonell, J./Mitchell, T. (eds) (1983): Machine Learning: An Artificial Intelligence Approach. Tioga Pub.: Palo Alto

Miller, G.A. (1956): "The Magical Number Seven, plus or minus two". Psychological Review 63. 81-96. auch in: G.A. Miller (1968): The Psychology of Communication. Penguin.

Miller, G.A. (1964): "Computers, Communication and Cognition". Guildhall Lectures, Granada TV Network, Manchester. auch in: G.A. Miller (1968): The Psychology of Communication. Penguin. 95-123.

Miller, G.A. (1968): The Psychology of Communication. Penguin.

Miller, G.A. (1978a): "Semantic relations among words", in: M. Halle/J. Bresnan/G. Miller (eds): Linguistic theory and psychological reality. Cambridge, Mass. 60-117.

Miller, G.A. (1978b): "Practical and Lexical Knowledge". Rosch,E. /Lloyd, B. (eds): Cognition and Categorization. Erlbaum: Hillsdale N.J. 305-19.

Miller, G.A./Galanter, E./Pribram, K. (1960): Plans and the Structure of Behavior". Holt, Rinehart & Winston: New York.

Miller, G.A./Johnson-Laird, P.N. (1976): Language and Perception. Cambridge Univ. Press: Cambridge.

Minsky, M. (1974): A Framework for Representing Knowledge. MIT: AI-Lab. Memo 306. Teilweise abgedruckt in P.H. Winston (ed.) (1975): The psychology of computer vision. McGraw Hill: New York. 211-77, bzw. in: J. Haugeland (ed.) (1981): Mind Design, MIT Press, Cambridge, Mass. 95-128.

Moore, R. (1982): "The Role of Logic in Knowledge Representation and Commonsense Reasoning". Proceedings of AAAI-Conference 1982. 428-33.

Moore, R. (1983): "Semantic considerations on nonmonotonic logic". 8th IJCAI (Karslruhe), expanded version: SRI Techn. Note 284.

Moore, R. (1984): "A Formal Theory of Knowledge and Action". SRI Technical Note 320. to appear in: J.R. Hobbs/R.C. Moore (eds): Formal Theories in the Common Sense World. Ablex Publ. Norwood, N.J.

Morik, K. (1982): Überzeugungssysteme der Künstlichen Intelligenz. Niemeyer: Tübingen. 158-68.

Morik, K./Rollinger, C.-R. (1983): "Partnermodellierung im Evidenzraum". in: B. Neumann (Hrsg.): GWAI-83. Springer: Berlin.

Mostowski, A. (1957): "On a generalization of quantifiers". Fundamenta Mathematicae 44. 12-36.

Neumann, B. (1984): "Umrisse einer Imaginationskomponente". in: C.-R. Rollinger (Hrsg.): Probleme des (Text-)Verstehens. Ansätze der Künstlichen Intelligenz. Niemeyer: Tübingen. 169-71.

Neumann, B./Novak, H.-J. (1983): Event Models for Recognition and Natural Language. Description of Events in Real-World Sequences". IJCAI-83. 724-26.

Newell, A. (1980): "Physical symbol systems". Cognitive Science 4. 135-83.

Newell A./Simon H.A. (1956): "The logic theory machine". IRE Transactions on Information Theory, II-2(3). 61-79.

Newell A./Simon, H.A. (1972): Human Problem Solving. Prentice Hall: Englewood Cliffs N.J.

Novak, H.-J./Neumann, B. (1984): "Szenenbeschreibung und Imagination in NAOS". in: C.-R. Rollinger (Hrsg.): Probleme des (Text-)Verstehens. Niemeyer: Tübingen. 192-206.

Oberschelp, A. (1962): "Untersuchungen zur mehrsortigen Quantorenlogik". Mathematische Annalen 145. 297-333.

Oberschelp, A. (1977): "Eine erweiterte Prädikatenlogik" in: K. Heger/J. Petöfi (Hrsg.): Kasustheorie, Klassifikation, semantische Interpretation. Buske: Hamburg. 263-83.

Ogden, C.K./Richards, I.A. (1923): The Meaning of Meaning. London

Ortony, A./Anderson, R. C. (1977): "Definite descriptions and semantic memory". Cognitive Science 1. 74-83.

Paivio, A. (1983): "The Empirical Case for Dual Coding". in: J. Yuille (ed.): Imagery, Memory and Cognition. Lawrence Erlbaum: Hillsdale, N.J. 307-332.

Palmer, S. (1978): "Fundamental aspects of cognitive representation". in Rosch, E./Lloyd, B. (eds): Cognition and Categorization. Lawrence Erlbaum: Hillsdale, N.J. 259-303.

Partee, B.H. (1973): "Some structural analogies between tenses and pronouns in English". Journ. of Philosophy 70. 601-9.

Peters, P.S./Ritchie, R.W. (1973a): "On the Generative Power of Transformational Grammars". Information Sciences 6. 49-83.

Peters, S./Ritchie, W. (1973b): "Nonfiltering and local filtering Transformational grammars". in: J. Hintikka/J. Moravsik/P. Suppes (eds): Approaches to Natural Languages. Reidel: Dordrecht. 180-94.

Piatelli-Palmarini, Massimo (ed.) (1980): Language and Learning. Routledge and Kegan Paul: London.

Pinkal, M. (1985): Logik und Lexikon. Die Semantik des Unbestimmten. deGruyter: Berlin.

Platts, M. (1979): Ways of Meaning. Routledge & Kegan Paul: London.

Pribbenow, S. (1984): Untersuchungen zu Belnaps vierwertiger Logik in der Fragebeantwortung. Diplomarbeit, Fachbereich Informatik, TU Berlin.

Pribham, K.H. (1971): Languages of the Brain. Prentice-Hall, Englewood-Cliff, N.J.

Priest, G. (1984): "Logic of paradox revisited". Journ. of Phil. Logic 13. 153-79.

di Primio, F./Christaller, T. (1983): "A Poor Man's Flavor System". Institut dalle molle ISSCO, Working Paper 47. Genf.

Prince, E. (1979): "On the given-new distinction" in: Clyne, P./Hanks, W./Hofbauer, C. (eds): CLS 15. 267-78.

Prince, E. (1981): "Toward a taxonomy of given-new information". in: Cole, P. (ed.): Radical Pragmatics. Academic Press: New York. 223-55.

Putnam, H. (1975): "The meaning of 'meaning' ". in: K. Gunderson (ed.): Language, mind and knowledge. University of Minnesota Press: Minneapolis. Wieder abgedruckt in: H. Putnam: Mind, language and reality. Cambridge UP: Cambridge, 1975. 215-71.

Putnam, H. (1978): "Reference and understanding" in: Putnam, H.: Meaning and the Moral Sciences. Routledge & Kegan Paul: London. 97-119.

Pylyshyn, Z.W. (1973): "What the mind's eye tells the mind's brain". Psychological Bulletin 80. 1-24.

Pylyshyn, Z.W. (1980): "Computation and Cognition: issues in the foundations of cognitive science". Behavioural and Brain Sciences 3. 111-32.

Pylyshyn, Z.W. (1981): "The Imagery Debate: Analogue Media Versus Tacit Knowledge".Psychological Review 88. 16-45. auch in: N. Block (ed.) (1981): Imagery. MIT Press. 151-206.

Quillian, M. (1968): "Semantic memory". in: M. Minsky (ed.): Semantic Information Processing. MIT Press: Cambridge, Mass. 227-70.

Quine, W.V.O. (1951/ rev. ed. 1981): Mathematical Logic. Harvard UP. Cambridge, Mass.

Quine, W.V.O. (1956): "Quantifier and propositional attitudes". Journal of Philosophy 53. 177-87.

Quine, W.V.O. (1969, rev. ed.): Set Theory and its Logic. Harvard UP. Cambridge, Mass.

Reichenbach, H. (1947): Elements of symbolic logic. New York.

Reichman, R. (1978): "Conversational coherency". Cognitive Science 2. 283-327.

Reinhart, T. (1983): Anaphora and Semantic Interpretation. Croom Helm: London

Reiter, R. (1980a): "A logic for default reasoning". Artificial Intelligence 13. 81-132.

Reiter, R. (1980b): "Equality and domain closure in first-order databases". JACM 27. 235-49.

Rescher, N. (1962): "Plurality quantification". Journal of Symbolic Logic 27. 373-4.

Rescher, N. (1969): Many-valued Logic. McGraw Hill: New York.

Rescher, N. (1984): The Limits of Science. University of California Press: Berkeley, Cal..

Rescher, N./Brandom, R. (1980): The Logic of Inconsistency. Basil Blackwell: Oxford.

Rescher, N./Urquhart, A. (1971): Temporal Logic. Springer: Wien.

Rogers, R. (1971): Mathematical Logic and Formalized Theories. North Holland: Amsterdam.

Rollinger, C.-R. (Hrsg.) (1984): Probleme des (Text-) Verstehens. Ansätze der Künstlichen Intelligenz. Niemeyer: Tübingen.

Rollinger, C.-R. (1984a): "Zur Repräsentation der argumentativen Struktur von Texten" in: C.-R. Rollinger (Hrsg.): Probleme des (Text-) Verstehens. Verstehens. Ansätze der Künstlichen Intelligenz. Niemeyer: Tübingen. 107-24.

Rollinger, C.-R. (1984b): "Die Repräsentation natürlichsprachlich formulierten Wissens – Behandlung der Aspekte Unsicherheit und Satzverknüpfung". Dissertation, FB Informatik, TU Berlin.

Rosch, E. (1977): "Human categorization". in: Warren, N. (ed.): Advances in cross-cultural psychology , vol 1. Academic Press: New York. 1-49.

Rosenschein, S. (1983): "Natural-Language Processing: Crucible for Computational Theories of Cognition". 8th IJCAI (Karlsruhe). 1180-6.

Russell, B. (1905): "On denoting". Mind 14. 479-93.

Russell, B. (1973): Autobiographie II. Suhrkamp: Frankfurt.

Ryle, G. (1949): The Concept of Mind. Repr. bei: Penguin Univ. Books: Harmondsworth, Middlesex. (1973).

Salmon, N. (1982): Reference and Essence. Basil Blackwell: Oxford.

Samet, J./Schank, R. (1984): "Coherence and Connectivity". Linguistics and Philosophy 7. 57-84.

Schank, R. (1975): Conceptual Information Processing. North-Holland: Amsterdam.

Schank, R. (1982): Dynamic Memory. Cambridge UP: Cambridge.

Schank, R. (1984): The Explantion Game. Yale Univ. Comp. Science Dep. RR 307.

Schank, R./Abelson, R. (1977): Scripts, plans, goals and understanding. Hillsdale, New Jersey.

Schiffer, S. (1972): Meaning. Clarendon Press: Oxford.

Schmidt, A. (1938): "Über deduktive Theorien mit mehreren Sorten von Grunddingen". Mathematische Annalen 115. 485-506.

Schneider, H.-J. et al. (1981): "Automatische Erstellung semantischer Netze". Forschungsbericht. Technische Universiät Berlin.

Schubert, L. (1976): "Extending the expressive power of semantic networks". Artificial Intelligence 7. 163-98.

Schubert, L./Goebel, R./Cercone, N. (1979): "The structure and organization of a semantic net for comprehension and inference". in: N. Findler (ed.): Associative Networks. Academic Press: New York. 121-75.

Schwarz, D. (1979): Naming and Referring. de Gruyter: Berlin.

Scott, D. (1970): "Outline of a mathematical theory of computation". 4th Ann. Princeton Conf. on Information Sciences & Systems. 169-76.

Sgall, P./Hajicova, E./Benesova, E. (1973): Topic, Focus and Generative Semantics. Scriptor: Kronberg/Ts.

Shannon, C. (1950): A Chess-Playing Machine. Scientific American 182, Febr.

Sidner, C. (1979): Disambiguating References and Interpreting Sentence Purpose in Discourse. in: P.H. Winston, R.H. Brown (eds): Artificial Intelligence: An MIT Perspective - Vol 1. MIT-Press: Cambridge, Mass. 231-52.

Sidner, C. (1983): "Focusing in the comprehension of definite anaphora". in: M. Brady/R. Berwick (eds): Computational Models of Discourse. MIT-Press: Cambridge, Mass. 267-330.

Simmons, R./Bruce, B. (1971): "Some relations between predicate calculus and semantic net representations of discourse". Proc. 2nd IJCAI. 524-30.

Simon, H. (1980): "Cognitive Science: the newest science of the artificial". Cognitive Science 4. 33-46.

Simon, H. (1981, 2nd. ed.): The Sciences of the Artificial. MIT Press: Cambridge, Mass.

Smith, E./Medin, D. (1981): Categories and Concepts. Harvard UP: Cambridge, Mass.

Steels, L. (1981): "Programming with objects using ORBIT". Schlumberger Doll: AI Memo 13.

Stich, S.P. (1983): From Folk Psychology to Cognitive Science. MIT Press: Cambridge, Mass.

Stoy, J. (1977): Denotational Semantics. MIT-Press: Cambridge, Mass.

Strawson, P.F. (1959): Individuals. Methuen: London.

Tulving, E. (1972): "Episodic and semantic memory". in: E. Tulving/W. Donaldson (eds): Organization of memory. Academic Press: New York. 382-404.

Tulving, E. (1983): Elements of Episodic Memory. Clarendon Press: Oxford.

Turing, A.M. (1950): "Computing machinery and intelligence". Mind 59. 433-60.

Ullman, J. (1980): Principles of Database Systems. Pitman: London.

Vater, H. (1984): "Determinantien und Quantoren im Deutschen". Zeits. f. Sprachwissenschaft 3. 19-42.

Visser, A. (1984): "Four valued semantics and the liar". Journ. of Phil. Logic 13. 181-212.

Wahlster, W. (1982): "Aufgaben, Standards und Perspektiven sprachorientierter KI-Forschung". I. Batori/H.D. Lutz/J. Krause (Hrsg.): Linguistische Datenverarbeitung, Versuch einer Standortbestimmung im Umfeld von Informationslinguistik und Künstlicher Intelligenz. Niemeyer: Tübingen. 13-24.

Waltz, D. (1981): "Generating and Understanding Scene Descriptions". A. Joshi/B. Webber/I. Sag (eds): Elements of Discourse Understanding. Cambridge UP. 266-82.

Webber, B.(1979): A Formal Approach to Discourse Anaphora. Garland: New York.

Webber, B. (1983): "So what can we talk about now". in: M. Brady/R. Berwick (eds): Computational Models of Discourse. MIT-Press: Cambridge, Mass. 331-71.

Webster (1981): New Webster's Dictionary of the English Language. College Edition. Delair Publ. Comp. New York.

Weyhrauch, R.W. (1980): Prolegomena to a Theory of Mechanized Formal Reasoning. Artificial Intelligence 13. 133-70.

Wiggins, D. (1980): "'Most' and 'all': some comments on a familiar programme, and on the logical form of quantified sentences". in: M. Platts (ed.): Reference, Truth and Reality. Routledge & Kegan Paul: London. 318-46.

Winograd, T. (1974): "Five lectures on Artificial Intelligence". Stanford University, Comp. Science Dept. Report: CS 74-459.

Winograd, T. (1975): "Frame representations and the declarative / procedural controversy". in: D.Bobrow/A. Collins (eds): Representation and Understanding. New York. 185-210.

Winograd, T. (1983): Language as a Cognitive Process. Vol 1: Syntax. Addison-Wesley: Reading.

Winston, P.H./Horn, B. (1981): LISP. Addison-Wesley: Reading, Mass.

Woodruff, P. (1984): "Paradox, truth and logic. Part I: Paradox and truth". Journ. of Phil. Logic 13. 213-32.

SRL-Abkürzungen

ALL_t	132ff	Operator der definiten pluralen Deskription
ATT	88	Menge von Attributen
card	132	Kardinalität
CARD	248	Menge möglicher Kardinalitäten
CLASS	139	Operator der extensionalen Klassenbildung
D-ATT	156	Menge der Designationsattribute
DESCR	117	Menge der deskribierenden Terme
DESIGN	117	Menge der designierenden Ausdrücke
dum	128f	Dummy-Symbol
EFF	59	Effekt
ETA	126	Operator der indefiniten singularen Deskription
F	75	Faktenwissen
FOR	59	Menge der wohlgeformten Formeln
ID	190	Identitätsverweis zwischen RefOs
IOTA	94	Operator der definiten singularen Deskription
MANY_t	138	indefiniter pluraler Deskriptionsoperator ('viele')
O	75	Objektwissen
OP	59	Menge der SRL-Operatoren
R	75	Regelwissen
R-ATT	159	Menge der RefO-Attribute
REF-N	117	Referentielles Netz (als Wissenstruktur)
RefN	75	Referentielles Netz
RefO	115	Referenzobjekt
REFO	115	Menge der Referenzobjekte
RRL	72	Regelrepräsentationssprache
RUL	72	Menge der Regeln
SOME_t	137	Operator der indefiniten pluralen Deskription
SRL	60	Menge der wohlgeformten Ausdrücke
SUB	185	Verweisoperator der Inklusion
SUPER	185	Verweisoperator der Inklusion
TER	60	Menge der wohlgeformten Terme
TYP	59	Typ eines Operators
VAR	59	Menge der Variablen
W-CARD	254	Menge widersprüchlicher Kardinalitäten

rammierumgebungen: Entwicklungswerkzeuge und
prachen. Herausgegeben von W. Sammer und W.
, 236 Seiten. 1984.

ue Informationstechnologien und Verwaltung. Pro-
3. Herausgegeben von R. Traunmüller, H. Fiedler, K.
H. Reinermann. XI, 402 Seiten. 1984.

rdinaten von Informationen. Proceedings, 1983. Her-
von R. Kuhlen. VI, 366 Seiten. 1984.

ode, Mikroarchitekturen und Mikroprogrammierung:
hreibung und Optimierung, 6, 7-227 Seiten. 1984.

tware-Fehlertoleranz und -Zuverlässigkeit. Heraus-
F. Belli, S. Pfleger und M. Seifert. VII, 297 Seiten. 1984.

hlertolerierende Rechensysteme. 2. GI/NTG/GMR-
Bonn 1984. Herausgegeben von K.-E. Großpietsch
n. X, 433 Seiten. 1984.

ulationstechnik. Proceedings, 1984. Herausgegeben
ecker und W. Kleinert. XII, 676 Seiten. 1984.

eßrechner 1984. 4. GI/GMR/KfK-Fachtagung, Karls-
ber 1984. Herausgegeben von H. Trauboth und A.
, 710 Seiten. 1984.

sterkennung 1984. Proceedings, 1984. Herausgege-
opatsch. IX, 351 Seiten. 1984.

14. Jahrestagung. Braunschweig. Oktober 1984. Pro-
rausgegeben von H.-D. Ehrich. IX, 451 Seiten. 1984.

chgespräche auf der 14. GI-Jahrestagung. Braun-
ober 1984. Herausgegeben von H.-D. Ehrich. V, 267

rmatik als Herausforderung an Schule und Ausbil-
htagung, Berlin, Oktober 1984. Herausgegeben von
Haefner. X, 416 Seiten. 1984.

Stoyan, Maschinen-unabhängige Code-Erzeugung
erhaltende beweisbare Programmtransformation. IV,
984.

ne Multifunktionale Büroarbeitsplätze. Proceedings,
gegeben von F. Krückeberg, S. Schindler und O.
35 Seiten. 1985.

nstliche Intelligenz. Frühjahrsschule Dassel, März
gegeben von C. Habel. VII, 320 Seiten. 1985.

tenbank-Systeme für Büro, Technik und Wirtschaft.
1985. Herausgegeben von A. Blaser und P. Pistor.
. 1985.

nmunikation in Verteilten Systemen I. GI-NTG-Fach-
ruhe, März 1985. Herausgegeben von D. Heger, G.
aniol und W. Zorn. IX, 691 Seiten. 1985.

anisation und Betrieb der Informationsverarbeitung.
1985. Herausgegeben von W. Dirlewanger. XI, 261

Villmer, Systematische Software- Qualitätssicherung
Qualitäts- und Produktmodellen. VII, 162 Seiten. 1985.

entliche Verwaltung und Informationstechnik. Neue
n, neue Probleme, neue Perspektiven. Proceedings,
gegeben von H. Reinermann, H. Fiedler, K. Grimmer,
R. Traunmüller. X, 396 Seiten. 1985.

Küspert, Fehlererkennung und Fehlerbehandlung in
sstrukturen von Datenbanksystemen. IX, 294 Seiten.

Band 100: W. Lamersdorf, Semantische Repräsentation komplexer
Objektstrukturen. IX, 187 Seiten. 1985.

Band 101: J. Koch, Relationale Anfragen. VIII, 147 Seiten. 1985.

Band 102: H.-J. Appelrath, Von Datenbanken zu Expertensystemen.
VI, 159 Seiten. 1985.

Band 103: GWAI-84. 8th German Workshop on Artificial Intelligence. Wingst/Stade, October 1984. Edited by J. Laubsch. VIII,
282 Seiten. 1985.

Band 104: G. Sagerer, Darstellung und Nutzung von Expertenwis-
sen für ein Bildanalysesystem. XIII, 270 Seiten. 1985.

Band 105: G. E. Maier, Exceptionbehandlung und Synchronisation.
IV, 359 Seiten. 1985.

Band 106: Österreichische Artificial Intelligence Tagung. Wien,
September 1985. Herausgegeben von H. Trost und J. Retti. VIII,
211 Seiten. 1985.

Band 107: Mustererkennung 1985. Proceedings, 1985. Herausgegeben von H. Niemann. XIII, 338 Seiten. 1985.

Band 108: GI/OCG/ÖGJ-Jahrestagung 1985. Wien, September
1985. Herausgegeben von H. R. Hansen. XVII, 1086 Seiten. 1985.

Band 109: Simulationstechnik. Proceedings, 1985. Herausgegeben von D. P. F. Möller. XIV, 539 Seiten. 1985.

Band 110: Messung, Modellierung und Bewertung von Rechensystemen. 3. GI/NTG-Fachtagung, Dortmund, Oktober 1985. Herausgegeben von H. Beilner. X, 389 Seiten. 1985.

Band 111: Kommunikation in Verteilten Systemen II. GI/NTG-Fach-
tagung, Karlsruhe, März 1985. Herausgegeben von D. Heger,
G. Krüger, O. Spaniol und W. Zorn. XII, 236 Seiten. 1985.

Band 112: Wissensbasierte Systeme. GI-Kongreß 1985. Herausgegeben von W. Brauer und B. Radig. XVI, 402 Seiten, 1985.

Band 113: Datenschutz und Datensicherung im Wandel der Informationstechnologien. 1. GI-Fachtagung, München, Oktober 1985.
Proceedings, 1985. Herausgegeben von P. P. Spies. VIII, 257 Seiten.
1985.

Band 114: Sprachverarbeitung in Information und Dokumentation.
Proceedings, 1985. Herausgegeben von B. Endres-Niggemeyer
und J. Krause. VIII, 234 Seiten. 1985.

Band 115: A. Kobsa, Benutzermodellierung in Dialogsystemen.
XV, 204 Seiten. 1985.

Band 116: Recent Trends in Data Type Specification. Edited by
H.-J. Kreowski. VII, 253 pages. 1985.

Band 117: J. Röhrich, Parallele Systeme. XI, 152 Seiten. 1986.

Band 118: GWAI-85. 9th German Workshop on Artificial Intelligence. Dassel/Solling, September 1985. Edited by H. Stoyan. X,
471 pages. 1986.

Band 119: Graphik in Dokumenten. GI-Fachgespräch, Bremen,
März 1986. Herausgegeben von F. Nake. X, 154 Seiten. 1986.

Band 120: Kognitive Aspekte der Mensch-Computer-Interaktion.
Herausgegeben von G. Dirlich, C. Freska, U. Schwatlo und K. Wim-
mer. VIII, 190 Seiten. 1986.

Band 121: K. Echtle, Fehlermaskierung durch verteilte Systeme.
X, 232 Seiten. 1986.

Band 122: Ch. Habel, Prinzipien der Referentialität. Untersuchungen zur propositionalen Repräsentation von Wissen. X, 308 Seiten.
1986.